AF130424

Eduard Meyer

Forschungen zur alten Geschichte

Erster Band: Zur älteren griechischen Geschichte

Eduard Meyer

Forschungen zur alten Geschichte
Erster Band: Zur älteren griechischen Geschichte

ISBN/EAN: 9783743491649

Hergestellt in Europa, USA, Kanada, Australien, Japan

Cover: Foto ©ninafisch / pixelio.de

Eduard Meyer

Forschungen zur alten Geschichte

FORSCHUNGEN

ZUR

ALTEN GESCHICHTE

VON

EDUARD MEYER.

ERSTER BAND.

ZUR ÄLTEREN GRIECHISCHEN GESCHICHTE.

HALLE A. S.

MAX NIEMEYER

1892.

Vorwort.

Die in diesem Bande vereinigten Aufsätze bilden eine
Ergänzung zum zweiten Bande meiner „Geschichte des Alterthums"[1]); sie behandeln Fragen, die eine eingehendere Untersuchung erforderten, als sie im Rahmen des grösseren Werks
möglich war. Mit Ausnahme der letzten tragen alle diese
Abhandlungen — von denen die über die Ionier und die
über Lykurg bereits früher veröffentlicht sind; letztere hat
jetzt umfangreiche Zusätze erhalten — in ihren Ergebnissen
den negativen Charakter, der kritischen Vorarbeiten auf dem
Gebiete der älteren griechischen Geschichte stets anhaften
wird. Wer die Denkmäler der Urzeit kennen lernen will,
muss in die Tiefe graben und den Schutt schichtenweise ab-
tragen. Dem wird mancher hübsche Anbau späterer Zeit zum
Opfer fallen, manches pittoreske Landschaftsbild wird gestört
und umgestaltet werden. Von ästhetischem Gesichtspunkt aus
mag man darüber klagen; aber wissenschaftlich kann gegen
die Männer kein Vorwurf erhoben werden, welche das römische
Forum oder die Akropolis oder den Palast von Tiryns aus-
gegraben haben, wenn sie methodisch verfahren sind und die
weggeräumten Trümmer sorgfältig inventarisirt haben, es sei

---

1) Der Druck hat bereits begonnen, ich hoffe dass er im Laufe des
nächsten Jahres erscheinen wird. Ich habe daher mehrfach bereits auf die
Paragraphen desselben verwiesen.

IV

denn, dass der antiquarischen Forschung zu Liebe Denkmäler einer späteren Zeit zerstört werden, deren Erhaltung das historische Interesse verlangt. Nicht anders hat die Erforschung der griechischen, römischen, hebräischen, germanischen Urzeit zu verfahren; und hier ergibt sich noch der Vortheil, dass die Legenden, die sie beseitigt, nicht vernichtet werden, sondern intakt erhalten bleiben. Wen es danach gelüstet, der kann sich nach wie vor an ihnen erbauen. Der Vorwurf destructiver Kritik, der gegen dies Verfahren nicht selten erhoben wird, ist durchaus unberechtigt. Wer die Geschichte der Vergangenheit wieder aufbauen will, muss zunächst sichere Fundamente gewinnen, sonst steht sein Haus auf Sand, und jeder Windstoss wirft es um.

Halle a. S. im October 1892.

Eduard Meyer.

Inhalt.

Die Pelasger.

Vorbemerkungen.

Die Ansicht über die Pelasger, welche das Resultat der folgenden Untersuchungen bildet, steht mir im wesentlichen fest, seit ich im Wintersemester 1879/80 zum ersten Male griechische Geschichte vorgetragen habe. Seitdem bin ich oft auf den Gegenstand zurückgekommen und habe die Untersuchung erweitert und vertieft. Den Plan, sie schriftlich auszuarbeiten, habe ich erst im Herbst 1888, bei den Vorarbeiten zum zweiten Bande meiner Geschichte des Alterthums, ausführen können: damals ist die Abhandlung im wesentlichen so wie sie hier vorliegt niedergeschrieben.[1]

Dass die Pelasgerfrage nur durch eine literarhistorische Untersuchung gelöst werden könne, ist in neuerer Zeit wiederholt ausgesprochen worden, und Anläufe zu einer derartigen Behandlung sind ja auch gemacht worden. Aber gefördert haben sie die Erkenntniss nicht: denn sie beginnen da wo sie aufhören sollten. Sie referiren und discutiren noch einmal wieder die Ansichten des Herodot und Hellanikos und gar des Dionys und Strabo, als ob damit auch nur ein Schritt vorwärts zu kommen wäre. Nicht darum handelt es sich, wie man in Griechenland seit dem fünften Jahrhundert über die Frage gedacht hat, sondern wie die Logographen und die Tragiker zu ihrer Ansicht gekommen sind, wie beschaffen das Material gewesen ist, welches sie benutzten. Die Darstellung der Epen, der homerischen wie der genealogischen Poesie, gilt es wiederzugewinnen, ihre Entstehung und die wahre Bedeu-

---

[1] Das erste Capitel habe ich damals im Philologus N. F. II 1889 publicirt.

1*

tung ihrer Angaben zu ermitteln. Das gleiche gilt überhaupt
von der ganzen sagengeschichtlichen Ueberlieferung: wer nicht
versucht hat, der literarischen Entwickelung, welche dieselbe
bis zum Anfang des fünften Jahrhunderts durchgemacht hat,
bis ins kleinste nachzugehen, wird immer Gefahr laufen, zu
irren, und wem nicht wenigstens die Grundzüge lebendig sind,
der kann ein richtiges Urtheil über griechische Mythologie und
älteste griechische Geschichte überhaupt nicht gewinnen.

Die Anschauung, welche ich mir von dieser Entwickelung
gebildet habe, weicht von den herrschenden Ansichten beträchtlich ab. Meiner Meinung nach ist der Bestand an wirklich
volksthümlicher Tradition weit geringer, an individueller Erfindung und Umgestaltung weit grösser, als man gewöhnlich
glaubt.[1]) Vor allem aber unterschätzt man in verhängnissvoller
Weise die gelehrte Arbeit, welche das ganze Material wieder
und wieder umgestaltet und zum Theil erst geschaffen hat.
Die genealogischen Dichter sind nicht anders zu beurtheilen
als die Logographen und Ephoros. Die neuere Forschung hält
ihre Angaben in der Regel entweder für uralte Volksüberlie-
ferung oder für dreiste Fälschung. Beide Schlagwörter sind
falsch: es sind Resultate umfassender gelehrter Arbeit. Ganz
besonders gilt das von den Genealogien, mit denen von alten
und neueren Forschern viel Unheil angerichtet ist. Dem Volke
als solchen, d. h. jedem Mitglied der Gesammtheit in gleicher
Weise, gehört nur die alle Lebensverhältnisse beherrschende
Anschauung, dass jede einheitliche Menschengruppe von einem
eponymen Ahnherrn stammt, und volksthümlich und im Volke
entstanden sind die Genealogien daher, soweit sie einem gegebenen Verhältniss seinen für diese Anschauung naturnoth-
wendigen Ausdruck geben, bei dem eine andere Auffassung
für alle Betheiligten ausgeschlossen war, also im allgemeinen
grade nur da, wo sie uns etwas lehren, was wir sonst auch
schon wissen — wie z. B. die Angabe, dass die Stammväter
der vier ionischen Phylen Söhne Ions waren. Alles weitere
aber hat mit der „Volkstradition" nicht viel mehr zu thun

---

1) Ich stehe damit noch nicht auf NIESE's Standpunct; denn NIESE
läugnet überhaupt, dass dem Epos populäre Erzählungen zu Grunde liegen,
dass neben dem Dichter eine Sage existirt habe, während ich glaube eine
fortwährende Wechselwirkung zwischen beiden annehmen zu müssen.

als in den mittelalterlichen Chroniken die Anknüpfung der Völker und Städte an das classische oder hebräische Alterthum.[1]) Das gleiche gilt auch von den älteren und lebenswärmeren Bestandtheilen der Sage, nur dass hier nicht die Bestrebungen einer in den Anfängen stehenden Forschung, sondern auf der einen Seite poetische, auf der anderen politische und persönliche Einflüsse und daneben der fortschreitende Wandel der Anschauungen umgestaltend und umbildend gewirkt haben. Auf diesem Gebiete ist das auch in manchen neueren Untersuchungen anerkannt und im einzelnen durchgeführt, namentlich von ROBERT und WILAMOWITZ.

Die Gelegenheit, welche die Pelasgerfrage bot, umfangreiche und für die späteren Anschauungen grundlegende Stammbäume zu analysiren, habe ich daher nicht vorübergehen lassen mögen, so ermüdend die Einzeluntersuchung auch war. Die literarischen und religionsgeschichtlichen Ergebnisse, zu denen ich gelangt bin, lohnen, denke ich, die aufgewandte Mühe. Durch manche derselben bin ich selbst nicht wenig überrascht worden: sie zeigen, wie viel hier noch zu finden ist, zugleich aber auch, wie dringend nothwendig es ist, das gesammte sagengeschichtliche Material sorgfältig im einzelnen durchzuarbeiten: nur so können wir aus dem Tappen im Blinden endlich herauskommen und die Irrwege vermeiden, die bei jedem Schritt verlockend vom Hauptpfade ablenken.[2])

Halle den 25. November 1889.

1) Z. B. ist der berühmte Stammbaum der troischen Fürsten Υ 215 ff. Zeus — Dardanos — Erichthonios — Tros — Ilos Assarakos (Ganymedes) weder volksthümliche Ueberlieferung — wie sollte das „Volk" darauf kommen, sich eine derartige Namensreihe zusammenzustellen? dagegen ist volksthümlich wahrscheinlich der schöne Troerknabe Ganymedes —, noch dichterische Erfindung (das sind dagegen die anschliessenden Glieder Laomedon — Priamos und vielleicht Kapys — Anchises — Aeneas), sondern ein Product individuellen Nachdenkens, das wir seiner Tendenz nach nur als wissenschaftliche Thätigkeit bezeichnen können.

2) Bei der Drucklegung habe ich in den drei Jahre vorher abgeschlossenen Aufsatz ausser stilistischen Aenderungen nur wenige Zusätze eingefügt, die meist durch eckige Klammern bezeichnet sind.

Erstes Kapitel.

Die Pelasger in Attika und auf Lemnos.

[Zuerst gedruckt Philologus N. F. II 1889.]

Die Angabe, dass in Attika vor Alters Pelasger ansässig waren, welche die Burgmauer Athens erbaut haben, ist scharf zu sondern von der von Herodot vertretenen Meinung, die Vorfahren der späteren ionischen Athener seien Pelasger gewesen. Diese Annahme ist lediglich eine Folgerung, die Herodot daraus gezogen hat, dass es Ionier erst gab, seitdem Ion der Sohn des Xuthos nach Athen gekommen war (VII 94. VIII 44); vorher, unter Kranaos, Kekrops und Erechtheus, konnten die Bewohner weder Ionier noch Hellenen sein, sie mussten also nach Herodots Anschauung Pelasger und Barbaren gewesen sein (I 56 ff.).[1]

In weit späterer Zeit, „als die Athener schon zu den Hellenen zählten",[2] haben sich, so berichtet Herodot, bei ihnen Pelasger angesiedelt (II 51 Ἀθηναίοισι γὰρ ἤδη τηνικαῦτα ἐς Ἕλληνας τελέουσι Πελασγοὶ σύνοικοι ἐγένοντο ἐν τῇ χώρῃ — ὅθενπερ καὶ Ἕλληνας ἤρξαντο νομισθῆναι fügt er noch hinzu, da er weiss, dass seine Theorie von dem Barbarenthum der Pelasger mit den gangbaren Ansichten im Widerspruch steht). Sie sind nach Attika gekommen, um den Athenern die Mauer

---

1) Vgl. Kap. 6; aus Herodot schöpft Scymnus 560.

2) Vgl. VI 53 „die Vorfahren der dorischen Könige bis auf Perseus waren Hellenen — ἤδη γὰρ τηνικαῦτα ἐς Ἕλληνας οὗτοι ἐτέλεον — während die Ahnen der Danae der Mutter des Perseus echte Aegypter gewesen sind".

um die Akropolis zu bauen, und haben zum Lohn dafür das
Land am Fuss des Hymettos zum Wohnsitz erhalten. Dann
werden sie von den Athenern verjagt, nach Hekataeos, weil
diese sahen, dass die Pelasger das früher werthlose Land gut
bebaut hatten und es jetzt wieder haben wollten — wie dagegen die Athener erzählen, weil die Pelasger ihren Töchtern
nachstellten, wenn sie zur Enneakrunos Wasser schöpfen gingen.
Die Pelasger suchen sich neue Wohnsitze und besetzen vor
allem Lemnos (ἀλλά τε σχεῖν χωρία καὶ δὴ καὶ Λῆμνον — die
„anderen Orte“ sind vor allem Samothrake, dessen Bewohner
nach Her. II 51 eben dieselben Pelasger aus Attika sind,[1]) und
Imbros[2])). Von hier aus überfallen sie die attischen Jungfrauen
bei einem Fest der brauronischen Artemis. Was weiter erzählt
wird, wie die Pelasger diese Frauen und die von ihnen er-
zeugten Kinder tödten und das Orakel ihnen befiehlt den
Athenern dafür Genugthuung zu geben, und wie in Folge
dieses uralten Orakelspruchs sehr lange Zeit nachher (ἔτεσι
κάρτα πολλοῖσι ὕστερον τούτων) Lemnos von Miltiades genommen wird, braucht nicht weiter ausgeführt zu werden.[3])
An einer anderen Stelle erfahren wir, dass die Auswanderung
der Pelasger nach Lemnos in die Zeit der Eroberung Lakoniens durch die Dorer fällt, und dass sie von hier die Minyer,
Enkelkinder der Argonauten, vertreiben. Diese wenden sich
dann nach Sparta und besetzen von hier aus Thera (IV 145).[4])
Schon diese Zeitbestimmung zeigt, dass wir uns hier nicht
auf historischem, sondern auf mythischem Boden befinden. Die
Kluft zwischen Sage und geschichtlicher Erinnerung ist in
der Erzählung Herodots deutlich erkennbar und scharf bezeichnet. Im Uebrigen sind in ihr zwei verschiedene Elemente verbunden. Der zweite Theil soll den Ursprung der
Bevölkerung von Lemnos erklären und die Eroberung der Insel
durch die Athener rechtfertigen; der erste Theil erzählt von
Pelasgern in Attika und steht in untrennbarem Zusammenhang

---

1) Herodot benutzt diese Annahme, um den Cultus des ithyphallen
Hermes in Attika und Samothrake zu erklären.

2) Her. V 26.

3) Her. VI 137 ff., vgl. I 57: „die Pelasger, welche Plakia und Skylake
am Hellespont besiedelt haben, οἳ σύνοικοι ἐγένοντο Ἀθηναίοισι“.

4) Daraus entlehnt Pausan. VII 2, 2.

mit der Mauer der Akropolis. Wir haben es fürs erste nur mit diesem ersten Theile zu thun.

Die Erzählung von den Pelasgern in Attika gehört weder dem einheimischen Sagenbestande an, noch dem was die älteren Dichter als attische Urgeschichte erzählten. Weder in der genealogischen Poesie ist von ihnen die Rede, noch im attischen Drama, noch in der traditionellen Stadtgeschichte, auf der Thuk. II 15 fusst, noch z. B. bei Aristophanes oder Plato oder wo man sonst Spuren alter und ächter einheimischer Tradition suchen könnte. Und doch fliesst grade hier die Ueberlieferung sonst reichlich und zusammenhängend genug, so dass wir diese Erscheinung nicht durch unser lückenhaftes Material erklären dürfen. Vielmehr steht der Charakter der Pelasgererzählung mit dieser Thatsache in Uebereinstimmung. Zum Wesen einer ächten Sage gehören durchaus und in erster Linie Persönlichkeiten: in der Pelasgererzählung begegnet uns kein einziger Name. Der Ursprung der Burgmauer gehört nothwendig in die Geschichte von der Gründung und Entwickelung der Stadt. Wäre die Erzählung von dem Mauerbau der Pelasger ächt, so müsste sie unter einen der stadtgründenden Könige gesetzt werden, wie die von dem Mauerbau der Kyklopen in Tiryns unter Proitos. Statt dessen hinkt sie kläglich nach, nachdem alles vorbei ist; nach den Thaten des Kekrops Erechtheus Theseus kommen die Pelasger, unter welchem Herrscher wissen wir nicht. Ihre Vertreibung ist ebenso zeitlos, aber jedenfalls fällt sie nach dem Tode des Kodros, wo doch die Sage zu Ende ist und die völlige Leere beginnt. Sehr deutlich sieht man, dass wir es mit einer späteren Einlage zu thun haben. Wegen des Alters der Burgmauer musste man sie möglichst hoch hinaufsetzen, aber in der eigentlichen Sagengeschichte war nirgend mehr Platz für sie; so hat man sie ans Ende derselben angeflickt.

Und nun geht ja aus Herodot deutlich hervor, dass die ganze Erzählung den Athenern erst durch Hekataeos bekannt geworden ist. Was Herodot als attische Version giebt, ist nicht etwa ächte einheimische Tradition, sondern deutlich Correctur des hekataeischen Berichtes. Dass Pelasger in Attika gesessen und die Burgmauer gebaut hätten, glaubte man dem Schriftsteller; aber dass die Athener gegen alles Recht über die

Fremden hergefallen seien und ihnen ihr Land abgenommen
hätten, das konnte man unmöglich auf sich sitzen lassen. Ein
gerechter Grund liess sich leicht finden; das gewählte Motiv
ist offenbar aus der Sage von Boreas und Oreithyia entnommen.[1]) Die Sache liegt hier genau wie bei den Erzählungen
über den Ursprung des spartanischen Doppelkönigthums,[2]) und
wie dort haben auch hier die modernen Interpreten die secundäre Correctur für das Ursprüngliche gehalten.

Ob Hekataeos der erste gewesen ist, welcher die Pelasger
nach Attika brachte, oder ob er darin Vorgänger in der Poesie
gehabt hat, wissen wir nicht. Das ist auch irrelevant; evident
ist dagegen, wie man zu der Ansicht gekommen ist. Sie soll
den Namen der Burgmauer erklären, die bekanntlich gewöhnlich (so bei Herodot V 64) τὸ Πελασγικὸν τεῖχος genannt wird.
Was unter demselben zu verstehen ist, kann gegenwärtig nicht
mehr zweifelhaft sein. Es ist die alte, aus unbehauenen (sog.
kyklopischen) Blöcken aufgeführte Ringmauer der Akropolis,
die auf der West- und Südwestseite auf halber Höhe des Fel-
sens lief und daher hier eine unterhalb des Gipfels und der
späteren Propylaeen liegende Terrasse mit umfasste.[3])

Aber diese Mauer, welche den Pisistratiden noch als Boll-
werk diente und von den Persern genommen wurde, dann aber
bei der gänzlichen Umgestaltung der Akropolis durch Kimon
und Perikles bis auf wenige Reste verschwand (längere Zeit
hindurch diente sie als Steinbruch, bis auf Grund des Psephisma's des Lampon CIA I 27 b die Reste geschützt wurden),
hat in Athen selbst niemals Pelasgikon geheissen, sondern
immer nur Pelargikon. Seitdem in der grossen 1880 gefun-
denen eleusinischen Inschrift (jetzt CIA I 27 b) die Schreibung

---

1) WILAMOWITZ, Kydathen 136 gibt die Deutung: „die Pelasger,
welche die Mädchen von der Kallirrhoe rauben, sind . . . . . die Riesen
des Berglandes im Kampfe mit der Stadt Athen". Das wäre möglich,
wenn hier wirklich eine Sage vorläge. Aber auch hier wieder geht die
physische Deutung des angeblichen Mythos viel zu tief; in Wirklichkeit
haben wir es nur mit einem geläufigen Märchenzug zu thun, der um einer
bestimmten Tendenz willen zur Ausmalung einer auf literarischem Wege
entstandenen Erzählung verwerthet ist.

2) S. unten die Abhandlung über Lykurg.

3) S. jetzt vor allem LOLLING in seiner Topographie von Athen
(Handbuch der classischen Alterthumswissenschaft III S. 337).

Πελαργικόν zu Tage getreten ist, ist diese Thatsache allgemein bekannt und anerkannt. Bei Thukydides II 17 schreibt die beste Handschrift (Laurentianus C) beidemale *Πελαργικόν*; dieselbe Form bieten Kleidemos fr. 22 [1]), Aristophanes Aves 832 (vgl. 869) und der in den Scholien dazu citirte Vers des Kallimachos, Aristoteles pol. Athen. 19, Dion. Hal. I 28 u. a. Diesen Zeugnissen gegenüber hat es gar keinen Wert, wenn spätere Schriftsteller und schlechtere Handschriften die ihnen aus der nichtattischen Literatur geläufigere Form *Πελασγικόν* geben.

Dass der Name Pelargikon mit den Pelasgern gar nichts zu thun hat, braucht nun, sollte ich denken, nur einmal ausgesprochen zu werden, um allgemeine Anerkennung zu finden. Bedeutete der Name wirklich „die Pelasgerburg“, so müssten wir eben auch alte und ächte Spuren der Pelasger in Athen finden, sie müssten unter Kekrops oder Erechtheus, den Gründern der ältesten Stadt, ihren Mauerbau ausführen — ganz abgesehen davon, dass dann der völlig isolirte Lautwandel zu erklären wäre.[2]) Rhotacismus (noch dazu vor folgendem Consonanten) ist im Attischen unerhört, und es widerspricht aller gesunden Methode, um einer problematischen Erklärung eines Eigennamens willen ein neues Lautgesetz zu statuiren.

Warum die Athener ihre Burgmauer Pelargikon, d. h. vermuthlich das „Storchnest“, genannt haben, wissen wir nicht; wahrscheinlich wird es einen rein äusserlichen Grund gehabt haben. Als aber die gelehrte Forschung begann — auf diese

---

1) *καὶ ἠπεδίζον τὴν ἀκρόπολιν, περιέβαλλον δὲ ἐννεάπυλον τὸ Πελαργικόν.* bei BEKKER anecd. I S. 419, 27; Suidas gibt dafür *Πελασγικόν* (s. v. *ἄπεδα*). Die richtige Lesung findet sich auch z. B. bei Photios lex. p. 407.

2) BECHTEL, Inschriften des ionischen Dialekts (Abh. Gött. Ges. d. W. 1887) S. 13 sucht nachzuweisen, dass der Rhotacismus des eretrischen Dialekts von Pelasgern stamme, die von Thessalien nach Euboea gekommen seien. Als Beleg dafür wird der angebliche Rhotacismus im attischen Pelargikon angeführt. Also in diesem einzigen Wort, das noch dazu von ihrem eigenen Volksnamen abgeleitet wäre, hätte sich der Einfluss des Pelasgischen auf den attischen Dialekt bewahrt. Aber warum heissen denn die Pelasger sonst nirgends Pelarger, wenn sie doch, wie BECHTEL annehmen muss, sich selbst so sprachen? Wenn an der ganzen Sache etwas wäre, so müsste man ja gerade umgekehrt folgern, dass die Athener den Namen des fremden Volk rhotacistisch umgewandelt hätten, während der Rhotacismus dem „Pelasgischen“ fremd wäre.

Bezeichnung erhebt ja Hekataeos sehr ernstlich Anspruch — suchte sie auch diesen Namen historisch zu erklären. Dass man da aus dem Pelargikon einen Pelasgerbau machte, ist sehr begreiflich. Daraus ergab sich das Uebrige von selbst; wenn man die Pelasger ins Land gebracht hatte, musste man sie auch wieder hinausschaffen. Von der Verbindung mit Lemnos wird später zu reden sein. Im Uebrigen ging Hekataeos — oder wer etwa sein Vorgänger gewesen sein mag — sehr ehrlich zu Werke. Die Thatsache stand ihm durch den Namen unzweifelhaft fest, aber er hat weder einen König genannt, noch sonst die Begebenheit weiter ausgemalt.[1]) Das Einzige, was er hinzugefügt hat, ist eigentlich, dass die Athener den Pelasgern das Land am Hymettos zuweisen — ob für diese Combination irgend ein Anlass vorlag, wissen wir nicht. Woher die Pelasger gekommen sind, gibt Herodot nicht an; soweit wir sehen können hat das erst Ephoros ermittelt: sie waren von den Boeotern um die Zeit der äolischen Wanderung verjagt worden, nachdem vorher umgekehrt die Pelasger und Thraker die Boeoter verjagt hatten.[2]) Zu Pausanias' Zeit wusste man natürlich noch besser Bescheid: πυνθανόμενος δὲ οἴτινες ἦσαν οὐδὲν ἄλλο ἐδυνάμην μαθεῖν ἢ Σικελοὺς τὸ ἐξ ἀρχῆς ὄντας ἐς Ἀκαρνανίαν μετοικῆσαι. Nach einer Angabe bei Strabo V 2, 8 waren sie dagegen unter Führung des Maleas des Sohnes des Pelasgos aus Regisvilla bei Graviscae in Etrurien gekommen.[3]) Hier ist also die Auswanderung der Pelasger nach Etrurien einmal in das Gegentheil umgesetzt.

1) Das ist erst in der spätesten Ueberlieferung geschehen, bei Pausan. I 28, 3 περιβαλεῖν τὸ λοιπὸν λέγεται τοῦ τείχους (der Akropolismauer, ausser der kimonischen) Πελασγοὺς οἰκήσαντάς ποτε ὑπὸ τὴν ἀκρόπολιν. φασὶ γὰρ Ἀγρόλαν καὶ Ὑπέρβιον ... das Weitere ist ausgefallen. Vgl. Plin. VII 194 laterarias ac domos constituerunt primi Euryalus et Hyperbios fratres Athenis.

2) Bei Strabo IX 2, 3 (dass Ephoros hier wie im Vorhergehenden und Folgenden die Quelle ist, ist evident). Das Datum [die gleiche Zeitangabe bei Velleius I 3] stimmt genau zu Herodot, denn Penthilos' Auszug fällt nach Strabo XIII 1, 3 sechzig Jahre nach den Τρωικά. — Nach Diod. XIX 53 werden die Boeoter zur Zeit des troischen Krieges von den Pelasgern verjagt.

3) [WILAMOWITZ, Isyllos von Epidauros S. 100, 51 will Μαλεώτου Πελασγοῦ lesen; aber der Artikel kann schwerlich fehlen. Dagegen hat

Die Athener haben die von Hekataeos gegebene Erzählung in der Weise modificirt, wie Herodot angibt, sonst aber einfach recipirt[1]) bis auf zwei wichtige Modificationen. Einmal konnten sie den Namen Pelasgikon nicht annehmen, da er eben falsch war, und erklärten nun das Pelargikon daraus, die Pelasger seien wegen ihres vielen Wanderns von den Athenern „Störche" Πελαργοὶ genannt worden, daraus sei dann der Name Pelasger entstanden: Strabo V 2, 4 (ebenso IX 1, 18): καὶ οἱ τὴν Ἀτθίδα συγγράψαντες ἱστοροῦσι περὶ τῶν Πελασγῶν ὡς καὶ Ἀθήνησι γενομένων, διὰ δὲ τὸ πλάνητας εἶναι καὶ δίκην ὀρνέων ἐπιφοιτᾶν ἐφ᾽ οὓς ἔτυχε τόπους Πελαργοὺς ὑπὸ τῶν Ἀττικῶν κληθῆναι. Gewiss erzählte so Philochoros, den wohl Strabo auch zunächst im Auge hat (wie IX 1, 6): fr. 7 bei Servius ad Aen. VIII 600 *Philochorus ait ideo nominatos Pelasgos, quod relis et verno tempore advenire visi sunt ut aves.* Zweitens aber hat man durchweg die attischen Pelasger als Tyrsener bezeichnet. So gleich Thukydides IV 109: „auf der Athoshalbinsel wohnt eine zahlreiche pelasgische Bevölkerung, von denen welche einst als Tyrsener Lemnos und Athen bewohnt hatten".[2]) „Der Tyrsener Mauer, das Pelargikon" (Τυρσηνῶν τείχισμα Πελαργικὸν) lautet ein Fragment des Kallimachos.[3]) Kleidemos' Erzählung „sie ebneten die Akropolis [was in Wirklichkeit Kimon und Perikles gethan haben; so rasch verliert

er den Maleas richtig mit dem Tyrsener Maleas oder Malcotas identificirt, der als Vater der Aletis genannt wird, der zu Ehren man in Athen das dionysische Fest ἀλῆτις oder αἴωρα feierte (Etym. magn. ἀλῆτις, Hesych. αἴωρα, dort Μαλεώτου τοῦ Τερρηνοῦ, hier Μαλέω Τερρηνοῦ geschrieben). Crusius, Philol. N. F. II 206 f., der weitere Belege zusammenstellt, erkennt in ihm im Anschluss an O. Müller mit Recht den Eponymus des Vgb. Malea. Es ist also ein tyrsenischer Räuber, der hier haust und mit den Festbräuchen des Dionysoscults in Verbindung gesetzt wird. Mit dem asklepiosartigen Daemon Maleatas hat er, direct wenigstens, nichts zu thun.]

1) Philochoros fr. 5. 6 erzählt die Vertreibung der Pelasger, ihre Ansiedelung auf Lemnos und Imbros, den Ueberfall der Jungfrauen bei Brauron fast genau ebenso wie Herodot. — Die Fragmente sind selbstverständlich bei Müller viel zu früh gesetzt; sie gehören ans Ende des zweiten Buchs.

2) Von dieser Thukydidesstelle ist Strabo VII fr. 35 abhängig, der die fünf Städte, welche nach Thuk. gemischte Bevölkerung haben, von lemnischen Pelasgern bewohnt sein lässt.

3) Fr. 283 Schneider, bei schol. Arist. aves 832.

sich in solchen Dingen die Tradition! — Kleidemos schrieb bekanntlich zu Anfang des vierten Jahrhunderts] und umwallten sie mit einer neunthorigen Mauer, dem Pelargikon" (fr. 22, s. S. 10. 1) wird auch die Tyrsener genannt haben. Wenn der Pelasgername erst in Attika entstanden war, so war Tyrsener eben der Name, den sie bis dahin führten. So hat Philochoros die Sache aufgefasst, der fr. 5 von den Tyrrhenern in Attika erzählt, was Herodot von den Pelasgern, und daran offenbar die eben angeführte Auseinandersetzung über den Namen Pelarger geknüpft hat.[1]) Ebenso Myrsilos von Lesbos[2]) bei Dion. Hal. I 28: τοὺς Τυρρηνούς φησιν, ἐπειδὴ τὴν ἑαυτῶν ἐξέλιπον, ἐν τῇ πλάνῃ μετονομασθῆναι Πελαργούς, τῶν ὀρνέων τοῖς καλουμένοις πελαργοῖς εἰκασθέντας, ὡς κατ᾽ ἀγέλας ἐφοίτων εἴς τε τὴν Ἑλλάδα καὶ τὴν βάρβαρον. Καὶ τοῖς Ἀθηναίοις τὸ τεῖχος τὸ περὶ τὴν ἀκρόπολιν τὸ Πελαργικὸν καλούμενον τούτους περιβαλεῖν.[3]) Um dies Auftreten des Tyrsenernamens zu erklären, müssen wir die Nachrichten über die lemnischen Pelasger genauer untersuchen.

Wir gehen aus von der Eroberung von Lemnos — und Imbros, das gleichzeitig attisch geworden ist, aber in unserer Ueberlieferung an dieser Stelle nie genannt wird — durch Miltiades. Was uns über den Hergang erzählt wird, bietet dem historischen Verständniss mancherlei Schwierigkeiten. Herodot gibt den Bericht darüber nicht im Zusammenhang mit der älteren Geschichte des Miltiades, die er in zwei Partien (VI 34 ff. 103 f.) ziemlich ausführlich erzählt hat, sondern als Nachtrag zur Geschichte seines Processes im J. 489: dass Miltiades den Athenern Lemnos gewonnen hat, fällt zu seinen

---

1) Von der Gewaltthätigkeit dieser Tyrrhener leitete er das Wort τύραννος ab, das sonst gewöhnlich für lydisch erklärt wird. (Ebenso Suidas s. v. τύραννος; argum. Sophocl. Oedipus Tyr.).

2) Um 250 v. Chr., s. MÜLLENHOF, Deutsche Alterthumskunde I 456; WILAMOWITZ, Antig. v. Karystos 24.

3) Vgl. auch Photios lex. Πελαργικὸν· τὸ ὑπὸ τῶν τυράννων (leg. Τυρρηνῶν) κατασκευασθὲν τῆς ἀκροπόλεως τεῖχος· τοῦτον· γὰρ κληθῆναι πελαργοὺς οἷον Πελασγοὺς (die Vorlage ist offenbar sehr zusammengezogen) ὡς πλάντάς τινας· ἢ ὅτι ἰδόντες αὐτοὺς πρῶτον οἱ Ἀθηναῖοι σινδόνας λαμπρὰς περιβεβλημένους, πελαργοῖς εἴκασαν. Hesych. Πελασγικόν· τειχίον οὕτω ἐν Ἀθήναις καλούμενον Τυρρηνῶν κτισάντων. Ebenso Eustath. ad Dion. 347.

Gunsten in die Wagschale. Die Erzählung gehört mithin offenbar einer andern Traditionsschicht an, als jene Geschichten über Miltiades' Herrschaft auf der Chersones und seine Flucht vor den Persern. Nun ist unbestreitbar, wenn auch lange nicht immer genügend beachtet, dass wir in dieser Zeit noch keineswegs auf einem Boden stehn, wo sich die einzelnen Berichte einfach in einander schieben und zu einem Ganzen verbinden lassen. Dieselben stehn vielmehr isolirt neben einander und kein einziger von ihnen kann als völlig authentisch betrachtet werden, am wenigsten natürlich in chronologischer Beziehung. Wenn daher Herodot an einer andern Stelle berichtet, nach Darios' Skythenzug habe Otanes die damals noch von Pelasgern bewohnten Inseln Lemnos und Imbros genommen (um 510), Lemnos habe sich tapfer aber vergeblich vertheidigt, und die Perser hätten hier als Statthalter Lykaretos, den Bruder des Maiandrios von Samos eingesetzt, der auch auf Lemnos als Herrscher gestorben sei (Her. V 27) — so haben wir noch keineswegs das Recht, diese Erzählung mit der über Miltiades zu verbinden und zu folgern, Miltiades habe die Inseln erst nach dem Bruch mit Persien, während des ionischen Aufstandes, erobern können.[1] Dass diese Annahme falsch ist, lässt sich sicher nachweisen. Denn Miltiades hat die Einwohner der Inseln verjagt[2] und Athener auf ihnen angesiedelt. Seitdem sind die Inseln griechisch[3] und von attischen Colonisten besetzt, die in den Todtenlisten auf dem Kerameikos nach den attischen Phylen aufgezählt werden.[4] Weil die Vertriebenen Barbaren waren, wie die später von Kimon vertriebenen Doloper von Skyros, sind Lemnos, Imbros und Skyros

---

1) So folgern die Neueren durchweg. Nepos Milt. 2 setzt dagegen die Einnahme von Lemnos vor Darius' Skythenzug, gewiss nicht auf Grund einer abweichenden Tradition, aber historisch wahrscheinlich correcter. Wenn es bei Nepos noch heisst *pari felicitate ceteras insulas, quae Cyclades nominantur, in Atheniensium redegit potestatem*, so mag die Quelle dabei an Imbros gedacht haben.

2) Das sagen alle Quellen übereinstimmend; die Zweifel von DUNCKER G. d. Alt. VII 65 entbehren jeder Grundlage.

3) Her. VIII 11. Artemidoros von Lemnos, der bei Artemision zu den Griechen übergeht, muss also attischen Ursprungs gewesen sein. Daher weisen ihm die Athener Land auf Salamis an.

4) Thuk. VII 57. Vgl. III 5 IV 28 V 8. CIA I 443. 444.

zu allen Zeiten als rechtmässiger attischer Besitz anerkannt
worden, der selbst durch die vom Königsfrieden proclamirte
„Autonomie aller Hellenen" nicht angetastet und nach dem
Perseuskriege noch einmal von den Römern restaurirt wird.
Sehr mit Unrecht hat KIRCHHOFF[1]) diese Thatsache zu ver-

---

1) in seinem Aufsatze „Die Tributpflichtigkeit der attischen Kleruchen" Abh. Berl. Ak. 1873 S. 30 ff. KIRCHHOFF nimmt an, die Entsendung
der attischen Kleruchie falle erst um Ol. 84, 2 (443/2 v. Chr.) und auch
damals sei noch eine selbständige einheimische Bevölkerung auf der Insel
geblieben. Die Neueren sind ihm darin durchweg gefolgt (z. B. DUNCKER
und BUSOLT, letzterer allerdings nur mit Reserve); ja KÖHLER hält es für
denkbar, dass Philipp V im J. 200 die attischen Kleruchen vertrieben
und die Regierung der alteinheimischen Bevölkerung überlassen habe,
welcher dann auch von den Römern die Autonomie geschenkt worden
sei. (Mitth. Arch. Inst. Athen. I 263 f.). Damals befanden sich aber die
attischen Kleruchen bereits seit mehr als 300 Jahren im ungestörten Besitz der Insel, und trotz aller Schwankungen der politischen Verhältnisse
hatte Niemand daran gedacht, sie zu vertreiben (auch Lysimachus nicht,
Phylarch fr. 28), so oft auch die politische Abhängigkeit der Kleruchen-
gemeinde von Athen aufgehoben war. Das ist nicht aus zarter Rücksicht
auf die Kleruchen geschehen, sondern ganz einfach deshalb, weil Niemand
anders da war, der ein Recht auf die Inseln hatte. Hätte Philipp V die
Kleruchen verjagen wollen, so musste er die Nachkommen der alten Tyrsener aus Plakia und Skylake und der Athoshalbinsel zusammensuchen
um der Insel eine Bevölkerung zu geben. KÖHLER meint freilich im Anschluss an KIRCHHOFF, aber im Widerspruch mit aller Ueberlieferung, es
habe in Hephaestias und Myrina unterthänige Gemeinden einheimischer
Bevölkerung mit beschränktem Münzrechte gegeben (Mitth. Arch. Inst.
IV 263). Die ganze Hypothese beruht auf KIRCHHOFFs Annahme, die
attischen Kleruchen hätten keinen Phoros gezahlt — eine Annahme, der
ich so wenig beistimmen kann, wie den zahlreichen anderen Hypothesen,
durch die KIRCHHOFF die Ueberlieferung über die Geschichte des fünften
Jahrhunderts umzugestalten gesucht hat. Mit Recht hat BELOCH Rhein.
Mus. XXXIX 46 und Bevölkerung der griech.-röm. Welt 81 gegen KIRCH-
HOFFS Kleruchenhypothese protestirt und die Ueberlieferung wieder in
ihr Recht eingesetzt. Während dessen hat freilich die KIRCHHOFFsche
Hypothese noch abenteuerlichere Früchte getrieben: WILAMOWITZ Hermes
XXII 243 meint, die alten Einwohner von Lemnos und Imbros seien 388
v. Chr. vertrieben worden! Dann sind also Herodot, der ihre Vertreibung
erzählt, und Thukydides, der ihre neuen Wohnsitze am Athos kennt, Propheten gewesen. Hoffentlich weist man demnächst nach, dass die betreffenden Stellen interpolirt sind, und rettet dadurch auch hier die von
KIRCHHOFF erkannte Wahrheit gegenüber den Irrthümern der Alten. Es
ist leider nicht das erste Mal, dass WILAMOWITZ sich durch blendende
Hypothesen hat verleiten lassen, aller Ueberlieferung ins Gesicht zu schlagen.

schleiern gesucht und eine spätere Colonisation von Lemnos und Imbros in der perikleischen Zeit angenommen, von der die Quellen nichts wissen.

Es ist nun evident, dass eine derartige Besitzergreifung der beiden Inseln nicht in den wirren Jahren des ionischen Aufstandes stattgefunden haben kann. Damals hätte die Zeit kaum gereicht um die Inseln zu erobern und die Colonie einzurichten. Vor Allem aber hätten die Perser, als sie im J. 493 die Chersones unterwarfen und Miltiades beinahe bei Imbros abfingen, zweifellos die Colonisirung rückgängig gemacht und die alten Bewohner zurückgeführt, wenn dieselben eben erst verjagt waren. Lag doch damals Athen mit dem Perserreich in offenem Kriege. Offenbar muss damals die Occupation der Inseln schon seit geraumer Zeit vollzogen gewesen sein. Will man an Herodot's Angabe V 27 festhalten, so muss man annehmen, dass Lykaretos nur sehr kurze Zeit auf Lemnos geboten und Miltiades bald nach 510 die Insel occupirt hat. Viel wahrscheinlicher aber ist mir, dass Herodot sich geirrt hat und dass Otanes die damals schon von den Athenern besetzten Inseln an Persien brachte und einem den Persern ergebenen Herrscher unterstellte.[1]) Dann gehört die Eroberung der Inseln in beträchtlich frühere Zeit, vielleicht schon unter den älteren Miltiades — wie leicht kann die Ueberlieferung hier eine Verwechslung begangen haben;[2]) hat doch Nepos die beiden Miltiades zu einer Person verschmolzen —, und jedenfalls in die Zeit der Pisistratidenherrschaft.

Eine allgemeine Erwägung der politischen Verhältnisse dürfte das letztere noch besser begründen als eine Argumentation mit Detailangaben, die alle ihrem Wesen nach unzuverlässig sind. Man hat durchweg die Festsetzung der Philaiden auf der Chersones nach sehr einseitigen Gesichtspunkten beurtheilt und im Anschluss an Herodot fast ausschliesslich die

1) Es kommt hinzu, dass Miltiades nach seinem Auftreten bei Darius' Skythenfeldzug und nach dem Sturz der Pisistratiden schwerlich in der Lage war, noch Eroberungen zu machen. Vgl. auch Herodot VI 40, Miltiades' Flucht vor den Skythen, die von Herodot ins Jahr 495 gesetzt wird.

2) Es ist hier zu beachten, dass die Einnahme von Lemnos bei Herodot nur als Nachtrag und zur Motivirung der günstigen Stimmung, die in Athen für Miltiades herrschte, berichtet wird.

persönlichen Verhältnisse berücksichtigt. Die neueren Untersuchungen haben immer deutlicher gezeigt, wie die Pisistratiden überall die Grundlage der späteren Stellung Athens geschaffen haben, und so ist es auch hier gewesen. Mag die
erste Besetzung von Sigeon schon früher fallen, definitiv athe-
nisch ist es erst durch Pisistratos geworden. Damit steht die
Aussendung einer Colonie nach der Chersones und die Besetzung der Inseln im engsten Zusammenhang: es galt die
grosse hellespontische Handelsstrasse in die Hände Athens zu
bringen.[1]) Und dies Ziel hat Pisistratos wirklich erreicht.
Wenn man dadurch, dass man das Haupt der Philaiden an
die Spitze der Auswanderer stellte,[2]) einen politischen Rivalen
los wurde, um so besser. Daran dass derselbe sich der Oberhoheit der Pisistratiden entziehen könnte, war ja nicht zu
denken; im Gegentheil, die Stellung Kimons und die Aussendung des jüngeren Miltiades zeigen deutlich, wie völlig
sich das Geschlecht der Philaiden in die Abhängigkeit von
den Tyrannen fügen musste. Man hat gemeint, es sei eine
besondere Connivenz des Miltiades gegen Athen gewesen, dass
er die von ihm eroberten Inseln seiner Mutterstadt übergab
und von ihr besetzen liess. Die Sache liegt gerade umgekehrt:
die Philaiden konnten sich auf der Chersones nur behaupten,
geschweige denn Eroberungen unternehmen, so lange sie an
Athen einen Rückhalt hatten. Und woher in aller Welt hätten
sie denn die Colonisten für Lemnos und Imbros sonst nehmen
sollen, wenn nicht von Athen? Die Griechen auf der Chersones, die während des ganzen Verlaufs der griechischen Ge-

---

1) Ebenso hat Pisistratos einen Theil der thrakischen Goldbergwerke
besessen (Herod. I 64) und mit Makedonien Beziehungen angeknüpft (Her.
V 94). [Aus Aristoteles pol. Athen. 15 wissen wir jetzt, dass Pisistratos
während seiner zweiten Verbannung Rhaikelos am thermaeischen Golf be-
siedelte; ebenso bezeugt er die Festsetzung am Pangaion.]

2) Gewöhnlich setzt man die Auswanderung des Miltiades I. gleich
ins Jahr 560, ob mit Recht, ist fraglich. Sicher ist nur, dass Miltiades
vor Kroesos' Sturz bereits auf der Chersones herrschte und mit Lampsakos
Krieg führte (Her. VI 37); offenbar strebten die Lampsakener nach der
Suprematie über den gegenüberliegenden Theil der Chersones. Dadurch
rückt die spätere Verschwägerung der Pisistratiden mit den Tyrannen
von Lampsakos (Thuk. VI 59), die dem Thukydides als eine Erniedrigung
erscheint, erst ins rechte Licht.

schichte bis auf die Römerzeiten hinab nicht einmal ihr eigenes Land gegen die Thraker schützen konnten, waren doch wahrlich nicht im Stande, Colonisten auszuschicken. Ist diese Auffassung aber richtig, so dürfte es nicht zweifelhaft sein, dass die Besetzung der Inseln geraume Zeit vor dem Sturze der Pisistratiden erfolgt ist.

Die Colonisation von Lemnos — welches das weniger wichtige Imbros mit zu vertreten hat — hat nun zu der Sage Veranlassung gegeben, die Herodot und im Wesentlichen ebenso wohl schon Hekataeos aufgezeichnet haben. Die Vertreibung der Bewohner erscheint als die von der Gottheit befohlene Sühne für den Frauenraub in Brauron und die frevelhafte Ermordung der Geraubten und ihrer Kinder. Die Lemnier selbst haben die Berechtigung des attischen Anspruchs anerkannt und nur hinzugefügt, sie wollten die Insel erst dann übergeben, wenn ein attisches Schiff bei Nordwind an einem Tage vom eigenen Lande nach Lemnos komme. So haben sie sich selbst eine Falle gegraben; Miltiades erfüllt die Bedingung, und so vollzieht sich nach langer Frist das Geschick. Die Bewohner von Hephaestias fügen sich freiwillig, Myrina wird mit Gewalt bezwungen.[1]) Die Pelasger müssen die Insel räumen.

Entstehungsart und Tendenz dieser Erzählung ist klar. Sie genügt allein schon, um die Unhaltbarkeit der Ansicht von KIRCHHOFF und DUNCKER zu erweisen, dass die Einwohner nicht vertrieben seien. Das Orakel kann erst entstanden sein, als es erfüllt war. Es musste durch eine Verschuldung der Lemnier gegen Athen motivirt werden. [Dazu hat man wahrscheinlich eine Cultlegende gewählt, welche die Festbräuche der brauronischen Artemis erklären sollte und von einem Frauenraube erzählte [2]) — genau wie die Festbräuche der Thesmophorien von Halimus zur Ausschmückung der Kriege des Pisistratos mit Megara verwendet und dadurch zugleich ätiologisch erklärt worden sind (Aeneas tact. 4, 8. Plut. Solon 8. 9 u. s. w.).]

Herodot erzählt die Sage, wie sie ihm überliefert war, ohne weitere Zusätze. So konnten sie die Späteren nicht brauchen, und wie gewöhnlich haben sie Ephoros und sein

---

1) Herod. VI 140. Diese Angaben werden wohl richtig sein.
2) vgl. CRUSIUS Philol. N. F. II 212, 40.

moderner Nachfolger Max Duncker in pragmatische Geschichte
umgesezt. In wie naiver Weise der letztere aus der Sage Geschichte gemacht hat, mag man bei ihm selbst nachlesen.[1])
Ephoros hat erzählt, das Orakel sei nur Vorwand gewesen, in
Wirklichkeit hätten die Lemnier sich aus Furcht vor den Persern (deren Vasall ja Miltiades war) ergeben. Zur weiteren
Illustration verwerthet er hier wie an anderen Stellen seines
Werkes ein Sprichwort, welches erzwungene Geschenke Ἑρμώ-
νειοι χάριτες nannte: Hermon sei der Herrscher der Lemnier
gewesen, welcher die Insel dem Miltiades übergab.[2])

Ephoros (Diodor) nennt nun die Bewohner von Lemnos
Tyrrhener, und diese Bezeichnung ist auch sonst die gebräuch-
liche. Apollonius Rhod. IV 1760 lässt die Minyer von Lemnos,
welche nach Sparta gehn und Thera gründen, durch Tyrsener
vertrieben werden. Plut. de virt. mul. 8 (= Polyaen. VII 49)
und quaest. gr. 12 nennt die Bewohner von Lemnos und Imbros,
die er im übrigen mit den Minyern zusammenwirft, ebenfalls

---

1) Bd. VII S. 64—66.
2) Diodor X 19. Dass nicht Demon, wie Crusius, Beiträge zur griech.
Mythol. (Progr. Leipzig 1886) S. 4 meint, sondern Ephoros hier wie überall die Quelle Diodors ist, kann nicht zweifelhaft sein. Demon hat vielmehr die Erläuterung des Sprichworts aus Ephoros entlehnt. Ebenso verwendet Ephoros die sprichwörtliche Gestalt des Verräthers Eurybates in
der Geschichte des Kroesos (Diod. IX 32); hier ist der Ursprung aus
Ephoros durch dessen Fragment 100 (bei Harpokration) bewiesen, und
auch hier folgen die Paroemiographen u. s. w. seiner Erzählung. Vgl. auch
Diod. X 25, 1 mit Demon fr. 10. [Auch Herodot bezieht sich in der lemnischen Geschichte auf das Sprichwort vom Λήμνιον κακόν VI 138.] Zu
Diodor stimmt im wesentlichen Suidas s. v. Ἑρμώνειος χάρις, Zenobios 3, 85.
Bei Hesych. s. v. tritt die Furcht vor den Athenern an die Stelle der vor
den Persern: ähnlich Nepos Milt. 2, der nicht aus Ephoros geschöpft hat.
Charax bei Steph. Byz. s. v. Ἡφαιστιάς hat Ephoros und Herodot mit ein-
ander verschmolzen und macht daher Hermon speciell zum Tyrannen von
Hephaestias; ferner entlehnt er aus Herodot die Pelasger. — [Ein weiteres
Beispiel ist die aus dem sprichwörtlichen Gebrauch von ἀναπαριάζειν
„nach parischer Art handeln", d. h. einen Vertrag brechen, von Ephoros
construirte Geschichte der Expedition des Miltiades gegen Paros, fr. 107
bei Steph. Byz. Πάρος, in der alle Neueren sehr mit Unrecht eine von
Herodot unabhängige Ueberlieferung gesucht haben. Auch hier ist Ephoros'
Erzählung in die Paroemiographen übergegangen (Diogenian II 35 Zenob.
II 21). Ebenso haben die Paroemiographen das sprichwörtliche Orakel
ἁ φιλοχρηματία Σπάρταν ἑλεῖ, ἄλλο δὲ οὐδὲν aus Ephoros übernommen.]

Tyrrhener. Nach Aristoxenos fr. 1 bei Diog. Laert. VIII, 1 (vgl. Clem. Alex. Strom. I 14, 62, der auch Theopomp nennt) war Pythagoras Τυρρηνὸς ἀπὸ μιᾶς τῶν νήσων, ἃς κατέσχον Ἀθηναῖοι Τυρρηνοὺς ἐκβαλόντες. Kleanthes bei Porphyrios vita Pyth. 2 sagt: ἄλλους εἶναι, οἳ τὸν πατέρα αὐτοῦ (des P.) Τυρρηνὸν ἀποφαίνονται τῶν τὴν Λῆμνον ἀποικησάντων.[1]) Pelasger heissen die Bewohner von Lemnos ausser bei Herodot nur bei dem von ihm abhängigen Charax (s. S. 19 Anm. 2) und bei Suidas und Zenobios s. v. Ἑρμώνιος χάρις (ib.).

Wir sehen nun deutlich, wie die attischen Schriftsteller dazu gekommen sind, von Tyrsenern in Attika und tyrsenischen Pelasgern zu reden. Die Bezeichnung ist ein versteckter Protest gegen die Pelasger. Namentlich in dem Ausdruck des Thukydides IV 109 τὸ δὲ πλεῖστον (der Bewohner der Athoshalbinsel) Πελασγικὸν τῶν καὶ Λῆμνόν ποτε καὶ Ἀθήνας Τυρσηνῶν οἰκησάντων tritt derselbe sehr deutlich hervor. Dass Pelasger in Attika gewesen und nach Lemnos ausgewandert waren, musste man den angesehenen Literaturwerken, die es bezeugten, schon glauben — schien es doch überdies durch den Namen Pelargikon bestätigt zu werden. Aber man wusste, dass die von den Athenern vertriebenen Bewohner von Lemnos nicht Pelasger sondern Tyrsener gewesen waren. Man setzte also beide Namen gleich und redete von tyrsenischen Pelasgern, eine Bezeichnung, die Sophokles einmal auf die argivischen Pelasger des Inachos angewendet hat,[2]) die aber sonst von den Pelasgern im übrigen Griechenland nicht gebraucht wird, sondern auf die Pelasger in Athen und Lemnos beschränkt blieb.

Das Verfahren des Hekataeos oder eventuell seines poetischen Gewährsmannes ist jetzt klar. Die attischen Pelasger mussten irgendwo untergebracht werden, da sie im Lande nun einmal nicht ansässig waren. Ebenso war zu ermitteln, woher die Bewohner von Lemnos gekommen waren; denn nach allgemeiner Tradition hatten seit der Argonautenzeit Minyer auf der

---

1) ebenso der späte Diogenes ἐν τοῖς ὑπὲρ Θούλην ἀπίστοις; ib. 10: φησὶ δὴ Μνήσαρχον Τυρρηνὸν ὄντα κατὰ γένος τῶν Λῆμνον καὶ Ἴμβρον καὶ Σκῦρον οἰκησάντων Τυρρηνῶν etc. Pythagoras erhält auch einen Bruder Tyrrhenos (ib. 2. 10 Diog. Laert. VIII 1, 2).

2) Ἴναχε γεννᾶτορ ... μέγα πρεσβεύων Ἀργους τε γύαις Ἥρας τε πάγοις καὶ Τυρσηνοῖσι Πελασγοῖς, bei Dion. Hal. I 28.

Insel gewohnt, die dann nach Sparta und Thera gewandert
waren;[1]) die späteren Bewohner konnten also erst nach dieser
Zeit hingekommen sein. So löste man zwei Schwierigkeiten
auf einmal, wenn man die attischen Pelasger nach Lemnos
wandern liess. Dass die Lemnier dann wieder von den Athenern vertrieben wurden, hat offenbar bei der Bildung dieser
Ansicht noch wesentlich mitgewirkt.

Auf diesem Wege sind die barbarischen Bewohner der
Inseln im Norden des ägäischen Meeres — Lemnos Imbros
Samothrake nennt Herodot — zu Pelasgern geworden. Von
hier hat sich der Name noch weiter ausgebreitet: Ephoros
(Diodor XI 60) nennt die Bewohner von Skyros, welche Kimon
vertrieb, Pelasger und Doloper,[2]) während sie sonst nur Doloper
heissen. Im gewöhnlichen Sprachgebrauch aber hielt sich der
Ausdruck Tyrsener[3]) und wurde nun auch auf die attischen
Pelasger angewandt.

Herodot kennt Tyrsener im Bereiche des ägäischen Meeres nicht, Τυρσηνοί sind bei ihm ausschliesslich die italischen
Etrusker. Es hat das seinen guten Grund; er leitet die letzteren aus Lydien ab, und konnte sie daher unmöglich mit
den Pelasgern in Verbindung bringen. Ueberhaupt geht Herodot in diesen Dingen sehr radical vor, zweifellos im Anschluss
an ältere Schriftsteller, vielleicht an Hekataeos. Die Leleger,
über deren Bedeutung kaum weniger Zweifel herrschten wie
über die Pelasger, erklärt er schlechtweg und ohne weitere
Begründung für einen älteren Namen der Karer (I 171), die
Stadt Antandros, welche Alkaeos (Strabo XIII 1, 51) in Ueber-

---

1) Pindar Pyth. 4 setzt in allem wesentlichen dieselbe Erzählung voraus, welche Herodot gibt, und die jedenfalls schon in den Eoeen erzählt
war (vgl. KIRCHHOFF Odyssee S. 321 ff.).

2) Nach Skymnos v. 584, der ja von Ephoros abhängig ist, wohnen
auf Skyros und Skiathos Pelasger ἐκ Θρᾴκης διαβάντες ὡς λόγος. Von
Ephoros ist auch Nikolaos von Damaskos (bei Steph. Byz. s. v. Σκῦρος)
beeinflusst, der die Einwohner von Skyros Pelasger und Karer nennt,
vgl. unten S. 22 Anm. 3. Aehnlich lässt Diogenes (oben S. 20 Anm. 1) die
Tyrrhener Lemnos, Imbros und Skyros besiedeln.

3) Wenn Ephoros die Bewohner von Lemnos in seinem historischen
Bericht Tyrrhener genannt hat, so hat er damit ihre Identität mit den
attischen Pelasgern natürlich nicht bestreiten wollen.

einstimmung mit den Andeutungen der Ilias lelegisch nannte,
ist ihm eine Pelasgerstadt (VII 42).[1])

Spätere freilich haben zu verbinden gesucht, was Herodot
schied. Der Mythograph Antikleides lässt die Pelasger Lemnos
und Imbros besiedeln, und dann einen Theil von ihnen sich
dem Tyrrhenos dem Sohn des Atys auf dem Zug nach Italien
anschliessen.[2]) Umgekehrt ist der Schriftsteller, aus dem Nepos
Milt. 2 schöpfte — leider wissen wir nicht, wer es ist — ebenso
radical vorgegangen wie Herodot und hat die Bewohner von
Lemnos zu Karern gemacht, wie die der Kykladen.[3]) Ausserdem aber konnte noch ein anderes Volk Anspruch auf Lemnos
erheben, die Sintier. In der Erzählung von Hephaestos' Fall
Il. A 594 heissen die Bewohner von Lemnos Sintier, ebenso
Od. θ 294 im Liede von Ares und Aphrodite Σίντιες ἀγριό-
φωνοι.[4]) Nach Strabo sind diese Sintier oder Σιντοί identisch
mit den Saiern des Archilochos und den Sapaeern der späteren
Zeit, die bei Abdera sitzen (X 2, 17. XIII 3, 20); Philochoros
dagegen identificirte sie mit den Pelasgern und Tyrrhenern,
und wie er von diesen das Wort τύραννος ableitete, so erklärte er Σίντιες für einen denselben wegen ihres Raubzuges
nach Brauron gegebenen Beinamen, von σίνεσθαι (fr. 6 Schol.
Il. A 594. Ebenso Schol. Ap. Rhod. I 608). Aehnlich hatte schon
Hellanikos den Namen erklärt: die Lemnier seien die ersten
Waffenschmiede gewesen. Er hielt sie aber für Thraker, die
μιξέλληνες geworden seien (fr. 112. 113). Geschichtlich ist es
wohl das wahrscheinlichste, dass die Sintier ein thrakischer
Stamm sind, welcher mit den Tyrsenern nichts zu thun hat,
sondern vor ihnen die Insel bewohnte.

Es ist nie bezweifelt worden, dass die Tyrsener von Lemnos identisch sind mit den tyrsenischen Seeräubern, welche
aus der Geschichte von dem Raub des Dionysos und ihrer

---

1) ebenso Konon 41.

2) Strabo V 2, 4. Woher hat Strabo diese Notiz, die zwischen Ephoros
und den Atthidographen (Philochoros) in der Mitte steht?

3) Die Einwirkung dieser Darstellung zeigt sich auch bei Nic. Dam.,
oben S. 21 Anm. 2.

4) Il. H 468. Σ 230. Φ 46. Ψ 745 setzen dagegen die aus der Argo-
nautensage bekannten Verhältnisse voraus.

Bestrafung (hymn. hom. 5 u. s. w.) am bekanntesten sind.[1]) Ephoros lässt sie als Seeräuber von den Kretern (die nach ihm erst
lange nach Minos verwildern und Piraten werden) abgelöst
werden (Strabo X 4, 9: μετὰ γὰρ τοὺς Τυρρηνούς, οἳ μάλιστα
ἐδῄωσαν τὴν καθ᾽ ἡμᾶς θάλασσαν); Kastor nahm sie unter dem
Namen Pelasger in seine Liste der Seeherrscher auf und liess
ihre Thalassokratie auf Grund der S. 11 Anm. 2 besprochenen
Ansätze 93 Jahre nach dem troischen Kriege beginnen und
85 Jahre dauern, worauf ihnen die Thraker folgen (Diodor bei
Euseb. ed. SCHOENE I 225). Bei Homer erscheinen diese Tyrsener nicht, ebenso wenig in den Ueberresten der hesiodeischen
Poesie. Wir dürfen daher vielleicht annehmen, dass sie ihre
Seeräubereien in den griechischen Gewässern erst in späterer
Zeit, im siebenten und sechsten Jahrhundert, getrieben haben,
bis ihnen Miltiades ein Ende machte.

Die von Lemnos und Imbros vertriebenen Tyrsener — von
der ärmeren Bevölkerung mögen ja manche als Tagelöhner und
Pächter der attischen Colonisten zurückgeblieben sein, die dann
ihre Nationalität verloren — wohnten nach Thukydides später
auf der Athoshalbinsel. Herodots Angabe I 57: „die Pelasger,
welche Plakia und Skylake am Hellespont [östlich von Kyzikos]
besiedelt haben und ehemals mit den Athenern zusammen-
wohnten, und was es sonst noch für Pelasgerstädte gibt, die
ihren Namen geändert haben [d. h. die sich nicht mehr Pelasger nennen]" steht damit nicht im Widerspruch. Unter den
letzteren mögen die Athosstädte gemeint sein, die Angabe über
Plakia und Skylake erklärt sich am einfachsten doch so, dass

---

1) Eine andere Erzählung, die an den Cult der Hera von Samos anknüpft, bewahrt Menodotos bei Athen XV 12. — Auch in der zu dem
Sprichwort Πιτάνη εἰμί bewahrten Erzählung des Hellanikos (fr. 115 bei
Suidas s. v. Zenobios 5, 61), die Stadt Pitane sei von Pelasgern geknechtet,
von Erythraeern befreit worden, dürften die Pelasger wohl tyrsenische
Seeräuber sein. Wenn nicht erst die Paroemiographen den Pelasgernamen
eingesetzt haben, so hat Hellanikos den Sprachgebrauch Herodots befolgt
und den Tyrsenennamen auf Italien beschränkt (was zu seiner Darstellung
bei Dion. Hal. I 28 sehr gut stimmen würde). [Allerdings kennt Hellanikos auch Tyrsener auf Lesbos: Steph. Byz. Μέταον, πόλις Λέσβου,
ἣν Μέτας Τυρρηνὸς ᾤκισεν, ὡς Ἑλλάνικος (fr. 121). Vielleicht hat er
hier auch die Tyrsener mit den Pelasgern auf Lesbos (unten S. 35) identificirt.]

ein Theil der vertriebenen Lemnier dorthin gewandert sei [1])
— dann hätten die Perser ihnen Aufnahme gewährt.

Von diesen Pelasgern, d. h. den Tyrsenen, sagt nun Herodot, sie sprächen dieselbe Sprache, wie „diejenigen Pelasger, welche oberhalb der Etrusker die Stadt Cortona bewohnen, die ehemals Nachbarn der Dorer waren; sie wohnten aber damals in dem jetzt Thessaliotis genannten Lande" I 57: [wenn man über die Sprache der Pelasger urtheilen darf nach] τοῖσι νῦν ἔτι ἐοῦσι Πελασγῶν τῶν ὑπὲρ Τυρσηνῶν Κροτῶνα πόλιν οἰκεόντων, οἳ ὅμουροι κοτὲ ἦσαν τοῖσι νῦν Δωριεῦσι καλεομένοισι (οἴκεον δὲ τηνικαῦτα γῆν τὴν νῦν Θεσσαλιῶτιν καλεομένην) ... und nachher καὶ γὰρ δὴ οὔτε οἱ Κροτωνιῆται οὐδαμοῖσι τῶν νῦν σφέας περιοικεόντων εἰσὶ ὁμόγλωσσοι οὔτε οἱ Πλακιηνοί, σφίσι δὲ ὁμόγλωσσοι. So hat Dionys von Halikarnass (I 29) die Stelle gelesen, während unsere Handschriften Κρηστῶνα und Κρηστωνιῆται bieten. Dass Dionys' Lesung die einzig mögliche ist, haben NIEBUHR, KIEPERT, STEIN und neuerdings nochmals HILDEBRANDT [2]) erwiesen. Da indessen die Lesung Kreston noch immer wieder Vertheidiger findet, muss ich die Argumente noch einmal wiederholen.

Wer Kreston und Krestoniaten liest, hält dieselben für den thrakischen Volksstamm der Krestonen oder Krestonaeer, und erklärt Herodots Angabe durch die wiederholt angeführte Thukydidesstelle IV 109, nach der auf der Athoshalbinsel tyrsenische Pelasger mit Bisalten, Krestonen und Hedonen zu-

---

1) Bei den Späteren erscheinen Pelasger in der Nähe von Kyzikos als Feinde der Dolionen (Ap. Rhod. I 1024 mit den Scholien, vgl. ib. 987 schol., Apollod. I 9, 18. Steph. Byz. *Βέσβικος*). Sie sollen zwar von Euboea (oder nach Deilochos aus Thessalien) gekommen sein, werden aber doch wohl nichts anderes sein als die Pelasger oder vielmehr Tyrsener von Plakia und Skylake. Konon narr. 41 macht sogar den Kyzikos selbst zu einem von den Aeolern aus Thessalien vertriebenen Pelasger, lässt dann die Tyrsener nach Kyzikos hinkommen und diese von den Milesiern besiegt werden. Die Elemente, aus denen diese Geschichte componirt ist, sind leicht zu erkennen. Werth hat sie so wenig wie das meiste was Konon erzählt.

2) NIEBUHR Röm. Gesch. I⁴ S. 37 Anm. 69. KIEPERT Lehrbuch der alten Geogr. § 348, 6. STEIN zu der Stelle. HILDEBRANDT, *de itineribus Herodoti*, diss. Leipz. 1883. S. 41 ff. STEIN hätte Κροτῶνα in seinen Text aufnehmen müssen.

sammen wohnen. Offenbar haben aber beide Stellen gar nichts mit einander zu thun. Nach Thukydides wohnen tyrsenische Pelasger und Krestonen durch einander; nach Herodot wären die Krestionaten Pelasger (wovon sonst niemand etwas weiss) und wohnten oberhalb der Tyrsener, die sonst nach allgemeiner Annahme gerade selbst die Pelasger sind. Sodann aber existirt eine Stadt Kreston überhaupt nicht.[1]) Drittens heisst der thrakische Volksstamm niemals Krestoniaten, wird aber bei Herodot wiederholt Κρηστωναῖοι (das Land Κρηστωνική) genannt. Endlich, welcher Leser wird bei dem Namen Tyrsener an die Athoshalbinsel denken? Wie kann also Herodot durch die Bezeichnung „oberhalb der Tyrsener“ die Lage von Kreston näher zu bestimmen suchen, wenn er einen Ort der Athoshalbinsel meint?

Nun sind bei Herodot, wie schon erwähnt, Τυρσηνοί immer die Etrusker Italiens; andere Tyrsener kennt er überhaupt nicht. „Oberhalb der Tyrsener“ aber liegt die Stadt Cortona, welche bei den Griechen vielfach, so gleich bei Hellanikos, Kroton genannt wird (vgl. Dion. Hal. I 26 Steph. Byz. s. v.). Wollte Herodot von dieser Stadt reden, so musste er einen erklärenden Zusatz beifügen, um sie von dem seinen Lesern weit bekannteren Kroton in Grossgriechenland — das bei ihm nie einen Zusatz erhält — zu unterscheiden, und dieser Zusatz konnte wieder nur von den Etruskern hergenommen werden. Endlich ist das regelrechte und ausnahmslos gebrauchte ἐθνικόν von Κρότων eben Κροτωνιάτης (-ήτης).

So steht die Lesung Κρότων bei Herodot absolut fest.[2]) Es kommt noch hinzu, dass Hellanikos genau mit ihm überein-

---

1) Steph. Byz. s. v. ist nur Folgerung aus Herodot, s. Anm. 2. [WILAMOWITZ Homer. Unters. 190 behauptet „nun wohnen nach Herodot Tyrsener bekanntlich (!) zwischen Axios und Strymon, im inneren Makedonien“. Bei Herodot steht kein Wort davon. Wenn die Lesung Κρηστῶνα richtig wäre, so würden die Tyrsener unterhalb der Krestonaeer, d. h. an der Küste oder etwa im Norden der Chalkidike zu suchen sein.]

2) Kreston ist bei Herodot, wie auch KIEPERT und HILDEBRANDT hervorheben, nicht Verschreibung, sondern gelehrte Correctur auf Grund der Thukydidesstelle, die ein Erklärer offenbar zur Auslegung des Herodottextes herangezogen hat. Aus der Discussion über diese Frage erklärt sich Steph. Byz.: Κρηστών, πόλις Θρᾴκης· ἔοικε δὲ εἶναι ἡ Κρηστὼν παρ᾽ Ἡροδότῳ. — Wir haben es hier mit derselben gelehrten Redaction

stimmt. „Unter König Nanas, erzählte er in der Phoronis (Dion. Hal. I 28), wurden die Pelasger von den Hellenen (das sind die Dorer Herodots) verjagt [aus Thessalien], und nachdem sie ihre Schiffe am Flusse Spines am ionischen Meerbusen gelassen hatten, nahmen sie die Stadt Kroton im Binnenlande, und von hier aus besiedelten sie das jetzt Tyrsenien genannte Land [Hellanikos lässt sie in Italien den Pelasgernamen in Tyrsener umwandeln]." Hellanikos, der auch hier offenbar später schreibt als Herodot, unterscheidet sich von ihm nur dadurch, dass ihm Pelasger und Etrusker identisch sind; in diesem Puncte hat er Herodot berichtigt, sonst gehen beide offenbar auf dieselbe Grundlage zurück.

Die Angabe Herodots, dass die Bewohner von Cortona eine ganz andere Sprache redeten als die Etrusker, steht völlig isolirt; sonst gilt Cortona immer als eine Etruskerstadt, und Hellanikos hat denn auch Herodots Angabe corrigirt. Uns fehlt jedes Mittel, um Herodots Glaubwürdigkeit zu prüfen. Dass eine dialektische Verschiedenheit zwischen Cortona und dem übrigen Etrurien vorhanden war, ist ja denkbar; weiter zu gehn wird man sich schwerlich entschliessen können.[1]) Wie dem aber auch sei, immer bleibt noch die sehr positive Angabe Herodots bestehen, dass die Plakiener und die Krotoniaten, d. h. die Bewohner Cortonas, dieselbe Sprache sprachen. Wie die meisten habe auch ich diese Angabe bisher für falsch gehalten. Aber irgend welchen Grund haben wir dafür nicht. Und wenn wir Herodot glauben, müssen wir oben folgern, dass die Tyrsener von Lemnos, Plakia u. s. w. etruskisch redeten, wie ihr Name sagt.

Seitdem im Jahre 1886 auf Lemnos eine Inschrift zu Tage gekommen ist, die jedenfalls spätestens der ersten Hälfte des

unseres Herodottextes zu thun, welche im Prooemium Ἁλικαρνησσέος für Θουρίου eingesetzt hat, und von der sich wohl auch sonst noch Spuren finden werden. [SCHWARTZ, Rostocker index lect. S.S. 1890 sucht die Lesung Κρηστῶνα durch Annahme einer Interpolation bei Herodot zu retten. Erwünschter kann die Lesung Κροτῶνα nicht bestätigt werden, als durch eine derartige Bankerotterklärung der Gegner. Nach dem jetzigen Stande der Philologie ist allerdings zu erwarten, dass die Interpolation in den nächsten Herodotausgaben anerkannt werden wird.]

1) vgl. Herodots Aeusserung über die vier τρόποι des ionischen Dialekts I 142, besonders die Worte: αὗται δὲ αἱ πόλιες τῇσι πρότερον λεχθείσῃσι ὁμολογέουσι κατὰ γλῶσσαν οὐδέν, σφίσι δὲ ὁμολογέουσι.

sechsten Jahrhunderts angehört und in einer nicht griechischen
Sprache abgefasst ist, welche die stärksten Anklänge an das
Etruskische aufweist und wohl jedenfalls als ein etruskischer
Dialekt betrachtet werden kann,[1]) scheint nun diese Annahme
als sicher erwiesen zu sein. Dass die Bewohner von Lemnos
Tyrsener heissen wie die Etrusker Italicus — die beiden
Namensformen sind echt italische Gentilicia von dem Stamme
Turs, Trus (E-trur-ia), die eine mit dem Suffix -anus
(Turs-anus), die andere mit dem Suffix -cus (Turs-cus = Tus-
cus, E-trus-cus) — darf nicht mehr durch eine zufällge Homo-
nymie erklärt werden; beide gehören demselben Volk an. Die
älteste, suffixlose Form ihres Namens findet sich wahrscheinlich in den Turscha (oder Turuscha) der Aegypter, einem Pi-
ratenvolk, das unter Merneptah und Ramses III mit anderen
Seevölkern verbunden das Nilland heimsuchte.

Auf die Frage nach der Herkunft der Etrusker wirft freilich dies Resultat gar kein Licht; vor allem ist es methodisch
unzulässig, die herodotische Erzählung von ihrem lydischen
Ursprung[2]) mit der etruskischen Ansiedlung auf Lemnos und
den Nachbarinseln in Verbindung zu setzen. An sich ist es
ebenso zulässig, in ihnen Ueberreste einer etruskischen Wanderung von Osten nach Westen zu sehen, wie etruskische Ansiedler, welche auf Raubfahrten ins ägäische Meer gekommen
sind und hier die von der griechischen Colonisation nicht besetzten Inseln occupirt haben. Bis jetzt erscheint mir die
letztere Annahme als die bei weitem wahrscheinlichere; und
sie scheint eine Bestätigung dadurch zu gewinnen, dass die
älteste griechische Literatur Tyrsener im ägäischen Meere noch
nicht kennt. —

---

1) gefunden von COUSIN und DURRBACH, Bull. corr. hell. X 1 ff.
Vgl. PAULI, eine vorgriechische Inschrift von Lemnos 1886. Die Inschrift
ist bekanntlich auch sonst vielfach besprochen.

2) Dieselbe ist überall, wo sie erwähnt wird, direct oder indirect
aus Herodot entlehnt. Xanthos wusste bekanntlich nichts davon, und
Dionys von Halikarnass hat Herodots Angabe wohl mit Recht dadurch
erklärt, dass derselbe aus dem lydischen Volksstamme der Torrheber die
Tyrsener gemacht habe. — Dass ich PAULI's Combinationen nicht beistimmen kann, ergibt sich schon daraus. Ueberdies fusst derselbe zum
Theil auf Angaben, deren Werthlosigkeit ich im vorstehenden nachgewiesen zu haben glaube.

Wie man dazu gekommen ist, die Etrusker zu Pelasgern zu machen und somit die Pelasger auch nach Italien zu bringen, dürfte jetzt ohne weiteres klar sein. Systematisch ausgeführt und in pragmatische Geschichte umgesetzt ist diese Ansicht bekanntlich zuerst von Hellanikos. Ebenso hinfällig sind die phantastischen Vorstellungen von pelasgischen Mauerbauten, welche in den neueren Kunstgeschichten eine so grosse Rolle spielen: sie sind lediglich aus dem Pelargikon abstrahirt. Die eigentliche Pelasgerfrage dagegen bleibt von dieser Untersuchung völlig unberührt. Wir haben nur eine durch falsche Combination in dieselbe hineingerathene Traditionsmasse, welche so viele Forscher irre geführt hat, aus ihr wieder ausgeschieden. Und so dürfen wir wohl auch hoffen, dass das Volk der Pelasger, welches sich bei den Alten verschämt verborgen hielt, in neuester Zeit aber in mehr als einem Werk kühn ans Tageslicht hervorgewagt hat, recht bald wieder völlig im Schosse der Nacht versinkt — bis es vielleicht nach Jahrtausenden, wenn auch von unseren Arbeiten nur in Lexiconartikeln und Scholiennotizen dürftige Reste zu finden sein werden, von einem grundgelehrten Forscher aufs neue hervorgezogen wird.

Zweites Kapitel.

Die Pelasger in Thessalien, Dodona und Kreta.

Nach Eliminierung der attischen und tyrsenischen Pelasger können wir uns der Untersuchung der wahren und echten Pelasger zuwenden. Es gibt kaum eine Landschaft Griechenlands, in der uns ihr Name nicht gelegentlich begegnete. Sofort aber tritt uns ein tiefgreifender Unterschied entgegen: in den meisten griechischen Landschaften, so z. B. in Arkadien und Argos, sind die Pelasger ein Volk der Urzeit, das in der Überlieferung nur durch seinen Eponymos, den König Pelasgos, vertreten ist; als reales Volk finden wir sie nur in Thessalien und in einer Stelle der Odyssee auf Kreta. Diese Pelasger haben wir daher zunächst zu behandeln: an sie reiht sich die Verbindung, in welcher in der Patroklie der Pelasgername mit Dodona erscheint.

1. Die Pelasger in Thessalien.

Wie bekannt trägt eine der thessalischen Tetrarchien bis in die späteste Zeit den Namen Pelasgiotis. Es ist die grosse Ebene des inneren Thessaliens, mit der Hauptstadt Larisa am Peneos. „Larisa, Mutter der pelasgischen Ahnfrauen" lautete der Anfang von Sophokles Larissäern.[1] Hieronymos, sei es der Kardianer, sei es der jüngere Rhodier (um 250 v. Chr.), bezeichnet das Land als „das wir jetzt die pelasgische Ebene nennen" (τὸ νῦν καλούμενον Πελασγικὸν πεδίον Strabo IX 5, 22); in älterer Zeit sagte man dafür Πελασγικὸν Ἄργος. In einem alten berühmten Orakelspruch heisst es das beste

---

[1] καὶ Σοφοκλῆς ἐν ἀρχῇ Λαρισσαίων· Λάρισσα μήτηρ προσγόνων Πελασγίδων, ἀντὶ τοῦ προγόνων Apollodor in den schol. Genev. zu Φ 319.

(Acker)land der Welt[1]) und ähnlich wird das Gebiet von Larisa noch bei Strabo bezeichnet; nur hat es am nessonischen See von Überschwemmungen zu leiden, doch haben dem Deichbauten der Larisäer abgeholfen (Strabo IX 5, 19).

Die späteren kannten den Namen *Πελασγικὸν Ἄργος* eigentlich nur, weil er im Schiffskatalog in der Schilderung des Gebiets des Achilleus vorkam (*B* 681 ff.):

οἳ δ' Ἄργος τ' εἶχον τὸ Πελασγικὸν, οὔθαρ ἀρούρης, (so Zenodot,
οἵ τ' Ἄλον οἵ τ' Ἀλόπην οἵ τε Τρηχῖν' ἐνέμοντο,　　　　　s. u.)
οἵ τ' εἶχον Φθίην ἠδ' Ἑλλάδα καλλιγύναικα,
Μυρμιδόνες δὲ καλεῦντο καὶ Ἕλληνες καὶ Ἀχαιοί,
τῶν αὖ πεντήκοντα νεῶν ἦν ἀρχὸς Ἀχιλλεύς.

Hier wird das pelasgische Argos mit den südthessalischen Landschaften Phthia und Hellas (die unterschieden werden wie *I* 395 [= λ 496]. 478 f.) zum Gebiet des Achilleus gerechnet und wie es scheint alle drei als Städtenamen betrachtet. Das ist freilich geographisch unmöglich. Aber die Alten waren von der Authenticität dieser Angaben für die Urzeit überzeugt und mussten daher zu verzweifelten Auswegen greifen. Die Frage ob Phthia und Hellas Städte oder Landschaften seien, war viel umstritten.[2]) Aristarch hat wenigstens Hellas als Stadt

---

[1]) *Γαίης μὲν πάσης τὸ Πελασγικὸν ῥγος ἄμεινον,*
ἵπποι Θετταλικαί, Λακεδαιμόνιαί τε γυναῖκες,
ἄνδρες δ' οἳ πίνουσιν ὕδωρ καλῆς Ἀρεθούσης.
ἀλλ' ἔτι καὶ τῶν εἰσὶν ἀμείνονες, οἳ τὸ μεσσηγὺ
Τίρυνθος ναίουσι καὶ Ἀρκαδίης πολυμήλου,
Ἀργεῖοι λινοθώρηκες, κέντρα πτολέμοιο.
ὑμεῖς δ', Αἰγιέες (oder δ' ὦ Μεγαρεῖς), οὔτε τρίτοι οὔτε τέταρτοι
οὔτε δυωδέκατοι, οὔτ' ἐν λόγῳ οὔτ' ἐν ἀριθμῷ.

Anthol. pal. XIV 73. Suidas und Photios s. v. ὑμεῖς, schol. Theokr. 14, 48 Der Spruch, auf den Ion von Chios (fr. 15 BERGK) und dann Theokrit l. c. und Kallimachos epigr. 27 SCHNEIDER anspielen, mag noch ins siebente Jahrhundert hinaufragen; schon in der Mitte des sechsten Jahrhunderts war es kaum mehr möglich, die Argiver und Chalkidier (vgl. Strabo X 1, 13) als die besten Krieger zu preisen. Auch trägt er ja durchaus das Gepräge der Blüthezeit der kleinen aristokratischen Gemeinwesen (vgl. WILAMOWITZ Hermes IX 327). — Übrigens ist das Orakel auch das Vorbild des Spruchs τὸ Πελαργικὸν ἀργὸν ἄμεινον Thuk. II 17.

[2]) s. Strabo IX 5, 5, natürlich aus Apollodor; seine Angaben bilden zu den von LEHRS Aristarch [3]225 zusammengestellten Scholiennotizen die nothwendige Ergänzung.

anerkannt;[1]) mehr als eine geeignete Localität liess sich ja
leicht finden (s. Strabo). Aber auch das pelasgische Argos für
eine Stadt zu erklären, wie manche forderten (τὸ Ἄργος τὸ
Πελ. οἱ μὲν καὶ πόλιν δέχονται Θετταλιχὴν περι Λάρισαν
ἰδρυμένην ποτὲ, νῦν δ᾽οὐκέτι οὖσαν· οἱ δὲ οὐ πόλιν ἀλλὰ τὸ
τῶν Θετταλῶν πεδίον etc. Strabo l. c.), erschien doch auch ihm
unmöglich; er sah sich gezwungen, seinem Princip, Homer nur
aus sich selbst zu erklären, untreu zu werden und zu den
gewaltsamsten Interpretationskünsten zu greifen. Den Ein-
gangsvers las er abweichend von Zenodot

νῦν αὖ τούς, ὅσσοι τὸ Πελασγικὸν Ἄργος ἔναιον.

und erklärte, dieser Vers bezöge sich nicht auf das Gebiet
des Achill, sondern bilde den Eingang zu dem ganzen folgenden Abschnitt über Thessalien:[2]) οὐ γὰρ μόνοι τὸ Πελασγικὸν
Ἄργος κατοικοῦσιν οἱ ὑπ᾽ Ἀχιλλεῖ τεταγμένοι (Ven. A). Freilich
wird uns dabei zugemuthet das sinnlose νῦν αὖ und einen ganz
in der Luft schwebenden Accusativ τούς in den Kauf zu nehmen,
zu dem von irgend woher ἔσπιτε oder ἐρέω ergänzt werden muss,
und ausserdem am Schluss des Verses eine starke Interpunction
zu machen, damit man merkt, dass erst mit dem folgenden Vers
die Aufzählung der Unterthanen des Achill beginnt (s. Ven. A).
Und all diese Gewaltsamkeiten führen schliesslich doch nicht
zum Ziel, denn Aristarch muss jetzt die Behauptung aufstellen,
Πελ. Ἄργος sei der homerische Name Thessaliens,[3]) während
es doch nur der Name der Ebene von Larisa ist. Ganz deutlich
ergibt sich, dass Zenodots Lesung die einzig richtige ist —

---

[1]) schol. A zu B 529. I 447: Hellas ist nicht Griechenland, sondern
μία πόλις Θεσσαλίας, ἧς τοὺς οἰκήτορας Ἕλληνας λέγει. Die Angabe des
schol. B zu B 683 Ἑλλάδα οἱ μὲν πόλιν μίαν, οἱ δὲ πᾶσαν Φθιῶτιν· ὃ
καὶ βέλτιον ist wohl Correctur eines Späteren, der hier bessere Einsicht
zeigt als Aristarch, vielleicht des Apollodor, der sich nach Strabo l. c.
nicht entschieden zu haben scheint: ὁ μὲν οὖν ποιητής δύο ποιεῖ (τήν τε
Φθίαν καὶ τὴν Ἑλλάδα), πότερον δὲ πόλεις ἢ χώρας οὐ δηλοῖ.

[2]) τοῦ Ὁμήρου φιλοτέχνως ὥσπερ προοιμιαζομένου διὰ τὸ μετα-
βαίνειν ἀπὸ τῶν νήσων καὶ τῆς Πελοποννήσου ἐπὶ τὰ κατὰ Θεσσαλίαν
schol. A, ähnlich in B und bei Eustath.

[3]) vgl. schol. Z 152. I 111. T 115. σ 246. Ebenso Strabo VIII 6, 5;
dagegen beschränkt er IX 5, 6 den Namen mit Recht auf τὸ τῶν Θετταλῶν
πεδίον.

οὖθαρ ἀρούρης ist ja völlig correct [1]) —, die aristarchische dagegen eine recht schlechte Correctur, welche die geographischen Bedenken heben soll. Natürlich stammt sie nicht von Aristarch selbst, sondern von früheren; [2]) in unseren Texten hat sie die Alleinherrschaft gewonnen. Im übrigen lernen wir aus der ganzen Discussion nichts, als dass Πελ. Ἀ. wirklich der alte Name der Pelasgiotis ist und der Verfasser des Schiffskatalogs zwar guten Quellen folgte, aber von Thessalien nur eine sehr unklare Vorstellung besass — was sich ja auch sonst an vielen Stellen zeigt.[3])

Der Beiname „das pelasgische Argos" unterscheidet die thessalische Ebene von den gleichnamigen Landschaften, dem orestischen, amphilochischen, peloponnesischen. Πελασγικόν als Appellativ zu erklären wird wohl unmöglich sein; [4]) das Adjectiv muss von einem Volksnamen herstammen. An der Existenz von Pelasgern in Thessalien ist somit nicht zu zweifeln. In historischen Zeiten begegnen sie uns hier freilich nicht mehr. Die Sage lässt sie auswandern; wir dürfen aber wohl annehmen, dass sie einen Hauptbestandtheil der Penesten gebildet haben, der leibeigenen Bauern, welche für die thessalischen Herren das alte Pelasgerland bestellten.

Der Blüthezeit des Epos dagegen ist auch der Volksname Pelasger in Thessalien noch lebendig. Ich will kein Gewicht darauf legen, dass bei Antoninus Liberalis Metamorph. 23, der zunächst Nikander excerpirt, unter den Quellen aber auch Hesiods Eoeen nennt, in der Geschichte vom Rinderraube des Hermes dieser die Rinder Apolls aus Magnesia durchs Pelasgerland (διὰ Πελασγῶν) und das phthiotische Achaia nach Lokris und weiter führt; denn wie weit sich hier noch Hesiods Schil-

---

1) Weniger passend steht es I 141. 283 vom achäischen Argos der Heimath Agamemnons.

2) [vgl. meine Bemerkungen Hermes XXVI 369 ff.]

3) S. NIESE, der homerische Schiffskatalog S. 39 ff. — Eine andere Frage, die an den thessalischen Katalog anknüpft, wie es komme dass Phoenix und seine Doloper (I 484) nicht genannt werden, ist bei Strabo IX 6, 5 in sehr instructiver Weise behandelt.

4) Eine Untersuchung über die Etymologie des Namens Πελασγός erlässt man mir hoffentlich. Nur das will ich erwähnen, dass es nahe liegt, die gleiche Wurzel in Πελασγῶν und in Πέλοψ, das ja auch ein Ethnikon ist, zu suchen. Auch Πέλλα u. ä. gehören vielleicht hierher.

derung gerettet haben mag, ist fraglich. Aber in der Patroklie sind unter die Bundesgenossen der Troer auch die Pelasger Thessaliens aufgenommen.

Der Dichter der Patroklie gehört der Zeit der vollendeten epischen Routine an.[1]) Seine poetische Erfindungskraft ist nicht allzu gross, aber die Technik beherrscht er vollkommen. Er erzählt breit und ausführlich, mit behaglich ausgemalten Gleichnissen und Schilderungen, in denen ein fester, auf die Dauer ermüdender Schematismus nicht zu verkennen ist. Besonders zeigt er ein grosses Talent in der Verwendung der Massen, die bei ihm überall den bewegten Hintergrund der Einzelkämpfe bilden.[2]) Auf ihn geht denn auch wesentlich die Anschauung zurück, dass den Troern ein gewaltiger Haufe von Bundesgenossen (μυρία φῦλα περικτιόνων ἐπικούρων P 220) zur Seite steht. Er ist der einzige, bei dem Kikonen (P 73) und Phryger (Π 717) im troischen Heere erscheinen;[3]) auch die Paeoner hat er Π 287 P 350 wohl zuerst eingeführt.[4]) Aus der Liste der Führer troischer Bundesgenossen P 216 ff. hat dann der Schiffskatalog reichlich geschöpft,[5]) und ebenso wie

---

1) Dass das Gedicht relativ recht jung ist, wird wohl allgemein zugegeben. In der Darstellung von Patroklos' Tod tritt das besonders deutlich hervor: Hektor wird seines Ruhmes beraubt, Patroklos' Tod ist überhaupt nur durch ganz directes Eingreifen Apollos möglich, und daneben muss ihm noch Euphorbos [nach einer anderen Version?] den entscheidenden Stoss versetzen. Das ist ganz secundär. Zweifellos hat in der älteren Ilias Patroklos nur eine Nebenrolle gespielt; sein Tod war nur das Motiv für Achills Versöhnung mit Agamemnon. Vgl. die bekannten Varianten O 63 ff. Σ 450 ff.

2) So gehört ihm die berühmte Schilderung der geschlossenen Phalanx an Π 212 ff. (entlehnt N 131).

3) Beidemale verkleidet sich ein Gott in die Gestalt des entsprechenden Heerführers, ein P 322 nochmals von demselben Dichter angewandtes Motiv. P 583 dagegen gehört einer Eindichtung an.

4) Asteropaios' Tod Φ 140 ff. ist jünger als die Patroklie. Freilich wird Asteropaios P 217. 351 offenbar nur genannt, weil er dem Hörer bereits anderweitig als Paeonerführer bekannt ist. — Auch die Phoker haben es der Patroklie P 307 zu danken, dass sie in der Ilias vorkommen. Denn O 516, wo derselbe Phokerfürst Schedios (mit anderem Vater) gleichfalls von Hektor erlegt wird, ist offenbar von P 307 abhängig.

5) Die Namen für die Führer der Myser Chromis d. i. Chromios (vgl. P 494. 534) und Ennomos οἰωνιστής, der Phryger Phorkys (P 312 ohne Angabe der Heimath) und der Maeoner Mesthles hat der Katalog von hier

die Dolonie K 428 ff. die genannten Völkerschaften den Bundesgenossen der Troer eingereiht.

Unter den von Aias Erschlagenen wird P 288 ff. Hippothoos der Sohn des Lethos genannt, der τῆλ' ἀπὸ Λαρίσης ἐρι-
βώλαχος gekommen ist. Daraus schöpft der Katalog B 840,
der den Hippothoos und Pylaios, Söhne des Teutamiden Lethos,
als Führer der φ῀υλα Πελασγῶν ἐγχεσιμώρων. τ῀ων οἳ Λάρισαν
ἐριβώλαχα ναιετάασχον nennt; ebenso nennt die Dolonie K 429
die Pelasger auf Seiten der Troer. Die Alten haben die Heimath
dieser Pelasger natürlich nach Kleinasien gesetzt; wie hätten
sie bei troischen Bundesgenossen an die thessalischen Pelasger
denken können? Das Schlimme war nur, dass sich nicht ermitteln liess, wo in Kleinasien sie zu suchen seien. Larisen
gab es hier allerdings drei statt einer: eins an der Westküste
von Troas, eins bei Kyme (das phrikonische), und ein Dorf
bei Ephesos mit einem Heiligthum Apollos (vgl. Strabo XIV
1, 42). Aus Strabo XIII 3, 2, d. i. Demetrios von Skepsis, lernen wir die Argumente kennen, mit denen die Frage discutirt
wurde: das troische lag zu nahe bei Ilion, während Hippothoos
aus der Ferne (τῆλ' ἀπὸ Λαρίσης) gekommen war, der milesische Ort lag im Lyderlande und ob er alt war, wusste man
nicht. So entscheidet sich Strabo für Larisa Phrikonis bei
Kyme. Andere freilich haben trotzdem in alter und neuer
Zeit das troische Larisa gewählt (so Steph. Byz. s. v.), offenbar
weil die Pelasger im Katalog gleich hinter den troischen Stämmen genannt sind. Auch in den sehr dürftigen Homerscholien
finden wir ein Schwanken: schol. A zu K 49 Πελασγοὶ οἱ τὸ
παράλιον μέρος τῆς Καρίας ἔχοντες· ἄμεινον δὲ λέγειν αὐτὸ
γένος τι πολυπλανές, οἰχῆσαν ἐν τῆ Ἀσίᾳ χαὶ Εὑρώπῃ, νῦν
δὲ τὸ τῆς Τρῳάδος [= Al. Troas] πλησίον οἰχῆσαν [ὅ φασι
Τράλλεις¹)]; zu P 301 sagt er Λαρίση· ἑτέρα ἐστὶν αὕτη ἡ

---

entlehnt. Auch der Boeoter Peneleos B 494 stammt aus P 597. — Maeoner
und Karer werden ausser im Katalog und in der Dolonie in der Ilias nie als
Bundesgenossen der Troer genannt. Manche derartige Erweiterungen hat
der Katalog wohl hier wie sonst aus den kyklischen Epen geschöpft.

1) wo auch ein Larisa lag, Strabo IX 5, 19. Offenbar ist die Vorlage
sehr gekürzt; die Ausdrücke klingen an Strabo XIII 3, 3 an. — Nach einem
Scholion im Ven. B und besser bei Eustath. zu B 511 sind die Pelasger
von den Aeolern [= Boeotern] aus Thessalien nach Kleinasien gejagt.

πόλις παρὰ τὴν Θεσσαλικήν; schol. T nennt hier Larisa Phrikonis.

Das Unglück war eben, dass man Pelasger an der kleinasiatischen Küste nirgends nachweisen konnte und aufs rathen angewiesen war. Denn die bei Strabo XIII 3, 3 erhaltenen Angaben, dass die Lesbier unter Berufung auf ein ὄρος Πύλαιον auf der Insel Unterthanen des im Katalog genannten Pelasgers Pylaios gewesen sein wollten,[1]) dass Menekrates von Elea (um 300 v. Chr.) die Pelasger an die Stelle der sonst immer als Urbevölkerung Ioniens genannten Leleger setzte,[2]) dass Chios von thessalischen Pelasgern besiedelt sein sollte, sind handgreiflich aus den homerischen Angaben herausgesponnen.[3]) Das wird denn auch zum Schluss ganz direct eingestanden:

1) In der That mag der Katalog den Namen von dem Berge entlehnt haben. Nach Lesbos hat schon Ephoros (Strabo V 2, 4 καὶ γὰρ τὴν Λέσβον Πελασγίαν εἰρήκασι, καὶ τοῖς ἐν τῇ Τρφάδι Κίλιξιν Ὅμηρος· εἴρηκε τοὺς ὁμόρους Πελασγούς; Lesbos Πελασγία auch Diod. V 81. Plin. V 139, ebenso die Stadt Issa auf Lesbos Steph. Byz. s. v.) die Pelasger gebracht. [TÜMPEL Philol. XLIX 707 ff. mag darin Recht haben, dass er Hellanikos als Vorgänger des Ephoros betrachtet, vgl. u. cap. 5 über Teutamides; aber die Rückführung der Angaben Dion. Hal. I 18 auf Hellanikos ist falsch, denn Dionys folgt dem Myrsilos von Lesbos (I 23). Auch seine Behandlung von Strabo XIII 3, 3 8. 709 ff. ist verkehrt; von einer Stadt Larisa auf Lesbos ist weder bei Strabo noch in seiner Vorlage die Rede gewesen. Dass ich TÜMPEL's Folgerungen nicht zustimmen kann, bedarf keiner Bemerkung.]

2) wie Herodot die Lelegerstadt Antandros zu einer Pelasgerstadt machte. Vgl. auch Strabo XIV 2, 27 Λέλεγες καὶ Πελασγοί an der Küste. Steph. Byz. Νινόη [Aphrodisias in Karien]· κτισθεῖσα ὑπὸ τῶν Πελασγῶν Λελέγων· καὶ ἐκλήθη Λελέγων πόλις.

3) Dementsprechend wird bei Strabo XIII 3, 3 (die Quelle ist Ephoros, vgl. Herodots Homervita [so auch TÜMPEL]) die Besiedelungsgeschichte von Aeolis gestaltet: die Aeoler kommen vom Phrikiongebirge in Lokris herüber (vgl. XIII 1, 3), landen bei Kyme, finden die Pelasger in Folge des troischen Krieges geschwächt (!), aber doch noch im Besitz von Larisa, setzten sich daher in Neon Teichos [so findet der Name seine Erklärung; gegründet 8 Jahre nach Kyme Herod. vit. Hom. 9] 30 Stadien von Larisa fest, nehmen dies schliesslich, und dann erst folgt die eigentliche Gründung von Kyme. — XIII 3, 4 wird der in Larisa verehrte Heros Piasos, von dessen Liebschaft mit seiner Tochter Larisa man erzählte (vgl. Euphorion Schol. Ap. Rh. I 1063, Parthen. 28, Nic. Dam. 19), zum Herrscher der Pelasger gemacht. Auch die Pelasger in Pitane bei Hellanikos (oben S. 23, 1) gehören vielleicht hierher. [Ebenso waren nach den Scholien zu Z 397

„das Volk war aber weit umhergetrieben und rasch zu Wanderungen bereit; es nahm grossen Aufschwung und verschwand dann völlig, vor allem bei dem Uebergang der Aeoler und Ionier nach Asien".

Für unser Urtheil können nur die Angaben der Ilias massgebend sein. Wo liegt ihre Heimath, das weit von Troja entfernte „grossschollige" d. h. sehr fruchtbare Larisa? Sicher nicht in dem Hügelland der troischen Westküste oder in der inneren Kaysterebene „näher am Tmolos als an Ephesos" (Strabo XIII 3, 2). Eher liesse sich allerdings an das phrikonische am Nordrande der Mündungsebene des Hermos denken. Aber wirklich passend ist die Bezeichnung ἐριβῶλαξ doch nur für die Hauptstadt des pelasgischen Argos. Und daran zu denken hindert nichts, sobald wir uns nur von den traditionellen Vorstellungen vom troischen Krieg losmachen, wie sie für die Alten wie für uns wesentlich durch den Schiffskatalog geschaffen sind. Ein Dichter, der Kikonen und Paeoner den Troern zu Hülfe ziehen lässt, konnte ihnen auch die Pelasger aus Thessalien zuführen. Auf Seiten der Griechen, des Achilleus, konnten sie nicht stehen: der Gegensatz zwischen Pelasgern und Hellenen war offenbar schon für den Dichter der Patroklie gegeben. In der That ist denn auch bei Homer zwar von allen andern Gebieten Thessaliens, aber nie von dem Pelasgerlande[1]) und seiner Hauptstadt Larisa die Rede — ausser eben an unseren Stellen. Unser Larisa ist das einzige, das bei Homer genannt wird; an welches andere konnten die Hörer denken als an das thessalische?[2]). So erklärt es sich einfach, dass von Pelasgern in Kleinasien trotz allen Suchens eine ächte Spur nicht zu finden war.

Zweifelhaft kann erscheinen, wohin der Katalog die Pelasger gesetzt hat. Sie stehen nach den Troern, vor Thrakern,

Adramys der Eponym von Adramytion und seine Tochter Thebe Pelasger, vgl. TÜMPEL l. c. 118, 69. Geschichte des Pelasgers Antandros: Conon 41.]

1) denn das pelasgische Argos unter Achills Besitzungen im Katalog kommt hierfür nicht in Betracht.

2) Ein von Eustathios zu B 841 angeführter Erklärer hat denn auch, unter Berufung auf die Anordnung des Katalogs, Larisa nach Europa verlegt (ὁ εἰπὼν Θετταλικὴν τὴν τοιαύτην Λάρισαν). Doch wäre es denkbar, dass dabei die Unwissenheit byzantinischer Zeit mitgespielt hätte.

Kikonen und Paeonern. Da also die europäischen Völker von
Ost nach West fortschreiten — die asiatischen beginnen dann
im fernen Osten mit den Paphlagonen — ist schwerlich noch
an die thessalischen Pelasger gedacht; das pelasgische Argos
ist vielmehr dem Achill zugewiesen (zu beachten ist freilich,
dass Larisa hier nicht genannt ist, so wenig wie Krannon
und Pharsalos), die troischen Bundesgenossen hat sich der Verfasser in der Nachbarschaft der Troer in Troas oder Aeolis
gedacht und vielleicht schon ihre Herrschaft über Lesbos ausgedehnt und deshalb den Pylaios eingeführt. Mit ihm beginnt also die Ueberführung des Volks nach Asien. Für die
Späteren war, schon um des Achill unterthänigen pelasgischen
Argos willen, jeder Gedanke an Thessalien ausgeschlossen. So
musste man auf die Suche gehen; mit welchem Resultate, haben
wir bereits gesehen.

Wenn der Dichter der Patroklie Pelasger aus Larisa den
Troern zu Hülfe ziehen lässt, so folgt daraus natürlich nicht
mit Sicherheit, dass es zu seiner Zeit in Thessalien noch ein
selbständiges Volk der Pelasger gab, sondern nur dass sie
nach seiner Anschauung zur Zeit des troischen Krieges noch
existirt hatten.

2. Der pelasgische Zeus von Dodona.

In der Patroklie erscheinen die Pelasger noch ein zweites
Mal in ganz anderem Zusammenhang, in dem berühmten Gebet des Achill an den pelasgischen Zeus von Dodona Π 233:

> Ζεῦ ἄνα Δωδωναῖε Πελασγικὲ τηλόθι ναίων
> Δωδώνης μεδέων δυσχειμέρου· ἀμφὶ δὲ σ' Ἑλλοὶ
> σοὶ ναίουσ' ὑποφῆται ἀνιπτόποδες χαμαιεῦναι.
> ἠμὲν δὴ ποτ' ἐμὸν ἔπος ἔκλυες εὐξαμένοιο,
> τίμησας μὲν ἐμὲ cet.

Es entspricht dem Charakter der Patroklie, dass der Dichter
es liebt, seine Gelehrsamkeit, die Kenntnisse die er von seinen
Meistern gelernt und auf der Wanderschaft erweitert hat, zur
Schau zu stellen. Wie er die Kikonen Paeoner Phryger Pe-
lasger Phoker in den Kampf eingeführt hat, so nennt er den
Axios und die Stadt Amydon (Π 288), die Städte Budeion in
Phokis (?, Π 572) und Lyktos auf Kreta (P 611); er weiss,

dass Sarpedon sein Grabmal in Lykien hat (*II* 454 ff. 666 ff.),[1]) dass der Lykier Amisodaros die Chimaira aufgezogen hat (*II* 288).[2]) Denselben Charakter trägt auch unsere Stelle. Der Dichter weiss, dass der dodonäische Zeus in Achills Heimath verehrt wird, und benutzt die Gelegenheit, über die Form seines Cults einige zwar in das Gebet absolut nicht hineingehörende aber die Hörer interessirende Bemerkungen anzufügen. Dass bestehende Zustände geschildert werden, ist evident; wir können also auch nicht zweifeln, dass der Zeus von Dodona den Beinamen Πελασγικός geführt hat. Noch deutlicher besagt das ein Hesiodfragment (225 KINKEL 236 RZACH bei Strabo VII 7, 10) Δωδώνην φηγόν τε, Πελασγῶν ἕδρανον, ἦεν. Hier heisst Dodona geradezu Sitz der Pelasger. Dass Hesiod von *II* 233 abhängig wäre, ist schwerlich anzunehmen.

Weitere Zeugnisse für Pelasger in Dodona besitzen wir nicht. Der Schiffskatalog hat zwar *B* 750 wieder einmal die Patroklie benutzt und entlehnt ihr das Beiwort Δωδώνην δυσχείμερον. Aber er weist die Stadt nicht den Pelasgern sondern den Aenianen (Ἐνιῆνες) zu, die mit den Perrhaebern zusammen unter Gouneus von Kyphos stehen.[3]) Diese Angabe

1) Gewöhnlich hält man diese Stellen für eine Einlage, doch kann ich das so wenig für berechtigt halten wie ROBERT Bild und Lied 114. Jedenfalls aber ist die Meinung verkehrt, dass Sarpedons Tod der Patroklie ursprünglich fremd war: ein Gedicht, welches Patroklos zum Mittelpunct macht, muss seinem Tode als Gegenstück eine grosse Hauptthat voraufgehen lassen.

2) Die Schilderung des Myrmidonen und ihrer Heerführer *II* 168—199 ist allerdings wohl eine Einlage, aber im Stile des Gedichts.

3) Der Ort Kyphos war nur aus dieser Stelle bekannt, s. Steph. Byz. (der durch ein bei ihm so häufiges Versehen ein perrhaebisches und ein thessalisches Kyphos unterscheidet), der einen Fluss, und Strabo IX 5, 22, der einen Berg Kyphos neben der Stadt nennt. Auch Lykophron 897 mit den Scholien kennt nur den Schiffskatalog. Der Name Γουνεύς dagegen ist ein richtiges Ethnikon von Gonnoi (Γουνεύς neben Γοννεύς [auf Münzen Γουνέων] Γούνιος Γόννιος Γουνατᾶς, s. Steph. Byz.), und das ist offenbar auch gemeint; Gonnoi liegt ja in Perrhaebien. Der Katalog wird aus einer Quelle geschöpft haben, in der Κύφιος oder Κυφαῖος Γουνεύς stand, und hat Eigennamen und Ethnikon verwechselt [dass der Peplos 32 eine Grabschrift des Guneus kennt, ist natürlich ohne Bedeutung]. Freilich weist der Katalog alle Gonnoi benachbarten Städte, die Hauptorte Perrhaebiens, dem Polypoites zu. Das ist nur ein Beleg mehr für die arge geographische Verwirrung, die im thessalischen Katalog herrscht.

steht völlig isolirt da; Aenianen finden wir sonst nur am Oeta. Schwerlich ist die Autorität des Katalogs gross genug, um sie in der Urzeit nach Dodona zu versetzen;[1]) ist doch gerade in Thessalien alles in ärgster Verwirrung. Offenbar hat der Verfasser nur eine Gelegenheit gesucht um Dodona irgendwie unterzubringen; den Pelasgern aber konnte er es unmöglich zuweisen, weil es dann ja nicht griechisch gewesen wäre.

So wenig wie von Aenianen finden wir in historischer Zeit von Pelasgern in Dodona eine Spur. Die Odyssee, in der erzählt wird, dass Odysseus aus dem Thesproterlande nach Dodona geht „um aus der hochbelaubten Eiche Zeus' Willen zu hören" (τ 296, § 327), gibt überhaupt keine ethnographische Angabe. Die Späteren setzen nach Dodona meist Thesproter (so Herod. II 56 und viele andere, namentlich die Dichter). Auch dies ist vielleicht nicht richtig; später wenigstens gehörte Dodona den Molossern, und die Thesproter sind wohl nur deshalb mit Dodona in Verbindung gebracht worden, weil sie als Küstenstamm bekannt waren und der Weg zum Orakel durch ihr Gebiet ging. Auch konnte ein flüchtiger Leser der Odyssee annehmen, dass Dodona in ihr zu den Thesprotern gerechnet werde.[2])

Die Geschichtsforschung dagegen hat durchweg an den Pelasgern in Dodona festgehalten — sie ist ja nichts anderes als eine Verarbeitung des in den Epen gegebenen Materials. Sie half sich damit, dass sie die späteren epirotischen Bewohner von Dodona für einen pelasgischen Stamm erklärte. So Herodot, der diese Ansicht auf die gesammte ältere Bevölkerung Griechenlands ausdehnt. Die ägyptische Sklavin, welche er aus

---

1) wie NIESE homer. Schiffskatalog 43 annimmt. Ueber die von einigen versuchten Auswege s u. S. 46.

2) Vgl. Strabo VII 7, 11: „Dodona war also vor Alters den Thesprotern unterthan (ἀπὸ Θεσπρωτοῖς ἦν) ... sowohl die Tragiker wie Pindar nennen es thesprotisch: später aber kam es unter die Molosser". Das ist eine naheliegende aber nicht nothwendige Folgerung. — Hekataeos fr. 78 Μολοσσῶν πρὸς μεσημβρίης οἰκέονσι Δωδωναῖοι beweist nach keiner Richtung etwas. Bei Aeschylos Prom. 829 ff. liegt Dodona im Molosserlande und ist der Sitz des thesprotischen Zeus; letzteres ist die dichterische, ersteres die historische Geographie. — Nach Skylax gehören den Molossern 40 Stadien der Küste des anaktorischen Meerbusens zwischen den Kassopen und Ambrakia.

der dodonaeischen Taube, die das Orakel gründete, gemacht hat,
wird „in das jetzt Hellas, ehemals aber Pelasgien genannte
Land, und zwar zu den Thesprotern verkauft und gründet
hier als Sklavin unter einer Eiche das Heiligthum des Zeus"
(II 56): in dem ganzen zugehörigen Abschnitt nennt er die
Begründer des dodonaeischen Cults Pelasger. Nebenbei bemerke
ich gleich hier, dass er ausdrücklich angibt, dass die pelasgischen Thesproter griechisch sprachen (τὴν Ἑλλάδα γλῶσσαν
II 56), ebenso wie er IV 33 in der Erzählung von den Hyper-
boreern die Dodonaeer Hellenen nennt. Die übrigen Logographen werden die Dinge ganz ähnlich aufgefasst haben
wie Herodot. „Viele haben auch die epirotischen Stämme
pelasgisch genannt, in der Meinung, dass die Macht der Pelasger sich bis hierher erstreckte" sagt Ephoros bei Strabo
V 2, 4. Die Neueren haben vielfach ganz ähnlich gefolgert
und nur darin geirrt, dass sie meinten, es stehe ihnen dafür
irgend welche „Ueberlieferung" zur Seite: die antike Hypothese ist nicht mehr und nicht weniger werth als die moderne.
Ephoros selbst schliesst sich seinen Vorgängern an und citirt
Homer und Hesiod zum Beweise, dass Dodona eine pelasgische
Gründung sei (bei Strabo VII 7, 10 [1]). vgl. auch IX 2, 4), und
Strabo meint, aus der Schilderung der Ilias von den Sellen
gehe deutlich hervor, dass die Bewohner Barbaren waren. Dion.
Hal. I 18, der dem Myrsilos von Lesbos folgt, lässt die Pelasger, als sie von Deukalion aus Thessalien verjagt werden, zu
ihren Verwandten nach Dodona ziehen, die sie weil sie heilig
sind nicht anzugreifen wagen: von hier aus gehen sie weiter
nach Italien. Eine Erzählung bei Plutarch Pyrrhus 1 lässt nach
der Fluth den Phaethon „einen von denen die mit Pelasgos
nach Epiros gekommen waren", als ersten über die Thesproter und Molosser (d. i. in Dodona) herrschen.[2]) Kallimachos, der im Hymnos auf Delos die Hyperboreergeschichte
nach Herodot erzählt, nennt natürlich gleichfalls die Pelasger: ἃ (den heiligen Weizen) Δωδώνηθι (codd. -θε) Πε-

---

1) Aus Ephoros schöpft Scymn. 450: Dodona ἵδρυμά ἐστι δ' οὖν Πελασγικόν.
2) Ueber die Fluth s. u. Dass Thesproter und Molosser zusammen
genannt werden, ist ein Versuch die vorhin angeführten widersprechenden
Nachrichten auszugleichen.

λασγοὶ τηλόθιν ἐσβαίνοντα πολὺ πρώτιστα δέχονται, γηλι-
χέες θεράποντες ἀσιγήτοιο λέβητος. Hier ist das Epitheton
„auf der Erde lagernd" der Ilias entnommen und von den
Hellen auf die Pelasger übertragen, πολὺ πρώτιστα aus Herodot IV 33 (vom Adrias πρὸς μεσημβρίην προπεμπόμενα πρώ-
τους Δωδωναίους Ἑλλήνων δέκεσθαι) entstellt, das Becken
stammt aus dem Cult.[1]) Es ist unnöthig noch weiter werthlose Citate zu häufen; ein anderes Material als was uns noch
heute zu Gebote steht, haben ja auch Herodot und Ephoros
für diese Frage nicht besessen.

Wie mit den Pelasgern steht es auch mit den Sellen oder
Hellen; dieselben kamen nicht einmal bei Hesiod vor — wenn
sie vor Pindar irgend wo genannt wären, würde die Stelle in
dem reichen uns erhaltenen Material citirt werden — sondern
waren den Alten wie uns nur aus Homer bekannt. Sie schwank-
ten ob ἀμφὶ δὲ σ' Ἑλλοί oder ἀμφὶ δὲ Σελλοί zu lesen sei.
Pindar hat Ἑλλοί gelesen und leitete sie von einem Holzhacker
Hellos ab, dem die dodonäische Taube das Orakel gezeigt habe
(fr. 59 BERGK, schol. A zu Il 234). Sophokles dagegen Trach.
1166 las Σελλοί; seine Ausdrücke (ἃ τῶν ὀρείων καὶ χαμαι-
κοιτῶν ἐγὼ [Herakles] Σελλῶν ἐσελθὼν ἄλσος εἰσεγραψάμην
πρὸς τῆς πατρῴας καὶ πολυγλώσσου δρυός) zeigen, dass er
aus Homer schöpft so gut wie Kallimachos in dem oben angeführten Vers. Aristarch (Aristonikos in Ven. A) hat sich für
Σελλοί entschieden, indem er sich auf den Fluss Selleeis bei
Ephyra (O 531 und daraus B 659) berief, und seine Ansicht
ist die herrschende geworden. Auch Apollodor folgte ihm
darin, indem er die wie es scheint bessere Ansicht des Demetrios von Skepsis verwarf, dass an den angeführten Stellen
das elische, nicht das thesprotische Ephyra gemeint und in
Epiros ein Fluss Selleeis nicht nachweisbar sei (Strabo VII 7, 10.
VIII 3, 6). Ein anderes Argument gegen Aristarch bringt ein
Scholion des Townl.: ἐὰν δὲ εἴπωμεν Σελλοί, ἔσονται περὶ
πᾶσαν τὴν Δωδώνην οἰκοῦντες, οὐ περὶ τὸ τέμενος τοῦ θεοῦ.
Dies Argument scheint mir richtig; „um Dich herum wohnen
die Hellen, Deine Propheten" scheint naturgemässer, als „rings-
um wohnen die Sellen"; erst durch die Anrede „um Dich

---

1) s. die Beilage S. 51.

herum" wird eine Verbindung zwischen der beschreibenden Notiz und dem Gebete hergestellt. Jedenfalls ist der modernen Ansicht gegenüber zu betonen, dass es sich hier nicht um eine ältere und eine jüngere Form handelt, sondern nur um zwei verschiedene Lesungen.

Die Hellen, „die sich ihre Füsse nicht waschen und auf der Erde schlafen", sind kein Volk sondern die „Verkünder des göttlichen Willens" (σοὶ ὑποφῆται), die Priester des dodonischen Zeus. Nur durch Flüchtigkeit können die meisten neueren Forscher zu dem Glauben verführt sein, Hesiod fr. 150 (156 Rzach) stehe dem entgegen und mache die Hellen zu einem Volk. Hesiod schildert den Wohlstand der Landschaft Hellopien, an deren Rande Dodona liegt; einen Namen der Bewohner (die bei ihm wohl Thesproter waren) nennt er überhaupt nicht. Der pindarische Mythos, welcher dem Holzhacker Hellos, dem Eponymen des Geschlechts, das Orakel geoffenbart werden lässt, ist daher vollständig correct.[1]

Die Hesiodstelle mit dem Namen Hellopien[2] hat Philochoros zur Erläuterung der Hellen herangezogen (Strabo VII 7, 10); sonst ist Hellopia bekanntlich ein Name Nordenböas.[3] In der That wird ein Zusammenhang der Namen Ἑλλοί, Ἕλληνες, Ἑλλάς, Ἕλλοπες nicht zu leugnen sein: Ἕλλοψ ist ein Volksname wie Δόλοψ Δρύοψ Ἄσμοψ Δέριοψ Κασσωπαῖος u. s. w., eine Bildung, die auf Epirus hinweist (vgl. meine G. d. A. II).

Der Gleichklang zwischen Ἑλλοί und Ἕλληνες hat zu weiteren Combinationen geführt: vermuthlich hat besonders die dodonäische Priesterschaft ihn aufgegriffen und dadurch ihr

---

1) Das ist Schol. B T zu II 234 weiter ausgesponnen: „das Geschlecht (γένος, nicht ἔθνος) stammt von Sellos (oder Hellos) dem Thessaler (oder dem Sohne des Thessalos, natürlich um der Pelasger willen) und von ihm stammen die erblichen Priester des Zeus". Dagegen machte Andron (vgl. u. S. 49) die Sellen zu einem abgehärteten kriegerischen Volk, Alexander von Pleuron zu einem tyrrhenischen Stamme, bei dem der Zeusdienst heimisch sei (Ven. A).

2) vgl. Plin. IV 2. — Apollodor leitete den Namen von den Sümpfen bei Dodona ab.

3) Herodot VIII 23. Doch gibt es einen Ort Hellopion in Aetolien Polyb XI 7, 4 bei Steph. Byz., derselbe wird mit Ἑλλοπία περὶ Δολονίαν bei Steph. identisch sein. Niese hat daher schwerlich Recht, wenn er Hermes XII S. 413 meint, Hesiod habe einfach eine Verwechselung begangen.

thatsächlich ja auch unbestrittenes Griechenthum im Gegensatz zu den epirotischen Barbaren weiter gestützt. Auf diese Weise kamen neben den Pelasgern auch noch die Urhellenen nach Dodona, Deukalion und mit ihm seine Fluth wurde aus Thessalien nach Epiros versetzt. Bei Plutarch Pyrrh. 1 erscheinen beide Traditionen neben einander: einige nennen als ersten König der Molosser und Thesproter nach der Fluth den Pelasger Phaethon (oben S. 40), nach anderen lassen sich Deukalion und Pyrrha nach Gründung des Heiligthums in Dodona unter den Molossern nieder. Ueber weitere Combinationen, die uns aus Epaphroditos bewahrt sind, s. u. S. 52. Als die Ansicht aufkam, die Hellenen hätten vor Deukalions Sohn Hellen den Namen Graiker geführt,[1] wurden auch diese aus Thessalien nach Dodona versetzt. Daher lässt Aristoteles meteor. I 14 zur Zeit der deukalionischen Fluth „die Sellen und das damals Graiker, jetzt Hellenen genannte Volk" in Dodona und am Acheloos „im alten Hellas" wohnen.

Die geschichtliche Zeit kannte die Hellen von Dodona nicht mehr; die Ilias dagegen weiss nichts von den drei Priesterinnen,[2] welche in geschichtlicher Zeit dem Orakel vorstanden und ihre Kunst auf die schwarze Taube zurückführten, die auf der Eiche des Zeus die Stätte des Orakels verkündet hatte.[3] Freilich standen diesen Prophetinnen auch Propheten zur Seite, für die der Name τομοῦροι überliefert wird.[4] Aus

---

1) Apollod. I 7, 8. Chron. par. 6. Plin. IV 28. Steph. Byz. Γραικός. S. die Ausführungen von NIESE Hermes XII, mit denen ich im wesentlichen übereinstimme. Aehnlich UNGER Hellas in Thessalien S. 692 ff. (Philol., II. Suppl.).

2) bei Soph. Trach. 172 zwei Peleiaden (δισσῶν ἐκ πελειάδων); Euripides nannte nach den Scholien drei.

3) Herod. II 54 ff., der die Namen der drei Priesterinnen nennt. Bekanntlich macht er aus der Taube eine ägyptische Sklavin und berichtet, dass die Priesterinnen von Dodona dem libyschen Amonsorakel, das zu seiner Zeit im höchsten Ansehen stand, den gleichen Ursprung beigelegt hätten. — Andere reden von drei Tauben (Strabo VII fr. 1a). Nach Paus. X 12, 10 (vgl. VII 21, 2) sind die Peleiaden Dodonas die ältesten Prophetinnen, noch älter als Phemonoe aus Delphi. Anus Pelias als Name der Prophetin Serv. ad Aen. III 466.

4) Strabo VII 7, 11, der ihn von dem Berge Tomaros, an dem Dodona lag, ableitet. Einige lasen Od. π 403 Διὸς μεγάλοιο τομοῦροι für θέμιστες, vgl. die Scholien. Das Wort τόμουρος gebraucht Lykophron 223 für Prophet.

Ephoros erfahren wir, dass den Boeotern allein zu Dodona die
Orakel von Männern verkündet werden (Βοιωτοῖς μόνοις ἄνδρας
προθεσπίζειν ἐν Δωδώνῃ). Ephoros erklärt das durch eine
Geschichte aus der Zeit der Kämpfe zwischen Boeotern und
Pelasgern, bei denen sich jene an der προφῆτις von Dodona
vergriffen hätten. Also auch nach seiner Anschauung gehören
die Prophetinnen schon der Urzeit an, was übrigens aus der
Taubenlegende von selbst folgte. Die Schwierigkeit, welche
sich hieraus ergibt, hat Apollodor (bei Strabo VII 7, 12) zu
lösen gesucht: „Ursprünglich waren die Propheten Männer;
und das hat vielleicht auch Homer im Sinn, wenn er die
Sellen ὑποφῆται nennt, zu denen wohl auch die προφῆται
gerechnet werden können. Dann wurden drei alte Weiber
(γραῖαι)[1]) ernannt, als auch dem Zeus die Dione als Genossin
im Cult hinzugefügt wurde" — natürlich, denn wenn Homer
nur den Zeus von Dodona kennt, so muss nach stricter Interpretation Dione erst später hinzugekommen sein.

Im übrigen werden auch wir nicht viel weiter kommen
können. Wir stehen vor der Alternative: entweder hat sich
der dodonaeische Cult allmählich geändert, wie der Name der
Hellen verschwunden ist, sind die Propheten gegen die Prophetinnen zurückgetreten; oder aber die Hellen standen schon
zur Zeit der Patroklie zu den Prophetinnen in demselben Verhältniss wie die delphische Priesterschaft zur Pythia, und der
Dichter hat, vielleicht aus Unkenntniss, von den Frauen geschwiegen. Möglich sind beide Erklärungen, wahrscheinlicher
ist mir die letztere. Es ist zu beachten, dass die Patroklie
von den sonstigen Einrichtungen des dodonäischen Cultus, namentlich von der Eiche, die doch die Odyssee und Hesiod
fr. 225 nennen, nichts erwähnt. In seiner Beschreibung Hel-
lopiens und Dodonas (fr. 150) redet Hesiod von der Art, wie
das Orakel ertheilt wird, überhaupt nicht.

---

1) Ist der Ausdruck um der Graiken willen (die bei Strabo allerdings nicht vorkommen) gewählt? Im übrigen erzählt Strabo auch, dass
nach einer Ansicht die alten Weiber „im Molossischen und Thesprotischen"
πέλιαι, die alten Männer πέλιοι hiessen; daraus sei die Legende von den
Πελειάδες entstanden; nach einer anderen Ansicht hätten die Priesterinnen
aus dem Taubenflug prophezeit (Strabo VII fr. 1 a. 2). Mit Unrecht hat
man diese Einfälle für die Schilderung des dodonaeischen Cults verwerthet.

Es erübrigt noch, einen Ausweg zu besprechen, der von den Gelehrten der Zeit nach Ephoros[1]) mehrfach betreten ist. Um den Schwierigkeiten zu entgehen, welche die Pelasger in Dodona und seine Nennung im thessalischen Katalog boten, griff man zu einem sehr oft angewendeten Auskunftsmittel und fingirte zwei Dodonas, das epirotische und ein thessalisches; letzteres meine Homer. Der bekannte thessalische Alterthumsforscher Suidas, von dem wir auch sonst rationalistische Kunststücke kennen — er machte Thetis die Mutter Achills zu einer Tochter Chirons, um so die Göttin zu beseitigen und Achills Erziehung durch Chiron zu erklären (fr. 6) — entdeckte das thessalische Dodona in der pelasgiotischen Stadt Skotussa bei den Kynoskephalai (vgl. Strabo IX 5, 20). Von hier sei das Orakel später nach Epiros verlegt worden und bei der Gelegenheit seien namentlich die Weiber ausgewandert. So fanden zugleich auch der „pelasgische" Zeus und die Thatsache ihre Erklärung, dass in späterer Zeit Weiber das Orakel verkündeten.[2]) Aehnlich erzählte der Thessaler Kineas, wahrscheinlich der Vertraute des Pyrrhos: als die Orakeleiche in der thessalischen Stadt verbrannte, wurde das Orakel nach einem Ausspruch Apolls nach Epiros verlegt. Beide Erzählungen verdanken wir Apollodor (bei Strabo VII 7, 12 und Epaphroditos bei Steph. Byz.), der sich indessen ablehnend gegen diesen Versuch verhalten zu haben scheint. Die Späteren schwanken: Philoxenos z. B. meinte, in der Odyssee sei das thesprotische, in der Ilias das thessalische Dodona gemeint,[3]) Epaphroditos entschied sich für das thessalische. Man sieht, wie geringen Werth die Angaben über das doppelte Dodona besitzen, welche

----

1) Ephoros weiss von einem doppelten Dodona offenbar noch nichts, sonst würden wir davon erfahren.

2) Suidas las *Il* 233 Ζεῦ ἄνα Φηγωναῖε (von der φηγός), worin ihm Zenodot folgte (Epaphroditos bei Steph. Byz.). Für authentisch wird die Lesung Φηγωναῖε wie die analoge Βωδωναῖε (s. u.) wohl Niemand halten; es sind deutliche Verlegenheitsauswege.

3) Ebenso schol. Od. § 327. — Achill rief nach dieser Annahme den Gott seiner Heimath an. Freilich bezeichnet er durch τηλόθι ναίων deutlich genug den Gott, der fern innerhalb der epirotischen Gebirge zu Hause ist. Aber auch dafür wusste man Rath: τηλόθι ναίων bezeichne Zeus als den Gott der im Aether thront (Schol. Ven. A. Eustath.). Neuere Herausgeber haben das nachgeschrieben!

die Neueren so oft genarrt haben. Ganz gleichartig ist es, dass andere (Namen werden nicht genannt) *Δωδωναῖι* in *Βωδωναῖι* corrigirten und auf einen perrhäbischen Ort Bodone bezogen.[1]) Aehnlich suchten andere die Angabe des Katalogs über Dodona im Gebiet der Aenianen dadurch zu beseitigen, dass sie für *Ἐνιῆνες* den Namen *Ἴωλοι* einsetzten, der von einem perrhäbischen Berge Iolon abgeleitet wird.[2]) Endlich hat man auch die Aenianen in der Nähe von Dodona-Skotussa untergebracht: sie hätten ursprünglich hier im dotischen Felde gewohnt und seien von den Lapithen nach ihren späteren Wohnsitzen am Oeta verdrängt worden.[3]) Die noch spätere Version bei Plutarch qu. gr. 13. 26 lässt sie sogar nach Epiros auswandern, zunächst ins Aethikerland, dann nach Molossis und Kassopien, wo die Parauaeer aus ihnen hervorgehen. Von hier gelangen sie endlich über Kirrha in ihre späteren Wohnsitze. So ist das harmlose Völkchen glücklich bei beiden Dodonas untergebracht und zu einem der vom Schicksal am meisten umhergetriebenen Stämme geworden.

Es ist sehr lehrreich, dass die antike Gelehrsamkeit zur Aufhellung der homerischen Räthsel so garnichts zu ermitteln vermochte; für analoge Fälle ist dies rein negative Ergebniss nicht ausser Acht zu lassen. Die grosse Kluft, welche trotz aller Zusammenhänge doch zwischen der Blüthezeit des Epos und der historischen Zeit klafft, tritt auch darin deutlich zu Tage. —

Die Patroklie nennt den dodonäischen Zeus pelasgisch, Hesiod das Orakel einen Sitz der Pelasger; die Patroklie nennt die Priester Dodonas Hellen, Hesiod die Landschaft Hellopia, Namen, deren Zusammenhang mit den Hellenen nicht abgewiesen werden kann. Beide Angaben weisen auf eine Verbindung zwischen der Bevölkerung Thessaliens und Dodona hin, die ja auch in so manchen anderen Indicien zu Tage tritt. Sollen wir annehmen, dass die Hellenen von Phthiotis wie die Pelasger einstmals in der dodonäischen Hochebene gesessen haben und sich Ueberreste davon bis in spätere Zeit erhielten? Oder

---

1) Auch diese Deutung kannte Apollodor: Steph. Byz. s. v. *Βωδώρη* *πόλις Περραιβική, ὡς Ἀπολλόδωρος, οἱ δ᾽ ὀρθῶς Θετταλίας, ἀπὸ Βωδωνοῦ ἥρωος. ὁ πολίτης Βωδωραῖος.* Ob der Ort wirklich existirt hat oder nur fingirt ist, weiss ich nicht.

2) Steph. Byz. s. v. *Ἴωλον.* 3) Strabo IX 5, 22 vgl. I 3, 21.

ist der Name Ἕλληνες und Ἑλλάς bei den Achäern von Phthia
secundär und irgendwie aus dem Namen der dodonäischen
Priesterschaft gebildet? Und beweist der „pelasgische Zeus"
nur, dass die Pelasger der thessalischen Ebene den Gott des
berühmten Orakels eifrig verehrten? Diese Fragen lassen sich
wohl aufwerfen, aber nicht beantworten. Sicher ist nur, dass
die Bevölkerung von Dodona eine griechische war wie die
Gottheiten die hier verehrt wurden, Zeus Naios und Dione.
Und wenn der Dichter der Patroklie den Achill zum pelasgischen Zeus beten lässt, so war dieser für ihn ein nationaler,
nicht ein ausländischer Gott. Daraus können wir folgern, dass
die Pelasger den Griechen nicht stammfremd, dass sie ein
griechischer Stamm gewesen sind, und das ist ja auch den
geographischen Verhältnissen nach das einzig wahrscheinliche.
Ebenso natürlich ist es aber, dass zwischen ihnen, den Bauern
der Ebene, und den benachbarten Bergstämmen, speciell den
Hellenen oder Achäern von Phthia, ein fortdauernder altererb-
ter Gegensatz bestand, etwa wie zwischen Kana'anäern und
Hebräern. Daher ist es dem Dichter der Patroklie unmöglich,
die Pelasger auf Seiten Achills kämpfen zu lassen, wie die
Phoker und die Boeoter; er hat sie vielmehr unter die Bundesgenossen der Troer eingereiht.

3. Die Pelasger auf Kreta.

Die letzte Homerstelle, in der die Pelasger vorkommen,
ist ein Vers der Odyssee, τ 177. Odysseus gibt sich hier für
einen Kreter aus, den Bruder des Idomeneus; er schildert der
Penelope die Insel mit ihren 90 Städten und ihren zahlreichen
Bewohnern verschiedenen Stammes:

ἄλλη δ' ἄλλων γλῶσσα μεμιγμένη· ἐν μὲν Ἀχαιοί,
ἐν δ' Ἐτεόκρητες μεγαλήτορες, ἐν δὲ Κύδωνες,
Δωριέες τε τριχάϊκες δῖοί τε Πελασγοί.[1]

---

[1] Diese Verse erinnern zunächst an die gelehrten Bemerkungen in
der Patroklie; aber sie sind ganz anders motivirt, wie denn überhaupt der
Dichter dieser Stelle der Odyssee weit höher steht als der der Patroklie.
Odysseus will der Penelope seine angeblichen Schicksale erzählen und
berichtet ihr zunächst von seinem Heimathland. Da ist eine ausgeführte
Schilderung völlig an ihrem Platze, zumal da der Erzähler ja garnicht
voraussetzen darf, dass Penelope irgend etwas genaueres über die Insel

Diese Verse gehören zu einem der ältesten Bestandtheile unserer Odyssee, wie sich aus WILAMOWITZ' glänzender Analyse dieses Abschnitts (Hom. Unters. 50 ff.) ergibt. Dass sie die auf Kreta zur Zeit des Dichters, also etwa im achten Jahrhundert, bestehenden Verhältnisse schildern, ist allgemein anerkannt. Dass also damals Pelasger auf Kreta sassen, kann nicht bezweifelt werden, wenn wir auch über sie aus anderen Quellen so wenig etwas erfahren wie über die Kydonen, die kretischen Achaeer und die Eteokreter. Wissen wir doch überhaupt über die Zustände Kretas so gut wie garnichts.

Im übrigen hat man in unserer Stelle mit Recht ein Zeugniss gesehen aus der Zeit, als die Dorer — die bekanntlich bei Homer nur an dieser Stelle vorkommen — sich auf der Insel festzusetzen begannen. Dass neben ihnen auch Achaeer und Pelasger hinübergekommen sind, enthält nichts auffälliges; finden wir doch Spuren thessalischer Siedelungen in dem ganzen später von Dorern besetzten Gebiet des ägäischen Meeres, namentlich auf Kos und Rhodos. Aber weiteres darüber zu ermitteln ist unmöglich.[2]

Die Alten freilich konnten so nicht folgern. Ihnen bot die Erwähnung der Dorer auf Kreta in den Zeiten des troischen Krieges, vor der Rückkehr des Herakliden und der Besiedelung Kretas durch die Dorer von Argos grosse Schwierigkeiten:[3] sie

weiss. So beginnt er völlig correct Κρήτη τις γαῖ ἔστι, μέσῳ ἐνὶ οἴνοπι πόντῳ, καλὴ καὶ πίειρα, περίρρυτος u. s. w. Eine Angabe über die Bewohner ist hier völlig am Platze und darf daher nicht etwa als spätere Interpolation verworfen werden. Dann nennt Odysseus Knossos und seinen sagenberühmten Herrscher Minos (der Vers ἔνϑα τε Μίνως ἐννέωρος βασίλευε Διὸς μεγάλου ὀαριστής ist natürlich dem Dichter bereits aus älterer Poesie überliefert; Odysseus dürfte eigentlich so nicht reden, da Penelope die Worte unmöglich verstehen kann, wie sie denn auch den Interpreten Schwierigkeiten genug gemacht haben); seine Enkel sind Idomeneus und der Erzähler selbst (Althon).

2) Wenn die zur bembinaeischen Phyle gehörige pelasgische Chilyastys (Πελάσγιος) in Ephesos (HICKS, anc. Greek inscr. in the Brit. Mus. III p. 70) irgend etwas mit den Pelasgern zu thun hat, wird sie auf gleiche Weise zu erklären sein. Vermuthlich aber hat man bei Schöpfung der Eintheilung lediglich nach passenden Namen gesucht.

3) Eine ähnliche Schwierigkeit, die schon Ephoros zu lösen gesucht hat (Strabo X 4, 15), bot bekanntlich die Nennung von 90 Städten auf Kreta, während der Katalog der Insel 100 zuschreibt.

mussten eine ältere dorische Wanderung nach Kreta annehmen.
So hat Andron [von Halikarnass?] — ein Mythenhistoriker,
dessen Fragmente grade keinen günstigen Eindruck hervorrufen,
der aber von Apollodor mehrfach benutzt worden ist — erzählt.
Tektaphos der Sohn des Doros sei aus Hestiaeotis [wo ja die
Dorer ursprünglich zu Hause waren, Herod. I 56] mit Dorern,
Achaeern und denjenigen Pelasgern, die [beim Einbruch der
Hellenen] nicht nach Etrurien ausgewandert waren, nach Kreta
gekommen[1]) — sassen doch alle drei Stämme in der Urzeit in
Thessalien bei einander. Etwas anders erzählt Diodor V 80,
der zwei Wanderungen statuirt: die ältesten Bewohner der
Insel seien die Eteokreter; dann seien wandernde Pelasger dorthin verschlagen, dann[2]) Dorer unter Tektamos, Doros' Sohn,
die vom Olymp kamen, aber auch Achaeer aus Lakonien mit-
brachten. Noch später kommen μιγάδες βάρβαροι [das sind
offenbar die Kydonen]. Durch Minos und Rhadamanthys werden all diese Stämme verschmolzen, schliesslich kommen die
heraklidischen Dorer aus Argos und Sparta. Die Odysseescholien endlich lassen die Achaeer für sich allein durch Tal-
thybios kurz nach dem troischen Krieg, also immer noch vor
Odysseus' Rückkehr nach Ithaka, von Mykenae nach Kreta
geführt werden. Ueber die Pelasger ist in ihnen nichts erhalten. — Die Wohnsitze der verschiedenen Stämme auf der
Insel hat Staphylos von Naukratis (bei Strabo X 4, 6) zu bestimmen gesucht, wie es scheint, ziemlich willkürlich. Die
Eteokreter hat man immer, die Kydonen meist für Autochthonen
gehalten. Man lernt aus diesen Constructionen nur, dass die
gelehrte Forschung hier so wenig wie bei Dodona irgendwelche
Nachrichten zur Erläuterung der homerischen Angabe aufzu-
finden im Stande war. Das ist indessen kein Grund, um an
der Realität der letzteren zu zweifeln.

---

1) Androns Angaben sind erhalten bei Strabo X 4, 6 und Steph. Byz.
s. v. Δώριον, die beide offenbar aus Apollodor schöpfen.

2) Nach Diod. IV 60 geht dagegen Tektamos der Sohn des Doros
zusammen mit Aeolern und Pelasgern nach Kreta.

Die Quellen der Angaben über Dodona bei Strabo, Stephanus von Byzanz und in den Homerscholien.

Was die antike Gelehrsamkeit zur Aufhellung der an die Homerstellen über Dodona anknüpfenden Probleme ermittelt hat, erfahren wir im wesentlichen aus drei Quellen: Strabo's ausführlicher Besprechung von Dodona (VII 7, 10 ff., der Schluss ist nur im Auszuge erhalten); dem im Original erhaltenen Artikel des Steph. Byz. s. v. *Δωδώνη*; und den Iliasscholien zu *Π* 233, die, wie gewöhnlich wo es sich um die reale Seite der Homerphilologie handelt, sehr dürftig sind — aus ihnen allein würden wir nur ein ganz unzureichendes Bild der Sachlage gewinnen. Die Scholien zum Schiffskatalog bieten an unserer Stelle überhaupt nichts.[1]) Der werthvollste Theil der Nachrichten geht bei allen drei auf Apollodors Commentar zum Schiffskatalog zurück. Apollodors Angaben sind ziemlich vollständig bei Strabo erhalten, der ihn auch citirt; Strabo selbst hat ihm ein Citat ans Ephoros vorgeschoben und die abweichende Ansicht des Demetrios von Skepsis über die Lage des Flusses Selleeis eingefügt.[2]). Alles weitere dürfen wir für einen Auszug aus Apollodor halten; die Citate des Suidas und Kineas in § 12 kehren bei Steph. Byz. wieder.[3])

Bei Stephanus wie in den Scholien liegen dagegen Apollodors Angaben nur durch spätere Vermittelung und mit Zusätzen erweitert vor; sein Name wird nicht genannt.[4]) In dem Artikel des Stephanus sind

---

1) Eustathius in den Commentaren zu Homer wie zu Dionys. perieg. 428 schöpft nur aus diesen auch uns erhaltenen Quellen. Einzelne gleichlautende Angaben sind auch ins etym. magn. u. a. übergegangen.

2) Demetrios handelte hiervon natürlich bei Besprechung der mit den Troern verbündeten Pelasger. — Dass Strabo den Skepsier selbst benutzt und das Citat nicht aus Apollodor entlehnt hat, geht auch daraus hervor, dass die Iliasscholien des Ven. A die apollodorische Ansicht genau so geben wie Strabo, aber Demetrios' Auffassung nicht erwähnen. — Das Citat aus Philochoros, in dem die Stelle Hesiods über Hellopia herangezogen wird, hat Strabo aus Apollodor übernommen. Es stammt gewiss nicht aus der Atthis, die Strabo kennt, sondern wohl aus den Büchern *περὶ μαντικῆς* [die Schrift *Ἠπειρωτικά*, der MÜLLER das Fragment (187) einreiht, ist von ihm erfunden und hat nie existirt].

3) vgl. NIESE Rhein. Mus. 32, 285.

4) Ob Stephanus das Citat aus Apollodor *ἐν α΄ περὶ θεῶν* S. 249, 1 direct dieser Schrift oder einer Sammlung entlehnt hat, ist zweifelhaft und für uns irrelevant. Er erklärt hier die Beinamen des Zeus *Δωδωναῖος ὅτι δίδωσιν ἡμῖν τὰ ἀγαθά*, *Πελασγικὸς δὲ ὅτι τῆς γῆς πέλας ἐστίν*. Aehnliche Spielereien, die übrigens zum Theil auf recht alte etymologische Kunststücke zurückgehen werden, enthalten auch die Scholien (hierher gehört auch die Lesung *Ζεῦ ἀναδωδωναῖε, παρὰ τὴν ἀνάδωσιν τῶν ἀγαθῶν*), aus denen wir auch erfahren, dass einige *Πελαργικέ* (natürlich zunächst wegen des Pelargikon) oder *Πελαστικέ* (*οὐ πέλας ἐστὶν ὁ ἀήρ*) lasen. Ebenso Eustath. Die Epitheta der Sellen geben zu weiteren der-

S. 247, 13 ($\epsilon\dot{\imath}\varkappa\acute{o}\varsigma$ $\delta\grave{\epsilon}$ $\dot{\alpha}\pi\grave{o}$ $\varDelta\omega\delta\acute{\omega}\nu\rho\varsigma$ $\pi o\tau\alpha\mu o\tilde{v}$)[1]) — 248, 15 ($\varDelta\omega\delta\omega\nu\alpha\tilde{\imath}o\varsigma$) der
MEINEKEschen Ausgabe aus Herodian entnommen und handeln über die
verschiedenen Formen des Namens Dodona. Daran schliessen sich die
Belege für das $\dot{\epsilon}\vartheta\nu\iota\varkappa\acute{o}\nu$ aus Hekataeos, Homer, Kratinos, Apollonios, Sophokles und ein Citat aus Apollodor $\pi\epsilon\rho\grave{\imath}$ $\vartheta\epsilon\tilde{\omega}\nu$. Den Beschluss bildete
ein grosses Citat aus der Sprichwörtersammlung des Lucius von Tarra
(vgl. s. v. $T\acute{\alpha}\rho\rho\alpha$), das ebenso in die Paroemiographen und Suidas übergegangen ist und auch in den Intermarginalscholien des Venetus B wieder-
kehrt. Es wird das Sprichwort $\varDelta\omega\delta\omega\nu\alpha\tilde{\imath}o\nu$ $\chi\alpha\lambda\varkappa\acute{\imath}o\nu$ erklärt, eine Deutung
Demons verworfen, die von Polemo gegebene nach Aristides[2]), der ihn
ausschreibt, mitgetheilt — es bezieht sich auf eine Metallscheibe, an die eine
eherne Peitsche, welche die Statue eines Knaben in der Hand hält, anschlägt
und dadurch ein tausendfaches Echo hervorruft. Lucius von Tarra fügt
eine Beschreibung des gegenwärtigen Zustandes und ein Citat aus Menander
hinzu. Von diesem Kunstwerk ist, wie wir aus Strabo sehen, schon bei
den älteren Schriftstellern in demselben Zusammenhange die Rede gewesen. Strabo's Schilderung weicht von der bei Stephanos nur wenig
ab und fügt hinzu, das Denkmal sei ein korkyräisches Weihgeschenk.
Es ist wohl sehr wahrscheinlich, dass die Schilderung bei Strabo auf
Polemo zurückgeht, aus dem sie zunächst Apollodor entlehnt hat.

Was bei Stephanus übrig bleibt (S. 246, 8 — 247, 13), entstammt einem
Homercommentar; was im Folgenden gesperrt gedruckt ist, kehrt in der-
artigen Absurditäten Veranlassung. Auch dass Zenodot $\pi o\lambda v\pi\acute{\imath}\delta\alpha\varkappa o\varsigma$ für
$\delta v\sigma\chi\epsilon\iota\mu\acute{\epsilon}\rho o v$ las (schol. T), sei hier erwähnt. — Folgt übrigens aus der
Deutung Apollodors, dass er keine Pelasger in Dodona annahm, sondern
sich durch die angeführte Etymologie half? In dem was uns aus Apollodor erhalten ist, ist in der That von Pelasgern in Dodona nicht die
Rede. — Schol. Ven. A enthalten die ganz verstümmelte Angabe $\varPi\epsilon\lambda\alpha\sigma\gamma\acute{\imath}\alpha$
$\pi\rho\acute{o}\tau\epsilon\rho o\nu$ $\mathring{\eta}$ $\Theta\epsilon\sigma\sigma\alpha\lambda\acute{\imath}\alpha$ $\dot{\epsilon}\varkappa\alpha\lambda\epsilon\tilde{\imath}\tau o$, $\dot{\epsilon}\xi$ $o\mathring{v}$ $\Theta\alpha v\mu\alpha\sigma\tau\grave{o}\varsigma$ $\varkappa\alpha\grave{\imath}$ $\dot{v}\pi\grave{o}$ $\varPi\epsilon\lambda\alpha\sigma\gamma\tilde{\omega}\nu$
$\tau\iota\mu\acute{\omega}\mu\epsilon\nu o\varsigma$. $\dot{\epsilon}\pi\epsilon\grave{\imath}$ $\varPi\epsilon\lambda\alpha\sigma\gamma o\grave{\imath}$ $\varkappa\alpha\tau\acute{\omega}\varkappa o v\nu$ $\tau\grave{\eta}\nu$ $\varDelta\omega\delta\acute{\omega}\nu\eta\nu$, $\dot{\epsilon}\varkappa\beta\lambda\eta\vartheta\acute{\epsilon}\nu\tau\epsilon\varsigma$ $\dot{\alpha}\pi\grave{o}$
$Bo\iota\omega\tau\acute{\imath}\alpha\varsigma$ $\dot{v}\pi\grave{o}$ $Al o\lambda\acute{\epsilon}\omega\nu$ (gemeint ist: von den Aeolern, die aus Boeotien
in Thessalien einbrachen [und später als Boeoter nach Boeotien zurück-
kehrten]), mit der ich weiter nichts anzufangen weiss.

1) Dass der Einschnitt an der angegebenen Stelle ist, hat MEINEKE
verkannt; die Beweise sind 1) was vorangeht, kehrt in den Scholien
wieder, was folgt nicht; 2) im vorhergehenden Abschnitt leitet Epaphroditos den Namen Dodona von mythischen Persönlichkeiten ab, Stephanus
aber erklärt sich für die Ableitung Herodians von einem angeblichen
Flusse Dodon; 3) im Vorhergehenden wird gegen die Unterscheidung von
zwei Dodonas polemisirt, S. 247, 15 aber heisst es $\delta\iota\tau\tau\alpha\grave{\imath}$ δ' $\epsilon\dot{\imath}\sigma\grave{\imath}$ $\varDelta\omega\delta\tilde{\omega}\nu\alpha\iota$,
$\alpha\ddot{\upsilon}\tau\eta$ $\varkappa\alpha\grave{\imath}$ $\mathring{\eta}$ $\dot{\epsilon}\nu$ $\Theta\epsilon\tau\tau\alpha\lambda\acute{\imath}\alpha$, $\varkappa\alpha\vartheta\acute{\alpha}\pi\epsilon\rho$ $\ddot{\alpha}\lambda\lambda o\iota$ $\varkappa\alpha\grave{\imath}$ $M\nu\alpha\sigma\acute{\epsilon}\alpha\varsigma$; ein deutlicher Beleg
dafür, dass ein Quellenwechsel stattgefunden hat. Aus Mnaseas hat He-
rodian auch bei Steph. Byz. s. v. $\varDelta\acute{\omega}\tau\iota o\nu$ die mythische Ableitung des
Namens von Dotos Sohn des Pelasgos entnommen, vgl. S. 257, 1 mit Zl. 16.

2) Dafür lesen die Iliasscholien, Suidas und die Sprichwörter des
cod. Coisl. Aristoteles.

selben Folge im schol. B. T zu *Π* 233 wieder. Wir erfahren, dass Philoxenos im Odysseecommentar ein thesprotisches und ein thessalisches Dodona unterscheidet; letzteres meint Achill. Dagegen polemisirt Epaphroditos im Commentar zum *Il*: Achill ruft den seiner Heimath benachbarten Gott an, ähnlich wie Pandaros und Chryses. Der Zeus von Dodona heisst *Νάϊος*.[1]) Zenodot las *Φηγωναῖε*, Suidas sagt, es gebe in Thessalien ein Heiligthum des *Ζεὺς Φηγωναῖος* [auf einem 15 Stadien von Skotussa entfernten Hügel, schol. T], und dieser sei gemeint.. Andere schreiben *Βωδωναῖε*, nach einer Stadt Bodon(e) in Thessalien, wo Zeus verehrt wird. Es folgen die Angaben aus Kineas über das thessalische Dodona und schliesslich folgendes Citat aus Epaphroditos' Commentar zu Kallimachos' *Αἴτια* II: *ὠνόμασται δὲ κατὰ Θρασύβουλον ἀπὸ Δωδώνης μιᾶς τῶν Ὠκεανίδων νυμφῶν*.[2]) *Ἀκεστόδωρος δὲ ἀπὸ Δωδώνος τοῦ Διὸς καὶ Εὐρώπης.*

Es ist klar, dass die Quelle dieses ganzen Abschnittes nur der von Stephanus so viel benutzte Epaphroditos sein kann, der zum Schluss seinen Commentar zu den *αἴτια* selbst citirt. Aus derselben Quelle haben (indirect) auch die Scholien geschöpft. Epaphroditos aber hat das von Apollodor zusammengetragene Material benutzt, wenn auch nur sehr verstümmelt: bei Strabo werden Suidas und Kineas ebenso citirt wie bei Stephanus.

In den Scholien stecken noch eine Reihe von Notizen, die auf dieselbe oder eine ähnliche Quelle und jedenfalls in letzter Instanz auf Apollodor zurückgehen, namentlich die Discussion über die Sellen, für die wie bei Strabo Pindar citirt wird (eine Bemerkung, die an die Diple zu 234 anknüpft, stammt natürlich aus Aristarch [Aristonikos]) und die Citate aus Andron und Alexander von Pleuron über die Sellen (beides Ven. A). Der allen Scholien gemeinsame Satz *Δωδῶναι δὲ δύο, ἡ μὲν Θεσσαλίας, ἡ δὲ Μολοσσίας. τινὲς δὲ Δωδώνην τὴν γῆν, παρόσον πάντα δίδωσιν· ὀνοχείμερον δὲ, ὅτι πάγοις καὶ κρυμοῖς ὑπὸ τοῦ οὐρανοῦ συνέχεται* stammt nicht aus Epaphroditos, weil dieser die Unterscheidung der beiden Dodona verwirft; Philoxenos nennt Dodona thesprotisch, nicht molossisch. Die Etymologie klingt an Apollodor an und dürfte aus ihm abgeleitet sein. Endlich nennt der Ven. A zu *Π* 233 wie zu *B* 750 Dodona ein *χωρίον ἐν Ὑπερβορέοις* (*B* 750 mit dem Zusatz *τῆς Θεσπρωτίας*), natürlich um der Hyperboreererzählung bei Herodot willen. —

Die Odysseescholien zu ξ 327 bieten nichts als die Unterscheidung der beiden Dodona und eine auf Proxenos, den Zeitgenossen des Pyrrhos, zurückgehenden Legende über den Ursprung des Orakels.

---

1) *ὑδρηλὰ γὰρ τὰ ἐκεῖ χωρία* fügen die Scholien hinzu. Apollodor leitete den Namen Hellopia von den *ἕλη* bei Dodona ab (Strabo).

2) die den Deukalion heirathet, schol. T. In schol. A kehren diese Angaben sehr verstümmelt wieder.

Drittes Kapitel.

Pelasgos in Arkadien. Die Lykaonsagen.

Nach der seit dem fünften Jahrhundert in der griechischen Literatur allgemein herrschenden Ansicht haben die Pelasger die Urbevölkerung fast ganz Griechenlands gebildet. Man sollte daher erwarten, ihnen in der epischen Literatur, die ja die ältesten Zustände Griechenlands schildert, auf Schritt und Tritt zu begegnen. Aber genau das Gegentheil ist der Fall. Die Stellen, an denen die Pelasger als reales Volk vorkommen, haben wir sämmtlich bereits kennen gelernt. Sie spielen in Ilias und Odyssee und eben so bei Hesiod nur eine ganz untergeordnete Rolle, kaum dass sie ein oder zweimal genannt werden.

Wo sonst der Pelasgername vorkommt, ist von einem wirklichen Volk überhaupt nicht die Rede; sie werden nur durch ihren Eponymen, den uralten König Pelasgos, vertreten. Derselbe hat allerdings nach älterer Auffassung seinen Nachkommen, nach späterer seinen Unterthanen seinen Namen vererbt; aber schon in den Zeiten, in denen das Epos spielt, hiessen dieselben längst nicht mehr so, sie haben ihren Namen in einzelnen Fällen Fällen sogar wiederholt gewechselt, Arkader und Argiver (Danaer), ferner nach der Anschauung der Historiker Epiroten Etrusker Oenotrer Peuketier Ionier Aeoler sind aus ihnen hervorgegangen.

Pelasgos' Name hat die Grundlage abgegeben für die ganze spätere Pelasgertheorie, soweit nicht die Tyrsener hineinspielen. Aber auch er ist im Epos keine häufige Erscheinung. Von den homerischen Epen kennen ihn nur die spätesten, —

dass er in Ilias und Odyssee nicht genannt wird, ist bekannt —
etwas häufiger kommt er in der hesiodeischen oder genealogischen
Poesie vor. Es gilt derselbe als erdgeboren, als der älteste
Mensch, der Stammvater des Menschengeschlechts; seine Heimath
ist in der Regel wenigstens Arkadien.

Am lebendigsten tritt uns diese Anschauung in einem Fragment des Asios entgegen:

> Ἀντίθεον δὲ Πελασγὸν ἐν ὑψικόμοισιν ὄρεσσιν
> γαῖα μέλαιν᾽ ἀνέδωκεν, ἵνα θνητῶν γένος εἴη.

Der Zusammenhang bei Pausanias (VIII 1, 4), der diese Verse
bewahrt hat, lehrt dass Pelasgos nach Asios in Arkadien erzeugt ist. Ebenso erzählte Hesiod: Pelasgos ist ein Autoch-
thone, den die Erde in Arkadien erzeugt hat.[1] Er ist bei
Hesiod Vater des Lykaon, und an diesen schloss Hesiod ein
ausführliches Verzeichniss seiner fünfzig Söhne an:

> υἱεῖς ἐξεγένοντο Λυκάονος ἀντιθέοιο,
> ὃν ποτε τίκτε Πελασγός[2]

Einen dieser Söhne, Pallas, von dem die arkadische Stadt
Pallantion den Namen hat, nennt ein Hesiodcitat bei Steph Byz.[3]
Danach können wir nicht zweifeln, dass auch die übrigen Söhne
mit Namen genannt waren; sie waren die Eponymen arkadischer
Gaue und Ortschaften. Aus Pherekydes, der sich in der
Regel eng an Hesiod anschliesst, bewahrt Dion. Hal. I, 13 folgendes Bruchstück (fr. 85 MÜLLER): „Πελασγοῦ καὶ Δηιανείρης
γίνεται Λυκάων. οὗτος γαμεῖ Κυλλήνην, νηΐδα νύμφην, ἀφ᾽
ἧς τὸ ὄρος ἡ Κυλλήνη καλεῖται". ἔπειτα τοὺς ἐκ τούτων γεννη-
θέντας διεξιὼν καὶ τίνας ἕκαστοι τόπους ᾤκησαν, Οἰνώτρου
καὶ Πευκετίου (auf die es Dionys ankommt) μιμνήσκεται λέγων
ὧδε· „καὶ Οἴνωτρος, ἀφ᾽ οὗ Οἴνωτροι καλέονται οἱ ἐν Ἰταλίῃ
οἰκέοντες, καὶ Πευκέτιος, ἀφ᾽ οὗ Πευκέτιοι καλέονται οἱ ἐν τῷ
Ἰονίῳ κόλπῳ". Aehnlich mag das hesiodeische Verzeichniss

---

1) Apollodor II 1, 1 = III 8, 1 'Ἡσίοδος δὲ τὸν Πελασγὸν αὐτόχθονά
φησιν εἶναι. Servius ad Aen. II 83 Pelasgi a Pelasgo Terrae filio, qui in
Arcadia genitus dicitur, ut Hesiodus tradit. Strabo V 2, 4 τῷ δ᾽ Ἐφόρῳ
τοῦ ἐξ Ἀρκαδίας εἶναι τὸ φῦλον τοῦτο (die Pelasger) ἦρξεν Ἡσίοδος.

2) fr. 68 bei Strabo l. c.

3) Παλλάντιον· πόλις Ἀρκαδίας, ἀπὸ Πάλλαντος, ἑνὸς τῶν Λυκάονος
παίδων, ὡς Ἡσίοδος.

ausgesehen haben; möglich ist allerdings auch, dass die Kataloge sich auf ein Namensverzeichniss beschränkten, wie Apollodor III, 8, 1; was Namen, wie Haimon (Eponymos von Haimoniai bei Megalopolis), Alipheros, Pallas, Mantinos, Mainalos zu bedeuten hatten, war ja auch ohne Erläuterung klar. Im einzelnen war hier der Variation der weiteste Spielraum gelassen, und Namen wie Peuketios und Oinotros hat Hesiod gewiss noch nicht genannt.[1]) Auch die Frauen des Pelasgos und Lykaon sind verschieden benannt worden: nach Pherekydes (Dion. Hal. I 13) heirathet Pelasgos die Deianeira[2]), Lykaon die Najade Kyllene. Nach anderen ist diese die Gemalin des Pelasgos und Mutter des Lykaon[3]), nach einer dritten Version ist Pelasgos mit der Okeanostochter Meliboia vermält.[4]) Hesiod dagegen hat wahrscheinlich die Meliboia zu Lykaons Gemalin gemacht, da Herodian aus ihm den Vers anführt (fr. 70 K. 73 R) Φέλλον ἐυμμελίην τέχε(το χλει)τῇ Μελίβοια[5]), der sich schwer-

---

1) Aus Apollodor (bei dem vier Namen ausgefallen sind), Pausan. VIII 3, und Steph. Byz. (der einen Theil der Namen aus Pausanias entnommen hat) finden sich zusammen schon 70 Namen. Nur ein Theil ist zwei Quellen gemeinsam, in allen drei finden sich nur Haimon, Alipheros, Mainalos und Pallas. Dagegen ist nach Hellanikos fr. 60 Mainalos ein Sohn der Arkas. Kleitor ist bei Apollodor ein Sohn des Lykaon, bei Pausan. VIII 4 ein Sohn des Azan, Enkel des Arkas; ähnliches findet sich mehrfach. — Auch nichtarkadische Eponymen wurden von den Späteren vielfach zu Söhnen des Lykaon gemacht. so Thesprotos (Apoll. Steph. Byz. Ἔφυρα, natürlich wegen der Pelasger von Dodona), Lyktos (Steph. Byz. s. v., bei Apollod. verschrieben Λύχιος, wegen der kretischen Pelasger), Phthios und Teleboas (Apollodor), Makedon oder Makednos (Apoll. Steph. Byz. Ὠρωπός — dadurch werden die Makedonen zu Pelasgern Justin VII 1; daher herrscht bei Aeschylos suppl. Pelasgos über alles Land bis zum Strymon. Vermuthlich ist das eine Erweiterung der Pelasger in Epiros; die älteren wissen nichts davon. Bei Hesiod sind Makedon und Magnes Söhne des Zeus, bei Hellanikos Makedon ein Sohn des Aiolos: Steph. Byz. Μαχεδονία).

2) Dieselbe ist wohl eine Variation von Arkas' Gemalin Λεάντειρα oder Μεγάντειρα (Apollod. III 9, 1 schol. Eurip. Orest. 1646).

3) Apollodor III 8, 1, wo Lykaon zahlreiche namenlose Frauen hat, schol. Eurip. Orest. 1646, mit ganz anderer Genealogie des Pelasgos, s. u. Lykaon heirathet hier die Orthosie. Nach Pausan. VIII 17, 6 ist Nonakris (der Ort an der Styx) Lykaons Gemalin.

4) Apollod. l. c.

5) So HERMANN, cod. τέχε τῇ Μελ.

lich irgendwo anders einreihen lässt. Phellos kann bei Hesiod
unmöglich der Eponym der lykischen Stadt sein, dagegen ist
vielleicht an Phellos bei Aigeira in Achaia (Paus. VII 26, 10)
zu denken; hat doch auch das benachbarte Hyperesia einen
Eponymen Hyperes unter Lykaons Söhnen (Steph. Byz.). Pelasgos kann bei Hesiod nicht Meliboias Gemal sein, da er nie
einen anderen Sohn hat als Lykaon.

Hesiods Genealogie ist in den Hauptzügen von allen Späteren adoptirt worden. Dass sie volksthümlich und in Arkadien
einheimisch wäre, folgt daraus aber noch nicht. Um sie zu
beurtheilen, müssen wir ihre einzelnen Elemente analysiren,
und dazu ist vor allem eine Untersuchung der Lykaonsage
und die Ermittelung der Gestalt erforderlich, in welcher Hesiod
sie erzählt hat. [1])

Lykaon's Bedeutung besteht darin, dass er der Gründer
des Zeuscults auf dem Lykaion in Parrhasien ist, des angesehensten aller arkadischen Culte. [2]) Zu diesem gehört ein
Menschenopfer — wie es scheint das Opfer eines kleinen Kindes,
denn in den Erzählungen von Lykaon wird durchweg ein solches
genannt (βρέφος u. ä.). Dieses blutige Opfer stand im vierten
Jahrhundert noch in regelmässiger Uebung [3]) — vermuthlich
wurde es allerdings nur in bestimmten Jahren und bei besonderen Veranlassungen (vgl. das athamantische Menschenopfer
Herod. VII 197) dargebracht. Es knüpft sich daran der Glaube,
dass wer von den menschlichen Eingeweiden, die unter die

---

1) [Seitdem dies geschrieben ist, hat IMMERWAHR, Kulte und Mythen
Arkadiens I 1891 den Zeus Lykaios behandelt. Ich gehe auf seine Ansichten so wenig ein wie auf die zahlreichen älteren Untersuchungen, z. B.
die H. D. MÜLLER's. Ich wüsste nicht, was eine Polemik hier nützen könnte.]

2) Pausan. VIII 2 Λυκάων ὁ Πελασγοῦ Λυκόσουράν τε πόλιν
ᾤκισεν ἐν τῷ ὄρει τῷ Λυκαίῳ, καὶ Δία ὠνόμασε Λυκαῖον, καὶ ἀγῶνα
ἔθηκε Λύκαια. Lykosura ist von Lykaon um des Namens willen gegründet
und daher die älteste Stadt (Paus. VIII 38). Die lykaeischen Spiele werden
bekanntlich bei Pindar oft genannt. Vgl. auch die parische Chronik ep. 17,
wo der Ursprung der eleusinischen Spiele und der Lykaeen in dasselbe
Jahr, unter Pandion II., gesetzt wird. Lykaon ist hier also in viel spätere
Zeit gesetzt als sonst.

3) Plato Minos 315, der die Menschenopfer der Athamantiden und
Karthager vergleicht; rep. VIII 565. Theophrast bei Porphyr. de abstin. II 27.

gleichzeitig dargebrachten thierischen gemengt werden,[1]) kostet, dadurch zum Wolf wird. Natürlich wird daher auch als Begründer des Kultus, Lykaon, von dieser Verwandlung betroffen. Der volksthümlichen Anschauung der Zeit Platos (rep. VIII 565) gilt diese Verwandlung als göttliche Strafe für das wenn auch zu heiligen Zwecken vergossene Menschenblut, und ist auf eine bestimmte Zeitdauer (neun Jahre) befristet: wenn der Wolf während dieser Zeit kein Menschenfleisch frisst, wird er wieder zum Menschen. Das ist bei dem Parrhasier Demainetos thatsächlich eingetreten, der nach seiner Rückverwandlung noch olympische Siege erfochten hat.[2]) Vermuthlich wurde aus den Theilnehmern am Opfer irgendwie (durch das Loos?) einer bestimmt, der als der Schuldige galt und neun Jahre landflüchtig werden musste. Das ist eine Uebertragung der Sühne für unfreiwilligen Mord auf das Menschenopfer.

In der diesem Glauben entsprechenden Gestalt erzählt noch Pausanias die Geschichte Lykaons, nur dass ihm natürlich Lykaon's Opfer eine Verkennung des Wesens der Gottheit ist. Zu seiner Zeit muss indessen das Menschenopfer längst abgeschafft gewesen sein, wenngleich er mit einer aus Herodot ge-

---

1) So schildert Apollodor III S. 1 das Opfer Lykaons. Pausanias VIII 2, 3 weicht etwas ab: Λυκάων ἐπὶ τὸν βωμὸν τοῦ Λυκαίου Διὸς βρέφος ἤνεγκεν ἀνθρώπου, καὶ ἔθυσε τὸ βρέφος, καὶ ἔσπεισεν ἐπὶ τοῦ βωμοῦ τὸ αἷμα· καὶ αὐτὸν αὐτίκα ἐπὶ τῇ θυσίᾳ γενέσθαι λύκον φασὶν ἀντὶ ἀνθρώπου. Dass wir den Hergang beim Opfer nicht genau kennen, ist begreiflich genug; er war Mysterium (Paus. VIII 38, 7 ἐπὶ τούτου τοῦ βωμοῦ τῷ Λυκαίῳ Διὶ θύουσιν ἐν ἀπορρήτῳ) wie alle analogen Cultushandlungen.

2) Skopas bei Plin. VIII 82. Varro bei Augustin civ. dei 18, 17. Pausan. VIII 2, 6 u. a. — Euanthes bei Plin. VIII 81 (der Name steht durch das Autorenverzeichniss lb. I fest und ist daher nicht wie vermuthet in Neanthes zu ändern) erzählt abweichend: Arcadas scribere ex genere Anthi cuiusdam sorte familiae lectum ad stagnum quoddam regionis eius duci vestituque in quercu suspenso tranare atque abire in deserta transfigurarique in lupum et cum ceteris eiusdem generis (der Wölfe) coniugari per annos novem, quo in tempore si homine se abstinuerit, reverti ad idem stagnum, et cum tranaverit, effigiem recipere ad pristinum habitum, addito novem annorum senio (id quoque fabulosius [?, codd. fabins], eandem reciperare vestem). Danach wäre die Verbannung (Verwandlung in einen Wolf) ein auf einem bestimmten Geschlecht ruhender Fluch (ähnlich wie bei den Athamantiden) und ursprünglich wohl ein Ersatz des Menschenopfers. Eine anderweitige Bestätigung dieses Berichts findet sich nicht.

borgten Phrase darüber weggeht.[1]) Denn wenn die Kaiser bis
auf Hadrian hinab die Unterdrückung der Menschenopfer sogar
bei Druiden und Semiten durchsetzten (Porphyr. de abstin.
II 56), so waren dieselben im Centrum Griechenlands von der fortgeschrittenen Humanität schon weit früher beseitigt worden.
Lange vorher aber hatten die weiteren Anschauungen zu einer
gründlichen Umwandlung der Sage geführt. War Lykaon
ursprünglich der fromme Stifter des bestehenden und daher
legitimen Kultus,[2]) so wird er jetzt ein Frevler an der Gottheit,
der sie durch das vorgesetzte Menschenfleisch aufs schwerste
beleidigt und dafür mit seinem ganzen Geschlechte (bis auf
Nyktimos) vernichtet wird. Die Verwandlung in den Wolf ist
nicht mehr eine Folge des vergossenen Bluts, sondern die Strafe
für den ärgsten Frevel.[3])

Diese Auffassung entstammt einer Zeit, in der die Forderung,
dass die Götter moralische Wesen sein sollten, sich geltend
machte und zu der tiefgreifenden Umwandlung der Mythen
führte, die wir vor allem bei Stesichoros und Pindar kennen
lernen. Es sind denn auch alle einzelnen Züge dieser Erzählung
Entlehnungen aus älteren Sagen — die Versuchung der Gottheit
durch das Menschenopfer aus der Pelopssage, die Vernichtung
der Schuldigen durch Blitze, bis die Erde ihre Arme ausstreckt

---

1) VIII 38,7 πολυπραγμονῆσαι δὲ οὔ μοι τὰ ἐς τὴν θυσίαν ἡδύ ἦν,
ἐχέτω δὲ ὡς ἔχει καὶ ὡς ἔσχεν ἐξ ἀρχῆς. Auch VIII 44, 6 wird auf den
Charakter des Opfers angespielt. Zu Plinius Zeit und vielleicht schon zur
Zeit seiner Quelle Skopas war es abgeschafft: VIII 82 Scopas qui Olym-
pionicas scripsit narrat ... in sacrificio quod Arcades Jovi Lycaeo humana
etiamtum hostia faciebant.

2) In später Zeit klingt diese Auffassung bei Nik. Dam. fr. 43 nach:
Lykaon ist wie sein Vater Pelasgos ein gerechter Herrscher, der um seine
Unterthanen zur Gesetzmässigkeit zu erziehen vorgiebt, dass ihn Zeus in
Menschengestalt regelmässig besuche. Seine fünfzig Söhne wollen die
Wahrheit der Behauptung erproben und veranstalten das Menschenopfer.
Dafür trifft sie die Strafe des δαιμόνιον. Hier ist die ephorische Auf-
fassung von Rhadamanthys, Minos, Lykurg auf Lykaon übertragen. — Auch
nach schol. Lyk. 481 sind Lykaons Söhne die Frevler.

3) So muss sie natürlich auch Pausanias auffassen, obwohl er sonst
die ältere Version der Sage giebt. — Das Detail wird vielfach variirt,
namentlich betreffs des Nyktimos (s. u.). Gelegentlich wird auch erzählt,
das geopferte Kind sei Arkas gewesen, Zeus habe ihn wieder zusammen-
gesetzt wie den Pelops (Eratosth. Catast. 8. ROBERT).

und Zeus um Schonung fleht, aus der Gigantensage,[1]) ferner die Anknüpfung der deukalionischen Fluth an Lykaons Frevel — oder recht armselige Erfindungen, wie die Erklärung des Namens der benachbarten Stadt Trapezus.[2])

Dass die hesiodeischen Gedichte diese ethische Version nicht gekannt haben können, ist klar. Wir haben dafür, obwohl jede directe Angabe fehlt, doch noch einen äusseren untrüglichen Beweis. Den Söhnen Lykaons ergeht es in den späteren Berichten, z. B. dem Apollodors, wie dem Jabal Jubal und Tubalkain in der Genesis. Die drei Söhne Lamechs sind die Väter aller Hirten, Musiker und Schmiede; aber trotzdem ersaufen ihre Nachkommen sämmtlich in der Sündfluth. Ebenso sind Lykaons Söhne die Eponymen und Stammväter der arkadischen Städte, aber bis auf einen oder einige wenige werden sie von Zeus erschlagen — ganz abgesehen davon, dass nach einigen (so bekanntlich auch Ovid)[3]) auch hier die Sündfluth dahinter kommt. Wie in der Genesis sind also hier zwei Erzählungen verbunden, die nichts mit einander zu thun haben. Wenn für Hesiod Lykaons Söhne die Väter der Stämme und Gemeinden Arkadiens waren, so können sie keine ruchlosen Frevler, so müssen sie göttergeliebte Heroen gewesen sein. Es kommt hinzu, dass der Kinderreichthum Lykaons für die Erzählung, welche in dem Menschenopfer einen Frevel sieht, gar keine Bedeutung hat; sie kennt vielmehr seine fünfzig Söhne schon aus der Ueberlieferung und muss sie zu Frevlern machen, um ihre Tendenz durchzuführen.

---

1) Dazu gehört Pausan. VIII 29, 1 λέγουσιν οἱ Ἀρκάδες τὴν λεγομένην Γιγάντων μάχην καὶ θεῶν ἐνταῦθα (bei Trapezus) ... γενέσθαι καὶ θύουσιν ἀστραπαῖς αὐτόθι καὶ θυέλλαις τε καὶ βρονταῖς.

2) der davon abgeleitet wird, dass Zeus den Opfertisch (τράπεζα) umgestossen habe. ROBERT (bei PRELLER gr. Myth.⁴ 128, 1) sollte das nicht als Gründungssage von Trapezus bezeichnen. Nach älterer correcterer Auffassung hat Trapezus seinen Namen von einem Sohne Lykaons.

3) Ebenso z. B. schol. Eurip. Orest. 1646: Lykaon gründet das Zeusheiligthum καὶ παῖδα ἐσχηκὼς ἐξ Ὀρθωσίας Νύκτιμον τὴν ἀρχὴν αὐτῷ καταλείπει, ἐφ' οὗ ὁ κατακλυσμὸς ἐγένετο. Hier ist von Lykaons Frevel nicht die Rede; beruht die Ansetzung der Fluth unter Nyktimos vielleicht ursprünglich lediglich auf chronologischen Schlüssen? Nach der parischen Chronik freilich ist die deukalionische Fluth viel älter als Lykaon; aber hier sind attische Gesichtspunkte massgebend.

Somit hat Hesiods Erzählung ungefähr ebenso ausgesehen wie die des Pausanias,[1]) der zwar Lykaons Verwandlung als Strafe für sein Opfer, aber nicht das Gericht über Lykaons Söhne kennt. Aber auch diese Darstellung kann nicht die ursprüngliche sein. Das Opfer ist ja eine heilige Handlung, der blutige Dienst, der Jahrhunderte lang geübt wird, kann ursprünglich nicht für ein wenn auch nur unfreiwilliges Verbrechen gegolten haben. Vielmehr nimmt die Gottheit das Opfer auf dem Berge, wo sie geboren ist[2]) und ihren Wohnsitz hat, wohlgefällig entgegen und kostet davon — wie im Alten Testament so vielfach Jahwe (oder, was dasselbe sagt, sein „Abgesandter") das Opfer entgegennimmt und dadurch den Cultus sanktionirt. Nur so erklärt sich der Zug, den auch die spätere Darstellung festhält, dass Zeus zu Lykaon zu Gast kommt und von dem geschlachteten Kinde isst. Ursprünglich also kann die Verwandlung in einen Wolf nur eine Folge, nicht eine Sühne des Menschenopfers gewesen sein.

Nun ist längst anerkannt, dass Lykaon Niemand anders ist als Zeus Lykaios selbst. Sein Name ist aus dem des Gottes gebildet wie der des Lykurgos; beide sind Heroen, die sich von dem Gotte losgelöst und zu Sonderwesen entwickelt haben. Dadurch erklärt sich auch die Verwandlung in einen Wolf: Zeus Lykaios wurde in Wolfsgestalt vorgestellt, wie Artemis Kalliste, aus der sich Kallisto die Stammmutter der Arkader abgezweigt hat, eine Bärin,[3]) Zeus selbst in anderen Culten ein

---

1) Damit ist keineswegs gesagt, dass Pausanias' Erzählung direct aus Hesiod oder einer mythographischen Bearbeitung Hesiods entnommen sei. Vielmehr lehrt seine ganze Erzählung deutlich, dass er, wie er selbst sagt, die arkadischen Traditionen wiedergibt, d. h. das, was die arkadische Jugend lernte und die arkadischen priesterlichen und profanen Localgelehrten mündlich und schriftlich erzählten. Diese Localtradition ist aber, wie überall, in ihren Grundlagen durchaus von dem hesiodeischen Corpus abhängig. — Dass im übrigen Pausanias selbst aus einem Literaturwerk geschöpft hat (vgl. v. WILAMOWITZ, Isyllos S. 84 über analoge epidaurische Traditionen), ist sehr wahrscheinlich, aber kein Vorwurf; woher kommen denn in unsere Reisehandbücher die Localtraditionen?

2) Pausan. VIII 38, 2, vgl. Callim. hymn. in Jov.

3) Wie der Lykaonmythus unter dem Einfluss der Pelopssage, so ist der von Kallisto unter dem Einfluss der Io umgebildet (die Uebereinstimmung bemerkt schon Pausan. I 25, 1), nur dass noch die Verwandlung

Stier oder ein Adler ist.[1]) Der älteste Glaube also war, dass Zeus in Wolfsgestalt das Menschenopfer entgegen nimmt. Daraus bildet sich der Mythus, dass Lykaon, der Gründer des Cults, ein Wolf ist oder wird, d. h. dass er durch das Opfer des Wesens der Gottheit theilhaftig wird. Das gleiche gilt von allen, die nach ihm das Opfer richtig vollziehen; auch sie werden zu Wölfen, d. h. sie werden göttergleich.[2]) Das Opfer bildet das Band zwischen dem Schutzgott und seinen Verehrern. Alles weitere ist später moralisirende Umbildung.

Bei der Verwandlung in den Wolf hat man später jedenfalls an den Gleichklang mit λύκος gedacht. Aber Λυκαιος bezeichnet den Zeus als Lichtgott wie λυκηγενής.[3]) Möglich wäre es, dass aus diesem Gleichklang die ganze Anschauung erwachsen wäre; aber viel wahrscheinlicher ist es, dass wir es hier mit einem der vielen Reste des Thiercultus bei den Griechen zu thun haben, dass ein in Wolfsgestalt verehrter Gott zum Lichtgott Zeus geworden ist.[4]) Als Lichtgott tritt er uns auch darin entgegen, dass in seinem heiligen Hain auf dem Lykaon, den bei Todesstrafe[5]) kein Mensch betreten darf, kein Gegenstand Schatten wirft.[6]) Als Gott des Lichthimmels

in ein Sternbild hinzukam, das natürlich längst den Namen der Bärin trug, ehe es mit Kallisto identificirt wurde.

1) vgl. die vergoldeten Adler auf zwei κίονες am Altar des Zeus Lykaios Paus. VIII 38, 7.

2) Ethnologen werden darin natürlich Totemismus erkennen, das ist ja nach modernem Glauben die Wurzel aller Religion.

3) λυκα-ιος, λυκα-ων, λυκη-γενης, λυκα-βας sind Ableitungen von dem verschollenen nomen λυκα (λυκη) „Licht (Tag?)“, und haben mit λυκο-ς (von dem z. B. λυκο-οργος stammt) nichts zu thun. Mit Unrecht meint ROBERT bei PRELLER I⁴ 127, 2, Lykaion könne „Wolfsberg“ bedeuten. — λυκα-ων wie μαχα-ων u. a.

4) Man mag dabei immerhin das helle Fell des Wolfs heranziehen, obwohl ich von diesen in der Mythologie lange Zeit so beliebten Spielereien nicht viel halte; das Studium der ägyptischen und semitischen Religionen hat mich gründlich davon curirt. — Weiteres S. 60.

5) So in der Kallistoerzählung bei Hesiod (Astronomie?): Eratosth. Catast. 1 ROBERT. Nach Pausan. VIII 38, 6 ἴσοδος οὐκ ἔστιν ἐς αὐτὸ (τὸ τέμενος) ἀνθρώποις· ὑπεριδόντα δὲ τοῦ νόμου καὶ ἐσελθόντα ἀνάγκη πᾶσα αὐτὸν ἐνιαυτοῖ πρόσω μὴ βιῶναι. Auch hier die Umsetzung der alten Anschauung.

6) Pausan. l. c. Theopomp wird dafür, dass er das nacherzählt hat, von Polyb. XVI 12, 7 heftig getadelt. — Die Uebertragung der kretischen

ist Zeus Lykaios auch der Regenspender (Pausan. l. c.), wie Zeus Laphystios.

Von der Lichtnatur des Gottes hat auch Lykaon eine Spur bewahrt. Von seinen 50 Söhnen sind alle anderen Eponymen, aber der älteste,[1]) der ihm in der Herrschaft folgt, trägt den Namen Nyktimos. Er nimmt also eine scharf hervortretende Sonderstellung ein. Νύκτιμος ist eine correcte Bildung von νύξ (vgl. νοστ-ιμος, φυξ-ιμος u. a.): der „Nächtige" ist der Sohn des „Lichten". Beide Gestalten kehren mit wenig veränderten Namen wieder in dem boeotischen Brüderpaar Nykteus und Lykos.[2]) In Arkadien haben wir den seltenen Fall, dass nicht die Nacht „sich den Tag gebiert" oder sein Bruder ist, sondern als Sohn des Tages gilt. Das ist eine Umkehr der naturgemässen Anschauung und nur dadurch zu erklären, dass für die zu Grunde liegenden Gestalten das Verwandschaftsverhältniss bereits anderweitig feststand, d. h. Nyktimos ist das Beiwort eines Gottes, der für den Sohn des Zeus Lykaios galt. Das kann in Arkadien Niemand besser sein als Hermes,[3]) für den ja das Beiwort νύκτιμος trefflich passt. So

Zeussage sowie des Namens Olympos auf das Lykaion (Kallim. Pausan.) braucht hier wohl nicht weiter besprochen zu werden.

1) So Pausan. Da seine Nachfolge feststand, lag es der späteren Auffassung nahe, ihn gerade zum jüngsten Sohn Lykaons zu machen, der allein am Frevel nicht Theil nimmt und daher allein verschont wird (so Apollodor). Nach Nik. Dam. ist er dagegen der Hauptanstifter des Opfers (bei Apollodor ist das der älteste, Mainalos). Andere machen aus Nyktimos das von Lykaon geopferte Kind (schol. Lykoph. 481. Clem. Al. protr. 2, 36). Auch das ist spätere Erfindung; ein Opfer des eigenen Kindes, wie es der phoenikische Cult fordert, ist dem lykaeischen Dienst durchaus fremd. Daher sind die Deutungen, welche dies zum Ausgang nehmen, verfehlt (z. B. die von WELZEL, de Jove et Pane diis arcadicis Breslau 1879, die überdies das Opfer aus dem Mythus erklärt, während der wahre Hergang der umgekehrte ist).

2) Nach Apollodor III 5, 5 sind sie die Söhne des Chthonios (eines Sparten nach III 3, 4, 5). Der Name passt ganz gut. Eine Variante III 10, 1 macht sie zu Söhnen der Hyrieus, nach III 5, 5 gründen sie Hyrie Chalkis gegenüber. — Nykteus ist bekanntlich der Vater der Antiope.

3) Allerdings ist derselbe am Lykaion nicht nachweisbar; man muss also an den kyllenischen denken. Darf hierher gezogen werden, dass nach schol. Theokrit 1, 122 Hermes der Vater Lykaons ist? Die Angabe ist allerdings ganz isolirt und kann leicht ein Fehler sein. — Eventuell könnte

erklären sich auch die fünfzig [correct allerdings 49] d. h. sehr vielen, namenlosen Brüder desselben: es sind die Sterne des Nachthimmels. Denn dass nicht ihre Namen, aber ihre Existenz und Zahl der ursprünglichen Sage angehören, ist klar; hätte die genealogische Poesie in der Ueberlieferung nur Lykaon und Nyktimos vorgefunden, so wäre man nie darauf verfallen, die Eponymen der arkadischen Gemeinden an Lykaon anzuknüpfen. Schliesslich erwähne ich noch, dass Nyktimos offenbar identisch ist mit Nykteus, den Asios als Vater der Kallisto nannte.[1])

Die Grundlage des Mythus ist also der Glaube, dass der in Wolfsgestalt auf dem Lykaion verehrte Zeus Lykaon hier den Opfercult begründet und das ihm dargebrachte Kind verzehrt, und dass er einen Sohn (Hermes?) Nyktimos hat. Daraus erwächst die älteste Gestalt der Sage: „Lykaon war ein uralter Herrscher am Lykaion, der das Menschenopfer des Zeuscults begründet hat. Durch den Genuss der Opferspeise wurde er zum Wolf. In der Herrschaft folgte ihm Nyktimos, der älteste seiner fünfzig Söhne." Diese fünfzig Söhne boten der Dichtung eine willkommene Gelegenheit zur Unterbringung zahlreicher arkadischer Gemeinden, Bergnamen etc. Dadurch wurde aber der Charakter Lykaons verschoben: der aus der Götterwelt stammende Stifter eines Cults wurde zum Stammvater der Arkader.[2]) gewissermassen zum Rivalen des Arkas, des Sohnes des Zeus und der Kallisto (Artemis). Nach correctem genealogischen Schema müssten alle arkadischen Gaue Arkas' Söhne und Enkel sein und Azan, Apheidas, Kleitor, Aleos, Stymphalos, Gortys u. a. stammen denn auch von ihm ab (einige von ihnen werden gelegentlich auch Söhne Lykaons genannt); aber durch Lykaon ist er in den Hintergrund gedrängt.[3])

νύκτιμος auch ein Beiwort des Pan, des Doppelgängers des Hermes, gewesen sein.

1) Apollodor III 8, 2. Offenbar hat Asios die arkadischen Genealogien eingehend behandelt.

2) Es ist daher ganz correct, wenn Pherekydes ihm Kyllene zur Gemalin gab.

3) Die fortschreitende genealogische Forschung hat daher Ausgleichsversuche unternommen. Bei Hesiod, d. h. in den Katalogen, war Kallisto eine Nymphe, (Apollod. III 8, 2), aber ein anderes hesiodeisches Gedicht, wahrscheinlich die Astronomie, machte sie zur Tochter Lykaons (Eratosth.

Dass dadurch ein fremdes Element in die Lykaonsage eingefügt ist, liegt auf der Hand. Lykaon ist keine genealogische Figur — daher setzt sich auch sein Geschlecht nicht weiter fort, weder Nyktimos noch einer seiner Brüder hat Nachkommen; [1]) — daraus folgt zugleich, dass er ursprünglich auch keine genealogische Figur zum Vater gehabt hat, mit anderen Worten, dass auch Pelasgos ihm erst von Hesiod vorgeschoben ist. Seinem Wesen nach kann Lykaon nur entweder ein Autochthon [2]) oder ein Sohn des Gottes sein, von dem er sich abgezweigt hat. Aber auch hier hat die hesiodeische Genealogie das Ursprüngliche verdrängt. Die einzige Spur einer abweichenden Genealogie, die ich finde, ist bei Dion. Hal. I 11, wo ein Lykaon Sohn des Aizeios erscheint, dessen Tochter Deianeira von Pelasgos dem Enkel des Phoronens (s. Kap. 4) einen zweiten Lykaon, den Vater von 22 Söhnen, gebiert.[3]) Die Statuirung von zwei Lykaons ist natürlich nur harmonisirende Ausflucht; leider ist aber mit dem Vater Aizeios gar nichts anzufangen. Doch wird er wohl mit der Landschaft Azania, deren Eponym sonst Azan ist, zusammenhängen.

Wie ist aber Hesiod dazu gekommen, dem Lykaon den Pelasgos vorzuschieben? Pelasgos ist der Urmensch, den, wie Asios sagt, die Erde aus sich hervorgab, auf dass das Geschlecht

Catast. 1), und später ist diese Ansicht, die auch Eumelos vertrat, die gewöhnliche. Asios nannte Kallisto eine Tochter des Nykteus (S. 63, 1), Pherekydes des Keteus (Apollod. l. c.). Das kehrt bei schol. Eurip. Orest. 1646 wieder, wo wohl Pherekydes zu Grunde liegt [allerdings weicht er vorher von Pher. ab, indem er Kyllene zur Gemalin des Pelasgos macht]. — Nach Charon Lamps. bei Tzetzes ad Lyc. 480 ist Kallisto Lykaons Tochter die Geliebte Apollos; nach Duris bei schol. Apoll. Rhod. IV 264 ist Arkas Sohn des Orchomenos.

1) Nur eine Genealogie bei Pausan. VII 24 führt Nyktimos' Nachkommen bis auf Psophis hinab; daneben stehen aber ganz andere Ableitungen.

2) Ich lege kein Gewicht darauf, dass nach Nikander bei Antoninus Liberalis 31 Lykaon Autochthon ist; hier kann einfach der Name seines Vaters Pelasgos ausgefallen sein.

3) Die Angabe geht zunächst wahrscheinlich auf Myrsilos, indirect vielleicht auf Pherekydes zurück, der Pelasgos Gemalin Deianeira nannte (Dion. Hal. I 13). Stammt die sehr auffallende Angabe über die Zahl der Söhne Lykaon's II. daher, dass die Quelle nur 22 mit Namen zu nennen wusste? Oder ist sie eine rationalistische Correctur, ähnlich der, die Hekataeos an der Zahl der Söhne des Aigyptos vornahm?

der Sterblichen entstehe. Auf der anderen Seite gelten die
Arkader allgemein für uralt; sie sind προσέληναοι „älter als
der Mond" [1] und haben, anders als die umwohnenden Völker,
ihre Heimath nie verlassen. War das richtig, so mussten sie
direct vom Urmenschen abstammen, und wenn sie nie gewandert
waren, musste dieser in Arkadien geboren sein. War also
Lykaon ein uralter König und Stammvater der meisten Gaue
Arkadiens, so bedurfte es nur einer einfachen Schlussfolgerung,
um ihn zum Sohne des Pelasgos zu machen [2] und Pelasgos
nach Arkadien zu versetzen. Es ist das durchaus keine Willkühr, sondern bei den Voraussetzungen, von denen Hesiod und
die ganze genealogische Dichtung — ich möchte lieber sagen
Forschung — beherrscht wird, ein völlig correcter Schluss,
dessen Ergebniss mit gutem Gewissen als völlig feststehend
betrachtet werden konnte.

Uns freilich bindet dieser Schluss nicht mehr, und so müssen
wir wieder lösen, was Hesiod zusammengefügt hat. Pelasgos
hat mit Lykaon nichts zu thun, und damit fällt alle Verbindung
zwischen Pelasgern und Arkadern dahin. [3] Die Arkader sind
niemals Pelasger gewesen, und noch weniger ist hier eine ältere

1) Lykophron 462. Hippys Rheg. bei Steph. Byz. Ἀρκαδία. schol. Arist.
nub. 397. Ap. Rh. IV 264 mit zahlreichen Belegen dazu in den Scholien
(aus Eudoxos u. a.), ferner in dem Lyrikerfragment BERGK III adesp. 84,
welches die verschiedenen Urmenschen aufzählt und unter ihnen den προσ-
σέλαναῖος Πελασγός in Arkadien nennt. — Spätere haben auch hier rationalistische Deutungen aufgestellt, so Aristoteles, Mnaseas (der einen König
Proselenos statuirt) u. a.

2) Wir können daraus vielleicht zugleich folgern, dass in den Traditionen, aus denen Hesiod schöpfte, sei es nun die Volkssage selbst, sei
es, was mir viel wahrscheinlicher ist, eine literarische Ueberlieferung, ein
Vater des Lykaon nicht genannt war.

3) Ich brauche wohl nicht auszuführen, dass die Angaben über Pelasgos als Urheber der ältesten Cultur in Arkadien (Hüttenbau, Eichel-
essen u. s. w.) und die weitere Entwickelung derselben unter Lykaon und
Arkas nichts weiter sind als Versuche, die fortschreitende Entwickelung
aus dem Urzustande auszumalen (s. namentlich Pausan. VIII 2 ff., schol.
Eurip. Orest. 1646, Nic. Dam. fr. 43; nach Hygin fab. 225 baut Pelasgos den
ersten Tempel des olympischen Zeus in Arkadien, sein Sohn Lykaon den
des kyllenischen Hermes). Ganz analoge Dinge werden von Phoroneus
und Inachos erzählt. Es giebt freilich neuere Forscher, welche diese Angaben über Pelasgos für authentische Ueberlieferung halten!

pelasgische Bevölkerung von einer späteren griechischen verdrängt worden. Das sind Folgerungen aus dem Stammbaum, wie sie seit Hekataeos und Herodot schon oft gezogen sind, aber den Urhebern desselben noch völlig fern lagen.

Für Pelasgos ist das Resultat unserer Untersuchung, dass der genealogischen Poesie die Anschauung, dass Pelasgos der Urmensch sei, überkommen war. Wo seine Heimath ist, darüber lehrt uns seine Verbindung mit Lykaon gar nichts. Daher haben wir das Recht dieselbe eben da zu suchen, wo die Pelasger zu Hause sind, d. h. in Thessalien. Eine Spur dieses Ursprungs hat sich in dem Namen der Okeanostochter Meliboia erhalten, die bei Apollodor seine Gemalin, bei Hesiod (s. S. 55) vielleicht die des Lykaon war. Urmenschen heirathen entweder Nymphen oder Okeanostöchter. Aber nach dem arkadischen Berglande passt eine Meerestochter schlecht, und Meliboia ist bekanntlich der Hauptort der magnesischen Küste. Gemalin des Pelasgos kann sie nur sein, wenn dieser der Urmensch in Thessalien ist.[1]) Von hier ist sie wie dieser in die arkadische Genealogie übertragen worden.

---

[1]) nach schol. Il. B 756 (ebenso Eustath.) ist Meliboia ganz correct Gemalin des Magnes, eines Sohnes des Aiolos.

Viertes Kapitel.

Pelasgos in Argos.

Io und die Danaiden. Der argivische Stammbaum.

————

In Argos tritt uns Pelasgos zwar nicht als Urmensch, aber als ein alter König des Landes in der erhaltenen Literatur zuerst in den Schutzflehenden des Aeschylos, und hier noch dazu leibhaftig auf der Bühne entgegen. Er ist der Sohn des erdgeborenen Palaichthon, Nachfolger des Apis, und regiert über ganz Griechenland bis zum Strymon[1]), als Danaos und die Danaiden in Argos landen.

Um über den Werth dieser Angaben ein Urtheil zu gewinnen, ist es nothwendig auf die Entwickelung der Sage von Io und den Danaiden näher einzugehen. Die Untersuchung ist um so wichtiger, da es sich hier den berühmtesten aller Sagenstammbäume handelt, denjenigen, dem Perseus, Herakles und die Könige der Dorer entstammen. Dem entspricht es, dass derselbe in der alten Literatur unendlich oft behandelt worden ist. Bereits Phrynichos und Aeschylos haben ihm Tragödien entnommen,[2]) Pherekydes, Akusilaos, Hellanikos ihn eingehend bearbeitet, Herodot verschmäht sich näher auf ihn einzulassen, weil er zur Genüge von anderen behandelt ist (VI 55 ἄλλοισι γὰρ περὶ αὐτῶν εἴρηται). Aus der epischen Literatur beschäftigten sich mit ihm das homerische (kyklische) Epos

————

1) wegen der Pelasger in Thessalien, Epiros und Makedonien, s. o. S. 55 Anm. 1.

2) Das aus Melanippides Δαναΐδες erhaltene Fragment (BERGK, Lyr. III 559) gewährt keine weiteren Aufschlüsse.

Δαναΐδες von 6500 Versen[1]) und das genealogische Epos Phoronis[2]). Im Aigimios[3]) wie in den hesiodeischen Katalogen[4]) nahm die Geschichte der Io und der Danaiden einen breiten Raum ein.

Unsere wichtigste Quelle ist Aeschylos. Bekanntlich ist von seiner Danaidentrilogie nur das erste Stück (dass es das erste ist, bezweifelt jetzt wohl Niemand mehr) erhalten, das inhaltlich recht dürftig ist. Vom zweiten Stück, das nach G. HERMANN's von WELCKER angenommener Vermuthung *Θαλαμοποιοί* (= *Αἰγύπτιοι*?) geheissen haben wird, ist kein sicheres, vom dritten, den *Δαναΐδες*, und von dem Satyrdrama Amymone sind ganz wenige Fragmente erhalten;[5]) doch lässt sich ihr Inhalt ungefähr errathen. Eine wesentliche Ergänzung bietet die Io-Episode des Prometheus, deren Angaben sich mit denen der Schutzflehenden genau decken, und in denen der Dichter

1) JAHN-MICHAELIS Bilderchroniken K 2. *Δαναΐδες* lautet der Titel auf der BORGIA'schen Tafel, und das ist offenbar correcter als *Δαναΐς* in den Schriftstellercitaten.

2) Von den wenigen erhaltenen Fragmenten handelt fr. 1 KINKEL von Phoroneus, fr. 4 von der ersten Herapriesterin Kallithoe, fr. 2 und 3 von den idäischen Daktylen und Kureten (bei der Wanderung Io's; an Apollodors Erzählung II 1, 3, 7 dass die Kureten den Epaphos unsichtbar machen, kann nicht gedacht werden, s. u. S. 50. Auch in den Danaides war nach Philodom. de piet. p. 42 bei KINKEL fr. epic. p. 313 von den Kureten die Rede), fr. 5 von Hermes. Die Fortsetzung des Stammbaumes wird nicht gefehlt haben.

3) Hierher gehören fr. 5 (Argos *πανόπτης*) und fr. 3 (Io's Irrfahrt nach Euboea), dagegen nicht fr. 4 (über Zeus' Meineid), das Apollodor II 1, 3 unter Hesiods Namen citirt; denn wie KIRCHHOFF mit Recht bemerkt (Odyssee 328), citirt Apollodor II 1, 3, 3 und 5, 14 den Aigimios unter dem Namen des Kerkops, so dass ein Hesiodcitat sich bei ihm auf die Kataloge beziehen muss.

4) Apollodor III 1, 3 über Io's Vater, fr. 4 über Zeus' Meineid (in den Fragmentsammlungen fälschlich dem Aigimios zugeschrieben, s. Anm. 3), fr. 47. 48 KINKEL (49. 50 RZACH) über Danaos und Aigyptos. Wie es scheint geht der Grundstock der Erzählung Apollodors durchweg auf Hesiod zurück.

5) Die Angabe, dass in den *Αἰγύπτιοι* Pluto als Zagreus bezeichnet werde (fr. 5 NAUCK), ist von unsicherer Beglaubigung und für uns lässt sich aus ihr so wenig gewinnen wie aus den beiden aus den *Θαλαμοποιοί* erhaltenen Versen (fr. 78). Die Fragmente der *Δαναΐδες* bei NAUCK 43—45, der Amymone fr. 13—15.

offenbar derselben Quelle, bez. seinem älteren Drama, gefolgt ist. Die Quelle des Aeschylos kann nun nicht Hesiod sein, da dieser den Pelasgos in Argos und seinen Vater Palaichthon nicht kannte und Io's Vater bei ihm Peiren hiess.[1]) Ebenso ist der Aigimios ausgeschlossen, da in ihm Argos πανόπτης Sohn des Argos und der Ismene ist und vier Augen hat; bei Aeschylos ist er γηγενής und μυριωπός (Suppl. 305 Prom. 568. 677). Dass die Phoronis ausgeschlossen ist werden wir später sehen. Somit kann Aeschylos nur aus dem Danaidenepos geschöpft haben, wie auch seit WELCKER allgemein angenommen ist.

Io die Priesterin der Hera (κλῃδοῦχος Ἥρας Aeschylos suppl. 291), die Tochter des Inachos, welche in Kuhgestalt von Zeus geliebt und begattet wird, ist ursprünglich niemand anders als die Hera βοῶπις von Argos selbst. Wie bei Lykaon und Kallisto hat sich aus der thiergestaltigen Gottheit eine mythische Gestalt entwickelt, die in ihrem Dienste steht.[2]) Aufs neue finden wir hier eine Spur altgriechischen Thierdienstes.[3]) Derselbe kehrt ja wie der Stein- und Baumcultus in allen naturwüchsigen Religionen wieder. Nur ist er in den meisten, und so auch in Griechenland, allmählich abgestorben, während er in Aegypten umgekehrt eine immer steigende Bedeutung und Ausbildung erfahren hat.

---

1) Inachos wird als Vater des Io in den Schutzflehenden nicht, aber wiederholt im Prometheus genannt.

2) Im wesentlichen zu denselben Anschauungen ist auch ROBERT in der Neubearbeitung von PRELLER's Mythologie I 395 gelangt, ohne indessen im Artikel Hera die Consequenzen daraus zu ziehen. Sonst herrscht wohl noch jetzt allgemein die aus dem Alterthum überkommene Deutung der Io als Mond, der zu Liebe alte Grammatiker ein aegyptisches Wort ιω „Mond" erfunden und neuere das koptische Wort ιὄh (altäg. geschrieben יֵח) herangezogen haben. ROBERT l. c. erklärt Io als hypokoristischen Frauennamen, vielleicht mit Recht.

3) Ich haben mich lange dagegen gesträubt, in Hera βοῶπις eine kuhgestaltete Göttin zu erkennen, doch wird man sich der Analogie nicht entziehen können. Dass die zahllosen rohen Frauenfiguren von Thon aus den Schuttschichten von Tiryns und Mykenae, in denen SCHLIEMANN seltsamer Weise eine Frau mit einem Kuhkopf zu erkennen glaubte, damit nichts zu thun haben, ist allbekannt. Eher darf man den schönen mit einer Rosette geschmückten Kuhkopf von Silber mit goldenen Hörnern Mykenae S. 250 und die entsprechenden Figuren von Gold und von Thon heranziehen.

Die Ersetzung der Herakuh durch ihre Dienerin Io, der
Artemisbärin durch die Nymphe Kallisto, des Zenswolfes durch
seinen Diener Lykaon wird eingetreten sein, als die Anschauungen, aus denen der Thierdienst erwachsen ist, ihre Lebens-
kraft verloren hatten und die Reste desselben nur noch als
unverständliche Reliquien fortlebten. Doch mag auch die in
der Literatur (d. h. im Epos) sich vollziehende Ausbildung einer
allgemein griechischen Religion, welche die localen Anschauungen und Cultusformen nur theilweise gebrauchen konnte, aber
doch erklären musste, wesentlich dabei mitgewirkt haben;
wissen wir doch garnicht, ob argivische oder gar arkadische
Einflüsse bei der Ausbildung der literarischen Sage irgendwie
mitgewirkt haben, ob diese nicht vielmehr den Landschaften
einfach durch die Literatur octroyirt worden ist.

Mit der Kuhgestalt erbte Io die Liebe des Zeus.[1]) Dadurch
entstand die Aufgabe ihre Gestalt zu erklären. Als Lösung
bot sich die Eifersucht der Hera, ein in der Poesie schon lange
lebendiges Motiv.[2]) Entweder Hera verwandelt die Io — so
erzählt Aeschylos suppl. 299,[3]) d. i. die Danaides, worauf der dem
ächten Mythus entstammende Zug folgt, dass Zeus alsdann erst
in Stiergestalt die Io begattet. Oder Zeus selbst verwandelt die
Io, als er von Hera entdeckt wird, um sie dem Zorne seiner Gattin
zu entziehen, und schwört dann, sie nie berührt zu haben [hier

---

1) Ebenso muss die arkadische Sage ursprünglich gelautet haben,
dass die Bärin Artemis die Geliebte oder Gattin des Zeus ist. Nach Epimenides (fr. 6 KERN 12 KINKEL bei schol. Theokrit I 3 und 121, schol.
Eurip. Rhes. 36) ist Kallisto vom Zeus Mutter nicht nur des Arkas, sondern auch des Pan, gewiss eine ächtarkadische Anschauung, die auch ursprünglich auf die Artemis zu beziehen sein wird [vgl. jetzt auch R. FRANZ,
de Callistus fabula, Leipz. Studien XII 1890].

2) Bei der Kallisto war das nicht brauchbar, da Zeus nach gemein-
griechischer Anschauung nicht Gemal der Artemis war; hier wird die
Entrüstung der keuschen Göttin über die Preisgebung ihrer Dienerin als
Motiv gewählt.

3) ebenso Hygin fab. 145. Mit grossem Takte ist der Vorgang im
Prometheus behandelt, wo Io selbst ihn zu erzählen hat. Zeus' Lockung
im Traume erzählt sie, aber den Umgang mit ihm verschweigt sie. Ebenso
kann sie nur die Thatsache ihrer Verwandlung und der unerwarteten Er-
lösung von Argos berichten; wer sie verwandelt und wer Argos getödtet
hat, weiss sie nicht. Dass Hera's Zorn die Ursache ihres Unglückes ist
(601), darf sie allerdings mit Recht muthmassen.

hat er also schon vorher mit ihr Umgang gepflogen] — seitdem wird dem Liebenden der Meineid verziehen (ἐκ τοῦ δ᾽ ὅρκον ἔθηκεν ἀζήμονα ἀνθρώποισι νοσφιδίων ἔργων περὶ Κύπριδος Hesiod fr. 4).[1]) So erzählte Hesiod.[2]) Unabhängig von einander sind die beiden Darstellungen nicht, da das Grundmotiv das gleiche ist. Hesiod's Erzählung ist dramatischer; aber eben deshalb ist sie jünger. Dass Hera sich der Geliebten des Zeus bemächtigt und sie straft, ohne dass dieser etwas für sie thut, konnte Anstoss erregen; dieser Anstoss ist von Hesiod sehr geschickt beseitigt. Zeus verwandelt die Io um sie zu retten, wird aber von der Hera in seinen eigenen Netzen gefangen, indem er ihr die Bitte, ihr die schöne Kuh zu schenken, nicht abschlagen kann — denn nur so kann Hesiod's Erzählung weiter gegangen sein (s. Apollodor und Ovid).

Mit der Iosage ist die von Argos und seiner Tödtung durch Hermes verbunden. Dass dieselbe uralt ist, bezeugt das bei Homer schon an recht alten Stellen (B 103) vorkommende Epitheton ἀργειφόντης. Aber wenn wir auch Aristarchos' künstliche Etymologie nicht billigen werden, darin hat er recht, dass bei demselben an die spätere Iosage nicht gedacht werden kann.[3]) Dass auf Io und alles was dazu gehört in Ilias Odyssee Theogonie sich nirgends eine Anspielung findet, ist ein ausreichendes Argumentum ex silentio. Das Beiwort ist viel zu stereotyp, als dass es aus der Episode einer Sage, bei der Hermes doch nur eine recht untergeordnete Rolle spielt, herausgesponnen sein könnte. Die Sage von der Tödtung des Argos durch Hermes muss ursprünglich selbständig und weit gewichtiger, etwa der von der Tödtung des Pytho durch Apollo analog gewesen sein. ROBERT meint, das Argos πανόπτης von dem Eponymos der griechischen Landschaft, der in den Stammbäumen als Sohn des Zeus und der Niobe erscheint,

1) Plato sympos. 183 mit den Scholien. Apollodor II 1, 3. Hesych. ἀφροδίσιος ὅρκος.

2) In Ovids gewandter Bearbeitung schimmert die hesiodeische Erzählung als Grundlage noch durch (Met. I 583 ff.).

3) Schol. BT zu B 103 ἀργειφόντῃ ἀργῷ φόνον (Ven. A ἀργῷ καὶ καθαρῷ φόνον) ... τὸν δὲ Ἰοῦς ἔρωτα οὐκ οἶδεν ὁ ποιητής, πέπλασται δὲ τοῖς νεωτέροις τὰ περὶ Ἄργον. zu Ω 24 ἀργειφόντην οὐχ ὅτι κατὰ τοὺς Ἡσιόδου μύθους τὸν βουκόλον Ἰοῦς ἐφόνευσεν, ἀλλ᾽ ἐπειδὴ μία παντὸς λόγου φύσις, ἐκφαίνειν ἐναργῶς τὸ νοούμενον.

sowie von Argos dem Erbauer der Argo, ursprünglich nicht
verschieden sei.[1] Richtiger wäre zu sagen, dass Apollonios
von Rhodos den Argos πανόπτης zum Erbauer der Argo gemacht hat,[2] während ursprünglich der Baumeister des Schiffes
eine durchaus secundäre, aus dem Namen der Argo abgeleitete
Gestalt ist. Argos panoptes aber wird ursprünglich mit der
peloponnesischen Landschaft garnichts zu thun haben, sondern
eine dem Hermesmythus angehörige Gestalt sein. Dann dürfte
er in Arkadien heimisch sein, und dafür liegen selbst in unserem dürftigen Material noch Zeugnisse vor. In dem bekannten
euhemeristischen Abschnitt bei Cicero de nat. deor. III 56 wird
unter den verschiedenen *Mercurii* als fünfter derjenige genannt, *quem colunt Pheneatae, qui Argum dicitur interemisse.*
Er soll mit dem ägyptischen Thoth identisch sein, wird dagegen vom Sohne der Maia geschieden. Nach Apollodor II 1, 2
tödtet Argos die Echidna, die Tochter des Tartaros und der
Ge, im Schlafe; nach Epimenides bei Pausan. VIII 18, 2 (fr. 3
Kern) ist Echidna die Tochter der Styx und des Peiras[3]; die
Styx aber fliesst bekanntlich in nächster Nähe von Pheneos.
Auch Argos' sonstige Thaten, die Erlegung eines gewaltigen

1) In Preller's gr. Myth. I⁴ 396, 1. Zur Erklärung der vielen Augen
des Argos verweist er auf das alte Zeusbild auf der Larisa mit einem
dritten Auge in der Stirn (Pausan. II 24, 3). Aber die Schilderungen des
Argos stimmen dazu nicht: nach Aeschylos hat er unzählige Augen, nach
dem Aigimios vier, nach Pherekydes eins im Hinterkopfe. Und wenn
Argos der Sohn des Zeus sich aus diesem abgezweigt haben kann, wie
soll man es erklären, dass er, also ursprünglich Zeus, von Hermes erschlagen wird? Die vielen Augen haben zu der in alter und neuer Zeit
gangbaren Deutung des Argos als des Nachthimmels geführt.

2) Denn er ist bei ihm Sohn des Arestor und trägt ein Stierfell
(I 324), wie sonst Argos πανόπτης Apollodor II 1, 2, 2, Dionysios Kyklo-
graphos bei Schol. Eurip. Phoen. 1116. Die vielen Augen erwähnt Apollonios allerdings nicht. Bei Pherekydes ist wie bei Hesiod der Panoptes
ein Sohn des Arestor, Argos der Erbauer der Argo dagegen ein Sohn des
Phrixos (schol. Ap. Rhod. I 4; Apollod. I 9, 16), und das ist offenbar das
ursprünglichere. Bei Hygin fab. 14 p. 48, 3. 49, 8 Schmidt ist Argos der
Erbauer der Argo ein Sohn des Danaos, nach anderen Sohn des Polybos
und der Argeie. Also auch hier wird die Anknüpfung an das peloponnesische Argos gesucht.

3) Desselben, der bei Hesiod und anderen der Vater der Io ist.
Auch hier ist ein, wenn auch für uns nicht mehr erkennbarer, Zusammenhang.

Stieres, dessen Fell er trägt, und die Bestrafung des Rinder-
diebes Satyros, spielen in Arkadien.¹) So mag die Sage von
der Tödtung des Argos durch Hermes ursprünglich in Pheneos
zu Hause sein, dessen Hauptgott ja Hermes ist; vielleicht ist
sie aus den eigenartigen Bewässerungsverhältnissen des phenea-
tischen Beckens erwachsen.²) Dasselbe mag einmal wie andere
Thäler den Namen Argos getragen haben. Wie alle ähnlichen
Gestalten ist Argos ursprünglich erdgeboren.³)

Der Name gab dann die Veranlassung, den Argos nach
Argolis zu versetzen. Die Uebertragung wird aber nicht älter
sein, als die poetische Ausbildung der Iosage überhaupt, so
dass Argos in dieser sogleich seine feste Stelle erhielt. Neben
ihm steht die rein genealogische Gestalt des Argos des Sohnes
der Niobe, von deren Ursprung später zu handeln ist.

Wie von der Kallisto Arkas abstammt, so von Io Danaos,
der Eponymos der Danaer. Dass dieser Name ehemals als
Stammname in der argivischen Ebene wirklich lebendig gewesen ist, wird niemand bezweifeln,⁴) wenn er auch selbst in
der homerischen Zeit nur noch in der Poesie gebräuchlich war.
Dass der Name einen Eponymos forderte, war für die Zeit der
ausgebildeten genealogischen Poesie selbstverständlich; derselbe
ist dem Geschlechte des Perseus vorangeschickt worden, wobei
die weit ältere Gestalt der Danae — der Name ist nicht eponym, sondern bezeichnet die Mutter des Perseus einfach als
ein „Danaermädchen" — mitgewirkt haben mag. Sie und ihr
Vater Akrisios waren längst feststehende Figuren, als Danaos
entstand; über die weiteren Mittelglieder s. u.

Danaos ist dazu da, dem Volke von Argos seinen Namen
zu geben; weiter hat er keine Bedeutung. Dagegen ist an
seinen Namen eine Sage angeknüpft worden, die aller genea-

---

1) Apollodor II 1, 2. Ausserdem soll er die Mörder des Apis getödtet haben.

2) Dass ein aus den arkadischen Bergen stammendes Epitheton des
Hermes der epischen Poesie seit Alters geläufig ist, ist nicht auffallender,
als dass sie τὸ κατειβόμενον Στυγὸς ὕδωρ kennt (O 36 = ε 185). Vgl.
auch Ἑρμῆν Κυλλήνιον Ἀργειφόντην hymn. hom. 17, 1.

3) So Aeschylos, d. i. die Danaiden, und Akusilaos (Apollodor III
1, 3. 3).

4) Die Identität der Danaer mit den Danauna der Aegypter halte
ich nach wie vor für höchst wahrscheinlich.

logischen Momente entbehrt und aus den localen Verhältnissen
von Argos erwachsen ist: die von seinen männermordenden
Töchtern. Der ungewöhnliche Wasserreichthum der Südwest-
ecke von Argos im Gegensatz zu der Dürre des nur durch
künstliche Brunnen bewässerten Haupttheils der Ebene mit
ihren zahlreichen fast immer trockenen Giessbächen[1]) hat eine
ganze Reihe von Sagen hervorgerufen. Die in reicher Fülle
aus dem Felsen hervorbrechenden Quellen von Lernai, bei
denen, wenn eine Oeffnung verstopft wird, an ihrer Stelle
zwei andere hervorbrechen, hat in der Sage von der Hydra
ihren Ausdruck gefunden, die in den Heraklesepen weiter ausgesponnen ist[2]) — auch in Stymphalos und Pheneos ist Herakles ja der Bewältiger der Wasserfluthen. Eine andere Erzählung lautet, dass die schöne Amymone — das ist der Name
der Hauptquelle —, als sie Wasser holen ging, dem Poseidon
begegnet und seine Liebe gewinnt. Zum Lohne stösst der Gott
den Dreizack in den Fels und schenkt ihr die Quellen.[3]) Im
Zusammenhang damit steht die (vielleicht übrigens erst der

---

1) Die Natur der argivischen Landschaft hat sich in historischen Zeiten
absolut nicht geändert, wenn auch flüchtige neuere Forscher gelegentlich
das Gegentheil behauptet haben. Als ich Anfang Mai 1884 und dann
wieder Ende März 1888 in Argos war, enthielt das Inachosbett keinen
Tropfen Wasser, geschweige denn die übrigen Flussläufe. Das gleiche
bezeugt für seine Zeit Pausan. II 15, 5, für die Sagenzeit der Name πολυ-
δίψιον Ἄργος und die zugehörigen Mythen. Die lernäische Quelle und
der Erasinos dagegen sind auch jetzt noch eben so wasserreich wie vor
Alters.

2) Pausanias II 37, 4 citirt für das Abenteuer den Peisandros, d. h. das
berühmteste Heraklesepos. Die Deutung der Bewältigung der Hydra
durch Feuer auf Ausrodung des sumpfigen Urwaldes ist vielleicht richtiger, als auf die Gluth des Hochsommers. Denn die Quellen versiegen
auch dann nicht.

3) Der Satyr, der Amymone überfällt und vor dem sie Poseidon
rettet, ist in die Fabel wohl erst durch Aeschylos' Satyrdrama gekommen. — Das Kind von Amymone und Poseidon ist Nauplios, der Eponym
von Nauplia und Vater des Palamedes. Ihn kennen schon die Nosten
und der Aigimios (Kerkops bei Apollod. II 1, 5, 14, ebenso Pherekydes fr. 13
bei schol. Ap. Rh. IV 1090), aber auch hier sehen wir, dass die genealogische Figur an eine einigermassen geeignete Gestalt der Volkssage angeknüpft wird, weil man sie irgendwo unterbringen muss. Dass Nauplios
Sohn der Amymone ist, hat mit der Amymonesage garnichts zu thun, ja
steht eigentlich im Widerspruch mit ihr. Also ist auch hier die eponyme

attischen Sage nachgebildete)[1]) Erzählung, dass Poseidon und Hera um das Land streiten und Inachos (mit anderen zusammen) zu Gunsten der Hera entscheidet, worauf Poseidon den Flüssen das Wasser entzieht (Pausan. II 15, 5. Apollodor II 1, 4, 8). Durch Amymone wird dann sein Zorn besänftigt.

Nördlich von den lernäischen Quellen entspringt dem Chaongebirge die mächtige Quelle des Erasinos, der unterirdische Abfluss des stymphalischen Sees, der wie der Bach von Lerna nach ganz kurzem Lauf ins Meer mündet. Das übrige Argos erhält sein Wasser ausschliesslich durch zahlreiche künstliche Brunnen[2]) (nur bei Mykenae im Gebirge finden sich wieder Quellen, vor allem die berühmte Perseia, aus der die Sagengestalt des Perseus hervorgegangen ist). Diese Verhältnisse haben zu der Sage Veranlassung gegeben, dass die Flüsse von Argos um die Quellnymphen freien, aber diese schlagen ihnen die Köpfe ab und werfen sie in den lernäischen Sumpf[3]) — d. h. die vom Gebirge herabstürmenden und um die Quellen

---

Gestalt eine jüngere und vor allem eine künstliche Schöpfung. — Ueber die Schwierigkeiten, in welche die Sagenchronologie dadurch geräth, s. Strabo VIII 6, 2.

1) Oder ist die attische Sage der argivischen nachgebildet? Das wäre vielleicht an sich wahrscheinlicher. Die Geschichte vom Streit des Poseidon und der Hera könnte schon im Hesiod gestanden haben.

2) Vgl. Strabo VIII 6, 7 (wo die Wasserarmuth fälschlich für eine Fabel erklärt wird): καὶ τῆς πόλεως (Argos) εὐπορουμένης ὕδασι φρεάτων πολλῶν καὶ ἐπιπολαίων. ib. 8: τὴν μὲν οὖν χώραν συγχωροῦσιν εὔυδρεῖν (wegen der Lerna u. s. w.), αὐτὴν δὲ τὴν πόλιν ἐν ἀνύδρῳ χωρίῳ κεῖσθαι, φρεάτων δ' εὐπορεῖν, ἃ ταῖς Δαναΐσιν ἀνάπτουσιν, ὡς ἐκείνων ἐξευρουσῶν, ἀφ' οὗ καὶ τὸ ἔπος εἰπεῖν τοῦτο· „Ἄργος ἄνυδρον ἐὸν Δανααὶ θέσαν Ἄργος ἔνυδρον". Diesen Vers schreibt Eustath. zu Il. Δ 171 dem Hesiod zu (mit der Variante Δαναὸς ποίησεν εὔυδρον; bei KINKEL fr. 47), der danach wohl von Brunnenanlagen des Danaos und seiner Töchter erzählt haben muss — falls der Vers wirklich bei Hesiod stand, wofür die Eustathiosstelle kaum genügende Gewähr bietet. Den Späteren gilt daher Danaos als Erfinder der Brunnenanlage, deren Kenntniss er aus Aegypten mitbringt: Polyb. bei Strabo I 2, 15. Plin. VII 195.

3) Nach Apollodor (II 1, 5) sind die Köpfe in der Lerna begraben, die Leiber in Argos πρὸ τῆς πόλεως, nach Pausan. II 24, 2 die Köpfe am Aufgang zur Akropolis, die Leiber in der Lerna. — Ob die Demetermysterien von Lerna (Pausan. II 36. 37. Strabo VIII 6, 8, καθαρμοί) mit der Ausbildung der Sage etwas zu thun haben, weiss ich nicht, da mir die Formen derselben unbekannt sind.

der Ebene werbenden Giessbäche versiegen (verlieren ihre
Köpfe) nach kurzem Bestande, und so hat die Ehe keine
Dauer. Die Wassermassen aber, welche die Berge sammeln
(speciell der Pontinos, vgl. Paus. II 36, 8), kommen in den lernäischen Quellen zum Vorschein: hier liegen also die Köpfe
der ungestümen Freier.

Die Nymphen[1]) wie ihre Freier, beide 50 an Zahl, sind
ursprünglich namenlos. Das ist ein bezeichnender Hinweis
darauf, dass diese Sage in alter Zeit keinen Eingang in die
epische Literatur gefunden hat. Wenn die Bräute Danaiden
heissen, so sollen sie damit wohl zunächst als Danaermädchen
bezeichnet werden, braucht doch Hesiod Δαναοί für Δαναίδες;
als solche aber werden sie zu Töchtern des Danaos, und so
wird der Name in der uns erhaltenen Literatur immer verstanden. Dass auch Amymone unter sie Aufnahme gefunden
hat, ist nur natürlich. Nur eine von ihnen verschont ihren
Freier, Hypermnestra (der Name ist secundär, wie alle Da-
naidennamen ausser Amymone), die Braut und spätere Gattin
des Lynkeus: von ihr gewarnt entflicht er nach Lyrkeia.[2])
Dieser Ort liegt im Quellgebiet des Inachos, und so ist der
Sinn der Sage wohl, dass dieser Fluss wenigstens in seinem
Oberlauf noch etwas Wasser bewahrt. Für die Genealogie
dienen Lynkeus und Hypermnestra dazu, den Stammbaum des
Danaos weiter fortzuführen.[3])

---

1) Als Quellnymphen schöpfen die Danaiden bekanntlich auch ohne
Unterlass Wasser in ein (durchlöchertes) Fass. Diese Anschauung ist durch
ihre Versetzung in die Unterwelt (auf der archaischen Münchener Vase
neben Sisyphos in BAUMEISTER'S Denkmälern 1924, woselbst auch weiteres
Material; ebenso in der Lesche des Polygnot Pausan. X 31, 11, beidemale
ohne den Namen) gründlich umgestaltet und gilt schliesslich als Strafe für
den Gattenmord ([Plato] Axiochos 371 und in der römischen Poesie). Ich
kann aber doch nicht glauben, dass WILAMOWITZ (homer. Unters. 202) mit
der Annahme Recht hat, dass der Name auf die Gruppe erst im dritten
Jahrhundert übertragen sei.

2) Dass Lynkeus Eponymos dieses Ortes ist, ist wohl nicht zu bezweifeln: nach Pausanias II 25 hätte derselbe ursprünglich Lynkeia geheissen, und sei dann nach Lyrkeus, einem Bastard des Abas, umgenannt
worden.

3) Wie ihr Sohn zu dem Namen Abas kommt (daher Pindar Pyth.
8, 77 Ἄβαντος εὐρυχόρους ἀγυιάς als Bezeichnung von Argos, vgl. die
Schol.), weiss ich nicht. Derselbe ist Eponymos der Phokerstadt Abai

In den uns erhaltenen Stammbäumen — in dieser Partie stimmen sie alle überein — ist Danaos von Io durch drei Zwischenglieder getrennt. Aber diese gehören einem ganz anderen Gebiete an und sind erst bei der Bearbeitung der Sage hineingekommen. Ursprünglich wird Danaos der Sohn Io's gewesen sein, wie Arkas der der Kallisto.

Im siebenten Jahrhundert sind die bisher besprochenen Sagen — von denen sich im übrigen nicht bestimmen lässt, ob sie damals überhaupt schon weiter ausgeführt und in Verbindung mit einander gesetzt waren — zusammengefasst und durch ein neueingeführtes Element von Grund aus umgestaltet worden. Den Anstoss dazu hat die neu eröffnete Bekanntschaft mit Aegypten gegeben, und die spätere Gestalt der Sage von Io und den Danaiden ist einer der interessantesten Belege für den tiefen Eindruck, den die Erschliessung des wunderreichen alten Culturlandes am Nil auf den griechischen Geist geübt hat.

In Aegypten fanden die Griechen den bei ihnen verschollenen Thierdienst in vollster Blüthe. Zu allen Zeiten hatte man hier die Kühe und Stiere für besonders heilig gehalten; aber grade damals — etwa seit dem neunten Jahrhundert — war das Ansehen des heiligen Apisstieres von Memphis in ganz Unterägypten ständig gewachsen und war eine der kuhgestaltigen Göttinnen, die Isis, zu der angesehensten und am eifrigsten verehrten Gottheit Aegyptens geworden.[1]) Von allen ägyptischen Göttern mussten Apis und Isis den Griechen zuerst bekannt werden. Kein Wunder, dass man hier eine schlagende Bestätigung der einheimischen Traditionen zu finden glaubte. Die Io von Argos, welche Zeus geliebt und in eine Kuh verwandelt hatte, hier in Aegypten wurde sie als Göttin verehrt,

---

(Pausan. X 35, 1) und der euböischen Abanten (nach schol. Pindar Pyth. 8, 74 soll er daher von Argos nach Euboea, nach Strabo IX 5, 6 nach dem pelasgischen Argos in Thessalien gewandert sein; schol. Il. B 536 nennen einen euböischen Abas, der auf Erechtheus zurückgeführt wird; noch anders Steph. Byz. Ἀβαντίς). Er war jedenfalls bereits der Ahnherr des Persidengeschlechts, Vater des Proitos, Grossvater des Akrisios, ehe er zum Sohn des Lynkeus wurde.

1) Vgl. über das Emporkommen dieser Culte meine Gesch. Aegyptens S. 357 f.

der Apisstier von Memphis — wie aus dem ägyptischen hapi das griechische Ἔπαφος geworden ist, weiss ich nicht — war offenbar ihr Sohn. Kein Zweifel, dass beide identisch waren;[1]) daher stellt man die Io fortan nach dem Cultbilde der Isis als eine Jungfrau mit Kuhhörnern dar.[2])

Zu Herodots Zeit würde man gefolgert haben, dass die Griechen oder vielmehr die Pelasger vor Alters die ägyptische Isis kennen gelernt und daraus ihre Io gemacht hätten. Aber im siebenten Jahrhundert glaubte man noch an die heimische Götterwelt und die heiligen Mythen; da konnten die fremden Götter nur für Entlehnungen aus Griechenland gelten — ähnlich wie den gläubigen Juden und Christen die Religion und Weisheit der Heiden für eine Entstellung der alttestamentlichen Offenbarung galt. Man folgerte also, Io müsse nach Aegypten gekommen sein. Als Motiv dafür bot sich der Zorn der Hera, der sie aus ihrem Heimathlande vertrieb. War freilich Io die Stammmutter des Danaos und andererseit der ägyptische Epaphos das Kind, welches sie dem Zeus geboren hatte, so mussten die Nachommen des letzteren irgendwie wieder nach Argos zurückgebracht werden.

---

1) Dass daneben Isis als Göttin der Demeter gleichgesetzt wird (Herod. II 59 u. a.), ist völlig in der Ordnung: die grosse Göttin Aegyptens musste einer griechischen Hauptgottheit entsprechen. Auch decken sich die Functionen beider Göttinnen einigermassen.

2) Aesch. suppl. 568 heisst es von den Aegyptern, sie erschracken über eine ὄψιν ἀήθη, βοτὸν ἐσορῶντες δυσχερὲς μιξόμβροτον, τὰν μὲν βοός, τὰν δ' αὖ γυναικός; also ist sie hier als Weib mit Kuhkopf gedacht, wie ja Isis oft genug dargestellt wird. (Gewöhnlicher aber ist die Darstellung in Menschengestalt mit Kuhhörnern, als βούκερως πάρθενος (Aesch. Prom. 588, vgl. 674), wie auch Isis meist gebildet wird. Völlig mit Recht sagt Herodot II 41 τὸ γὰρ τῆς Ἴσιος ἄγαλμα ἐὸν γυναικήιον βούκερων ἐστί, κατά περ Ἕλληνες τὴν Ἰοῦν γράφουσι. Dem entspricht die gewöhnliche Darstellung der Bildwerke (vgl. z. B. bei BAUMEISTER Denkm. Art. Io). Vereinzelt hat sich auch später die ursprüngliche Darstellung als Kuh erhalten, wie sie der amykläische Thron zeigte (Ἥρα δὲ ἀφορᾷ πρὸς Ἰὼ τὴν Ἰνάχου βοῦν οὖσαν ἤδε Paus. III 18, 13). Absurd ist die Behauptung von ENGELMANN in ROSCHER's Myth. Lex. II 271, die Darstellung als gehörte Jungfrau gehe auf den Einfluss der Tragiker zurück, welche eine Kuh nicht auf die Bühne bringen konnten. Berücksichtigung ägyptischer Denkmäler darf man von einem Archäologen natürlich nicht verlangen.

Dies Problem zu lösen hat der Dichter[1]) des Danaidenepos unternommen. Er hat zugleich die bisher höchstens locker
verbundenen Sagen von Io, Argos, den Danaiden, Amymone zu
einem einheitlichen Gedicht verarbeitet.[2]) Mit grosser Ausführ-
lichkeit hat er den Stoff behandelt, wie die Ueberlieferung über
die Verszahl lehrt; aber die Zeiten schöpferischer Sagengestal-
tung waren vorbei, und unter allen ausführlich bearbeiteten
griechischen Sagen ist wohl keine inhaltlich dürftiger als diese.
Selbst ein Aeschylos hat ihr wahres Leben nicht einzuhauchen
vermocht. Dafür ist das Danaidenepos nach anderer Seite literar-
geschichtlich um so interessanter. Wir sind, und mit Recht,
gewohnt, die „hesiodeische“ Poesie als unmittelbare Vorgängerin
der Logographen zu betrachten; aber die Danaiden stehen den
letzteren mindestens ebenso nahe — wie sie denn auch durch
das starke Hervortreten des genealogischen Elements mit Hesiod sich eng berühren — und zeigen, dass auch die „homerische“ Poesie der allgemeinen Strömung Rechnung getragen
hat. Das Interesse an Ländern und Völkern, an der Erweiterung der geographischen Kenntnisse, an Urgeschichte und
Wanderungen bildet den Inhalt der Danaiden wie der Schrift-
stellerei des Hekataeos; ihm verdankt das Epos die grosse
Wirkung, die es nicht formell aber durch seinen Inhalt erzielt
hat. Gleich zu Anfang boten die Schicksale der Io die Gelegenheit dazu. Io konnte von Argos nach Aegypten nur auf
dem Landwege gekommen sein, musste also so ziemlich die
ganze im siebenten Jahrhundert den Hellenen bekannte Welt
(mit Ausnahme Italiens) durchwandert haben. So konnte das
Epos gewissermassen einen Abriss der Geographie geben. Zugleich boten einige dürftige und gesuchte, aber dem Geschmacke
dieser und noch einer weit späteren Zeit behagende Etymo-

---

1) Besässen wir das Epos, so würden wir wahrscheinlich auch hier
eine Schichtung früherer und späterer Bestandtheile erkennen, wie z. B.
die Einfügung der Libye einem anderen Dichter angehören kann als die
Schöpfung des Bruderpaares Danaos und Aigyptos. In der Hauptsache
würde indessen eine derartige feinere Analyse schwerlich viel ändern.

2) Ueber die formelle Behandlung des Stoffes lässt sich garnichts
sagen. Es wäre z. B. sehr möglich, dass die älteren Erzählungen, wie die
Abenteuer der Io, episodisch in die concentrirte Haupthandlung eingelegt waren, die sich, wie der Titel deutlich sagt, um die Danaiden ge-
dreht hat.

logien — Aeschylos hat sie geflissentlich reproducirt — den
Beleg dafür, dass Io wirklich in den betreffenden Ländern
gewesen war. Ueber Dodona kommt sie an das Westmeer,
das nach ihr das ionische genannt wird.[1] Dann wird sie durch
die Rindsfurth, den thrakischen (Apollodor) oder den kimme-
rischen (Aeschylos) Bosporos[2] nach Asien geführt. An ausführlichen geographischen Schilderungen wird es hier so wenig
gefehlt haben wie bei Aeschylos (vgl. S. 68 Anm. 2); sehr wahrscheinlich ist auch Kirchhoff's Vermuthung (Odyssee 329), dass
auch Hesiod die Schilderung der Makrokephalen, Hyperboreer,
Greifen, Pygmaeen bei Gelegenheit der Irrfahrten der Io gegeben hat. Endlich gelangt sie nach Aegypten, und hier heilt
sie Zeus, indem er sie mit der Hand berührt und dadurch be-
fruchtet. Von der *ἐπαφή* erhält das Kind, das sie dem Zeus
gebiert, den Namen Epaphos.[3]

---

1) *χρόνον δὲ τὸν μέλλοντα πόντιος μυχός, σαφῶς ἐπίστασ', Ἰόνιος
κεκλήσεται, τῆς σῆς πορείας μνῆμα τοῖς πᾶσιν βροτοῖς* sagt Prometheus
zur Io bei Aeschylos 839. Gewiss hat die Quelle die Namengebung in
ganz gleicher Weise berichtet (vgl. Apollodor); man sieht wie der Dichter
systematisch nach Belegen für die Irrfahrt suchte und froh war, wenn er
einen fand. — Der Aigimios fügt noch Euboea hinzu, das früher Abantis
hiess, aber von Zeus nach der Kuh seinen Namen erhielt (fr. 3 Steph. Byz.
Ἀβαντίς). Dabei hat der Gleichklang mit dem Namen des Berges Euboia,
an dessen Fuss das argivische Heraion liegt, mitgewirkt. Aeschylos kennt
diesen Zug so wenig wie Apollodor. Dagegen erwähnt Strabo X 1, 3, dass
Io auf Euboea den Epaphos geboren habe, und nach Steph. Byz. *Ἀργουρα*
tödtet Hermes den Argos in Argura auf Euboea. [Ohne Werth ist die
Uebertragung der Io nach Gaza, das *Ἰώνη* geheissen haben soll: Steph.
Byz. s. v. *Γάζα* und *Ἰόνιον πέλαγος*.]

2) Dass Aeschylos suppl. 544 *διχῆ δ' ἀντίπορον γαῖαν ἐν αἴσᾳ διατέμνουσα, πόρον κυματίαν ὀρίζει* (d. h. sie gibt ihm den Namen) besagen
soll, sie habe zweimal die Meerfurth durchschwommen, d. h. beide Bosporos passirt, wie Welcker u. a. annehmen, ist mir wenig wahrscheinlich;
διχῆ ist wohl nur Ausführung des *διατέμνουσα*. Wie Aeschylos sich allerdings im Prometheus die Configuration der skythischen und kaukasischen
Lande gedacht hat, ist mir ganz unklar.

3) Die Etymologie bringt Aeschylos bei jeder Gelegenheit an: Prom. 850
Suppl. 15. 46. 314. 535. 1066. Ohne Zweifel fand er sie schon in seiner
Quelle. — Den weiteren Angaben Apollodors über Epaphos' Verschwin-
den und sein Aufsuchen und Wiederfinden in Byblos durch Io liegt offen-
bar der Osirismythos zu Grunde, der auf Epaphos übertragen ist; Aeschylos'
Darstellung schliesst eine derartige Erzählung aus. — Zu beachten ist die

Als Motiv für die Irrfahrt gilt der Zorn der Hera, der bei
der Ankunft Io's in Aegypten erlischt, ohne dass ein Grund
angegeben wird, weder weshalb ihre Rachsucht hier befriedigt
ist noch was sie davon hat die Nebenbuhlerin über die ganze
Erde zu jagen. Auch darin spricht sich deutlich aus, dass
diese ganze Erzählung secundär ist: man sucht die Thatsache,
dass Io von Argos nach Aegypten gekommen war, zu erklären
so gut es geht. Zeus' Wege sind dunkel, aber er macht seine
geheimen Gedanken zur That, ist die Lösung des Aeschylos.
Auch das recht prosaische Mittel, welches Hera gegen Io an-
wendet, die grosse Stechfliege, verräth die gesunkene poetische
Schöpfungskraft. Aeschylos nennt daneben das Gespenst des
Argos, das aus der Erde aufsteigt (Prom. 567 ff.); stand das
auch in seiner Quelle?

Durch ihre Verpflanzung nach Aegypten wird Io die Stammmutter nicht nur des Danaos sondern auch des Aigyptos, d. h.
die Ahnfrau, von der die beiden Völker Danaer und Aegypter
abstammen. Dazwischen aber haben sich noch einige andere
Gestalten festgesetzt. Epaphos als Sohn der Isis ist der ägyptischen Religion entnommen.[1]) Seine Tochter (nach Apollodor
von der Niltochter Memphis) ist Libye, die sich mit Poseidon vermält. Das weist auf Kyrene hin; denn nur hier ist
Poseidon (Herod. II 50) und der Name Libyen zu Hause.[2])
Libye's Sohn ist Belos, der Gott der Aramaeer,[3]) der aber in

Hervorhebung von Kanobos bei Aeschylos (Prom. 846. Suppl. 311); am
kanobischen Nilarm lag Naukratis.

1) Er gilt als Gründer der Städte Aegyptens: Pindar Nem. 10, 8,
speciell von Memphis (Apollodor).

2) Es bedarf wohl kaum des Hinweises darauf, dass die Bemerkung
PRELLER's Myth. II² 50 „Libye, das ist das libysche Festland am Mittel
meere, nach älterem Sprachgebrauch mit Inbegriff des Nildelta" den wahren
Sachverhalt geradezu umkehrt. Von dem Volksstamme der Libyer, die bei
Kyrene sassen und uns durch die ägyptischen Denkmäler genau bekannt
sind, ist der Name allmählich auf den Continent übertragen worden, zuerst
wohl von den ionischen Geographen. — Auch Telegonos Gemal der Io
bei Apollod. II 1, 3 weist auf Kyrene. — Nach Herod. IV 45 ist Libye eine
γυνὴ αὐτόχθων.

3) [Dass Βῆλος nicht aus dem phönikischen Ba'al entstanden sein
kann, habe ich bereits im Art. Ba'al bei ROSCHER Myth. Lex. I 2874 erkannt, indessen den Namen nicht zu deuten vermocht. Der babylonisch-
assyrische Gott Bêl kann offenbar nicht gemeint sein, wohl aber der

dieser Genealogie als Gott Aegyptens erscheint, wo ja syrische Kaufleute in Menge sassen. Neben ihm wird meist Agenor genannt, der Repräsentant der Phoeniker; andere machen ihn zum Sohne des Belos.[1]) Belos' Söhne, nach Apollodor von der Niltochter Anchirrhoe, sind Aigyptos und Danaos. Offenbar hatten sich alle diese Gestalten an Io schon angeschlossen, ehe die Sage zusammenhängend bearbeitet wurde. Dem Dichter der Danaiden waren sie gegeben, und auch von den zahlreichen anderen Bearbeitern hat keiner an dieser Genealogie gerüttelt. Sie zeigt aber, dass die Danaiden, und ebenso die entsprechenden Theile der anderen Epen, keinesfalls älter, vielleicht aber selbst beträchtlich jünger sind als 600 v. Chr.

Um Danaos nach Argos zurückzubringen, benutzte der Dichter den Mythus von den Danaiden und ihren ungestümen Freiern, die jetzt zu Söhnen des Aigyptos werden und so einen Namen erhalten.[2]) Danaos hat fünfzig Töchter, Aigyptos fünfzig Söhne; jene fliehen vor den ungestümen Werbern mit ihrem Vater übers Meer in die alte Heimath ihres Geschlechts[3]) und

---

aramaeische Gott B'el (das ist die aramaeische Form von Ba'al). Aramaeisch ist in der Perserzeit die Schriftsprache der in Aegypten ansässigen Semiten, vermuthlich aber auch schon unter der 26. Dyn. hier ganz geläufig gewesen. Wir sehen aber auch hier, wie spät die Ausbildung des Io-Danaosstammbaumes ist.]

1) Die dadurch geschaffene Verbindung der Stammbäume des Kadmos und des Danaos kann hier nicht berücksichtigt werden.

2) Woher der Name Aigyptos stammt, wissen wir nicht. Er ist von den Griechen auf den Nilstrom und das von ihm durchflossene Land übertragen. Das kann aber nicht erst in Folge der Danaidensage geschehen sein, da diese Uebertragung weit älter ist als die Ausbildung der Danaidensage. Den Ausführungen Tümpel's, Aithiopenländer des Andromedamythus, Fl. Jahrbb., 16. Suppl.-Bd. S. 161 vermag hier ich so wenig wie sonst zu folgen.

3) Aeschylos weiss nichts davon, dass sie unterwegs in Lindos anlegen und den Tempel der Athene gründen. Diese viel erwähnte Erzählung (Herod. II 182, Chron. par. 9, Strabo XIV 2, 11, Diod. V 58, Apollod. u. a.; Athene unterweist daher den Danaos im Schiffsbau Apollod. Hygin. 168. 277) stammt vielleicht aus Hesiod, und wirft dann auf die Entstehung des betreffenden Gedichtes einiges Licht. — Von einem Kampfe in Aegypten vor der Flucht, den z. B. Apollodor statuirt, wissen die älteren Darstellungen nichts, auch Aeschylos nicht, für den die Modernen vielfach einen den „Schutzflehenden" vorausgehenden Kampf angenommen haben. Die von Clem. Al. Strom. IV 120 bewahrten Verse der Δαναίδες, die einzigen

finden hier gastliche Aufnahme. Die Freier eilen ihnen
nach. Wie es scheint werden die Argiver im Kampfe bezwungen,[1]) jedenfalls müssen die Danaiden nachgeben und in
die Ehe willigen; die Paare werden durchs Loos bestimmt.
Aber in der Brautnacht ermorden die Danaiden ihre Vettern;
nur Lynkeus wird von Hypermnestra verschont, aus ihrer Verbindung entspriesst das neue · Herrschergeschlecht von Argos.[2])

Aus der ursprünglichen Gestalt der Sage erklärt es sich,
dass Danaos und Aigyptos in der epischen Bearbeitung völlig
zurücktreten. Die Danaiden und ihre Vettern müssen nach
Argos, weil hier der Mord spielt; Danaos ist auch bei Aeschylos
nur im Appendix seiner Töchter,[3]) wenn er auch um seines
Namens willen mit nach Argos muss. Aigyptos dagegen blieb
nach den meisten Darstellungen zu Hause, als seine Söhne
auszogen; nur Phrynichos hat ihn mit diesen zusammen gehen
lassen.[4]) Die Aegyptier fordern die Hand ihrer Basen auf
Grund des Rechtes, das ihnen die Verwandschaft gibt (Suppl.
387 ff.). Das war in der ursprünglichen Sage ganz correct, da
das Geschlecht in Argos ansässig und Danaos jedenfalls be-

---

aus diesem Epos erhaltenen (λέγει δὲ καὶ ὁ τὴν Δαναίδα πεποιηκὼς ἐπὶ
τῶν Δαναοῦ θυγατέρων ὧδε· „καὶ τότ' ἄρ' ὡπλίζοντο θοῶς Δαναοῖο
θυγάτρες· πρόσθεν ἐϋρρεῖος ποταμοῦ Νείλοιο ἄνακτος“, καὶ τὰ ἑξῆς),
beziehen sich wohl nicht auf einen Kampf, sondern auf die Ausrüstung
zur Abfahrt.

1) Dass es zum Kampfe kommt, scheinen die Andeutungen in den
Schutzflehenden und überhaupt die ganze Stimmung des Stückes zu lehren.

2) nach Aesch. Prom. 853 ff.

3) Das hebt WILAMOWITZ, Hermes XXII 258 hervor, ohne eine Erklärung zu versuchen.

4) schol. Eurip. Orest. 872. Dem sind dann andere gefolgt, daher
Eurip fr. 846 (Aristoph. Frösche 1206) Αἴγυπτος, ὡς ὁ πλεῖστος ἔσπαρται
λόγος, ξὺν παισὶ πεντήκοντα ναυτίλῳ πλάτῃ Ἄργος κατάσχων. Bei
Aeschylos ist er schwerlich nach Argos gekommen. — Stammt aus Phrynichos die Darstellung, dass der Streit zwischen Danaos und Aigyptos
nach der Ermordung der Aegypter auf Lynkeus' Rath durch ein aus Aegyptern und Argivern zusammengesetztes Gericht, das auf der Burg tagt, entschieden wird (Eurip. Orest. 871 ff. mit den Scholien)? Jedenfalls ist dieser
Process eine Variante zu dem der Hypermnestra, neben einander können
beide nicht bestanden haben. Auch die Stätte ist beidemale dieselbe (s. die
Beilage S. 101). Nach einer späteren Sage bei Pausan. VII 21, 13 flieht Aigyptos schliesslich nach Aroe, d. i. Patrae.

reits todt war; wenn aber letzterer noch lebt und mit seinen Töchtern zusammen die Flucht ergreift, wird die Forderung widersinnig, wie WILAMOWITZ mit Recht bemerkt. — Zugleich erhellt, wie Unrecht ich hatte, wenn ich (GdA I 264) in der Erzählung von Danaos' Einwanderung aus Aegypten eine Erinnerung an uralte Völkerbewegungen gesucht habe: Danaos' Einwanderung aus Aegypten ist nur die Folge der Auswanderung der Io und nicht älter als das siebente Jahrhundert.

Die Ankunft der Aegyptier und wohl auch noch die Mordthat der Danaiden[1]) hat Aeschylos in dem zweiten Stücke der Trilogie, den Thalamopoioi, behandelt. Den Gegenstand des dritten, der Danaiden, bildeten die Folgen, welche die Rettung des Lynkeus für Hypermnestra herbeiführte.[2]) Sie wird von ihrem Vater als Verrätherin des Vaterlandes verklagt und vor ein Volksgericht gestellt, vor dem sie Aphrodite durch den Hinweis auf die Allmacht der Liebe vertheidigte; ein Bruchstück ihrer Rede hat Athenaeus XIII 600 bewahrt. Die Freisprechung der Hypermnestra, die der Aphrodite Nikephoros und der Artemis Peitho zum Dank Heiligthümer weiht (Paus. II 19, 6. 21, 1), und die Begründung des ruhmreichen ägivischen Königshauses durch ihre Ehe mit Lynkeus schliesst das Stück. Das Abenteuer der Amymone mit Poseidon bildet das zugehörige Satyrdrama. Der Kern der Erzählung von dem Process oder vielmehr der Rettung der Hypermnestra vor dem Zorne ihres Vaters ist vielleicht älter, aber ihre Ausbildung ist gewiss das Werk des Aeschylos. Die Analogie mit den Eumeniden fällt in die Augen: sie ist meiner Meinung nach bei den bisherigen Reconstructionsversuchen nicht genügend betont worden. Vorbereitet ist das Volksgericht durch die selbstständige Stellung, die Aeschylos von Anfang an dem Demos neben dem König zuweist[3]): das Volk hat die Danaiden auf-

---

1) Wo der Einschnitt zwischen dem zweiten und dritten Stück anzusetzen ist, kann fraglich erscheinen. Der Inhalt ergibt sich aus Prometheus 856 ff.

2) Ob der Zug, dass Lynkeus die Jungfräulichkeit seiner Braut schont und deshalb von ihr geliebt und gerettet wird, alt ist, wissen wir nicht.

3) Dem entsprechen die in Argos bestehenden Zustände. Denn Argos hat bekanntlich trotz der Demokratie, welche angeblich unter Medon dem

genommen und ist daher verpflichtet sie zu schützen, wie sie verpflichtet sind für das Wohl von Argos zu handeln. Das Gericht über Hypermnestra ist das Vorbild für das spätere Volksgericht, das dadurch begründet wird — nach Pausanias (II 20, 7) fand der Process auf der Richtstätte der *Δικαστήρια* (= *Πρών*) in der Nähe des Theaters, am Abhang der Larisa statt,[1]) und diese Localität hat jedenfalls schon Aeschylos bezeichnet.

Von Danaos und seinen Töchtern stammt das Volk der Danaer ab. Eine Erzählung — ob die der Danaiden oder eines anderen Epos, wissen wir nicht — berichtet, dass Danaos die 48 Töchter, die ihm geblieben waren (Hypermnestra und Amymone waren versorgt), in der Rennbahn als Preis des Wettlaufs ausstellt und so an einem Morgen sie sämmtlich vermält.[2]) In der Folgezeit sind dann noch manche secundäre und tertiäre Züge hier angeknüpft worden, z. B. dass Lynkeus den Danaos und die Danaiden tödtet.[3]) Darauf brauchen wir ebenso wenig einzugehen wie es irgendwelche Bedeutung hat, dass bei Pausanias Thron und Grab des Danaos[4]) neben anderen Monumenten der Urzeit, z. B. dem Grabe des Phoroneus und des Argos, gezeigt werden.

Danaos ist in Folge seines Namens natürlich König von Argos. War er aus Aegypten eingewandert, so muss er also

Enkel des Temenos zur Herrschaft gelangt ist (Pausan. II 19, 2), noch in Aeschylos' Zeit einen König, der im Felde das Heer führt: Herod. VII 149.

1) S. die Beilage S. 101. — Dass zu Pausanias' Zeit die äschyleische Darstellung in Argos adoptirt ist, kann nicht Wunder nehmen; citirt doch Pausanias kurz vorher den Aeschylos auch für den Kampf der Sieben gegen Theben, deren Gräber in Argos gezeigt werden (II 20, 5).

2) Pindar Pyth. 9, 196 ff.; in späterer Entstellung Pausan. III 12, 2. Vgl. Hygin. fab. 177 a. E. 273. — Pindar erwähnt auch die That der Hypermnestra, Nem. 10, 10.

3) Sehr bezeichnend ist, dass nach Pausan. VII 1, 6 zwei Söhne des Achaios, der in Phthiotis herrscht, Töchter des Danaos heirathen: so kommt der Achaername in den Peloponnes. Freilich schlägt das aller Sagenchronologie ins Gesicht. Allerdings scheint auch Herodot VII 94 Danaos und Xuthos (den Vater des Achaios und Ion) für Zeitgenossen zu halten: die Ionier πρὶν ἢ Δαναόν τε καὶ Ξοῦθον ἀπικέσθαι ἐς Πελοπόννησον, ἐκαλέοντο Πελασγοὶ Αἰγιαλέες.

4) Letzteres auch Strabo VIII 6, 9, wonach Danaos auch der Gründer der Burg von Argos ist.

das Königthum nach seiner Ankunft erworben haben, am einfachsten, indem ihm der bis dahin in Argos regierende Herrscher seine Würde abtrat (Apollodor II 1, 4 u. a.). So scheint auch Aeschylos die Sache dargestellt zu haben, bei dem indessen genauere Andeutungen nicht erhalten sind. Eine andere Version erzählt, in Folge eines Wunderzeichens (ein Stier wird von einem Wolf zerrissen) habe das Volk dem Danaos, der als Prätendent auftrat, die Herrschaft übertragen.[1]) Wie die Danaides den Hergang erzählten, wissen wir nicht. Jedenfalls aber war es nothwendig, Argos für die Zeit von drei Generationen (Epaphos, Libye und Belos), während deren das Haus des Inachos in Aegypten war, mit Königen zu versehen. Es ist ungemein bezeichnend, wie der Dichter der Danaiden sich geholfen hat. Aus einem Beiwort, das in der Ilias zweimal dem Peloponnes gegeben wird ($\tau\eta\lambda\delta\vartheta\epsilon\nu$ $\dot{\epsilon}\xi$ $\dot{\alpha}\pi\dot{\iota}\eta\varsigma$ $\gamma\alpha\dot{\iota}\eta\varsigma$ „weither aus fernem Lande" A 270 Γ 49[2])), machte er, oder hatte man vielleicht schon vor ihm einen Namen Apia gemacht, und für diesen wurde ein Eponymos Apis erfunden, der zu einem $\dot{\iota}\alpha\tau\rho\rho\mu\dot{\alpha}\nu\tau\iota\varsigma$ und Sohn Apollos gemacht wird und nach Inachos[3]) über Argos herrscht. Ein zweiter Herrscher wurde durch eine analoge Missdeutung gewonnen, indem man den Namen des pelasgischen Argos und mit ihm den Pelasgos auf das peloponnesische übertrug.[4]) Die Sage, welche Pelasgos zum Auto-

1) Pausan. II 19, 3. Plut. Pyrrh. 32. Das Wunderzeichen in anderem Zusammenhange Serv. ad Aen. IV 377.

2) In der Odyssee η 25 π 18 beziehen sich diese Worte nicht auf den Peloponnes. Mit Recht polemisiren die alexandrinischen Philologen gegen die in der späteren Zeit allgemein recipirte Missdeutung der $\nu\epsilon\dot{\omega}\tau\epsilon\rho\rho\iota$ (schol. A 270. Γ 49. η 25. Strabo VIII 6, 9. Steph. Byz. $'I\pi\dot{\iota}\alpha$).

3) das sagt Aeschylos zwar nicht, aber es ergibt sich aus der Sachlage mit Nothwendigkeit.

4) Diese Uebertragung des Namens auf das berühmte Argos ist bei den Tragikern bekanntlich ganz gewöhnlich. Auf den ganzen Peloponnes wird er z. B. in der berühmten Weihinschrift des kyprischen Königs Nikokreon in Argos (LEBAS, inscr. II 122) übertragen: $\mu]\alpha\tau\rho[\rho\pi\rho]\lambda\iota\varsigma$ $\mu\rho\iota$ $\chi\vartheta\omega\nu$ $\Pi\epsilon\lambda\rho\pi\rho\varsigma$ $\tau\rho$ $\Pi\epsilon\lambda\alpha\zeta\gamma\iota\kappa\rho\nu$ $A\rho\gamma\rho\varsigma$, $\Pi\nu\tau\alpha\gamma\rho\rho\alpha\varsigma$ $\delta\epsilon$ $\pi\alpha\tau\eta\rho$ $A\iota\alpha\kappa\rho\nu$ $\epsilon\kappa$ $\gamma\epsilon\nu\epsilon\alpha\varsigma$, $\epsilon\iota\mu\iota$ $\delta\epsilon$ $N\iota\kappa\rho\kappa\rho\epsilon\omega\nu$ cet. WADDINGTON bei LEBAS, expl. des inscr. l. c. hat den Sinn des Eingangs missverstanden, wenn er meint, Nikokreon's Mutter sei eine Argiverin gewesen (dagegen auch ROSS Arch. Z. 1844, 348). Der Stammvater der Könige von Salamis ist Teukros der Aiakide; mütterlicherseits aber stammen sie aus Arkadien, von Agapenor, dem Gründer

chthon macht, kannte der Dichter, und daher konnte Pelasgos nicht Sohn des Apis werden, sondern dieser musste kinderlos sterben.[1]) Um aber die drei Generationen herauszubekommen, wurde dem Pelasgos ein Vater Palaichthon der Erdgeborene gegeben, bei dessen Namen die Fiction gleichfalls völlig durchsichtig ist. So wusste man zugleich auch, wie die Bewohner von Argos geheissen hatten, ehe Danaos hinkam und ihnen seinen Namen gab.

Wir sehen jetzt wie die Pelasger nach Argos gekommen sind, und wie verkehrt es ist, von uralten Traditionen zu sprechen, die bei Aeschylos vorlägen. Der allgemeine Glaube, die Urbewohner von Argos seien Pelasger, beruht nicht im mindesten auf geschichtlicher Erinnerung oder auch nur auf griechischer Sage, sondern auf sehr dürftigen und durchsichtigen Combinationen, die für die Erkenntniss der älteren Verhältnisse schlechterdings keine Bedeutung haben.

Io ist im Danaidenepos die Tochter des Inachos, des Hauptflusses des Landes, der den Namen für den ersten König hergeben muss, und wie es sich gebührt ein Sohn des Okeanos ist.[2]) Weitere Figuren braucht das Epos nicht. So ergibt sich ein sehr einfaches Schema, das Aeschylos ungetrübt bewahrt hat (die Zahlen bezeichnen die Herrscherfolge):

---

von Paphos. Um den Argivern ein Compliment zu machen, sagte Nikokreon nicht Arkadien, sondern das pelasgische Argos, erklärt dies aber als den Peloponnes, da sein Stammbaum eben nicht auf die Stadt Argos zurückgeht. Dieser Sachverhalt wird durch Pausan. I 3, 2 bestätigt: Euagoras der König von Salamis γενεαλογῶν ἐς προγόνους ἀνέβαινε Τεῦκρον καὶ Κινύρου θυγατέρα. Vermuthlich hat Kinyras' Tochter den Agapenor geheirathet; Kinyras ist ja Zeitgenosse Agamemnons (Il. Λ 20). Dass wir dafür anderweitige Belege nicht haben, ist kein Gegenbeweis. [Vgl. auch Kinyras, Vater der Laodike, in der arkadischen Genealogie Apollod. III 9, 1 mit Laodike der Tochter des Agapenor Pausan. VIII 5, 3. 53, 7.]

1) So Apollodor und alle anderen Genealogien mit Ausnahme der sikyonischen (bei Pausan. II 5, 7 und Kastor). Daher stirbt Apis auch eines gewaltsamen Todes, durch Aitolos (Apollod. I 7, 6. Pausan. V 1, 8, wo er Sohn des Iason [= Iasos?] ist und nach Pallantion versetzt wird; auch erhält er hier um der Blutrache willen namenlose Kinder) oder durch Thelxion und Telchin (Apollod. II 1, 1), zu deren Sohn resp. Vater ihn dagegen die sikyonische Genealogie macht.

2) Die Okeaniden sind κασίγνηται πατρός der Io, Aesch. Prom. 636.

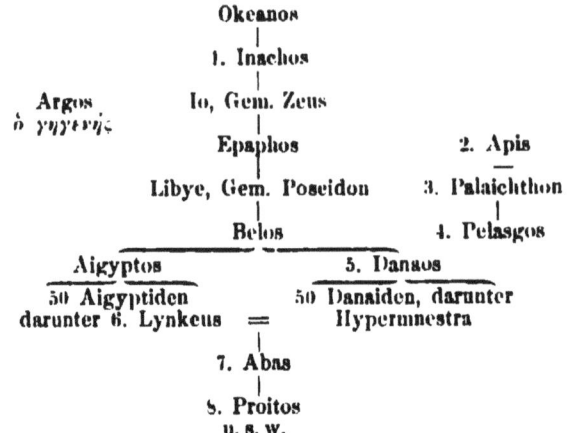

```
                        Okeanos
                           |
                        1. Inachos
                           |
        Argos           Io, Gem. Zeus
        ὁ γηγενής          |
                        Epaphos                    2. Apis
                           |                          —
                  Libye, Gem. Poseidon        3. Palaichthon
                           |                          |
                         Belos                    4. Pelasgos
        Aigyptos                         5. Danaos
     50 Aigyptiden                 50 Danaiden, darunter
   darunter 6. Lynkeus    =           Hypermnestra
                        7. Abas
                           |
                        8. Proitos
                         u. s. w.
```

Damit ist das Danaidenepos erledigt.[1]) Die Dürftigkeit
seines poetischen Gehalts spricht sich auch darin aus, dass in
ihm die genealogischen Gestalten wuchern wie wohl nirgends
sonst. Zu wirklichen Gestalten von Fleisch und Blut sind dieselben nie geworden; auch bei Aeschylos sind Pelasgos und
Danaos nur geflickte Lumpenkönige. Um so werthvoller waren
sie für die pseudohistorische Bearbeitung der Sagengeschichte;
jeder folgende Schriftsteller hat mehr von ihnen zu erzählen
gewusst.

Wir wenden uns jetzt zu den übrigen Bearbeitungen. Hesiod und der Aigimios haben, soweit wir sehen können, die
Schicksale der Io, des Danaos und der Danaiden in allem
wesentlichen ebenso erzählt wie das Danaidenepos; die uns
bekannten Varianten sind bereits besprochen. Auch der Stammbaum wird von Io abwärts von allen gleichmässig gegeben.
Um so stärker sind dagegen die Varianten in den älteren
Partien. Die Motive derselben sind deutlich erkennbar. Wer
wie Hesiod den Pelasgos nach Arkadien setzte und zum Vater
des Lykaon machte, konnte ihn in Argos nicht brauchen. An
seiner Stelle erscheint bei den Späteren als Danaos' Zeitgenosse

---

1) In welchem Zusammenhang es von Erichthonios und Hephaestos
gesprochen hat (Harpokr. s. v. αὐτόχθονες), ist nicht zu erkennen. — Entstanden ist das Epos gewiss nicht in Argos, das keine näheren Beziehungen zu Aegypten hatte, und schwerlich in Aegypten selbst, sondern
weit eher in den kleinasiatischen Handelsstädten.

gewönlich der König Gelanor,[1]) ob schon bei Hesiod, wissen wir nicht. Vielleicht stammt auch er aus der Quelle, auf die wir die übrigen Varianten des Stammbaumes zurückführen können, aus der Phoronis.

Die Phoronis führt ihren Namen nach Phoroneus, der ihr als der erste Mensch und Herrscher in Argos galt. Sie nannte ihn πατέρα θνητῶν ἀνθρώπων (Clem. Alex. Strom. I 21, 102); ebenso heisst er bei Akusilaos (ibid.) und Plato (Timaeos p. 22: Solon erzählt den ägyptischen Priestern von den ältesten griechischen Dingen, περὶ Φορωνέως τε τοῦ πρώτου λεχθέντος καὶ Νιόβης). Wenn also in den Stammbäumen Phoroneus ein Sohn des Inachos genannt wird, so ist das falsch; die richtige Nachricht bewahrt Pausanias II 15, 5, Phoroneus sei in Argolis der erste Mensch, Inachos nicht der Mensch sondern der Fluss sei sein Vater; demnach ist er vom Fluss geboren, wie Pelasgos von der Erde.[2]) Sein Name haftet am ἄστυ Φορωνικόν in Argos (Pausan. II 15, 5. Steph. Byz. Ἄργος), er hat also für Argos dieselbe Bedeutung wie Kekrops für Athen. Dass er wie andere Urmenschen (z. B. Lykaon) der Urheber der Cultur und der Gesetze und der Erfinder des Feuers ist,[3]) ist natürlich. Die Ausmalung dieser Verhältnisse, so einfach sie ist, ist ja für derartige Epen wie die Phoronis etwas ganz wesentliches; in ihr liegt das Neue, was die Forschung des Dichters ermittelt hat: die Aufhellung der Urzeit und der allmählichen Entwickelung des Menschengeschlechts.

Seine Tochter ist Niobe, von der Zeus den Argos, den Eponymen des Landes, erzeugt. Dass Niobe die erste sterbliche Geliebte des Zeus ist, folgt von selbst, wenn Phoroneus der erste Mensch ist. Niobe ist der Name einer Quelle in

---

1) Pausan. II 16, 1. Plut. Pyrrh. 32. Apollodor II 1, 4. Syncell p. 268. Zur Orientirung s. die Zusammenstellung der Stammbäume in der Beilage.

2) Vielleicht aber ist auch das nur ein Ausgleichsversuch und Phoroneus ursprünglich gleichfalls erdgeboren. Pausanias erzählt weiter dass Phoroneus mit Kephisos [Quell in Argos II 20, 6], Asterion und dem Flusse Inachos das Schiedsgericht im Streit zwischen Poseidon und Hera über den Besitz von Argos (S. 75) gebildet habe.

3) Pausan. II 15, 5. 19, 5. Tatian ad Graec. 39, 60. Syncell p. 236. Vgl. Hygin fab. 143. 225. 274, wonach er der Erbauer des Heraheiligthums ist.

Argos,[1]) deren Lage uns leider nicht bekannt ist (Plin. IV 17); Argos ist eine rein genealogische Gestalt, die mit dem Panoptes garnichts zu thun hat, sondern von dem Urheber des Stammbaumes erfunden ist; das Land musste ja einen Eponymos haben. Die Phoronis gab also eine ganz correcte schematische Genealogie. An Argos mag sie eine ganze Reihe weiterer Eponymen angeschlossen haben; genaueres feststellen können wir nur über den wichtigsten Punkt, die Gestalt, die sie der Iosage gab.

Soweit wir sehen können, kam Io überhaupt in der Phoronis nicht vor. Ihre Stelle als erste Priesterin der Hera von Argos nahm Kallithoe ein:

Καλλιθόη κλειδοῦχος Ὀλυμπιάδος βασιλίσσης
Ἥρης Ἀργείης, ἣ στέμμασι καὶ θυσάνοισι
πρώτη κόσμησεν περὶ κίονα μακρὸν ἀνάσσης

(fr. 4 bei Clem. Al. Strom. I 164). Unabhängig von einander sind Io und Kallithoe nicht; Aesch. suppl. 291 nennt Io *κλῃδοῦχος Ἥρας* genau wie hier Kallithoe heisst. Aber sie sind Doppelgängerinnen, sie haben dieselben Functionen. Welche von beiden die ältere ist, ist nicht zu entscheiden; möglich wäre ja, dass die Phoronis älter ist als die Danaiden. Dass die Phoronis Io's Schicksale auf Kallithoe (auch Kallithyia genannt) übertrug, ist sehr unwahrscheinlich; die Begründung des Heracults füllt ihr Wesen völlig aus.[2]) Kallithoe heisst nun allgemein eine Tochter des Peiras, und von diesem wird erzählt, dass er aus einem Birnbaum in Tiryns das erste Herabild schnitzte.[3]) Diese Angaben gehen jedenfalls auf die Pho-

---

1) Dass auch die Sage von der sipylenischen Niobe hier ihre Wurzel hat, ist mir nicht zweifelhaft. Für die Sagengeschichte aber sind die Tochter des Tantalos und die des Phoroneus zwei ganz gesonderte Wesen.

2) Allerdings bezieht man fr. 2 und 3 der Phoronis, wo die Wohnsitze der Kureten und Daktylen in Phrygien geschildert werden, auf die Darstellung von Io's Wanderungen. Aber dass Io neben Kallithoe in der Phoronis vorkam, ist kaum denkbar. Direct identificirt werden beide von Hesych. *Ἰὼ Καλλιθύεσσα* und von allen Neueren. Die ursprüngliche Namensform ist wohl *Καλλιθυΐα* (vom Opfercultus entlehnt), die, weil sie im Hexameter unmöglich ist, verschieden modificirt wird.

3) Plutarch bei Euseb. praep. ev. III 8. Africanus bei Sync. p. 253. Hieron. a Abr. 376. Hygin fab. 145 *ex Pirantho* [*et*, von SCALIGER getilgt] *Callirhoe* (leg. *Callithoe*), *Argus Arestorides* [das Patronymikon stammt aus

ronis zurück, und auch in ihr wird, wie ausnahmslos in allen
späteren Stammbäumen, Peiras ein Sohn des Argos gewesen
sein. Der Name erscheint auch in den Varianten Peiren (Hesiod) oder Peirasos (Pausan.; schol. Eurip. Orest. 932; bei Hygin
Piranthus): Er hängt zusammen mit dem Namen der Quelle
Peirene in Korinth und des Baches Peiros bei Dyme in Achaia
(Pausan. VII 18, 1. 22, 1); in Argolis lässt sich ein entsprechen-
der Name allerdings nicht nachweisen, und überhaupt fehlt
uns jede weitere Angabe,[1]) durch die sich die Bedeutung des
Peiras genau bestimmen liesse.

Nun erfahren wir, dass Hesiod, und ihm folgend Akusilaos,
die Io eine Tochter des Peiren genannt hat (Apollod. I 1, 3).
Dadurch gewinnen wir ein höchst interessantes Ergebniss:
**Hesiod hat die Erzählung des Danaidenepos mit dem
Stammbaum der Phoronis contaminirt.** Das ist durchaus kein willkührliches Verfahren und noch weniger eine
poetische Schöpfung, sondern erhebt den Anspruch auf
streng wissenschaftliche Methode. Hesiod fand in den
Danaiden eine ausführliche und, wie wir wohl annehmen
dürfen, weithin bekannte und recipirte Darstellung, an deren
Realität zu zweifeln für ihn kein Grund vorlag und die er
daher seiner Darstellung zu Grunde legte. Daneben bot die
Phoronis einen Stammbaum, der mindestens ebenso authentisch
erschien, von dem aber die Danaiden nichts wussten. Wie
sollte man sich da entscheiden? Offenbar bot jedes der beiden
Epen nur einen Theil der Wahrheit, durch Verbindung ihrer
Angaben liess sich der richtige Sachverhalt gewinnen. So hat
gewiss schon Hesiod aus dem Danaidenepos den Urkönig

Ovid], *Triopas*. Auch Pausan. II 17, 5 kennt die Verfertigung des Bildes
durch Peirasos S. d. Argos, nennt aber seine Tochter nicht; später sei das
Bild aus Tiryns ins Heraion überführt worden. Clem. Al. protr. 4, 47 nennt
nach Demetrios' Ἀργολικά den Verfertiger Argos, vielleicht aus Flüchtigkeit, Aristides or. 46, 3 erwähnt neben anderen Urmenschen Καλλαίθυιαν
ἀρίστην γυναικῶν ἅμα καὶ ἀνδρῶν γενομένην.

1) Vielleicht gehört hierher, dass nach Epimenides bei Pausan. VIII
18, 2 die Okeanostochter Styx mit Peiras, ὅστις δὴ ὁ Πείρας ἐστί, vermält ist und von ihm die Echidna gebiert (s. o. S. 72). — Nach Apollod.
II 3, 1 tödtet Bellerophon ὥς τινές φασι den Peiras (seinen Bruder?). Das
ist ursprünglich gewiss dieselbe Gestalt.

92

Inachos übernommen;[1]) aber dass Io seine Tochter hiess war
falsch. Vielmehr musste an ihn der Stammbaum der Phoronis
ansetzen. So ist Phoroneus zum Sohn des Inachos geworden,
während ihrer Bedeutung nach die beiden sich ausschliessen:
sie sind ja beide Urkönige.[2]) Kallithoe die erste Priesterin
der Hera war dann offenbar identisch mit Io; hier konnte also
die Darstellung der Danaiden wieder einsetzen, aber Io's Vater
wird Peiras oder Peiren.

Wir haben also folgende Stammbäume:

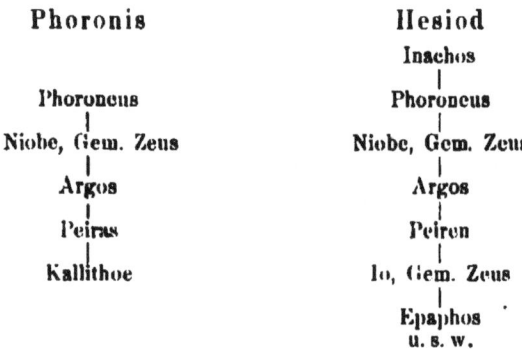

Nachdem die Contamination, welche Hesiod vorgenommen
hat, erwiesen ist, können wir unbedenklich von den übrigen
Namen, die im argivischen Stammbaum erscheinen, wie Arestor,
Kriasos, Ekbasos, Krotopos, wenigstens einen Theil der Phoronis zuweisen. So z. B. den Krotopos, dessen Tochter Psa-
mathe (Name einer Quelle Plin. IV 17) von Apollo den Linos
gebiert, um dessen Tod das Klagefest in Argos gefeiert wird
(Pausan. I 43, 7. II 19, 7. Conon fab. 19. Kallim. fr. 315 u. a.).[3])

1) Syncell. p. 119 Bonn. erwähnt, dass Akusilaos, der ja meist dem
Hesiod folgt, den Inachos den Vater des Phoroneus als ersten König von
Argos nannte. Der anschliessende Satz τοῦτον θυγατήρ Ἰώ, ἣν Ἴσιν μετ-
ονομάσαντες οἴμονοι stammt aber nicht mehr aus Akusilaos.

2) An Phoroneus schliessen die späteren Genealogien direct den Apis
an, als seinen Sohn, der kinderlos stirbt. Das ist ganz correct, denn Apia
ist der Name den das Land trug ehe es Argos hiess, Apis muss also älter
sein als Argos. Pausanias kennt den Apis in Argos nicht, sondern nur
im sikyonischen Stammbaum.

3) Einige der angeführten Namen sind allerdings offenbar Varianten,
die erst später und auch nur zum Theil in den Stammbäumen mit ein-

Diese Verwerthung einheimischer Institutionen und Namen scheint darauf hinzuweisen, dass die Phoronis in Argos selbst entstanden ist. Wenn man eine kühne Hypothese nicht scheut, könnte man vermuthen, dass die Phoronis den Stammbaum von Kallithoe, oder, wenn diese einfach als erste Priesterin erwähnt war, von Peiras über Krotopos und Gelanor direct auf Danaos weiterführte. Unzweifelhaft ist dagegen, dass sie von einem Pelasgos in Argos nichts gewusst hat.

Da Hesiod das Danaidenepos und die Phoronis contaminirt hat, so ergibt sich, dass die betreffenden Partien des unter seinem Namen gehenden Sammelwerkes erst tief im sechsten Jahrhundert entstanden sein können. Das lehrt auch der weitere Fortgang. Hesiod ist, soweit wir sehen können, im wesentlichen den Danaiden gefolgt, indem er ihre Angaben, wo sie Anstoss erregten[1]) oder wo die Kenntnisse sich erweitert hatten, umgestaltete oder ergänzte. So hat Hesiod dem Belos eine Tochter Thronie gegeben, die vom Hermaon (d. i. Hermes) den Arabos gebiert (fr. 43. Strabo I 2, 34). In einer Zeit, in der Alkaeos' Bruder in Nebukadnezars Heere diente, wird den Griechen auch der Name der Araber bekannt geworden sein; aber über das sechste Jahrhundert reicht ihre Kunde von dem Wüstenvolk gewiss nicht hinaus.

Wie Hesiod ist auch der Aigimios von der Phoronis abhängig, da er den eponymen Argos kennt: er macht den Panoptes zu seinem Sohne von der Ismene.[2]) Hesiods An-

---

ander verbunden sind. — Gehört hierher auch die nur verstümmelt erhaltene Angabe Hesiods (fr. 42 bei Strabo X 3, 19), dass die Nymphen, Satyrn und Kureten von Phoroneus' Tochter abstammen?

1) S. o. S. 71. Auch diese Aenderung ist trotz ihres poetischen Werthes keine dichterische Erfindung sondern eine Hypothese, so gut wie die Aenderungen, die Stesichoros, Pindar, Hekataeos aus rationalistischen oder ethischen Gründen an der Sage vorgenommen haben.

2) Apollod. II 1, 3, 3. Das ist in Apollodors Stammbaum in der Weise übergegangen, dass Ismene zur Gemalin des Panoptes, Mutter des Iasos wird. Bei Pherekydes ist der Panoptes ein Sohn des Arestor (fr. 22, aus schol. Europ. Phoeniss 1116, ebenso Ovid. Met. I 624 u. a., vgl. S. 94, 3; nach Charax beim Anon. de incred. 15 pag. 324 in WESTERMANN's Mythographi ist Io die Tochter des Arestor, Argos ihr Mutterbruder). Apollodor nennt ihn Sohn des Agenor, Asklepiades (bei Apollodor l c.) macht ihn zum Sohn des Inachos. Dass der Aigimios ein ziemlich spätes Epos ist, dürfen wir

setzung der Io ist nicht durchgedrungen; verbreiteter ist die Ansicht, welche ihr den Iasos zum Vater gibt. Iasos ist aus dem in der Poesie offenbar mehrfach gebrauchten, aber den Alten wie uns in seiner Bedeutung dunklen Namen Ἴασον Ἄργος[1]) gebildet und ein treffliches Seitenstück zum argivischen Pelasgos. Für die populäre Anschauung ist freilich Io immer die Inachostochter geblieben.[2])

Zu den besprochenen Bearbeitungen der argivischen Sagengeschichte kommen noch die freilich nicht recht greifbaren Epen, die als Ἀργολικά unter Agias' und Telesarchos' Namen genannt werden.[3]) Auch sie werden weitere Namen und Variationen gebracht haben. So erklärt es sich, dass der argivische Stammbaum bei jedem Schriftsteller anders aussieht: in der Gestalt, welche ihm Hesiod und der Aiginios gaben, ist er nirgends erhalten. Auch haben noch zwei Gestalten in ihm Aufnahme gefunden, welche ursprünglich mit Argos garnichts zu thun haben: Phorbas und Triopas.

Phorbas ist eine Sagengestalt, die in der Blüthezeit des Epos viel besungen ist. Die kyklischen Epen schilderten ihn

wohl auch aus der bei den Späteren gangbaren Zuweisung an Kerkops folgern; derselbe erscheint sonst als Orphiker und Pythagoreer.

1) Für uns ist er allerdings nur Od. σ 246 erhalten. Die Scholien sowie Strabo VIII 6, 5 und Steph. Byz. s. v. Ἄργος bieten nichts von Werth. Da die betreffende Episode der Odyssee, in der Eurymachos zur Penelope sagt „εἰ πάντες σε ἴδοιεν ἀν' Ἴασον Ἄργος Ἀχαιοί, würdest du noch mehr Freier haben", jedenfalls sehr spät ist (vgl. WILAMOWITZ Hom. Unters. 29 ff.), steht wohl nichts im Wege, Ἴασον Ἄργος direct durch „Ionierland" zu übersetzen. Jedenfalls kann nicht, wie man gewöhnlich erklärt, der Peloponnes gemeint sein, den zu nennen ja gar keine Veranlassung vorlag. Dass Ἴασος wirklich zu Ἰάων gehört, lehrt Il. O 337 verglichen mit N 685.

2) Herodot I 1, die Tragiker, Kastor bei Apollod. II 1, 3. Ebenso z. B. Diodor V 60 (III 74 wird als zweiter Dionys ein Sohn der Io, Tochter des Inachos, König von Aegypten, genannt; natürlich ist Osiris gemeint). Bezeichnend ist auch, dass Eusebius (nach Kastor?) Io's Vater Inachos nennt (a. Abr. 479. Syncell. p. 237 Bonn), der gelehrte Hieronymus aber (a. Abr. 488) sie zur Tochter des Iasos macht.

3) WILAMOWITZ, hom. Unters. S. 180, 334. — Auch ein unbekanntes kyklisches Epos gehört hierher, in dem Argos der Sohn des Arestor und der Mykene, der Tochter des Inachos und der Melia war (schol. Od. β 120, ὡς ἐν τῷ κύκλῳ φέρεται — etwa in den Nosten? vgl. indessen S. 98, 1). Von hier stammt Arestor, Vater des Argos panoptes (S. 93, 2).

als gewaltigen Faustkämpfer, der jeden Wanderer zum Kampfe zwang und tödtete, bis ihn Apoll bewältigte und erschlug.[1]) Als auf etwas allbekanntes spielt der Hymnus auf Apoll auch diese Sage an.[2]) Phorbas ist ein rhodischer Heros, der Gründer von Ialysos; er hat dasselbe von einer Schlangenplage befreit und geniesst hier heroische Ehren.[3]) Die Sage von seinem Kampf mit Apoll wird also wohl den Kampf zweier Culte, das Eindringen des Apollodienstes bedeuten. Ganz naturgemäss ist Phorbas ein Sohn des Triopas, des Eponymen des triopischen Vorgebirges,[4]) der ja für die Genealogien der dorischen Hexapolis den geeignetsten Stammvater abgab. Wie so viele Gestalten desselben Gebiets[5]) ist dann Phorbas nach Thessalien versetzt worden, wo es angeblich eine Achaeerstadt gleichen Namens gegeben haben soll.[6]) Hier erhält er den Lapithes zum Vater, und die Späteren lassen ihn dann nach Olenos in Elis auswandern und knüpfen verschiedene elische Eponymen an ihn an[7]) — hier liegt also die so häufige Uebertragung thessalischer Gestalten nach Elis vor. Weit besser ist offenbar die Erzählung des Dieuchidas, dass Triopas aus dem dotischen Gefilde in Thessalien auswandert und bei dem nach ihm benannten „dreiseitigen" Vorgebirge stirbt. Unter seinen Mannen bricht Zwist

---

1) Schol. Il. Ψ 660 ἡ ἱστορία παρὰ τοῖς κυκλικοῖς, ohne Angaben über seine Abstammung und über die Localität.

2) v. 211. Leider ist der Text hier sehr corrupt.

3) Dieuchidas bei Athen. VI 262e, wo der Opferritus durch eine hübsche aber sehr harmlose Erzählung ätiologisch erklärt wird. Diod. V 58. — In den Eoeen (fr. 164) war nach schol. Apollod. Rhod. IV 828 Phorbas der Vater der Skylla; hier ist er wohl durch ein Versehen an Phorkys' Stelle getreten. — Gehört der von Hermes beschirmte Troer Φόρβας πολύμηλος, Vater des Ilioneus (Ξ 490). hierher?

4) hymn. Apollod. 211. Dieuchidas l. c. Dass Phorbas in den elischen Genealogien bei Steph. Byz. s. v. Δεξαμεναί, schol. Apoll. Rhod. I 172, vgl. Apollod. II 5, 5 ein Sohn des Helios ist, gehört vielleicht auch ursprünglich nach Rhodos.

5) vgl. WILAMOWITZ, Isyllos S. 50 ff.

6) Steph. Byz Φόρβας.

7) Diod. IV 69. Paus. V 1, 11. Zenodot bei Athen. X 412a und die Anm. 4 angeführten Stellen. — Manche Genealogien versetzen auch den Triopas allein nach Thessalien und machen ihn zum Enkel des Aiolos (Diod. V 61. Apollodor I 7, 4. 2) oder an Stelle des Phorbas zum Sohn des Lapithes (Diod. l. c.).

aus, ein Theil kehrt in die Heimath zurück, seine beiden Söhne Phorbas und Periergos trennen sich,[1]) jener gründet Ialysos, dieser Kameiros.[2]) Die zu Grunde liegende Anschauung, dass ein Theil der Bevölkerung der Hexapolis aus Thessalien stamme, wird wohl richtig sein.

Dass Phorbas' Ringkampf mit Apoll gelegentlich auf die Strasse nach Delphi gesetzt und er zum König der räuberischen Phlegyer gemacht wird[3]), ist offenbar nichts als späte Willkühr. Aelter dagegen ist seine Uebertragung in die argivische Genealogie. Die meisten Stammbäume nennen seinen Namen,[4]) so schon Pherekydes (s. die Tabelle); von seinen Thaten wird hier nie etwas berichtet. Schwerlich hat man dabei daran gedacht, dass die dorische Hexapolis von Argos aus gegründet ist[5]); Phorbas ist hier vielmehr der Eponymos des Gebirges Phorbantion bei Troezen.[6]) In einzelnen Fällen ist ihm dann Triopas gefolgt, der in Argos der Sohn, nicht der Vater, des Phorbas ist.[7]) Wahrscheinlich ist er, wie wir gleich sehen werden, zuerst durch Hellanikos nach Argos versetzt worden. Jedenfalls aber ist es klar, wie verkehrt die Meinung

---

1) bei den „Fluchinseln" (Ἀραίαί) zwischen Knidos und Syme verflucht Periergos den Phorbas. Auch die Gründungsgeschichte von Ialysos ist in ähnlicher Weise ausgemalt.

2) Ganz spät und werthlos wie fast alles, was Diodor gibt, ist die diodorische Geschichte des Heliaden Triopas V 56. 57. 61, der von Rhodos über Knidos nach Thessalien und dann wieder nach der knidischen Chersones zurückwandert. V 53 ist Triopas Gründer von Syme.

3) Ovid. met. 11, 414. Philostrat. imag. 2, 19.

4) Daher erklären die Argiver bei Pausan. VII 26, 12 seinen Sohn Pellen, den Eponymos Pellenes, für einen Argiver.

5) eher könnte man derartiges in der Landung der Danaiden auf Rhodos suchen (vgl. auch die Geschichte des Kyrnos Diod. V 60).

6) Steph. Byz. s. v. Φόρβας.

7) Pausan., schol. Eurip. Orest. 932, Hygin. Seine Tochter ist nach Pausan. IV 1 Messene. Ihm schliesst sich mehrfach (schol. Orest. l. c. Diod. V 81. Hygin) sein Sohn Xanthos an, der Eponymos des lykischen Flusses. Nach Diod. V 81 wandert Xanthos, Sohn des Triopas, König der argivischen Pelasger, erst nach Lykien, dann nach Lesbos, das er Pelasgia nennt; so wird zugleich das Pelasgerthum von Lesbos (S. 35, 1) erklärt. Es ist sehr charakteristisch, dass umgekehrt bei Diod. IV 55, 7 Triopas, Phorbas' Sohn, der von Thessalien nach Rhodos wandert, der erste hellenische Besiedler von Rhodos ist. — Τριόπας ὁ Ἀβαντος Gründer des Triopions schol. Theokr. 17, 69.

ist, der Eponym des triopischen Vorgebirges sei eine alt-
argivische Gestalt und aus dem dreiäugigen Bild des Zeus
Larisaios in Argos (oben S. 72, 1) hervorgegangen.[1])

Auf die Einreihung des Pelasgos in den argivischen Stammbaum haben wie Hesiod — dem er ja in Arkadien entstanden
war — auch die meisten anderen Genealogen verzichtet. Und
doch entbehrte man den Namen nur ungern; es war sehr verlockend einen Ausgleich zu versuchen. Den einfachsten Ausweg betrat Akusilaos:[2]) er gab die Geburt des Pelasgos aus
der Erde auf und machte ihn zum Bruder des Argos und Sohn
des Zeus und der Niobe. Sonst schloss er sich ganz an Hesiod
an; Pelasgos' Sohn bleibt bei ihm Lykaon. Weit tiefer hat Hellanikos (in der Phoronis) eingegriffen. Er führte den Triopas
als Sohn des Phorbas ein und gab ihm, offenbar mit Rücksicht
auf seinen Namen, drei Söhne, Pelasgos, Jasos [Vater der Io],
und Agenor [Stammvater der Königslinie, die vor Danaos in
Argos herrscht].[3]) Von demselben erhält Pelasgos das Gebiet
der argivischen Larisa und nennt es Πελασγικὸν Ἄργος, Iasos
Elis, das daher Ἴασον Ἄργος heisst, während Agenor nach dem
Tode seiner Brüder ihr Gebiet mit zahlreicher Reiterei be-
kriegt: daher der Name ἱππόβοτον Ἄργος.[4]) So waren die

---

1) Dagegen auch ROBERT in PRELLER's Mythol. I⁴ 155 Anm. 1.

2) Apollodor II 1, 1. III 8, 1. Was MÜLLER und die ihm folgen als
elftes Fragment des Akusilaos aus Tzetzes zu Lykophron 177 anführen,
ist lediglich ein Excerpt aus Apollodor.

3) Der Name Agenor, den auch Pausan., schol. Orest. l. c, Hygin in
Argos nennen, ist hier offenbar ein reiner Füllname ohne Inhalt. Vielleicht
ist auch er zunächst durch Hellanikos in den argivischen Stammbaum
eingeführt

4) schol. Il. Γ 75. Dass Eustathios zu der Stelle den Phoroneus als
Vater der drei Brüder nennt statt Triopas, widerspricht allen sonstigen
Angaben. — Pelasgos Triopae filius Erbauer des arkadischen Zeustempels
Hygin 225. — Einen anderen Ausgleichsversuch geben die nahe ver-
wandten Stammbäume des Charax (Steph. Byz. Παρρασία) und das schol.
Eurip. Orest. 1646, nach denen Pelasgos, Arestors Sohn, Enkel des Iasos
oder Ekbasos, aus Argos nach Parrhasien wandert. Eine etwas andere
Folge giebt Nic. Dam. fr. 32, wonach in Argos nach Apis dem Sohne des
Phoroneus der Autochthon Pelasgos herrscht, dann Argos, schliesslich
Pelops. — Schliesslich bemerke ich, dass Kastor den Pelasgos auch in
die sikyonische Königsliste (als 25sten Herrscher, Euseb. I 177) aufgenommen hat; Pausanias, der sonst zu Kastor stimmt, nennt ihn nicht.

Pelasger für Argos gerettet; nach Pausan. II 22, 1 hat Pelasgos, Triopas' Sohn, hier sein Grab in der Nähe des von ihm erbauten Heiligthums der Demeter *Πελασγίς* (s. u. S. 101, 2).

Der Stammbaum des Hellanikos hat mithin ungefähr ebenso ausgesehen wie der des Pausanias und der Orestesscholien. Nur verwarf er den Inachos als Urkönig und setzte Phoroneus wieder an die ihm gebührende Stelle: er schrieb ja eine *Φορωνίς*. Daher wird in den indirect auf Hellanikos zurückgehenden Stammbäumen bei Dion. Hal. I 11. 17 Inachos nicht genannt (ebenso wenig kennt ihn z. B. Plin. VII 193), und auch Pausanias verwirft die Nachricht über sein Königthum. Weiteres über Hellanikos' Combinationen werden uns die thessalischen Genealogien lehren.

Zum Schluss erwähne ich noch einige Genealogien, die in den verschiedenen Ueberlieferungen an den Stammbaum angeknüpft werden und zum Theil vielleicht auf die Phoronis zurückgehen. In den Eoeen war Inachos' Tochter Mykene genannt, die Gemalin Arestors (Pausan. II 16, 4),[1]) ebenso Argos' Sohn Epidauros (Pausan. II 26, 2; ebenso Apollodor); schol. Eurip. Orest. 932 nennt daneben Tiryns. Akusilaos (Pausan. II 16, 4) machte dagegen in ganz bezeichnender Weise Mykeneus zum Sohne des Sparton (des Eponyms von Sparta), kehrte also die Verhältnisse der Sagenzeit auf Grund der gegenwärtigen Zustände um. Sparton war ihm ein Sohn des Phoroneus. Ein anderer machte Hermion zum Sohne des Europs des Sohnes des Phoroneus.[2]) An Inachos werden Aigialeus und die Ahnen der Sikyonier angeknüpft. Dass Nauplios ein Sohn der Danaide Amymone ist, ward schon erwähnt. Eine andere Danaide, Polydora, vermält sich mit dem Spercheios und zeugt den Dryops;[3]) denn die Dryoper sassen ursprünglich am Spercheios,

1) Ebenso ein Citat aus dem Kyklos oben S. 94, 3, das dadurch verdächtig wird.

2) Pausan. II 34, 4. Da auf Phoroneus sein Enkel Argos folgt, schloss Herophanes von Troezen logisch sehr richtig, Europs sei ein Bastard gewesen. — Hierher gehört auch Kar, Sohn des Phoroneus (Pausan. I 40, 6), der Eponymos der Akropolis von Megara, die so für die Urzeit von Argos annektirt wird.

3) Pherekydes fr. 23 bei Schol. Apoll. Rhod. I 1212 (wo fälschlich Peneios steht). Antoninus Liberalis 32. Bei Aristoteles (Strabo VIII 6, 13) ist Dryops dagegen ein Sohn des Arkas.

später aber auf der argivischen Akte. Das alles sind völlig
correcte Genealogien, deren Bedeutung auf den ersten Blick
klar ist; ihre Zahl würde sich vermuthlich bei einigem Suchen
noch vermehren lassen.

Wenn der argivische Stammbaum, dessen Analyse wir
jetzt beendet haben,[1]) sich durchweg als ein spätes und jedes
historischen Gehalts entbehrendes Machwerk erweist, so ist
seine Wirkung um so grösser gewesen. Die Dürftigkeit der
Erzählung hat dieselbe nur erhöht; wie kaum ein anderer
Stammbaum trug der argivische das Gepräge eines rein historischen Dokuments. Die Folge der Geschlechter reichte hier
in eine so hohe Zeit hinauf wie nirgends sonst in Griechenland,[2]) und die eponymen Namen der Könige schienen die
grossen völkergeschichtlichen Bewegungen der Urzeit zu bewahren. Aus den Danaiden ergab sich, dass die Bewohner
von ganz Hellas ehemals Pelasger geheissen hatten; denn im
übrigen Griechenland war ja ein selbständiges Leben damals
noch nicht erwacht, und so muss Pelasgos' Reich das ganze
spätere Hellas umfasst haben.[3]) Durch Danaos' Einwanderung
entsteht ein neues Volk und ein neues kräftiges Leben. Für
Aeschylos, dem die Ueberlieferung eine heilige Geschichte ist

---

1) Ganz isolirt steht die Angabe bei Pausan. VIII 22, 2, Stymphalos
sei von Temenos dem Sohne des Pelasgos gegründet, der Hera auferzogen
und ihren Cult eingeführt habe. Hier ist der Ahne der dorischen Könige
von Argos an den Stammvater der Arkader (oder an den argivischen Pelasgos?) angeknüpft. Hängt das damit zusammen, dass die Stymphalier
zu Pausanias' Zeiten nicht zu Arkadien sondern zum Ἀργολικόν gehörten?
[vgl. jetzt meine Gesch. d. Alt. II 170].

2) Dass der Stammbaum von Sikyon, den Pausanias und Kastor (bei
Euseb.) im wesentlichen gleichmässig geben, noch höher hinaufgeführt ist,
ist eine Absurdität.

3) Mitgewirkt hat dabei natürlich sehr wesentlich, dass die Pelasger
an den verschiedensten Stellen Griechenlands, in Arkadien, Attika, Thessalien, ansässig gewesen sein sollten. — Ihren classischen Ausdruck hat
diese Anschauung in den bekannten Versen des euripideischen Archelaos
(fr. 228) gefunden: Δαναὸς ὁ πεντήκοντα θυγατέρων πατὴρ Νείλου λιπὼν
κάλλιστον ἐκ γαίας ὕδωρ ... ἐλθὼν ἐς Ἄργος ᾤκισ' Ἰνάχου πόλιν, Πε-
λασγιώτας δ' ὠνομασμένους τὸ πρὶν Δαναοὺς καλεῖσθαι νόμον ἔθηκ' ἀν'
Ἑλλάδα — Sophokles in seinem Inachos hat dann, wie früher (S. 20, 2)
erwähnt, auf die Argiver des Inachos sogar den Namen der tyrsenischen
Pelasger übertragen (Dion. Hal. I 25).

7*

und der sich den alten naiven Glauben an ihre Wunder bewahren möchte — obwohl der Versuch, die Dinge, welche das
Epos einfach erzählt, real und gegenwärtig vorzustellen, den
Keim des Rationalismus bereits mit Naturnothwendigkeit in
sich enthält[1]) — ist es der geheimnissvolle Plan des Zeus,
der auf diese Weise zur Durchführung kommt, und durch den
das unendliche Weh, welches Zeus der Io zugefügt hat, ge-
rechtfertigt wird. Für den Rationalisten, welcher die Wunder
verwarf,[2]) ergaben sich noch bedeutendere Folgerungen. Ihm
war Io eine geraubte argivische Princessin, welche von irgend
einem beliebigen Orientalen ein Kind bekommen hatte (Herod.
I 1). Ihre Nachkommen sind rechte Aegypter,[3]) und so ist
Danaos' Königthum in Argos eine Fremdherrschaft so gut wie
das des Kadmos und Pelops. Diese Anschauung ist im vierten
Jahrhundert Allgemeingut geworden: „Die Athener" sagt Plato
in der Leichenrede des Menexenos 245 „sind reine Griechen
und nicht mit Barbaren vermischt; denn kein Pelops oder

---

1) Ungemein bezeichnend dafür ist die Art, wie er von der Verbin-
dung zwischen Io und Zeus redet (suppl. 295 fragt der König $\mu\grave{\eta}$ $\varkappa\alpha\grave{\iota}$
$\lambda\acute{o}\gamma o \varsigma$ $\tau\iota\varsigma$ $Z\tilde{\eta}\nu\alpha$ $\mu\chi\vartheta\tilde{\eta}\nu\alpha\iota$ $\beta\varrho\acute{o}\tau\omega$; 580 sagt der Chor von Io $\lambda\alpha\beta o\tilde{v}\sigma\alpha$ δ'
$\tilde{\epsilon}\varrho\mu\alpha$ $\mathit{Io}\nu$ $\grave{\alpha}\psi\epsilon\nu\delta\epsilon\tilde{\iota}$ $\lambda\acute{o}\gamma\omega$ $\gamma\epsilon\acute{\iota}\nu\alpha\tau o$ $\pi\alpha\tilde{\iota}\delta'$ $\grave{\alpha}\mu\epsilon\mu\varphi\tilde{\eta}$). Aeschylos ist nicht
mehr im Stande, das Verhältniss, an das er glaubt, in nackter Wirklich-
keit vorzuführen; er empfindet den Widerspruch, in dem es zu dem ge-
läuterten Gottesbegriff steht. So bleibt es für ihn eine Art Mysterium
und er geht mit einer zarten Andeutung darüber hinweg, indem er zugleich die Zuverlässigkeit der Ueberlieferung scharf betont. Man sieht
daraus zugleich, wie vielfach diese Fragen (die ja für den Adelsstand eine
grosse praktische Bedeutung hatten) in jener Zeit discutirt sind; und das
wird durch die zahlreichen Stellen, an denen Herodot davon spricht, in
drastischer Weise bestätigt. Aus Herod. II 145 ergibt sich auch, dass
schon Hekataeos die Ueberlieferung einfach verworfen hat.

2) In wie reizender Weise Hekataeos die ihm unwahrscheinliche Zahl
von fünfzig Söhnen des Aigyptos beseitigt hat, haben WEIL (rev. de philol.
nouv. ser. II 84) und WILAMOWITZ (Kydathen 94) erkannt: $\grave{o}$ $\delta\grave{\epsilon}$ $A\check{\iota}\gamma\nu\pi\tau o\varsigma$
$\alpha\check{v}\tau\grave{o}\varsigma$ $\mu\grave{\epsilon}\nu$ $o\check{v}\varkappa$ $\tilde{\eta}\lambda\vartheta\epsilon\nu$ $\epsilon\grave{\iota}\varsigma$ $\H{A}\varrho\gamma o\varsigma$, $\pi\alpha\tilde{\iota}\delta\epsilon\varsigma$ $\delta\grave{\epsilon}$, $\grave{\omega}\varsigma$ $\mu\grave{\epsilon}\nu$ $\H{H}\sigma\acute{\iota}o\delta o\varsigma$ $\grave{\epsilon}\pi o\acute{\iota}\eta\sigma\epsilon$,
$\pi\epsilon\nu\tau\acute{\eta}\varkappa o\nu\tau\alpha$, $\grave{\omega}\varsigma$ $\delta\grave{\epsilon}$ $\grave{\epsilon}\gamma\grave{\omega}$ $\lambda\acute{\epsilon}\gamma\omega$, $o\grave{v}\delta\grave{\epsilon}$ $\epsilon\check{\iota}\varkappa o\sigma\iota$. Vgl. dagegen Syncell. p. 288:
$o\grave{v}\varkappa$ $\H{\alpha}\pi\iota\sigma\tau o\nu$ $\delta\grave{\epsilon}$ $\grave{\epsilon}\nu$ $\beta\alpha\varrho\beta\acute{\alpha}\varrho o\iota\varsigma$ $\grave{\eta}$ $\pi o\lambda\nu\tau\epsilon\varkappa\nu\acute{\iota}\alpha$ $\delta\iota\grave{\alpha}$ $\tau\grave{o}$ $\pi\lambda\tilde{\eta}\vartheta o\varsigma$ $\tau\tilde{\omega}\nu$ $\pi\alpha\lambda\lambda\alpha$-
$\varkappa\tilde{\omega}\nu$, die natürlich auf ältere Schriftsteller zurückgeht.

3) Daher sind denn auch die Herakliden ägyptischen Ursprungs,
$A\grave{\iota}\gamma\acute{v}\pi\tau\iota o\iota$ $\grave{\iota}\vartheta\alpha\gamma\epsilon\nu\acute{\epsilon}\varsigma$ Herod. VI 53. Das ist längst vor Herodot nachge-
wiesen, so dass er nicht mehr darauf eingehen mag VI 55. Danaos' und
Lynkeus' Heimath in Chemmis II 91.

Kadmos oder Aigyptos oder Danaos oder sonst einer von den
vielen geborenen Barbaren, die hellenisches Bürgerrecht er-
langt haben (οὐδὲ ἄλλοι πολλοὶ φύσει μὲν βάρβαροι ὄντες,
νόμῳ δὲ Ἕλληνες), hat sich bei uns angesiedelt." Ebenso Isokrates 10, 68. 12, 80.[1]) Für Herodot ist diese Anschauung eine
Hauptstütze seiner Ansicht, dass die griechische Cultur und
Religion aus Aegypten stammt, und so meint er denn auch,
dass die Danaiden die Mysterien der Thesmophorien aus
Aegypten nach Griechenland gebracht und die pelasgischen
Weiber darin unterwiesen hätten (II 171); die Neueren halten
das für uralte Ueberlieferung und glauben allen Ernstes, die
Thesmophorien seien ein pelasgisches Fest.[2])

Beilage.
Pron und Haliaia in Argos.
(Philologus N. F. II 1889 S. 185 ff.)

Euripides schildert im Orestes 872 ff., wie das Volk von
Argos, um über Orestes zu Gericht zu sitzen, zur Burg hinan-
steigt an die Stätte, wo zuerst Danaos im Process mit Aigyptos
das Volk versammelt haben soll (ὁρῶ δ᾽ ὄχλον στείχοντα καὶ
θάσσοντ᾽ ἄκραν, οὗ φασι πρῶτον Δαναὸν Αἰγύπτῳ δίκας διδόντ᾽
ἀθροῖσαι λαὸν εἰς κοινὰς ἕδρας). Zu v. 872 bemerken die
Scholien unter anderem (a) λέγεται δέ τις ἐν Ἄργει Πρών,
ὅπου δικάζουσιν Ἀργεῖοι.[3]) Es wird dann eine Stelle des
Deinias citirt, der erzählt, die Gräber des Melacharis (?) und
der Kleometra (?) liegen ὑπεράνω τοῦ καλουμένου Πρωνὸς *
χῶμα παντελῶς, οὗ συμβαίνει τοὺς Ἀργείους δικάζειν. Die

1) Vgl. die Anekdote von Isokrates' Tod. Bekanntlich hat man in
hellenistischer Zeit nach der Analogie des Danaos auch den Kekrops aus
Aegypten einwandern lassen.
2) Daran knüpft Pausanias' Erzählung von der Aufnahme der Demeter
durch Pelasgos von Argos (I 14, 2) und der Erbauung des Heiligthums
der Demeter Pelasgis (oben S. 98). Neuere Forscher haben darin wirklich
einen alten und geschichtlich werthvollen Beinamen der argivischen Demeter gesehen.
3) Ob die darauf folgenden corrupten Worte von COBET, dem
SCHWARTZ in seiner Ausgabe folgt, oder von WILAMOWITZ Kydathen 93
richtig emendirt sind, ist für uns gleichgültig.

Lage dieser Gerichtsstätte Pron[1]) bestimmt Pausanias genau: sie
liegt hinter dem Heiligthum der Quelle Kephisos in nächster
Nähe des Theaters.[2]) Pausanias verlegt den oben besprochenen
Process des Hypermnestra hierher; zugleich zeigen seine Worte,
dass die Gerichtsstätte zu seiner Zeit nicht mehr benutzt wurde.
Das Theater ist am Abhang des langgestreckten Rückens der
Larisa in den Felsen eingeschnitten, wenig nördlich davon (der
Rücken des Larisa läuft von N. nach S.) befindet sich die
polygonale Stützmauer einer Terrasse und ein Brunnenhaus aus
späterer Zeit[3]) — offenbar das Kephisosheiligthum. Danach
lässt sich die Lage der Richtstätte genau bestimmen, und zugleich zeigt sich deutlich, dass Euripides dieselbe Localität im
Auge hat.

Nun sagen die Scholien zu V. 871 (b) τὸν Πρῶνα λέγει·
ἐνταῦθά φασι τοὺς Ἀργείους ἐκκλησιάζειν, bezeichnen also den
Pron als Stätte der Volksversammlung. Das könnte eine einfache Flüchtigkeit sein. Aber eine weitere Bemerkung zu V. 872
lautet (c) ἡ δίκη (zwischen Danaos und Aigyptos) συνήχθη περι
τὴν μεγίστην ἄκραν, ἔνθα καὶ Ἴναχος ἁλιῶς τὸν λεὼν συν-
εβούλευσεν οἰκίζειν τὸ πεδίον· ὁ δὲ τόπος ἐξ ἐκείνου Ἀλιαία
καλεῖται.[4]) Hier wird Euripides' Angabe auf die Volksversammlung bezogen; aber dass die gemeinte Localität dieselbe ist, wie die Richtstätte Pron, ist evident[5]): der Name
der Haliaia wird davon abgeleitet, dass Inachos hier an der
grössten Burg (im Gegensatz zu der zweiten kleineren Akropolis) d. h. am Abhang der Larisa das Volk versammelte. Das

---

1) Pausanias kennt diesen Namen nicht, wohl aber einen Berg Pron
bei Hermione II 34, 11. 36, 1. 2.

2) II 20, 7 παρὰ δὲ τὸ ἱερὸν τοῦ Κηφισοῦ Μεδούσης λίθου πεποιη-
μένη κεφαλὴ ... τὸ δὲ χωρίον τὸ ὄπισθεν καὶ ἐς τόδε κριτήριον ὀνο-
μάζουσιν ... τούτου δέ ἐστιν οὐ πόρρω θέατρον.

3) Nach Lolling's Angaben bei Bädeker. Die Localität des Pron
hat bereits Curtius im Peloponnesus erkannt, den Bursian Geogr. von
Griechenland II 51 mit Unrecht bekämpft. Ich bedaure bei meiner An-
wesenheit in Argos mich um diese Dinge garnicht gekümmert zu haben.

4) Dass die Interlinearglosse τὴν Ἡλιαίαν φησὶ und die Bemerkung
in B zu unserer Stelle ἡ νῦν ἡλιαία λεγομένη daraus entstellt und werthlos sind, bemerkt Wilamowitz l. c. mit Recht.

5) Das hat Wilamowitz verkannt.

ist aber eben auf dem Pron; denn zwei derartige ganz gleichge-
legene Versammlungsstätten anzunehmen wäre baare Willkühr.

Nun weist die Angabe über Inachos auf gute argivische
Tradition hin; und sie setzt die Volksversammlung am Abhang der Burg, im Gegensatz zu der Besiedelung der Ebene,
voraus; denn sie will ja grade den Namen ἁλιαία erklären. Es
bleibt also nichts übrig, als gegen WILAMOWITZ Kydathen 93 f.
zu der alten Ansicht zurückzukehren, dass Volksgericht[1]) und
Volksversammlung an derselben Stätte, auf dem Pron, zu-
sammentraten oder wenigstens ursprünglich zusammengetreten
sind. Das Scholion *b* ist also völlig correct. Eine spätere Ver-
legung der Volksversammlung in die ebenen Theile der Stadt
wäre allerdings denkbar, ist aber wenig wahrscheinlich, da ja
gerade der Bergabhang diesem Zweck vortrefflich dient, weil
er unbebaut ist und die Vorrichtungen für die Versammlung
hier viel leichter getroffen werden können als in der Ebene,
vgl. die Pnyx.

Wenn nun auch Pron und Haliaia identisch sind, so folgt
daraus freilich noch nicht, dass das Volksgericht den letzteren
Namen gehabt hätte. Haliaia mag trotz der Angabe des Schol. *c*
nur der Name der auf dem Pron tagenden Versammlung, nicht
der Localität gewesen sein. WILAMOWITZ hat aber im Anschluss an COBET weiter vermuthet, dass Haliaia nur ein Irrthum und durch den sonst bei den Dorern überlieferten Namen
der Volksversammlung ἁλία zu ersetzen sei. Das schien recht
probabel. Aber eine der beiden vor kurzem von TSUNTAS ent-
deckten mykenäischen Inschriften[2]) zeigt, dass auch hier die
Angabe des Scholion vollkommen correct ist.

Bekanntlich ist Mykenae zur Zeit des dritten messenischen
Kriegs, um 460 v. Chr.,[3]) von den Argivern zerstört worden;

---

1) Wie Aeschylos suppl. und Euripides lehren, war dieses in Argos
mindestens ebenso ausgebildet wie in Athen und vielleicht älter.

2) Ἐφημ. ἀρχαιολ. 1887, 155 ff. [Wie SWOBODA Philol. N. F. II 762
bemerkt, findet sich αλιαιαι τ[ελειαι] auch auf dem Bruchstück eines
BCH IX 352 veröffentlichten Dekrets, das vielleicht aus Argos selbst
stammt.]

3) Diod. XI 65 die Argiver ὁρῶντες τοὺς Λακεδαιμονίους τεταπει-
νωμένους καὶ μὴ δυναμένους τοῖς Μυκηναίοις βοηθεῖν greifen Mykenae
an. Das vorangehende Kapitel erzählt die Geschichte des messenischen

aber in hellenistischer Zeit ist auf den Trümmern der alten
Stadt eine Dorfgemeinde¹) entstanden, von der uns zwei Beschlüsse ziemlich vollständig erhalten sind. Der eine derselben,
der aus der Zeit des Nabis stammt, beginnt mit den Worten
ϑεοις αγαϑαι τυχαι αλιαιαι εδοξε τελειαι Μυκανεων.

Demnach werden wir nicht zweifeln dürfen, dass auch die
argivische Volksversammlung ἁλιαία hiess. Das Wort ist jedenfalls eine Weiterbildung von ἁλία. Die Frage ob der Name
auch das Volksgericht bezeichnen konnte und ob weiter die
athenische ἡλιαία τῶν ϑεσμοϑετῶν irgend etwas damit zu
thun hat, bleibt davon unberührt. WILAMOWITZ bestreitet es
mit beachtenswerthen Gründen; doch bleibt die nahe Berührung der beiden Worte immerhin auffallend. Wäre die Vermuthung zu gewagt, dass die Athener mit der Institution das
Wort aus Argos entlehnt und falsch ionisirt haben?

Kriegs. Dass Diodor die Zerstörung von Mykenae unter dem Jahre 468/7
erzählt, beweist nichts.

1) Beide Inschriften bezeichnen Mykenae als Kome. An der Spitze
der Verwaltung steht ein Damiorgos; die Bezeichnung Ιαιφοντευς, welche
dieselben tragen, lehrt uns, wie TSUNTAS bemerkt, eine daiphontische
Phylo kennen, die in der hyrnethischen ihr Gegenstück hat.

Fünftes Kapitel.

Pelasgos in Thessalien.

In Thessalien, wo der Pelasgername allezeit lebendig geblieben ist, hat es natürlich auch an einem Eponymen Pelasgos
nicht gefehlt. Eine epische Ueberlieferung über ihn besitzen
wir freilich nicht,[1]) vielmehr sind wir fast ausschliesslich auf
Hellanikos angewiesen. Dieser hat in seiner Phoronis (fr. 1
bei Dion. Hal. I 28) folgenden Stammbaum gegeben:

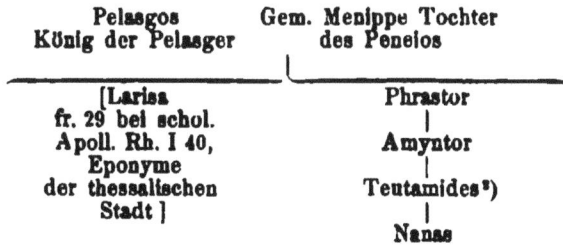

In Thessalien, wo der Pelasgername allezeit lebendig ge-

1) Schol. Apoll. Rhod. IV 266 Δευκαλίδῃσιν] οἱ ἀπὸ.Δευκαλίωνος τὸ
γένος ἔχοντες ἐβασίλευον Θεσσαλίας, ὥς φησιν Ἑκαταῖος (fr. 334) καὶ
Ἡσίοδος· ἡ Θεσσαλία δὲ Πελασγία ἐκαλεῖτο ἀπὸ Πελασγοῦ τοῦ βασιλεύ-
σαντος ist zu allgemein gehalten, um als Zeugniss verwerthet werden zu
können. Freilich ist nicht zu zweifeln, dass Hesiod und Hekataeos die
Dinge ebenso berichteten wie die Späteren. — Die herrschende Ueberlieferung formulirt kurz Plin. IV 28: sequitur mutatis saepe nominibus Hae-
monia, eadem Pelasgis et Pelasgicon Argos, Hellas, eadem Thessalis et
Dryopis, semper a regibus cognominata . ibi genitus rex nomine Graecus,
a quo Graecia, ibi Hellen, a quo Hellenes.

2) [TÜMPELs Vermuthung Philol. NF. III 713, für Τευταμίδης sei Τευ-
ταμίης zu lesen und dieser sei aus Il. B 843 entnommen, wo über die Pelasger Hippothoos und Pylaios herrschen, υἷε δύω Ληθοῖο Πελασγοῦ Τευ-
ταμίδαο, ist in ihrem zweiten Theil evident. Dagegen hat Hellanikos wahr-

Unter dem letztern werden die Pelasger von den Hellenen
verjagt und wandern nach Italien aus. Dass der Wohnsitz
dieser Pelasger bei Hellanikos Thessalien ist, lehrt der Zusammenhang bei Dionys und die Abstammung der Gemalin
des Pelasgos. Im übrigen kennt auch Herodot diese Erzählung:
die Pelasger, welche zu seiner Zeit in Cortona in Etrurien
wohnten, haben ehemals in Thessaliotis als Nachbarn der
Hestiaeotis bewohnenden Dorer gesessen (I 57). Es kann daher
der von Hellanikos hier genannte Pelasgos nicht mit dem
Pelasgos, Sohn des Triopas, identisch sein, den Hellanikos im
peloponnesischen Argos herrschen und dort auch sterben liess
(s. o. S. 97). Vielmehr hat Hellanikos zu dem beliebten Mittel
gegriffen, die Differenzen der Stammbäume durch Statuirung
zweier gleichnamiger Persönlichkeiten auszugleichen. So konnte
der argivische Pelasgos neben dem thessalischen bestehen; es
ist ein Wunder, dass Hellanikos nicht noch einen dritten, arkadischen, Pelasgos daneben genannt hat.[1]) Als Heimath der
Pelasger betrachtete Hellanikos den Peloponnes, von hier ist
ein Theil des Volkes nach Thessalien gewandert, vermuthlich
wie bei Dionys I 17 (s. u.) eben unter Führung des Pelasgos II.[2])

Dass der von Hellanikos gegebene Stammbaum von ihm
im Epos vorgefunden, wenn auch vielleicht im einzelnen rectificirt und erweitert worden ist, wird Niemand bezweifeln.
Einer der aufgeführten Herrscher, Teutamides, wird von Apollodor II 4, 4 als der thessalische König genannt, zu dem Akrisios
flieht, um dem ihm von Perseus drohenden Unheil zu entgehen,
das ihn dann doch gerade hier ereilt.[3]) Diese Erzählung hat

scheinlich den Eigennamen wirklich *Τευταμίδης*, gebildet, nicht *Τευταμίας*;
denn bei Apollodor II 4, 4 steht zwar in den Handschriften *Τευταμίον*,
aber sowohl bei Tzetzes ad Lycophr. 838 wie in der Epitome Vaticana
Τευταμίδον.]

1) Welche Stellung Hellanikos dem Lykaon gab, wissen wir leider
nicht; aber höchst wahrscheinlich ist es doch, dass er bei ihm Sohn des
Pelasgos I., Enkel der Triopas, gewesen ist. — Nach Harpokration s. v.
αὐτόχθονες bezeichnete er die Arkader als Autochthonen.

2) Ebenso Staphylos von Naukratis (drittes Jhdt.) bei schol. Apoll.
Rh. I 580: *Στάφυλος ὁ Ν. Πελασγόν φησιν Ἀργεῖον τὸ γένος μετοικῆσαι
εἰς Θεσσαλίαν καὶ ἀπ᾽ αὐτοῦ Πελασγίαν τὴν Θεσσαλίαν κληθῆναι.*

3) Ebenso ohne Nennung des Pelasgerkönigs Pherekydes fr. 26 (Schol.
Apoll. Rhod. IV 1091) u. a. Vgl. Steph. Byz. *Λάρισα Θεσσαλίας, ἣν*

ursprünglich mit dem Pelasgerkönig gar nichts zu thun; sie benutzt vielmehr die Akrisiossage, um die Gleichnamigkeit der thessalischen Stadt mit der Burg von Argos zu erklären. Wer aber diese Erzählung historisch ausmalen wollte, suchte im Stammbaum den Zeitgenossen des Akrisios. Wir werden das Verfahren umkehren dürfen; dann gewinnen wir für Hellanikos unter Heranziehung des oben gewonnenen den S. 108 aufgestellten Stammbaum, dem ich gleich das Geschlecht des Deukalion und die attischen Könige [1]) beifüge.

Dieser Stammbaum lehrt uns sogleich den ganzen Aufriss der älteren griechischen Geschichte kennen, den Hellanikos gegeben hat. Herakles Neleus Pelias Iason Theseus sind der Ueberlieferung nach Zeitgenossen und stehen denn auch in dem aufgestellten Schema auf gleicher Linie.[2]) Fand nun Hellanikos die Angabe vor, dass Nanas der letzte König der thessalischen Pelasger vor dem Einbruch der Hellenen gewesen sei, so ergab sich die Zahl der Generationen, um die er von Pelasgos und Triopas abstand, durch eine einfache Rechnung. Zugleich zeigt sich, dass die Stelle, welche Pelasgos II. erhielt, mit gutem Bedacht bestimmt ist. Er steht auf einer Stufe mit

---

Ἀκρίσιος ἔκτισε. vgl. schol. Ap. Rhod. I 40 Λάρισαν τὴν Θεσσαλίας λέγει, ἣν ἔκτισεν Ἀκρίσιος, ἥτις ὠνομάσθη ἐπὶ Λαρίσης τῆς Πελασγοῦ, ὥς φησιν Ἑλλάνικος (fr. 29); aus Hellanikos stammt nur die letzte Bemerkung, welche mit der Gründung durch Akrisios im Widerspruch steht. — Nach Strabo IX 5, 6 geht bereits Abas von Argos nach Thessalien und bringt den Namen Πελασγικὸν Ἄργος mit.

1) Ich halte es trotz KIRCHHOFF Hermes VIII, 190 für sicher, dass Hellanikos bereits Kekrops II. und Pandion II. gekannt hat, so gut wie die parische Chronik. Dagegen hat auch bei ihm Pandion nach [nicht wie SCHÄFER, Quellenkunde I³ 18 annimmt vor] Erechtheus regiert; er war der Vater des Aegeus, wie bei Herodot I 173.

2) Herakles und seine Zeitgenossen (zu denen ja auch Priamos' Vater Laomedon gehört) repräsentiren die Generation von den Τρωικά; das gibt für Pelasgos I. die 15, für seinen Sohn Lykaon die 14 Gen. vor Troja. Dion. Hal. I 11 setzt Lykaon's Söhne, speciell den nach Italien auswandernden Oinotros ἑπτακαίδεκα γενεαῖς πρότερον τῶν ἐπὶ Τροίαν στρατευσάντων. Das beruht darauf, dass Dionys' Quelle den Pelasgos I. zum Sohn der Niobe und Bruder des Argos macht; zwischen diesem und Io haben dann bei ihm noch drei oder vier Zwischenglieder (etwa Kriasos, Agenor, Iasos oder ähnl.) gestanden; dadurch rücken Lykaon und seine Söhne bei ihm um eben so viele Generationen hinauf.

Synchronismen der Stammbäume nach Hellanikos.

Thiopas [seine Vorfahren sind vermuthlich Phoroneus — Niobe — Argos — Phorbas]

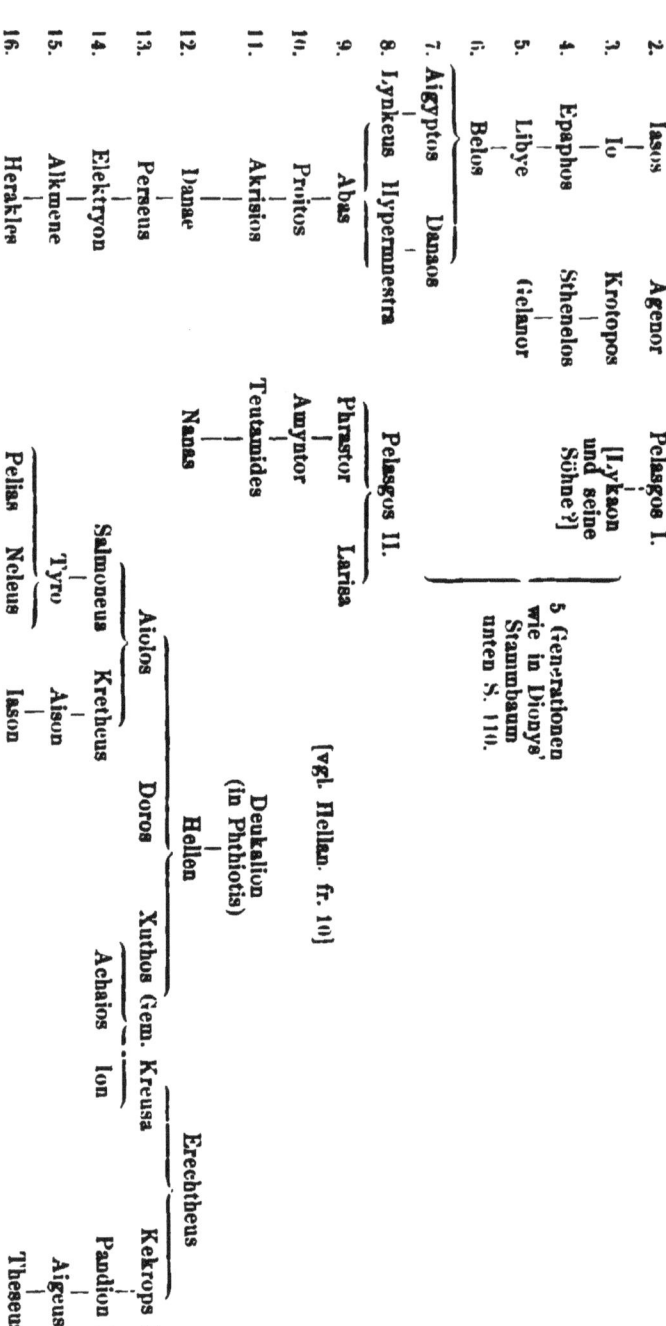

1. Iasos   Agenor   Pelasgos I.
2. Io   Krotopos   [Lykaon und seine Söhne?]
3. Epaphos   Sthenelos
4. Libye   Gelanor
5. Belos
6. Belos
7. Aigyptos   Danaos
8. Lynkeus   Hypermnestra
9. Abas
10. Proitos   Pelasgos II.
11. Akrisios   Teutamides   Phrastor   Larisa
12. Danae   Nanas   Amyntor
13. Perseus
14. Elektryon   Salmoneus   Kretheus
15. Alkmene   Tyro   Aison
16. Herakles   Pelias   Neleus   Iason

5 Generationen wie in Dionys' Stammbaum unten S. 110.

Aiolos   Doros   Xuthos (Gem. Kreusa)

Deukalion (in Phthiotis)

Hellen

[vgl. Hellan. fr. 10]

Achaios   Ion

Erechtheus

Kekrops II.

Pandion II.

Aigeus

Theseus

den Danaiden, und wenn er bei Hellanikos, was doch sehr wahrscheinlich ist, der Führer der Auswanderung nach Thessalien war, so haben die Pelasger den Peloponnes verlassen, als hier das Danaervolk entstand. Die Zwischenglieder mussten dann, soweit die Ueberlieferung nicht reichte,[1]) durch Combinationen ergänzt werden; vielleicht hat Hellanikos auch einige Stellen leer gelassen.

Ein anderes und älteres Schema für die thessalischen Eponymen bietet der in den Commentaren zu Il. *B* 681[2]) erhaltene Stammbaum:

Thessalos

|

Haimon Gem. Larisa von Argos

Pelasgos   Phthios   Achaios

Hier sind dem Thessalos und seinem Sohne Haimon — Thessalien soll bekanntlich früher Haimonia geheissen haben, woher der Name stammt weiss ich nicht — die Eponymen einiger der Hauptstämme des Landes untergeordnet. Später kommen dann Deukalion und die Hellenen ins Land. Schliesslich macht eine dritte Version den Pelasgos zum Sohne des Poseidon und der Larisa,[3]) wobei unentschieden bleibt, ob ursprünglich die thessalische oder die argivische gemeint ist.

Diesen Stammbaum hat wie es scheint Myrsilos von Lesbos um 250 v. Chr.[4]) mit dem des Hellanikos contaminirt und zugleich an Stelle des argivischen Stammbaums des letzteren einen andern gesetzt, welcher mit Akusilaos Pelasgos zum Sohne

---

1) Der Name Amyntor ist dem bekannten Vater des Phoinix, der ja in Thessalien zu Hause ist, entlehnt.

2) Im Ven. B und im allgemeinen besser bei Eustath. (zu 684), der zwischen Thessalos und Haimon noch einen Aigon einschiebt. Einen umgekehrten Stammbaum gibt Steph. Byz. *Αἱμονία: Αἵμων υἱὸς μὲν Χλώρου τοῦ Πελασγοῦ, πατὴρ δὲ Θεσσαλοῦ, ὡς Ῥιανὸς καὶ ἄλλοι.* Bei Strabo IX 5, 23 ist Haimon Sohn des Thessalos, bei schol. Apoll. Rh. II 504 Sohn des Ares, bei Eustath. ad. Il. *B* 756 (in den Scholien verkürzt) ein Enkel des Aeoliden Magnes.

3) Schol. Apoll. Rhod. I 580. Dion. Hal. I 17.

4) MÜLLENHOF Deutsche Alterthskde I 456. WILAMOWITZ, Antig. v. Kar. 24. Dass er Dionys' Hauptquelle für die Geschichte der Pelasger (die Myrsilos Tyrsener nannte c. 28) ist, sagt Dionys selbst c. 23. Danach ist wohl auch der Stammbaum in c. 11. 17 aus ihm entnommen.

des Zeus und der Niobe macht. So ist die Genealogie entstanden, welche Dionys. Hal. I 11. 17. mittheilt:

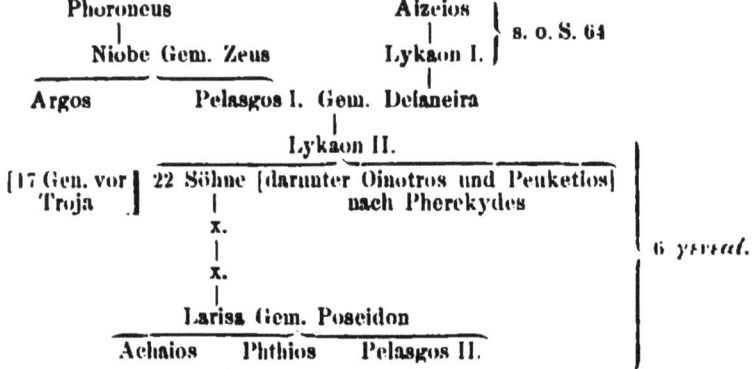

Pelasgos II. und seine Brüder wandern aus dem Peloponnes nach
Haimonien (= Thessalien) und hier bleiben die Pelasger fünf
Generationen lang sitzen, bis sie in der sechsten von den
Kureten (= Aetolern) und Lelegern (= Lokrern)[1] unter Deukalion verjagt werden. Die Namen der Nachfolger des Pelasgos II. werden wohl im wesentlichen mit den von Hellanikos
gegebenen übereingestimmt haben, obwohl Dionys eine Generation mehr zählt als dieser.

Alle Angaben über die Geschichte der thessalischen Pe-
lasger lassen dieselben den Hellenen erliegen,[2] und zwar
gleich den Stammvätern der letzteren, dem Deukalion und
Hellen. Dadurch werden die Pelasger zu einer vorhellenischen
Bevölkerung, und daraus erklärt sich ohne weiteres, dass der
Mythus den Pelasgos als den ersten Menschen betrachtet.
Wir haben gesehen, dass diese Anschauung in Thessalien ent-
standen ist.

Den Gegensatz zwischen Pelasgern und Hellenen kennt
bereits die Ilias; er hat den Dichter der Patroklie veranlasst,

1) Diese Gleichung beruht auf dem bekannten Hesiodfragment 136
KINKEL, 141 RZACH bei Strabo VII 7, 2.

2) vgl. auch Diod. XIV 113. Nur Hieronymos (oben S. 29) bei Strabo
IX 5, 22 sagt, sie seien von den Lapithen nach Italien verjagt worden.
Nach schol B und Eustath. zu Il B 841 sind die Pelasger von den Αἰολίδες
d. i. den Boeotern aus Thessalien nach Asien gedrängt; hier werden sie
zugleich für Griechen erklärt.

die Pelasger unter die Bundesgenossen der Troer aufzunehmen. Die Sage, welche Deukalion oder seinen Sohn Hellen als Besieger der Pelasger nennt, hat damit die Hellenen im engeren Sinne im Auge, die Bewohner des phthiotischen Hellas. Wie weit dieser feststehende Gegensatz eine historische Thatsache enthält, würde sich höchstens ermitteln lassen, wenn die thessalischen Genealogien und die noch ganz unaufgeklärte Geschichte der Verbeitung des Hellenennamens[1]) systematisch untersucht wären. Sehr denkbar ist z. B., dass wir den Einbruch der Thessaler in viel zu frühe Zeit setzen und dass etwa im achten Jahrhundert Pelasger und Phthioten noch selbständig waren und in fortwährender Grenzfehde lagen — bei der ja die Hellenen (Phthioten) das Uebergewicht gehabt haben können. Bei einer derartigen Annahme würde sich die Sage sehr einfach erklären; doch ist sehr möglich, dass ihr historischer Gehalt noch weit geringer ist. Jedenfalls sind die Pelasger nicht den Hellenen Deukalions erlegen, sondern den Thessalern, die ja auch die Hellenen von Phthia, die Landsleute Achills, zwar nicht zu Knechten wie die Pelasger aber zu Unterthanen gemacht haben. Freilich gehören auch die Thessaler zu den Hellenen im späteren, umfassenden Sinne; es scheint aber nicht, dass der Pelasgersage diese Auffassung ursprünglich bereits zu Grunde liegt.

---

1) Sicher ist nur, dass der Name Hellas und Hellenes mit dem Volksstamme der Achaeer (in Thessalien und Achaia) in enger Verbindung steht; denn das Land der phthiotischen wie der unteritalischen Achaeer trägt den Eigennamen Hellas, letzteres mit dem unterscheidenden Zusatz „das grosse". Die Uebersetzung „Grossgriechenland" ist sehr unglücklich. Das Achaeerland in Unteritalien führt den Namen nicht im Gegensatz zu dem eigentlichen Griechenland auf der Balkanhalbinsel — das wäre sachlich absurd und sprachlich unmöglich, da der Name Hellas in der classischen Zeit niemals diesen beschränkten Sinn hat, sondern alles Hellenenland von Massalia bis zum Phasis bezeichnet — sondern im Gegensatz zu der Urheimath der Achaeer, dem thessalischen Hellas. Damit verglichen ist es allerdings „das grosse Hellas". Ist der Hellenenname in derselben Weise wie der Achaeername und wie so viele Sagenstoffe von Thessalien nach Kleinasien gekommen und hier durch die Poesie zur Gesammtbezeichnung der Nation geworden? Das ist freilich einstweilen nur eine ganz unbewiesene Hypothese; uns fehlen die Mittelglieder, um sein Aufkommen in der Literatur zu verfolgen — wie sie schon den Alten gefehlt haben.

Sechstes Kapitel.

Ergebnisse. Geschichte der Pelasgerfrage.

Wir haben jetzt alle Berichte, die uns über Pelasgos und die Pelasger überkommen sind, analysirt,[1]) und können daher unsere Ergebnisse zusammenfassen.

Die Pelasger sind ein griechischer Volksstamm,[2]) der in der thessalischen Ebene, dem „pelasgischen Argos", ansässig

---

1) Einige sporadische Notizen seien hier noch zusammengestellt. Dion. Hal. I 18 sagt, von den Pelasgern sei nach ihrer Zersprengung durch die Hellenen der Haupttheil über Dodona nach Spina gezogen, ein Theil dagegen nach Kreta (oben S. 49), andere nach den Kykladen, nach Hestiaeotis am Fuss des Olymp und Oeta (vgl. Herod. I 56. 57), andere nach Boeotien, Phokis, Euboea, andere an den Hellespont (resp. nach Kyzikos nach Deilochos beim schol. Apoll. Rhod. I 987) und nach Lesbos (oben S. 35, 1). Aehnlich hat offenbar schon Ephoros erzählt (Strabo IX 2, 3); die nach Boeotien gewanderten Pelasger lässt er dann von den Boeotern nach Attika gedrängt werden (oben S. 11). Delos soll nach Steph. Byz. s. v. früher unter anderen Namen auch den Namen Pelasgia geführt haben. Aehnliche Angaben mögen sich auch sonst noch finden, die ich übersehen habe. Irgend welchen Werth wird ihnen niemand beilegen. Ganz spät und werthlos ist auch der Stammbaum Diod. IV 72, wonach Pelasgos und Ismenos nebst zwölf Schwestern die Kinder des Asopos und der Metope, der Tochter des Ladon, sind.

2) Daher finden sich die Namen Larisa und Argos wie bei den thessalischen Pelasgern auch sonst mehrfach in der griechischen Welt; Uebereinstimmung in Ortsnamen findet sich ja überall innerhalb eines einheitlichen Volksgebiets. Die Frage, ob in diesem Falle ein historischer Zusammenhang besteht, kann man aufwerfen und dabei auf das Vorkommen des Namens Larisa an der Westküste Kleinasiens Gewicht legen (vgl. die Zusammenstellung bei Strabo IX 5, 19). Aber mit den Pelasgern hat diese

war. Mit den übrigen nordgriechischen Stämmen waren sie vermuthlich aufs nächste verwandt, wie denn die Verbindung, in der ihr Name mit dem dodonäischen Zeus steht, auf einen Zusammenhang mit den epirotischen Gebirgsstämmen hinweist. Aber der Reichthum der Ebene lockte die Nachbarn, und einem von ihnen, den Thessalern, sind sie erlegen. Ein alter Bestandtheil der Odyssee kennt Pelasger in Kreta; dorthin mag also eine Schaar von ihnen beim Einbruch der Thessaler geflüchtet oder schon vorher gewandert sein. Die Mehrzahl blieb jedenfalls im Lande und wurde zu Leibeigenen der Eroberer; aus ihr ist der Kern des Penestenstandes hervorgegangen.

Aber wenn so die Pelasger aus der Zahl der griechischen Stämme verschwanden, so blieb doch die Erinnerung lebendig, dass die Vorfahren der Bauern, welche jetzt für ihre thessalischen Herren die reichste Ebene Griechenlands pflügten, das älteste Volk Thessaliens gewesen seien. Ihren Ahnen, den Pelasgos, hatte die schwarze Erde geboren, damit ein Geschlecht sterblicher Menschen vorhanden sei, und seine Nachkommen hatten als mächtige Könige in Larisa geboten, bis sie dem neuen Volk der Hellenen erlagen.

In dieser Gestalt haben die Dichter die Sage übernommen. Alles, was weiter von den Pelasgern erzählt wird, ist das Ergebniss eines langen literarischen Processes. Hesiod versetzte den Pelasgos nach Arkadien, weil auch die Arkader für die ältesten Menschen galten, und machte ihn zum Vater des Lykaon. Der Dichter der Danaiden übertrug, wie das wohl schon in seiner Zeit nicht selten geschah, den Namen des pelasgischen Argos auf die peloponnesische Stadt, und erfand für diese einen König Pelasgos den Sohn Palaichthons. Hekatäos deutete den Namen Pelargikon, den die athenische Burgmauer trug, als „Pelasgermauer" und liess die Pelasger nach Athen kommen und von hier wieder nach Lemnos und Imbros verjagt werden, deren tyrsenische Bevölkerung er für Pelasger erklärte. Wahrscheinlich schon der Schiffskatalog und jedenfalls die Späteren versetzten die Pelasger von Larisa, welche die Patroklie auf Seiten der Troer fechten liess, nach Klein-

---

Frage garnichts zu thun; sie ist auch von den Alten nicht in die Pelasgerfrage hineingezogen worden.

asien, und nun suchte man hier ihre Spuren an der äolischen
Küste, auf Lesbos und bei Kyzikos. Die Verbindung des Pe-
lasgernamens mit Dodona gab Veranlassung, auch in Epirus
Pelasger hausen zu lassen. So ist es gekommen, dass der
Pelasgername überall in der griechischen Welt zu finden war.

Und nun kam die Zeit der beginnenden Geschichtsforschung.
Dieselbe ist daraus hervorgegangen, dass die Ueberlieferung
über die Urzeit und die Anfänge der einzelnen Gemeinwesen,
wie sie das Epos bot, den fortgeschrittenen Anschauungen nach
keiner Richtung mehr genügte. Man ergriff mit Eifer die Aufgabe, durch rationalistische Kritik und methodische Combination
den wirklichen Verlauf der Dinge zu ermitteln und die „Wahrheit" an die Stelle der Lügen und der lächerlichen Erfindungen
der Dichter zu setzen.[1]) Unter den Problemen, die hier vorlagen, hat von Anfang an die Frage nach der Nationalität der
ältesten Bevölkerung Griechenlands und dem Ursprung des
Hellenenthums einen wichtigen Platz eingenommen, und im
Rahmen derselben ist auch die Pelasgerfrage nach allen Seiten
eingehend discutirt worden. Hellenen sind die Nachkommen
des Hellen; vor Hellen dem Sohne Deukalions kann es mithin
keine Hellenen gegeben haben; was sind dann also die Volksstämme und Herrscherhäuser gewesen, welche in Arkadien, in
Argos, in Attika u. s. w. vor Hellen existirten? Da bot sich,
wo nicht die Ueberlieferung von fremden Einwanderern sprach,
wie bei Danaos, Kadmos, Pelops, oder wo nicht ein concurri-
render Name vorhanden war, wie der der Leleger, der Pelasgername von selbst. Dass die älteste Bevölkerung Griechenlands aus Pelasgern bestanden hat, ist ein im fünften Jahrhundert allgemein anerkannter Satz.

Welcher Nationalität waren die Pelasger? Hekataeos
hat den einfachen und bündigen Schluss gezogen: da sie
keine Hellenen waren, so waren sie Barbaren. „Den Peloponnes haben vor den Hellenen Barbaren bewohnt" sagt er
(Strabo VII 7, 1 Ἑκαταῖος μὲν οὖν ὁ Μιλήσιος περὶ τῆς Πελοποννήσου φησὶν διότι πρὸ τῶν Ἑλλήνων ᾤκησαν αὐτὴν

---

1) Ἑκαταῖος Μιλήσιος ὧδε μυθεῖται· τάδε γράφω ὥς μοι ἀληθία
δοκέει εἶναι. οἱ γὰρ Ἑλλήνων λόγοι πολλοί τε καὶ γελοῖοι, ὡς ἐμοὶ φαίνονται, εἰσίν. Das ist die Grundstimmung der gesammten Logographie
bis auf Herodot und Hellanikos.

βάρβαροι); den Haupttheil der vordorischen Bevölkerung des Peloponnes bildeten aber die Pelasger (vgl. Herod. II 171), die somit nach Hekataeos Barbaren gewesen sind.

Auch dem Aeschylos sind die Pelasger die älteste Bevölkerung Griechenlands. Zur Zeit des Königs Pelasgos gab es ja all die zahlreichen Stämme der späteren Zeit noch nicht, da die Geschichte der einzelnen Landschaften überall erst beträchtlich später beginnt. Ungetheilt gebietet er über das ganze Land bis an den Strymon und nach Perrhaebien und über den Pindos hinaus bis zu den dodonäischen Bergen; die Bewohner heissen nach ihm Pelasger. Auch das ist durchaus rationalistisch, obwohl das Epos die Dinge schon ebenso aufgefasst haben wird. Der Eponymos ist seinem Begriff nach der Ahnherr seines Volkes, dies also kann zu seiner Zeit noch nicht existirt haben; aber sobald man sich die Dinge anschaulich machen will, setzt sich der Stammvater in einen Herrscher des nach ihm benannten Volkes um. Adam und seinen Nachkommen ist es bekanntlich ganz ähnlich gegangen.

Die weitere Consequenz, dass die Pelasger Barbaren seien, hat Aeschylos nicht gezogen. Pelasgos selbst nennt mit argem Anachronismus sein Land Hellas, die Danaiden einen „unhellenischen, mit barbarischen Gewändern bekleideten Haufen" (Suppl. 234 ff.). Offenbar widersprach es der griechischen Volksanschauung durchaus, dass die Bewohner Griechenlands, die eigenen Ahnen, Nichtgriechen gewesen sollten; Herodot sagt uns ausdrücklich, dass die Pelasger [speciell die Erbauer des Pelasgikon] für Hellenen gehalten würden, und erklärt das dadurch, dass sie unter Hellenen wohnten (II 51 ὅϑεν περ καὶ Ἕλληνες ἤρξαντο νομισϑῆναι [οἱ Πελασγοί]).

Herodot dagegen verfährt in der Pelasgerfrage consequent wie immer. Ihm sind die Dorer die einzigen reinen Hellenen — völlig correct, denn einzig bei ihnen gibt es keinen Stammbaum, der über Doros den Sohn des Hellen hinaufragte. Bei allen anderen griechischen Stämmen finden wir dagegen vorhellenische Ahnherren, wie etwa Inachos und Phoroneus in Argos, Pelasgos und Lykaon in Arkadien, Kranaos, Kekrops, Erechtheus in Athen u. s. w. All diese Stämme sind daher ursprünglich Pelasger gewesen, und ausdrücklich werden die Athener (I 56. VIII 44) und die Ionier im allgemeinen (VII 94. 95), die Aeoler Kleinasiens (VII 95), die Arkader (I 146, vgl. II 171), ferner die Bewohner Dodonas (II 52. 56)[1]) als Pelasger bezeichnet, ebenso wie die Frauen von Argos zur Zeit des Danaos Pelasgerinnen waren (II 171). Also ganz Griechenland, mit geringen Ausnahmen, war ursprünglich Pelasgerland (II 56 τῆς νῦν Ἑλλάδος, πρότερον δὲ Πελασγίης καλευμένης τῆς αὐτῆς ταύτης. VIII 44 Ἀθηναῖοι ἐπὶ μὲν Πελασγῶν ἐχόντων τὴν νῦν Ἑλλάδα καλευμένην ἦσαν Πελασγοί, ὀνομαζόμενοι Κραναοί). Als dann Hellens Söhne zu den einzelnen Stämmen kamen. wurden dieselben in Hellenen umgewandelt, so speciell die Athener und die übrigen Ionier durch Ion (VII 94. VIII 44. vgl. II 57 und I 57). Das hellenische Volk ist aus kleinem Anfang zu einer grossen Menge von Stämmen erwachsen, weil die Pelasger[2]) und zahlreiche andere barbarische Stämme in dasselbe aufgingen, während die Pelasger als Barbaren nie sehr angewachsen sind (I 58).

Die Nationalität der Pelasger sucht Herodot durch eine Schlussfolgerung zu bestimmen, die früher bereits besprochen ist. Da die jetzt noch vorhandenen Reste der Pelasger [in Wirklichkeit der Tyrsener] in Cortona, Plakia und Skylake die gleiche barbarische Sprache reden, so haben, wenn man sich auf diese als Beweis berufen darf, die Pelasger eine barbarische Sprache gesprochen. Der Schluss ist unanfechtbar, aber die Prämisse, dass die Tyrsener Pelasger sind, ist falsch, wie wir gesehen haben. Der Ausdruck zeigt denn auch, wie grosse Bedenken Herodot bei seinem Resultat hat; er wird dadurch zu der abenteuerlichen Annahme gezwungen, dass grosse Stämme. wie Arkader und Ionier, ihre Sprache umgelernt haben (I 57): „wenn wirklich alle Pelasger eine barbarische Sprache gesprochen haben, so hat das attische Volk, da es ein pelasgisches ist, bei der Umwandlung in Hellenen auch die Sprache umgelernt". Zugleich sehen wir aus Herodots Worten. wie viel über diese Dinge zu seiner Zeit discutirt worden ist.[3])

1) Dass Herodot auch die Lelegerstadt Antandros zu einer pelasgischen macht (VII 42), weil für ihn Leleger nur ein alter Name der Karer sind (I 171), ward schon erwähnt.

2) Nach SAUPPE's Conjectur (Πελασγῶν für πολλῶν der Hdschrr.).

3) Gewiss haben auch Akusilaos und Pherekydes und ebenso jeder der Horographen, wo ihnen die Pelasger in den Weg kamen, darüber geredet; doch wissen wir von ihren Ansichten nichts genaueres.

Waren die Pelasger die älteste Bevölkerung Griechenlands, so mussten bei ihnen die primitivsten Zustände geherrscht haben, so mussten andererseits auf sie die Anfänge der Cultur zurückgehen. „Die Pelasger beteten früher beim Opfer zu den Göttern,[1] aber hatten noch für keinen von ihnen einen Namen, denn sie hatten dieselben noch nicht gehört", hat man dem Herodot in Dodona erzählt (II 52). Herodot meint — so wenig weiss er von der ägyptischen Sprache — sie hätten die Namen der meisten Götter von den Aegyptern (vgl. II 171), den des Poseidon von den Libyern gelernt, einige andere (wie Dioskuren, Hera, Histia etc. II 50) selbst hinzugefügt, von den Pelasgern hätten sie die Griechen übernommen. Es macht einen seltsamen Eindruck, dass neuere Gelehrte diese und ähnliche Dinge[2] ganz ernsthaft als uralte Tradition behandelt und in demselben Stil und zum Theil in noch kindlicherer Weise weiter ausgesponnen haben. Alles was in den neueren Werken von pelasgischer Einfachheit, pelasgischen Götterdiensten, pelasgischer Cultur, pelasgischen Mauern (einer aus dem Pelargikon herausgesponnenen modernen Erfindung[3]) zu lesen ist, trägt diesen Charakter, und es verlohnt sich wirklich nicht, sich auch nur einen Augenblick dabei aufzuhalten.

Nach Herodot kam Hellanikos. Er hatte sich zur Aufgabe gestellt, die gewaltige Masse der Nachrichten, welche die Ueberlieferung über die Urgeschichte Griechenlands bot, zu einer wohlgeordneten und in sich zusammenhängenden Geschichte zu verarbeiten und den Verlauf derselben bis in die Gegenwart hinabzuführen. Die Stammbäume des Phoroneus und des Deukalion, die attische Königsliste, vor allem aber das Verzeichniss der argivischen Herapriesterinnen mit ihren Jahrzahlen boten ihm den Faden, auf den die einzelnen Be-

---

1) Daran knüpft Herodot seine Etymologie von θεοί (ὅτι κόσμῳ θέντες τὰ πάντα πρήγματα καὶ πάσας νομὰς εἶχον), die er den Pelasgern zuschreibt, indem er dabei vergisst, dass dieselben nach seiner Ansicht eine barbarische Sprache redeten.

2) Dazu gehört, dass die Pelasger von den Phönikern die Schrift übernommen haben (Diod. III 67); sie haben sie dann weiter nach Latium gebracht (Plin. VII 193).

3) Die Alten wissen nur von kyklopischen und von tyrsenischen Mauern, welche letzteren aus dem Worte τύρσις herausetymologisirt sind (Dion. Hal. I 26. schol. Lykophr. 717).

gebenheiten nach kritischer (d. h. rationalistischer) Sichtung
aufgereiht wurden. Er hat seine Aufgabe, wenn wir uns einmal auf den Standpunkt seiner Zeit stellen, nicht ohne grosses
Geschick durchgeführt. Freilich gehörte dazu vor allem eine
für unseren Geschmack entsetzliche Nüchternheit, bei der alle
Poesie aus den alten Erzählungen systematisch ausgetrieben
wurde.[1]) Jedes Wunder wurde sorgfältig gestrichen, die alten
Heroen und Eponymen wurden zu langweiligen Königen, die
sich benahmen wie die Machthaber der Gegenwart, nur natürlich ein gut Theil kindischer. Wo Widersprüche vorlagen, wo
das System nicht stimmte, musste oft energisch eingegriffen
werden; durch Statuirung mehrerer gleichnamiger Persönlichkeiten, durch Combinirung neuer Stammbäume, durch gründliche Umwandlung alter Erzählungen hat Hellanikos sich geholfen. Mit Unrecht hat man ihm in neuerer Zeit daraus einen
Vorwurf gemacht; wie konnte er anders handeln? Aber das
ist richtig, dass alle Nachrichten, die durch ihn hindurch
gegangen sind, — und das ist weit mehr als die Fragmente
lehren oder als sich in jedem einzelnen Falle mit Sicherheit
beweisen lässt — für uns aufs ärgste entstellt sind. Besässen
wir nur seine Darstellung, so würden wir dem griechischen
Mythus ungefähr ebenso rathlos gegenüberstehen wie dem
hebräischen, wenn uns hier nur die Bücher der Chronik erhalten wären.

Aber durch seine nüchterne Gelehrsamkeit hat Hellanikos
einen ausserordentlichen Erfolg erzielt. Sein Werk entsprach
so recht den Bedürfnissen der Zeit und brachte die Forschung
auf diesem Gebiet in allem wesentlichen zum Abschluss. An
sein chronologisches System hat Thukydides angeknüpft, und
die Wirkung desselben reicht bis in die mythologischen Wand-
tafeln der Kaiserzeit. Auf die Auffassung der Späteren von
der Mythenzeit hat Hellanikos direct und indirect mindestens
den gleichen Einfluss geübt, wie Ephoros für die historische
Zeit. Auch wo man von ihm abwich, basirte man auf seinen
Annahmen.

Hellanikos ist nun auch in der Pelasgergeschichte für die

---

1) Man vgl. z. B. die Geschichte von den drei Söhnen des Triopas
oben S. 97.

Späteren massgebend gewesen. Sie sind ihm wie dem Herodot
ein von den Hellenen völlig gesondertes Volk. Seine Heimath
ist der Peloponnes, wo der Pelasgername nach ihm zuerst in
Argos entsteht. Von hier wandern sie, als aus der Verschmel-
zung der Urbevölkerung mit den Aegyptern die neue Nation
der Danaer hervorgeht, unter Pelasgos II. nach Thessalien und
gründen ein mächtiges Reich. Dasselbe wird durch Deukalion
und die Hellenen zersprengt, und nun zerstreuen sich die Pelasger in alle Winde.[1]) Der Haupttheil aber geht nach Italien
hinüber; aus ihm geht die tyrsenische (etruskische) Nation
hervor. „Unter König Nanas wurden die Pelasger von den
Hellenen verjagt, liessen am Flusse Spines am ionischen Meerbusen ihre Schiffe zurück und nahmen die Stadt Kroton (Cortona) im Binnenlande. Von hier aus haben sie das jetzt Tyrsenien (Etrurien) benannte Land besiedelt" (Hellanikos bei
Dion. Hal. I 28). Dass diese Erzählung nicht unabhängig ist
von Herodots Angabe „die Pelasger, welche oberhalb der Tyrsener die Stadt Kroton bewohnen und ehemals Nachbarn der
Dorer waren — damals aber bewohnten sie das Land, das
jetzt Thessaliotis heisst" (I 57), liegt auf der Hand, und ebenso
dass Herodot auch hier älter ist als Hellanikos. Dieser macht
alle Etrusker, nicht blos die von Cortona, zu Pelasgern, während Herodot die Pelasger von den aus Lydien abgeleiteten
Etruskern scharf sonderte. Hätte Herodot die Ansicht des
Hellanikos gekannt, so müsste er nothwendig gegen dieselbe
polemisiren.[2]) Hellanikos ist derjenige, welcher zuerst aus der
Identificirung der attisch-lemnischen Tyrsener mit den Pelasgern die Consequenz gezogen und die Etrusker insgesammt für
Pelasger erklärt hat. Durch ihn sind die Pelasger in die italische Ethnographie eingeführt worden — denn die zahme
Ansetzung von Pelasgern in Cortona bei Herodot, die noch dazu
von den Späteren aus seinem Text herauscorrigirt ist, will

---

1) Im einzelnen hat Hellanikos dies gewiss in ganz analoger Weise
ausgeführt wie die Späteren. So kommen die Pelasger nach Athen, Kreta,
Kleinasien u. s. w.

2) Die meines Wissens zuerst von WILAMOWITZ erkannte Thatsache,
dass Hellanikos jünger ist als Herodot, bestätigt sich immer aufs neue.
Von dem historischen System des Hellanikos findet sich bei Herodot
ebenso wenig eine Spur wie von seiner Zeitrechnung.

nicht viel besagen. Wie die Pelasger in Italien weiter ge-
wuchert haben, das im einzelnen zu verfolgen wird man mir
hoffentlich erlassen[1]); irgend ein besonderes Resultat (ausser
für die Geschichte der späteren Historiographie) ist ja dabei
nicht zu gewinnen. Nur das sei noch erwähnt, dass um dieselbe Zeit die Pelasger auch von anderer Seite nach Italien
eingeführt sind: Pherekydes hat (ob im Anschluss an einen
Vorgänger, wissen wir nicht) unter Lykaons Söhne den Oinotros und den Peuketios aufgenommen und sie nach Unteritalien
auswandern lassen (Dion. Hal. I 13), und so sind auch Oenotrer
und Peuketier zu Pelasgern geworden.[2])

Dass Hellanikos die Pelasger als Barbaren betrachtete so
gut wie Herodot, ist unzweifelhaft. Dagegen ist Thukydides
zu der von Aeschylos vertretenen Ansicht zurückgekehrt. Seine
tiefdringende geschichtliche Auffassung offenbart sich auch
darin, dass er Bevölkerung und Namen zu trennen weiss: „Die
Geschichte lehrt, dass vor dem troischen Krieg Hellas kein
gemeinsames Unternehmen ausgeführt hat; ja selbst dieser
Name, so meine ich, umfasste damals noch nicht die Gesammtheit, sondern vor Hellen dem Sohne Deukalions existirte diese
Bezeichnung überhaupt noch nicht, vielmehr hiessen sie nach
Stämmen und vor allem war der Pelasgername weit verbreitet;
als aber Hellen und seine Söhne in Phthiotis zu Macht gelangt
waren und man sie um bestimmter Vortheile willen in die
übrigen Gemeinden herbeirief, da gewann durch die Berührung
mit denselben bei den einzelnen Gemeinden der Hellenenname
immer mehr die Ueberhand. Und doch dauerte es noch lange,
bis er bei allen herrschend wurde. Das beweist vor allem
Homer" u. s. w. (I 3). Thukydides glaubt also wie Herodot —
und wie konnte er anders den Zeugnissen des Epos und der

---

1) Ich will nur noch erwähnen, dass nach einer Version bei Plutarch
Rom. 1 die Pelasger auch die Gründer Roms sind.

2) Den Oinotros kennt auch Pausan. VIII 3, 5. Vgl. Plin. III 71 *ager
Lucanus Bruttiusque ... tenuerunt eum Pelasgi, Oenotri, Itali, Morgetes,
Siculi* etc. Antiochos von Syrakus (bei Dion. Hal. I 12) kannte diese Combination offenbar noch nicht. An dieselbe schliesst die Angabe bei Steph.
Byz. s. v. *Χίος*, dass bei den Italioten (d. h. den unteritalischen Griechen)
die Pelasger (d. h. die einheimische oenotrische Bevölkerung) eine die-
nende Stellung eingenommen hätten, wie die Heloten bei den Spartanern u. s. w. — eine Notiz, auf die NIEBUHR so kühne Schlüsse gebaut hat.

Stammbäume gegenüber —, dass der Pelasgername in Griechenland weithin verbreitet war; aber sie sind ihm von den Hel-
enen nicht verschieden, nur den Namen hat die Bevölkerung
gewechselt.

Damit ist die Geschichte der Pelasgerfrage eigentlich be-
endigt; denn zwischen den Ansichten des Herodot und Hellanikos auf der einen, des Aeschylos und Thukydides auf der
anderen Seite haben alle späteren Forscher alter und neuer
Zeit hin- und hergeschwankt, so viel sie auch das Detail
modificirt haben. Nur Ephoros erfordert noch ein kurzes Wort.

Zwar nicht die historische Darstellung, aber die historische
Kritik hat in Thukydides einen Höhepunkt erreicht, zu dem sie
im Alterthum nie wieder und auch in neuerer Zeit seit NIE-
BUHR, der die Geschichtsforschung wieder auf Thukydides'
Standpunkt zurückgeführt hat, nur bei ganz vereinzelten Forschern gelangt ist.[1]) Die grosse Erkenntniss, dass sich auf
mündliche Ueberlieferungen und epische Erzählungen eine geschichtliche Darstellung schlechterdings nicht aufbauen lässt
und dass uns einzig übrig bleibt, unter Verzicht auf die Ermittelung des Einzelherganges ein allgemeines Bild der Entwickelung und namentlich ihrer culturgeschichtlichen Seite zu
gewinnen, diese Erkenntniss steht dem Thukydides völlig fest.
Wäre er ein Gelehrter gewesen wie Hellanikos, hätte er seine
ganze Kraft der Erforschung der Vergangenheit zugewendet,
so würde er auch im einzelnen vielfach die Ergebnisse der
modernen Kritik vorweg genommen haben. So entnimmt er
das äussere Gerippe der Hergänge dem Hellanikos und anderen

---

1) Dass wir durch die angestrengte Arbeit Vieler bei den einzelnen
Resultaten oft weiter gelangt sind als Thukydides oder NIEBUHR oder
OTTFRIED MÜLLER, ist kein Wunder. Aber wer glaubt Thukydides überlegen zu sein, weil er gelernt hat, dass die naive Art der Sagenbehand-
lung, wie sie z. B. I 9 enthält, nicht haltbar ist, oder weil er auf homerische
Zeugnisse (εἴ τῳ ἱκανῶς τεκμηριῶσαι setzt Th. hinzu) weniger Gewicht
legt oder wenigstens sich einbildet weniger Gewicht zu legen als Th., der
zeigt nur, wie wenig er Thukydides zu verstehen und zu würdigen im
Stande ist. In der That finden sich in den ersten zwanzig Kapiteln des
ersten Buches bereits alle die Grundsätze und Methoden angewendet, nach
denen wir verfahren oder wenigstens zu verfahren suchen — wobei wir
uns im einzelnen dem Banne der Ueberlieferung oft genug ebenso wenig
entziehen können wie Thukydides.

Vorgängern und gibt aus sich selbst heraus nur eine kurze
Skizze des allgemeinen Herganges der Entwickelung, die für
alle Zeiten ihrem Inhalt nach — formell ist Thukydides hier
wie so vielfach der Sache nicht völlig Herr geworden, weil
er keine dem Stoff entsprechende Form gefunden hat, um das,
was er auf dem Herzen hat, im Rahmen seines Werkes zu
sagen [1]) — zu den grossartigsten Schöpfungen der Geschichts-
schreibung gehört.

Thukydides hat keinen Nachfolger gefunden, der seine
Gesichtspunkte sich anzueignen fähig gewesen wäre. Aber die
von ihm so scharf betonte Unzuverlässigkeit der älteren Ueberlieferung empfand man doch allgemein und stellte auch ganz
richtige kritische Grundsätze auf (Ephoros fr. 2. 3). Nur versuchte man garnicht, dieselben auf den einzelnen Fall anzu-
wenden, worauf doch bei historischer Forschung alles ankommt.
sondern begann sofort, aus den willkührlich und rationalistisch
zurechtgemodelten und unkritisch mit einander combinirten
Bestandtheilen der Ueberlieferung einen Neubau aufzuführen.
der den späteren Generationen sehr imponirt hat, für uns aber
völlig unbrauchbar ist.[2]) Freilich liess sich diese Methode nur auf
die der authentisch überlieferten Geschichte zunächst liegende
eigentlich historische Zeit anwenden. Ephoros hat dieselbe
von der dorischen Wanderung, mit der die zu seiner Zeit bestehende Gestaltung der Dinge beginnt, Eratosthenes und die ihm
folgen, vom troischen Kriege datirt. In der Kaiserzeit ist sogar

---

1) Jeder neuere und jeder spätere antike Schriftsteller würde das
Werk mit einer kurzen Skizze der älteren Entwickelung begonnen haben,
von den Perserkriegen an ausführlicher geworden sein und so den Uebergang zu den Ursachen des peloponnesischen Krieges gefunden haben.
Aber Thukydides fühlt sich verpflichtet gleich mit seinem Gegenstand zu
beginnen; und so findet er für das, was er über die ältere Geschichte zu
sagen hat, nur Raum, indem er es zu dem Nachweis benutzt, die alten
Kriege seien von kleineren Dimensionen gewesen als der peloponnesische.
In Wirklichkeit ist das nur ein Vorwand, und zwar ein recht ungeschickter;
denn er bietet doch nur für einen kleinen Theil des Inhalts der ersten
zwanzig Kapitel die Motivirung und führt zu einer wenig glücklichen Dis-
position des Materials. In gleicher Weise erklärt es sich, dass die Pente-
kontaetie als Episode nach den kerkyräischen und potidäatischen Händeln
eingelegt ist. Ganz ebenso ist auch V 26 zu beurtheilen.

2) Neuere Gelehrte sind vielfach ganz ebenso verfahren. Typisch
für diese Art sind z. B. CURTIUS und LANGE.

eine Richtung aufgekommen, welche als Vorgängerin GROTE's den Beginn der historischen Zeit bis auf die erste Olympiade hinabrückte. Was über den jedesmaligen Ausgangspunkt hinauslag, also den Haupttheil dessen, was Hellanikos so eingehend verarbeitet hatte, gab man Preis, an die Stelle der von Thukydides geforderten Kritik trat wie gewöhnlich eine unfruchtbare Skepsis.

Diesem Standpunkt entspricht es, dass für Ephoros die Pelasgerfrage geringe Bedeutung hat; sie liegt jenseits seines Ausgangspunktes, und wenn er auch auf die Dinge vor der dorischen Wanderung in Excursen vielfach eingegangen ist, so hat er doch auf eine zusammenhängende einheitliche Darstellung derselben verzichtet. Daher hat er denn auch von den Pelasgern nur kurz gehandelt. Im allgemeinen schliesst er sich an Hellanikos an. Ihre Heimath ist ihm der Peloponnes, allerdings nicht Argos, sondern auf Grund des hesiodeischen Zeugnisses Arkadien; aber auch die ganze Halbinsel hiess Pelasgia. Sie waren ein kriegerisches Volk und haben grosse Züge unternommen und dadurch ihr Ansehen und ihren Namen weithin verbreitet, nach Kreta, Thessalien, Dodona. Viele halten auch die epirotischen Stämme für Pelasger, und geben einer ganzen Anzahl von Heroen den Namen Pelasgos, nach denen viele Stämme den Namen Pelasger erhalten haben (πολλοὶ δὲ καὶ τὰ Ἠπειρωτικὰ ἔθνη Πελασγικὰ εἰρήκασιν ... Πελασγούς τε πολλοὺς καὶ τῶν ἡρώων ὄνομα καλέσαντες, οἳ ὕστερον ἀπ' ἐκείνων πολλὰ τῶν ἐθνῶν ἐπώνυμα πεποιήκασι), so die Bewohner von Lesbos und die kleinasiatischen Pelasger (Strabo V 2, 4; vgl. oben S. 35, 1). Was Ephoros von den Pelasgern in Boeotien und Attika berichtete, ward schon erwähnt; an der Zersprengung in Thessalien durch die Hellenen wird auch er festgehalten haben. Leider wissen wir nicht, wie er über das Verhältniss der Pelasger zu den Etruskern dachte, und ebenso wenig ob er die Pelasger wie Strabo für Barbaren oder für einen griechischen Stamm gehalten hat.

Die Ansichten der Späteren aufzuzählen ist zwecklos; wir müssten dann an Dionys von Halikarnass und Strabo gleich die modernen Hypothesen anschliessen. Sie alle gehen davon aus, dass sie die Angaben des Aeschylos, des Herodot, des Thukydides als authentische Ueberlieferung betrachten und dieselben

acceptiren, verwerfen oder so lange hin- und herzerren, bis
etwas herauskommt, was zu dem jeweiligen System passt, dass
sie die wirren Nachrichten über die Pelasger, welche die alte
Literatur anfüllen, zusammentragen und bald so bald so combiniren, dass sie aus allgemeinen Erwägungen, aus Etymo-
logien, religiösen und ethnographischen Hypothesen neues Material hinzuzugewinnen suchen. Es war die Hauptaufgabe
unserer Untersuchung, zu zeigen, dass alle diese Versuche,
mögen sie noch so geistreich sein, methodisch falsch sind, dass
ihre ganze Grundlage unbrauchbar ist. Aeschylos und Herodot,
Hellanikos und Thukydides wussten über die Pelasger nicht
mehr als wir. Wir kennen, von Kleinigkeiten abgesehen, das
gesammte Material, das ihnen zur Beurtheilung der Pelasgerfrage zur Verfügung stand. Ihre Ansichten, weit entfernt davon, Ueberlieferung zu sein, sind Hypothesen, Lösungsversuche
des Problems, die genau so viel oder so wenig werth sind wie
die Hypothesen moderner Forscher. Zu ermitteln, welches
Material ihnen vorlag, und dieses auf seinen Werth zu prüfen,
ist die Aufgabe, die eine wirklich brauchbare Untersuchung
über die Pelasger zu lösen hat. Ob die Resultate stichhaltig
sind, zu denen uns diese Untersuchung geführt hat, müssen
andere prüfen. Aber das darf gefordert werden, dass man
denselben Weg einschlage, den wir gegangen sind, dass man
an die wahren Quellen herangehe und uns nicht Herodot oder
Aeschylos als Autorität vorhalte, wo es sich um Homer und
Hesiod handelt. Ethnologische, historische, philologische Di-
lettanten werden auch in Zukunft ebenso viele wilde Combinationen über die Pelasger vortragen wie bisher; sollte aber
die Hoffnung zu kühn sein, dass für den engen Kreis wissen-
schaftlicher Forscher die Pelasgerfrage eine einfache Gestalt
angenommen hat, ja dass in Zukunft dies Problem, welches
länger als zwei Jahrtausende hindurch die wissenschaftliche
Welt gequält hat, als ein Phantom anerkannt wird?

Die Herkunft der Ionier und die Ionsage.

———

Die Herkunft der Ionier und die Ionsage.[1])

Es gibt wohl wenige Schriftsteller, deren Erklärung so
vielen Missverständnissen ausgesetzt ist, wie Herodot. Nicht
dass seine Darstellung formell oder inhaltlich grössere Schwierigkeiten böte; aber es wird dem modernen Leser schwer, sich
in eine Auffassungsweise und in einen sprachlichen Ausdruck
hineinzuleben, die noch nicht unter dem Einfluss der modernen
Denkweise und der ausgebildeten Kunstsprache stehen, welche
die Sophisten geschaffen haben. Eine Fülle von seltsamen
Irrthümern pflanzt sich aus einem Werk ins andere fort, ohne
dass die gelegentlichen Widerlegungen sie zu beseitigen vermögen. Dass Herodot den Pythagoras Ἑλλήνων οὐ τὸν ἀσθε-
νέστατον σοφιστήν nennt (IV 95), soll eine Geringschätzung
des Pythagoras ausdrücken, während man schon aus I, 29, wo
Herodot die sieben Weisen und unter ihnen den Solon als
σοφισταί bezeichnet, hätte lernen können, dass ihm σοφιστής
nichts anderes ist als σοφός. Nannten sich doch die Vertreter
der „Erkenntniss" im fünften Jahrhundert selbst so.[2]) Erst

---

1) Zuerst gedruckt in Philologus N. F. II 1889, 268 ff., unter dem Titel
„Herodot über die Ionier".

2) Sehr bezeichnend ist der Wandel, den der Begriff der σοφία vom
sechsten Jahrhundert zum fünften durchgemacht hat. Im sechsten Jahrhundert fasste der Volksmund diejenigen Staatsmänner (ein einsichtsvoller
Staatsmann war nach Herod. I 170 auch Thales, trotz der Anekdoten bei
Plato und Aristoteles), welche sich durch Einsicht vor allen andern aus-
zeichneten, unter dem Namen der sieben σοφοί zusammen; im fünften,
dem Zeitalter der Sophistik, wurde der Begriff der σοφία auf die theore-
tische Erkenntniss beschränkt und so ist es gekommen, dass die alten
Staatsmänner, wie Pittakos, Bias, Thales, in weltflüchtige Forscher umgewandelt wurden (Plato, Hippias maior 281).

die Sokratiker haben den Ausdruck in Misscredit gebracht:
sie rühmten sich eben nicht mehr, im Besitze der Erkenntniss
zu sein, sondern nur, nach ihr zu streben. Ebenso hat man
darin eine Geringschätzung gesehen, dass Herodot den Hekataeos ständig λογοποιός nennt, weil dies Wort oder das damit
identische λογογράφος in späterer Zeit im Gegensatz zum
eigentlichen Historiker gebraucht worden ist. Aber zu Herodots Zeit ist es der ganz correcte, allgemein übliche Ausdruck
für jeden, der λόγους ποιεῖ, auch für Aesop (II 134). Herodot
hat sich zweifellos selbst so genannt, wie denn Thukydides
(II 21 λογογράφοι) und Ktesias (Phot. cod. 72 init. λογοποιός)[1])
ihn so nennen. Und welchen Missbrauch hat man mit dem
Worte λόγος bei Herodot getrieben. Namentlich von quellen-
kritischer Seite aus hat man ihm willkührlich eine engbegrenzte
Bedeutung aufzuzwingen gesucht, während es nie etwas anderes
heisst als „Erzählung"[2]), wobei genau wie bei dem deutschen
Wort je nach Umständen der Gedanke an den Inhalt der Erzählung, die Ueberlieferung, oder an die Form, die Darstellung, mehr
in den Vordergrund tritt. Ein anderes Missverständniss ist,
dass Herodot durch die Bemerkung, Thales sei seiner Abstammung nach ein Phöniker (ἀνέκαθεν γένος ἐὼν Φοῖνιξ I 170),
diesen habe herabsetzen wollen. Dann müsste er auch mit der
Behauptung, dass die dorischen Könige ägyptischen Ursprungs
seien (VI 53 ff.), den Herakliden einen Hieb versetzen. In Wirklichkeit haben wir es nur mit Folgerungen zu thun, die jeder-
mann aus den Stammbäumen ziehen musste und gezogen hat.
Die Herakliden sind Aegypter, weil Danaos aus Aegypten kam.
Thales ist phönikischen Ursprungs, weil er einem der kadmeischen Adelsgeschlechter entstammte, die bei der Besiedelung Ioniens nach Kleinasien ausgewandert waren (Her. I 146:
Thales war ein Thelide, deren kadmeischen Ursprung auch
Diog. Laert. I 22 bezeugt).[3]) Die Angabe ist mithin grade umgekehrt eine Anerkennung der adligen Abstammung des Thales.

---

1) Photios meint allerdings, der Ausdruck enthalte einen Tadel; das
ist aber offenbar nur ein Missverständniss.

2) An die Ungeheuerlichkeit, dass SAYCE bei Herodot I 1. II 3 und
sonst λόγιος durch Prosaiker übersetzt, sei hier nur kurz erinnert.

3) Neuerdings hat DIELS Archiv f. Gesch. der Philosophie II 165 ff.
den Thatbestand richtig klar gelegt. Auch darin hat er Recht, dass der

Ein analoges Missverständniss ist es, wenn man aus Herod. 1 143 ganz allgemein gefolgert hat, es habe im fünften Jahrhundert für eine Schande gegolten, ein Ionier zu sein. BECHTEL meint sogar, Herodot nenne Halikarnass eine dorische Stadt. während man in ihr doch nach Ausweis der Inschriften ionisch sprach,[1] weil er nicht Gefahr laufen wollte, als Ionier zu gelten, da er 1 143 schreibt: καὶ νῦν φαίνονταί μοι οἱ πολλοὶ αὐτῶν [τῶν Ἰώνων] ἐπαισχύνεσθαι τῷ ὀνόματι.[2] Aber ist es nicht ein geradezu ungeheuerlicher Gedanke, dass im fünften Jahrhundert die Ionier sich ihres Namens geschämt hätten, in einer Zeit, wo das Ioniertum auf allen Gebieten die Führerschaft in der griechischen Welt behauptete und sich zum entscheidenden Kampf gegen die Dorer anschickte? Haben denn die Athener sich der Abstammung von Ion geschämt? Haben sie nicht vielmehr bei jeder Gelegenheit ihr Ioniertum betont? Es ist wirklich unnöthig, weitere Worte darüber zu verlieren. Im vierten Jahrhundert, nach dem Siege Spartas, könnte man ein derartiges Urtheil allenfalls begreifen, doch in der Zeit findet sich davon keine Spur. Aber bei Herodot, dem Parteigänger Athens, müsste man geradezu einen Anfall von Geistesabwesenheit annehmen, wenn die Stelle wirklich das enthielte, was man sie besagen lässt.

Das besagt sie denn auch in keiner Weise. Herodot berichtet „die übrigen Ionier und [besonders] die Athener haben

Name von Thales' Vater, Examyes, karisch ist. Dagegen sucht auch er noch in Herodots Angabe viel zu viel, wenn er meint, die Zeitgenossen und Herodot hätten in Thales' Lehren einen Einfluss der orientalischen Cultur erkannt, und deshalb um so eher an seine phönikische Abstammung geglaubt. — Die weitere Angabe des Diog. Laert. ἐπολιτογραφήθη δὲ ἐν Μιλήτῳ, ὅτε ἦλθε σὺν Νειλέῳ ἐκπεσόντι Φοινίκης, die DIELS nicht erklären kann, muss in der Quelle folgendermassen gelautet haben: ‚Thales' Geschlecht stammte von einem Ahnherrn, der mit Kadmos Phoenikien verlassen hatte; ein Nachkomme desselben nahm mit Neileus, dem Oekisten Milets, an der ionischen Wanderung Theil und gewann so das milesische Bürgerrecht‘. Die weitere Angabe ὡς δ' οἱ πλείους φασὶν, ἰθαγενὴς Μιλήσιος ἦν καὶ γένους λαμπροῦ ist völlig correct, steht aber nicht etwa mit der kadmeischen Abstammung in Widerspruch, wie Diogenes meint.

1) In Wirklichkeit ist der Grund einfach der, dass Halikarnass trotz seiner ionischen Sprache doch keine Ionierstadt war.

2) Die Inschriften des Ionischen Dialekts (Abh. Gött. Ges. der W. XXXIV 1887) S. 140.

den Namen vermieden (ἔγεγον) und wollen nicht Ionier genannt sein, sondern auch jetzt noch scheinen mir die meisten
von ihnen sich des Namens zu schämen;[1]) die zwölf Städte
aber, von denen ich rede, waren stolz auf den Namen und
gründeten sich ein eigenes Heiligthum, das sie Panionion
nannten, und beschlossen an ihm keinem von den anderen
Ioniern Theilnahme zu gewähren (auch hat ausser den Smyrnaeern Niemand darum gebeten); ähnlich wie die [asiatischen]
Dorer u. s. w. ... Zwölf Städte aber haben die Ionier meiner
Meinung nach angelegt und mehr nicht aufnehmen wollen, weil
sie auch, als sie im Peloponnes wohnten, in zwölf Theile zerfielen. ... Deshalb haben die Ionier zwölf Städte angelegt.
Denn zu behaupten, dass sie mehr Ionier seien als die übrigen
Ionier oder etwas besseres seien, wäre grosse Thorheit. Denn
unter ihnen bilden Abanten aus Euboea nicht den geringsten
Bestandtheil, die mit Ionien nicht einmal dem Namen nach
etwas zu thun haben, und Minyer aus Orchomenos sind unter
sie gemischt und Kadmeer und Dryoper und versprengte Phoker
und Molosser und arkadische Pelasger und Dorer von Epidauros
und viele andere Stämme sind unter sie gemischt; und die
unter ihnen, die vom Prytaneion in Athen gekommen sind und
sich für die ächtesten (γενναιότατοι) der Ionier halten, diese
haben ihre Frauen in die Ansiedlung nicht mitgenommen sondern sich karische Weiber genommen. ... Und sie haben sich
Könige gesetzt, die einen Lykier, die von Glaukos dem Sohne
des Hippolochos abstammen, die anderen Kaukonen aus Pylos
von Kodros, Melanthos' Sohn, einige auch beide zusammen.
Aber da sie nun einmal an dem Namen mehr festhalten als
die anderen Ionier, so mögen sie meinetwegen auch die reinen
Ionier (οἱ καθαρῶς γεγονότες Ἴωντες) sein. Es sind aber Ionier
alle die, welche aus Athen stammen und das Apaturienfest
feiern, und das thun alle ausser den Ephesiern und Kolophoniern, die allein von den Ioniern die Apaturien nicht feiern,
und zwar um eines Mordes willen."

Das Problem, welches Herodot zu lösen sucht, ist folgendes. „Ionier sind die Nachkommen Ions" (Arist. metaph. IV 28).

___

1) Besser noch würde der Sinn von φαίνονταί μοι ἐπαισχύνεσθαι
wiedergegeben durch die Uebersetzung „benehmen sich die meisten, als
ob sie sich des Namens schämten".

In erster Linie müssten mithin die Athener sich Ionier nennen, bei denen Ion lebte (und die denn auch nach der theoretischen Geschichtsconstruction in der Urzeit einmal diesen Namen geführt haben Her. VIII 44 u. s. w.) und von denen die übrigen Ionier ausgegangen sind. In Wirklichkeit aber erkennen sie und ebenso die Inselbewohner wohl an, dass sie zu den Ioniern gehören, aber als Ethnika führen sie ganz andere Namen: Niemand bezeichnet im gewöhnlichen Leben einen Mann aus Athen als Ionier. Dagegen bei den Colonisten in Kleinasien ist dieser Name lebendig, ihr Land heisst Ionien; und doch sind gerade unter ihnen zahlreiche Geschlechter (wie z. B. das des Thales), die ihren Stammbaum nicht auf Ion und Athen zurückführen, sondern auf ganz andere, nicht ionische Stämme. Und nicht einmal die, welche von Vaterseite her wirkliche Ionier sind, haben reines Blut. Wie kommt es also, dass gerade hier der Ioniername so fest haftet, während die anderen, die so viel besseren Anspruch darauf haben, ihn nicht führen?

Herodot weiss keine andere Antwort darauf zu geben, als dass die Athener und die Uebrigen den Namen aus irgend einer Idiosynkrasie verschmähen,[1]) dass sie sich seiner schämen, während die Ionier der zwölf Städte ihn fast widerrechtlich usurpirt haben. Selbst in der Gegenwart, wo durch den Aufschwung Athens der ionische Stamm zu so grossem Ansehen gelangt ist und der Ioniername weit öfter genannt wird als früher (wo z. B. die kleinasiatischen Aeoler im officiellen Sprachgebrauch Athens von ihm völlig mitverschlungen werden), will er doch ausserhalb Ioniens nicht recht Wurzel schlagen: „aber auch jetzt noch — im Gegensatz zu der Zeit des Kyros, von der eben vorher die Rede war, und von der Herodot sagt, dass „damals, in einer Zeit allgemeiner Schwäche des Hellenenthums, die Ionier unter allen Hellenen die schwächsten gewesen seien, da es ausser Athen keine ionische Stadt von (politischer) Bedeutung gab" — schämen sich offenbar die meisten von

---

1) Daher meint Herodot auch V 69, Kleisthenes habe in Athen die vier nach Ion's Söhnen benannten Phylen abgeschafft und die zehn neuen Phylen eingeführt „aus Abneigung gegen die Ionier, damit Athener und Ionier nicht dieselben Phylen hätten" (δοκέειν έμοί καί ούτος [mit Rücksicht auf I 143] ὑπεριδὼν Ἴωνας, ἵνα μή σφίσι αἱ αὐταί ἔωσι φυλαί καί Ἴωσι).

ihnen des Namens" (ἀλλὰ καὶ νῦν φαίνονται μοι οἱ πολλοὶ
αὐτῶν ἐπαισχύνεσθαι τῷ οὐνόματι) — natürlich, denn die
Athener heissen nach wie vor Athener, nicht Ionier. Man sieht
der Satz besagt genau das Gegentheil von dem, was man allgemein aus ihm herausliest.

Herodot konnte eine andere Lösung nicht geben; er steht
im Banne der genealogischen Ueberlieferung, die für ihn, wenn
man die Wundergeschichten herausstreicht oder vielmehr richtig, d. h. rationalistisch, deutet, unverbrüchliche Wahrheit ist.
Wir werden uns seiner Erklärung nicht anschliessen. Aber das
Problem existirt in der That: es ist die Frage nach dem Ursprung des Ioniernamens und des Ionierthums. Es zeugt für
den historischen Sinn Herodots, dass er es aufgeworfen hat.

Unsere Antwort wird genau umgekehrt ausfallen müssen,
wie die Herodots. Der Ioniername ist da aufgekommen, wo
er zu allen Zeiten allein lebendig gewesen ist, in Ionien.[1]) Vor
der Besiedelung der lydischen und karischen Küsten durch die
Griechen hat es auch keine Ionier gegeben. Die „ionische
Wanderung" beruht auf dem Vordringen der mittelgriechischen
Bevölkerung über das ägäische Meer. Einzelne grosse Bewegungen mögen dazu den Anstoss gegeben, mögen die ersten
und wichtigsten Ansiedelungen veranlasst haben; aber in der
Hauptsache hat sich die Bewegung gewiss ebenso allmählich
und gleichmässig fortschreitend vollzogen, wie etwa die Besetzung Unteritaliens durch die Achaeer oder Neuenglands
durch die Engländer. Die überschüssige Bevölkerung, für
welche die enge Heimath nicht ausreichte, suchte sich einen
Abfluss und eine neue Heimath. Daher ist es gewiss richtig,
wenn Attika als der Ausgangspunkt der ionischen Colonien
gilt[2]) (wie Boeotien und Thessalien als der der äolischen),
aber nicht in dem Sinne als seien nun alle oder auch nur die
Mehrzahl der Auswanderer hier heimisch gewesen. Von den
Angaben Herodots über die nicht attischen Elemente unter

1) Dieselbe Ansicht hat auch v. WILAMOWITZ Hermes XXI 108 ausgesprochen: „Ionisch und Aeolisch sind erst Producte der Völkerwanderung".

2) Daher sind die Namen der Phylen die gleichen in Attika, Milet,
Teos und vermuthlich auch in anderen ionischen Städten, daher ist das
Apaturienfest fast allen gemeinsam u. s. w.

den Ioniern oder vielmehr von den ihnen zu Grunde liegenden Stammbäumen der ionischen Adelsfamilien mag man so wenig halten wie man will: dass an der Bildung der Ionier die verschiedenartigsten Elemente Theil genommen haben, ist nicht zu bezweifeln. In der neuen Heimath sind sie zu einer Einheit verschmolzen, und dem neuerstandenen Volksstamm entspricht der neue Name. Die Frage nach dem Wohnsitz der Ionier vor der Wanderung ist gegenstandslos[1]): vorher hat es eben in dem Sinne, in welchem wir den Namen allein kennen, keine Ionier gegeben.

Auch der ionische Dialekt ist erst in Ionien entstanden; denn die Heimath eines Lautwandels (in diesem Fall die Umwandlung des *ā* in offenes *ē* und der Verlust des *vau*) ist da zu suchen, wo derselbe am stärksten und consequentesten auftritt. Von Ionien hat sich die Spracherscheinung auf die Inseln und schwächer und durch Gegenströmungen gehemmt nach Attika verbreitet. Dies ganze Gebiet, das Mittelstück des ägäischen Meeres, bildete sprachlich, commerciell, culturell eine eng zusammengehörige Gruppe, deren Einheit in der grossen Messe von Delos ihren deutlichsten Ausdruck fand. Das leitende Element waren die Ionier. So ist es begreiflich genug, dass ihr Name auf den ganzen Kreis ausgedehnt ward; ist er doch bei den Asiaten der Name für alle Hellenen geworden. Die genealogische Poesie ordnet daher alle Gemeinden dieses Kreises dem Ion dem Enkel des Hellen unter, betrachtet sie alle als seine Nachkommen. Wenn, was ja recht wahrscheinlich ist, der Hellenenstammbaum in Ionien entstanden ist, so war eine derartige Auffassung garnicht zu vermeiden. Auf dem Stammbaum aber beruht es in erster Linie, dass die Athener und die übrigen Ionier der populären Anschauung als Ionier gelten. Aber die „reinen" oder „ächten" Ionier sind darum doch immer die kleinasiatischen geblieben, wenn auch, wer wie Herodot an die Genealogie glaubte, ihren Anspruch folgerecht bestreiten musste.

---

1) Damit soll natürlich nicht bestritten werden, dass schon vorher irgendwo ein Stamm existirt haben mag, der sich Ionier nannte und nun dem neuen Volk den Namen gab; nur wissen wir davon nichts.

Ein Angriff, den ERNST CURTIUS im Hermes XXV S. 141 ff.
(„wie die Athener Ionier wurden") gegen vorstehenden Aufsatz
gerichtet hat, nöthigt mich zu einigen Worten der Erwiderung.[1])
CURTIUS vertheidigt seine bekannte Hypothese, Ionien sei die
Heimath der Ionier, Attika sei erst im Lauf der Geschichte
durch Zuwanderung von Osten ionisch geworden. Gegen die
einzelnen Beweise, die er hierfür vorbringt, hätte ich mancherlei einzuwenden; aber gesetzt sie seien alle richtig und zwin-
gend, die aufgestellte Behauptung sei erwiesen — was folgt
daraus für die Heimath der Ionier? Dass in den Jahrhunderten,
in denen der Erbadel herrschte, in denen der Pontus und Italien
besiedelt wurden, in der Blüthezeit des Heldengesangs und bis
ins sechste Jahrhundert hinab der Schwerpunkt der griechischen Entwickelung in Kleinasien liegt, dass die Ionier auf
allen Gebieten die Führung haben, ihre Cultur, ihre Sprache,
ihre politische Entwickelung massgebend wird, das ist ja allbekannt — was ist also auffallendes dabei, wenn in dieser
Zeit ionische Geschlechter und ionische Culte ins griechische
Mutterland hinübergewandert sind? Eben in dieser Zeit hat
sich meiner Meinung nach die ionische Gruppe des Griechen-
volks zu einer (relativen) Einheit ausgebildet im Gegensatz zu
den Dorern im Süden wie zu den Nordstämmen, in dieser Zeit
hat sich die Anschauung entwickelt, dass Athener, Euboeer,
Inselgriechen Ionier seien, hat sich der Name der kleinasiatischen Zwölfstädte wenigstens in der Theorie auf das ganze
Gebiet ausgedehnt. Aber ergibt sich daraus irgend etwas, was
über die Frage, wo die Bewohner der ionischen Zwölfstädte
ursprünglich zu Hause waren, Aufschluss gäbe?

Um zu beweisen, dass die Ionier und überhaupt alle
Griechen in Kleinasien über das Meer gekommene Colonisten
sind, dazu bedarf es garnicht der Thatsache, dass sie sich zu
allen Zeiten als solche betrachtet haben, dass das Bewusstsein, nicht heimisch zu sein auf dem Boden den sie bewohnten,

---

1) Dieselbe ist unter dem Titel „Die Heimath der Ionier, eine Re-
plik" im Philologus N. F. III 1890, 479 ff. erschienen. Da es mir dringend
nothwendig erscheint, dass über die hier berührten Fragen, über die meist
sehr verschwommenen Anschauungen herrschen, völlige Klarheit erreicht
wird, habe ich den Aufsatz fast wörtlich wieder abdrucken lassen und
nur einige polemische Wendungen gestrichen.

ihnen immer in noch weit höherem Grade lebendig gewesen ist als den Israeliten in Palaestina,[1) dass sie ihre Heimath drüben in Europa suchten. Gesetzt, dies Bewusstsein wäre ihnen im Laufe der Jahrhunderte abhanden gekommen — freilich war das unmöglich, da sie mitten unter fremden Völkern, Karern, Lydern, Teuthranten, sassen —, so wäre darum doch die Thatsache nicht minder zweifellos als die, dass die Griechen in Unteritalien, die Phöniker in Africa und Spanien, die Holländer im Kapland übers Meer gekommene Colonisten sind. Eine Bevölkerung, welche auf einen schmalen Küstensaum beschränkt ist — und nicht einmal dieser ist vollständig besetzt —, dagegen in die weiten Ebenen des Inneren, die Thäler des Kaikos, Hermos, Kayster, Maeander, nirgends[2)] einzudringen vermocht hat, kann nicht im Lande heimisch, sonder muss über See gekommen sein.

Aber — und das ist das Problem um das es sich handelt — Ionier vor der „ionischen Wanderung" sind nirgends nachweisbar. Das hat CURTIUS mit vollem Recht betont, ebenso wie er mit Recht die aus dem Alterthum überkommene Anschauung bekämpft, als sei die Wanderung über See eine einmalige, plötzlich sich vollziehende grosse Völkerbewegung. Er folgert daraus, dass die Ionier von Alters her da gesessen hätten, wo wir sie später finden, an der Küste Kleinasiens. Dem gegenüber bin ich der Meinung, dass es Ionier vor der Besiedelung Kleinasiens überhaupt nicht gegeben hat. Sie sind dadurch entstanden, dass hier Einwanderer aus den verschiedensten Theilen Griechenlands zu einer neuen Einheit verschmolzen sind, dass aus verschiedenen Elementen ein neues Volk entstanden ist, das dementsprechend auch einen neuen Namen trägt. Kennten wir die Zustände der griechischen Welt

---

1) Bei diesen werden die Stammväter des Volkes, Israel, Jakob, Isaak, (Abraham), eben da wohnend gedacht, wo ihre Nachkommen sesshaft sind, Israels Söhne müssen erst aus Kana'an herausgebracht werden, damit deren Nachkommen das Land wieder erobern können. Soweit sind die Aeoler und Ionier nie gekommen: ihre Ahnen und Heroen sind im europäischen Mutterlande zu Hause. Eine interessante Ausnahme bilden allerdings die Tantaliden.

2) Abgesehen von zwei vorgeschobenen und daher auch isolirt gebliebenen Posten, den beiden Magnesia. Unsere Karten pflegen das von Griechen besetzte Gebiet in Kleinasien viel zu weit auszudehnen.

etwa im zwölften oder fünfzehnten Jahrhundert v. Chr. — die
Zeitangabe ist natürlich ganz vag — so würden wir vielleicht
sagen können, wo der Name herstammt. Sehr möglich, dass
irgend ein Volksstamm, der ganz oder theilweise nach Kleinasien hinüberzog, den Namen Iawoner auch schon vorher getragen hat, in Boeotien oder in Elis oder in irgend einer Gegend Attikas oder Euboeas.[1]) Ebenso möglich ist es aber, dass
der Name erst in Kleinasien gebildet ist. Doch wenn auch die
erstere Annahme erwiesen wäre, so wäre nicht viel damit gewonnen; für die Geschichte kommen nur die Ionier Kleinasiens
in Betracht, und erst hier sind dieselben entstanden.

Diese Auffassung glaubt CURTIUS energisch abweisen zu
müssen. Er sagt: „Territorien, meine ich, haben sich zu allen
Zeiten in Folge von Kriegen gebildet, aber Volksstämme sollen
auf Anlass kriegerischer Begebenheiten gelegentlich neu entstanden sein? Ich denke, sie sind das Volk selbst in seinen
natürlichen Zweigen, die ursprünglichen, die geborenen Träger
aller Volksgeschichte. Wir suchen bei den Gothen, Burgun-
dern, Franken soweit hinauf wie möglich der geschichtlichen
Bewegung nachzuspüren, aber ihre Geburtszeit zu bestimmen,
wer unternähme das?“ (S. 149).

Mich hat die Untersuchung der Entstehung von Völkern
und Stämmen überall das Gegentheil gelehrt. Für den Augenblick erscheinen sie streng geschlossen, so sehr, dass alle Zugehörigen sich als eine erweiterte Familie, als Nachkommen
eines einzigen Ahnherrn betrachten, auch wenn manche von
ihnen sehr wohl wissen, dass sie oder ihre Vorfahren anders-
woher stammen und durch Adoption, durch Vertrag, durch
anderweitige die Unterschiede allmählich ausgleichende Ver-
mischung in die Volksgemeinschaft gekommen sind, der sie

---

1) Möglich ist es ja, dass die Ἰωνιάδες νύμφαι bei Olympia, an die
WILAMOWITZ Herakles I 261 denkt (vgl. TÖPFFER, attische Genealogie
268 f.), oder die Flüsse Ion in Thessalien (Strabo VII 7, 9) und Arkadien
(Kallimachos 1, 22) hierhergehören — wie man den Aeolernamen mit der
Phokerstadt Ἀλολίδεις (Her. VIII 35) in Zusammenhang bringen könnte.
Doch glaube ich, dass gegen derartige Combinationen die äusserste Zu-
rückhaltung geboten ist — es handelt sich ja um Verhältnisse, die viele
Jahrhunderte vor der historischen Zeit liegen, und man weiss, eine wie
grosse Rolle der Zufall in solchen Dingen spielt.

jetzt angehören.[1]) Aber der Forschung zerrinnen sie rückwärts wie vorwärts unter den Händen. Sobald wir nicht einen engbegrenzten Zeitraum, sondern Jahrhunderte zusammenfassend überblicken, erscheint der Stamm als ein absolut flüssiges Element; fortwährend sondert er zugehörige Bestandtheile aus, zieht fremde an sich heran, schliesslich verschwindet er völlig, seine Bestandtheile verwachsen mit anderen vielleicht ganz fernstehenden Stämmen oder Stammtheilen zu einer neuen Einheit, die für den Augenblick fest und dauerhaft erscheint wie Eis, um über kurz oder lang aufs neue zu zerschellen oder zu zerschmelzen. Das von Curtius als Beweis für das Gegentheil angeführte Beispiel ist sehr unglücklich gewählt. Wo sind denn die Ingaevonen und Istaevonen, die Markomannen und Cherusker zur Zeit der Völkerwanderung, wo die Franken, Alamannen, Sachsen, Bajuvaren, Gothen in der Zeit des Caesar und Tacitus? Und wenn sich ja irgendwo Spuren von ihnen finden, so erscheinen sie als kleine Volksstämme ohne grössere Bedeutung, genau wie wir von den Ioniern angenommen haben. Das gleiche lehrt die Geschichte der kana'anaeischen und noch mehr der arabischen Stämme von den ältesten Zeiten bis auf den heutigen Tag. Dass es in Griechenland genau so gegangen ist, würde allein schon die Gestalt der griechischen Religion beweisen, auch wenn jede sonstige Kunde verloren wäre. Erst wenn eine höhere Culturentwickelung eingetreten und die Lebensform vollständig sesshaft geworden ist, wird das dauernde Moment der Stammesbildung mächtiger als das zersetzende, und so erhalten die Stämme, welche ins volle Leben der Geschichte eintreten, eine längere und festere Dauer. Freilich geht dabei die ursprüngliche Bedeutung, das eigentliche Wesen des Stammverbandes zu Grunde und macht neuen Lebensformen Platz. Schliesslich wird die Stammesangehörigkeit, endlich in der alten Geschichte wenigstens sogar die Nationalität etwas neben-

---

1) So sind alle Ionier Nachkommen Ions, alle Aeoler Nachkommen des Aeolos, obwohl ihre Königs- und Adelsgeschlechter keineswegs auf diese Ahnherren zurückgehen. Das verträgt sich für die volksthümliche Anschauung, die nicht räsonnirt, sondern glaubt, ebenso gut mit einander wie hundert ähnliche Widersprüche z. B. auf religiösem Gebiete. Erst die erwachende Forschung, die nothwendig rationalistisch ist, nimmt hier Anstoss.

sächliches, ja gleichgültiges den treibenden Kräften des Lebens gegenüber. Und für die Ewigkeit haben die grichischen Stämme auch in der abgeblasstesten Form nicht ausgedauert, so wenig wie es die deutschen thun werden.

Im Anschluss an diese allgemeinen Betrachtungen muss ich mehrere Behauptungen berichtigen, die Curtius aufgestellt hat. S. 151 sagt er: „Wenn der Verfasser des Aufsatzes 'Herodot über die Ionier' sich darüber wundert, dass die Athener, die so viel von den Ioniern empfangen, sich dennoch geschämt hätten, Ionier zu heissen (Her. 1, 143), so ...". Es ist klar, dass damit meine Ansicht auf den Kopf gestellt wird. Nicht darüber wundere ich mich, dass die Athener nicht Ionier heissen wollen — das finde ich vielmehr durchaus naturgemäss —, sondern darüber, dass einsichtige Männer und sogar Historiker alles Ernstes glauben können, der Ioniername sei im fünften Jahrhundert in Verruf gewesen; und den Anstoss, den Herodot daran nahm, dass Athener und Nesioten, obwohl echte Nachkommen Ions, sich nicht Ionier nennen, und die von ihm dafür gegebene Erklärung suche ich durch Darlegung seines Gedankengangs ins richtige Licht zu setzen. [1]

In derselben Weise werden mehrere Angaben Herodots in ihr Gegentheil verkehrt. Curtius „fühlt sich in seinen geschichtlichen Anschauungen mit Herodot in vollem Einklange" (S. 151), und interpretirt daher, so unglaublich das klingt, seine Hypothese von dem Ursitz der Ionier in Kleinasien und der Ionisierung Attikas in den Herodot hinein, obwohl doch gerade Herodot ausführlich auseinander setzt, dass die Ionier ursprünglich an der Nordküste des Peloponnes gewohnt hätten und von hier von den Achaeern vertrieben seien, obwohl Herodot die ionische Wanderung vom Prytaneion in Athen ausgehen und im übrigen alle möglichen Stämme sich mit ihnen mischen lässt (I 145 ff. VII 94, vgl. auch VIII 46

_____

1) Wie sehr das an der Zeit war, lehrt eine noch vor meinem Aufsatz erschienene, mir erst jetzt zu Gesicht gekommene Arbeit von Hauvette, Hérodote et les Ioniens, in der revue des études grecques I 1888 S. 257 ff., in der der Nachweis versucht wird, dass bei Herodot durchweg ein ionierfeindlicher Standpunct hervortrete. Hauvette glaubt alles Ernstes, im fünften Jahrhundert sei jeder Ionier erröthet, wenn man ihn nach seiner Herkunft gefragt habe.

über die Besiedelung der Kykladen). Aber durch geschickte
Interpretation lässt sich bekanntlich manches Kunststück fertig
bringen; und wenn man vor einiger Gewaltsamkeit nicht zu-
rückschreckt, so wird sich ja wohl nicht nur der Geist (das
was „Niemand tiefer und persönlicher empfunden hat als Herodot" und „was er uns in seiner schlichten Weise lehrt"),
sondern selbst der Buchstabe retten lassen.

Bekanntlich erzählt Herodot I 56, zu Kroesos' Zeit hätten
„unter den Dorern die Lakedaemonier, unter den Ioniern die
Athener den ersten Rang eingenommen, von denen letztere ursprünglich Pelasger, erstere Hellenen waren. καὶ τὸ μὲν (ἔθνος)
οὐδαμῇ κω ἐξεχώρησε, τὸ δὲ πολυπλάνητον κάρτα". Dass Herodot mit dem Volksstamm, der nie seine Heimath verlassen
habe, nur die Athener meint, in schönster Uebereinstimmung
mit Thuk. I 2, daran hat nie jemand gezweifelt und kann nie
jemand zweifeln.[1]) Denn, ganz abgesehen davon dass Herodot
nachher nur von Athen spricht (τὸ Ἀττικὸν γένος ἐὸν Πελασγικὸν ἅμα τῇ μεταβολῇ ἐς Ἕλληνας καὶ τὴν γλῶσσαν μετέμαθε),
für die Urzeit sind ja nach der conventionellen Geschichte die
Athener die einzigen Repräsentanten der Ionier, und dass die
Athener später Colonisten nach Ionien geschickt haben, kommt
für die Urzeit so wenig in Betracht, wie die attischen Colonien
auf Lemnos und in Thurii. Aber CURTIUS setzt an Stelle der
Athener oder Urionier die kleinasiatischen Ionier und bezieht
den Satz, „sie haben niemals ihre Heimath verlassen", auf diese,
auf einen Volksstamm, dessen Wanderungen Herodot selbst
ausführlich berichtet. Man höre: „Auch dort, wo er [Herodot]
das dorische und das ionische Völkergeschlecht (τὰ προκεκριμένα ἐόντα τὸ ἀρχαῖον[2]) I 56) in Betreff der Wohnungsver-

---

1) [vgl. VII 161, wo die Athener sich dagegen wehren, den Syrakusanern
die Hegemonie zu überlassen: εἰ Συρακοσίοισι ἐόντες Ἀθηναῖοι συγχωρή-
σομεν τῆς ἡγεμονίης, ἀρχαιότατον μὲν ἔθνος παρεχόμενοι, μοῦνοι δὲ
ἐόντες οὐ μετανάσται Ἑλλήνων. Ebenso Thuk. I 2 τὴν γοῦν Ἀττικὴν ἐκ
τοῦ ἐπὶ πλεῖστον διὰ τὸ λεπτόγεων ἀστασίαστον οὖσαν ἄνθρωποι ᾤκουν
οἱ αὐτοὶ ἀεί. II 36 in Perikles' Leichenrede: τὴν γὰρ χώραν ἀεὶ οἱ αὐτοὶ
οἰκοῦντες διαδοχῇ τῶν ἐπιγιγνομένων. Die Arkader, die den gleichen
Ruhm haben, hat Herodot vergessen, während Thuk. I 2 sie erwähnt.]

2) Diese Deutung der Worte ταῦτα γὰρ ἦν τὰ προκεκριμένα ἐόντα
τὸ ἀρχαῖον τὸ μὲν Πελασγικὸν τὸ δὲ Ἑλληνικὸν ἔθνος ist zwar mehrfach
vertreten (so bei BAEHR), aber nicht richtig, wie schon das bei dieser Auf-

hältnisse einander gegenübergestellt. hat er vollkommen Recht. Denn das ionische Volk hat niemals, wie die Dorier, massenweise seine Heimath verlassen (οὐδαμῇ κω ἐξεχώρησε); Chios und Umgegend[1]) ist immer ionisches Land gewesen und geblieben". Kann man die Meinung eines Schriftstellers ärger verdrehen?

Nicht besser steht es mit dem was Herodot nach CURTIUS „über die Entwickelung der Athener von den Kranaern bis zu den Ioniern in seiner schlichten Weise lehrt" (S. 151) und worüber „wir an unserm Büchertisch nicht hinaus können". „Die Hauptepoche, heisst es S. 147 f., bleibt immer diejenige, welche Herodot meint, wenn er uns sagt, dass in der älteren Zeit nur die Dynastengeschlechter gewechselt hätten, durch Ion aber die Athener ein anderes Volk, d. h. Ionier geworden seien; und diese Umänderung, welche die Alten nach ihrer Weise durch einen neuen Namen bezeichneten, fällt wesentlich mit dem Apollodienste zusammen". Bei Herodot steht von dem, was CURTIUS ihn sagen lässt. kein Wort. Herodot nennt Ion drei Mal: V 66, wo er berichtet, dass die vier alten attischen Phylen nach Ions Söhnen benannt sind, V 94, wo er erzählt, die Ionier hätten als sie im späteren Achaia wohnten, „ehe Danaos und Xuthos[2]) nach dem Peloponnes kamen, nach hellenischer Ueberlieferung Pelasgische Aigialeer geheissen, ἐπὶ δὲ Ἴωνος τοῦ Ξούθου Ἴωνες". Die dritte Stelle ist VIII 44. und diese hat CURTIUS offenbar im Auge. Sie lautet „als die Pelasger das jetzt Hellas benannte Land inne hatten, waren die Athener Pelasger und hiessen Kranaer, unter König Kekrops wurden sie Kekropiden genannt (ἐκλήθησαν), als dann Erechtheus in der Herrschaft folgte, wurden sie Athener umgenannt (μετωνο-

---

fassung unerträgliche ἐόντα beweist. Es ist mit BEKKER, STEIN u. a. zu interpungiren ταῦτα γὰρ ἦν τὰ πρ. (Sparta und Athen waren zu Kroesos' Zeit die beiden hervorragenden griechischen Staaten; Herodot nimmt, wie so häufig, den vorhergehenden Satz ἱστορέων δὲ εὕρισκε (Kroesos) Λακεδ. καὶ Ἀθηναίους προέχοντας τοὺς μὲν τοῦ Δωρικοῦ γένεος τοὺς δὲ τοῦ Ἰωνικοῦ wieder auf), ἐόντα τὸ ἀρχαῖον τὸ μὲν Πελ. etc.

1) Warum gerade Chios? Nach der Ueberlieferung, der doch CURTIUS sonst mehr Werth beimisst als wir Jüngeren, wohnen hier Abanten und Karer (Ion von Chios bei Pausan. VII 4, 5 f.).

2) vgl. oben S. 85, 3.

μάσθησαν), und als Ion der Sohn des Xuthos Heerführer (στρατάρχης) der Athener wurde, wurden sie nach ihm Ionier genannt (ἐκλήθησαν)". Also der Name wechselt je nach dem Oberhaupt, die Einführung der Namen Kekropiden, Athenaier, Ioner wird mit genau denselben Worten berichtet; aber nach Curtius erzählt Herodot, dass „in der älteren Zeit nur die Dynastengeschlechter gewechselt hätten, durch Ion aber die Athener ein anderes Volk geworden seien".

Eine Umwandlung der Athener muss Herodot allerdings annehmen, da sie nach ihm ursprünglich Pelasger waren und er nachweisen zu können glaubt, dass die Pelasger eine barbarische Sprache redeten: die Umwandlung in Hellenen. Diese muss stattgefunden haben, als Ion nach Athen kam (vgl. Thuk. I 3), denn erst seit Hellen und seinen Söhnen gibt es Hellenen. Aber auch bei dieser Umwandlung verbleiben die Athener dasselbe Volk: „wenn wirklich alle Pelasger eine barbarische Sprache gesprochen haben, so haben die Athener, da sie ein pelasgisches Volk waren, zugleich mit der Umwandlung in Hellenen auch die Sprache umgelernt" (I 57, vgl. II 51 Ἀθηναίοισι γὰρ ἤδη τηνικαῦτα ἐς Ἕλληνας τελέουσι etc.). Man sieht, Herodot drückt sich so vorsichtig als möglich aus, und was er behauptet, ist seine eigene Hypothese, die ihm selbst sehr bedenklich vorkommt. Davon dass die Athener ein anderes Volk geworden seien und nun gar durch Zuwanderung von Osten, wie Curtius will, davon ist mit keiner Silbe die Rede. Ion kommt von Phthiotis [oder vielmehr aus dem Peloponnes, s. u.], wird attischer Feldhauptmann, und gibt dem Volke seinen Namen — wobei dasselbe gleichzeitig, wenn Herodots Hypothese richtig ist; seine Sprache umlernte.[1] Wer wie Thukydides (und Aeschylos) die Pelasger für Griechen hielt, bedurfte dieser Hypothese nicht, sondern hatte nur einen einfachen Namenswechsel zu statuiren.

Curtius hat aus Herodots Angaben über Ion noch weitere Folgerungen gezogen (S. 143). Dass Ion nicht König sondern Feldherr ist, bedeutet „die durch kriegerische Ueberlegenheit erworbene Machtstellung" der eingewanderten ionischen Ge-

---

1) Auf Curtius' Ansicht von den Pelasgern, auf die er S. 147 zu reden kommt, einzugehen, wird man mir wohl erlassen.

schlechter, und eine „wohl begründete Ueberlieferung bei Pausanias VII 1, 8", dass man in Athen die aus Achaia flüchtenden Ionier „um Ions willen und wegen der Thaten die er als attischer Polemarch verrichtet hatte" aufnahm — wie gut, dass die „Ueberlieferung" die geheimen Motive des Königs Melanthos des Sohnes des Andropompos bewahrt hat! — muss dem als Stütze dienen.[1]) In Wirklichkeit haben diese Angaben einen ganz anderen, völlig durchsichtigen Grund. Die Gestalt des Ion, des Eponymos der Ionier, kann nur in Ionien entstanden sein. Seine Söhne sind die Stammväter der vier Phylen, die in Athen, Milet, Teos und vermuthlich auch in anderen ionischen Städten die gleichen Namen tragen — genau wie Israel der Vater der Eponymen der israelitischen Stämme ist.[2]) Dass der

---

1) Eine weitere Stütze soll die Thatsache bieten, „dass der Amtssitz der attischen Polemarchen beim Lykeion, dem Heiligthum des Apollon war" (nach Suidas s. v. ἄρχων). Dass dies nur dann von einiger Bedeutung sein könnte, wenn der ionische Ursprung sowohl des Apollon Lykeios wie des Polemarchats in Athen anderweitig erwiesen wäre, liegt auf der Hand. [Jetzt wissen wir aus Aristoteles pol. Ath. 3, dass das Amtslokal Epilykeion hiess. Die Ableitung des Namens von einem Polemarchen Epilykos, der es neu gebaut habe, ist natürlich ein unhistorischer Autoschediasma]. Dagegen zur Erklärung der weiter aufgeführten Thatsache, dass den Polemarchen die Iurisdiction über die Fremden zusteht, brauchen wir die Ionier wahrlich nicht. Dass der Fremde und der Feind den gleichen Beamten angehn, ist das einzig natürliche.

2) Wenn wir eine römische Ueberlieferung aus der Zeit hätten, in der der Geschlechterstaat noch lebendig und der Erbadel der leitende Factor des Staats war, d. h. aus dem fünften Jahrhundert, so würde uns hier zweifellos Romulus (= Romanus) als Vater der Eponymen der drei Tribus entgegentreten. Dass in der römischen Urgeschichte genealogische Sagengestalten fehlen (abgesehen von Romulus und den von den Griechen übernommenen Figuren wie Latinus u. a.), liegt nicht wie man meint an der Poesielosigkeit der Römer und mangelnder Begabung, sondern daran, dass die römische Urgeschichte literarisch erst fixirt ist in einer Zeit, für die eine genealogische Erklärung des Ursprungs der Staatsgemeinschaft ebenso absurd gewesen wäre wie etwa in unserer Zeit. Das wird gewöhnlich ganz übersehen. Nicht der Unterschied der Begabung sondern der Unterschied zweier ganz verschiedener Staatsformen spiegelt sich wieder in dem Unterschied zwischen den griechischen und den römischen Ursprungssagen. An sich enthalten die Aborigines, die von Romulus zusammengerufenen Banditen, der Raub der Sabinerinnen u. s. w. ebenso viel und ebenso wenig Poesie und Phantasie wie Ion und seine Söhne oder Pelasgos und die erdgeborenen Urahnen, oder wie Jakob und Esau. Beides sind naive Con-

Ahnherr des Volks ein Sohn Apolls ist. ist durchaus natürlich. Seine Mutter ist eine attische Prinzessin Kreusa, die Tochter des Urkönigs Erechtheus. Denn dass die Ionier aus Athen kamen, stand mindestens dem 7. Jahrhundert bereits fest: Il. *N* 685 ff. sind die Ἰάονες ἑλκεχίτωνες die Athener, das Heer des Menestheus,[1] und dem entsprechend finden wir *O* 337 einen Ἴασος als ἀρχὸς Ἀθηναίων.[2] Beide Stellen sind freilich für die Ilias jung, aber für unsere Untersuchung recht alte Zeugnisse. Sie genügen allein schon um die gegenwärtig weit verbreitete Ansicht, die Ableitung der Ionier aus Athen sei ein Reflex der späteren Machtstellung Athens, als falsch zu erweisen. Sie ist in der That äusserst unbedacht; denn für Herodot ist es eine feststehende und allgemein bekannte Thatsache, dass alle „ächten Ionier" vom Prytaneion in Athen aus-

structionen des Ursprungs des eigenen Staatslebens. Für den Römer des dritten Jahrhunderts wäre es ein lächerlicher Gedanke gewesen, seinen Staat als eine erweiterte Familie aufzufassen — während die Griechen diese Anschauung aus dem achten und siebenten Jahrhundert ererbt haben und ihre spätere Theorie ebenso wie die moderne wissentlich und unwissentlich von der griechischen abhängige bis auf den heutigen Tag daran krankt. Für den Römer ist der Staat vielmehr die Gesammtheit freier aber dem imperium des Beamten (Königs) unterworfener Krieger. Wer sich dies Verhältnis einmal wirklich klar gemacht hat, wird auf immer von dem Glauben geheilt sein, als könnten wir aus der römischen Sagengeschichte über die Zustände der Königszeit auch nur das Geringste lernen — auch ganz abgesehen von TRIEBER's glänzender Entdeckung (Rh. Mus. XLIII, 569), dass die Romulusfabel aus der sophokleischen Tyro entnommen ist, wodurch eine Fülle von Hypothesen rettungslos in sich zusammenstürzt. — Die römischen Adelsgeschlechter haben wie es sich gehört zu allen Zeiten ihre eponymen Heroen gehabt so gut wie die griechischen (Iullus, Pompo, Anton u. s. w.). Wie lebendig diese Anschauung war, hat Niemand deutlicher ausgesprochen als Caesar in der Leichenrede auf seine Tante: Amitae meae Iuliae maternum genus ab regibus ortum, paternum cum diis immortalibus coniunctum est. Nam ab Anco Martio sunt Marcii Reges, quo nomine fuit mater: a Venere Iulii, cuius gentis familia est nostra. Est ergo in genere et sanctitas regum, qui plurimum inter homines pollent, et caeremonia Deorum, quorum ipsi in potestate sunt reges (Sueton. Caes. 6).

1) Dass die Scholien diese Ionier im späteren Achaia wohnen lassen, ist eine durch die Sagenchronologie nahe gelegte Deutung, schlägt aber dem Wortlaut der Stelle ins Gesicht. Die richtige Auffassung gibt Strabo IX 1, 5.

2) Denn der Name Ἴασος wird von den Ioniern nicht getrennt werden können.

gegangen sind (I 146 vgl. IX 106 sowie für die Inseln VIII 46).
Das hätten sich die Ionier im fünften Jahrhundert nimmermehr
octroyiren lassen.[1])

Ions älterer Bruder ist Achaios. Auch das gehört der älteren
Form des Stammbaumes an, ehe derselbe in den bekannten
Hellenenstammbaum überging, wie deutlich daraus hervorgeht,
dass Achaios hier Ion's Schicksal theilt. Wäre er erst vom
Verfasser des Hellenenstammbaumes erfunden, so müsste er,
wenn er überhaupt genannt werden sollte, der erstgeborene
Sohn Hellen's sein. Den Sinn dieser Verbindung kann man
auf verschiedene Weise deuten; wahrscheinlich ist aber doch
gemeint, dass die Achaeer des Epos die älteren Brüder, die
Vorgänger der Ionier sind. Auf der anderen Seite ist es unmöglich, diese Verbindung von der uns zuerst bei Herodot
entgegentretenden Ableitung der Ionier aus dem peloponnesischen Achaia — gewiss aber haben Hekataeos und Pherekydes
im wesentlichen ebenso erzählt; der Schiffskatalog dagegen,
der den Aigialos zum Reich Agamemnons rechnet, weiss noch
nichts davon — zu trennen, sei es, dass diese Sage vom Stammbaum bereits vorausgesetzt wird, sei es dass umgekehrt der
Stammbaum zu ihrer Ausbildung mitgewirkt hat.

In dieser Gestalt[2]) hat der Verfasser des Hellenenstammbaumes, den das Alterthum Hesiod nennt,[3]) den Stammbaum
des Ion übernommen. Er konnte Apollo als Vater des Achaios
und Ion nicht brauchen, da er dieselben von Hellen ableiten

---

1) [Dazu stimmt, dass Solon Attika „das älteste Land Ioniens", d. h.
das Mutterland der Ionier (πρεσβυτάτην γαῖαν Ἰαονίας, Arist. pol. Ath. 5)
nennt. Es ist bezeichnend für die Macht des Vorurtheils, dass KAIBEL
und KIESSLING das durch „edelster Zweig ionischen Stammes" übersetzen.]

2) Wie das Epos hiess, in dem die Sage in dieser Gestalt formulirt
war, wissen wir nicht. Das ist auch gleichgültig. Namen stehen genug
zur Auswahl.

3) Ich kenne keinen Beweis dafür, dass die Kataloge und Eoeen in
Europa und gar in Boeotien entstanden seien, wie man allgemein annimmt,
wohl aber scheinen mir nicht wenige Indicien nach Kleinasien zu weisen.
Die herrschende Ansicht beruht, so weit ich sehe, nur darauf, dass die
Kataloge direct an die hesiodeische Theogonie angeknüpft sind. Leider
ist ja eine gründliche Untersuchung über Hesiod, eines der dringendsten
Bedürfnisse der Alterthumsforschung, noch immer nicht in Angriff ge-
nommen.

musste. So ersetzte er ihn durch einen menschlichen Vater, Xuthos, der neben Doros und Aiolos[1]) zum Sohne Hellen's werden konnte. Es ist zwar nicht erweisbar, aber doch sehr wahrscheinlich, dass, wie O. MÜLLER vermuthet hat, Xuthos seinen Namen einem Epithet Apollos verdankt. Jedenfalls ist er keine genealogische Gestalt, und auch das erweist ihn mitten unter lauter Eponymen als sekundär, als Product eines Compromisses zwischen verschiedenen zunächst unvereinbaren Anschauungen. Auch hier wieder zeigt sich, dass die genealogischen Mythen, welche die Modernen für Volkssagen halten, nichts anderes sind als gelehrte Combinationen.

In der historischen und mythographischen Litteratur hat der hesiodeische Stammbaum (im Wortlaut theilweise erhalten fr. 25 KINKEL 27 RZACH) die Alleinherrschaft gewonnen, daneben aber [ist die ältere Fassung für das Volksbewusstsein in Athen immer lebendig geblieben. Denn sie beruht darauf, dass Apollon πατρῷος der Schutzgott ist, von dem jede bürgerliche Familie — nicht etwa die Adligen, die ihre gesonderten Stammbäume haben — abstammt (Plato Euthydem 302 D). Ist also Ion der Ahnherr der Athener und der Stammvater der Phylen, so muss er ein Sohn Apollo's sein.[2])] Euripides' Ion ist ein Versuch,

---

1) Auch Aiolos hat lange eine Sonderexistenz gehabt, ehe er zum Sohne Hellens wurde; Σίσυφος Αἰολίδης Z 154 und Κρηθεὺς Αἰολίδης λ 237 sind für die Dichter dieser Partien schwerlich schon Enkel des Hellen gewesen. Wahrscheinlich war er ein Sohn des Zeus, wie bei Euripides im Ion (s. u.; ist die Angabe bei Konon narr. 27, dass Hellen nach „Einigen" ein Sohn des Zeus sei, wirklich ein Rest alter Ueberlieferung?). Im Aiolos fr. 14 und in der Melanippe fr. 481 folgt Euripides dagegen dem Stammbaum Hesiods. Aiolos ist der Stammvater der aeolischen Helden (Athamas, Pelias, Sisyphos u. s. w.), und da diese in Thessalien heimisch sind, muss er erst recht hier gelebt haben. So ist der Aeolername nach Thessalien gekommen und auch Name der Urboeoter geworden. Es ist sehr seltsam, dass sich immer noch Gelehrte finden, die diese sehr durchsichtige Fiction für historisch halten. [vgl. G. d. A. II 151.]

2) Ebenso Aristot. pol. Ath. fr. 1 WIL. τὸν Ἀπόλλωνα κοινῶς πατρῷον τιμῶσιν Ἀθηναῖοι ἀπὸ Ἴωνος· τούτου γὰρ οἰκήσαντος τὴν Ἀττικήν, ὡς Ἀριστοτέλης φησί, τοὺς Ἀθηναίους Ἴωνας κληθῆναι καὶ Ἀπόλλω πατρῷον αὐτοῖς ὀνομασθῆναι (Harpokr. Ἀπ. πατ.). Ebenso schol. Arist. Av. 1527 πατρῷον τιμῶσι Ἀπόλλωνα Ἀθηναῖοι, ἐπεὶ Ἴων ὁ πολέμαρχος Ἀθηναίων ἐξ Ἀπόλλωνος καὶ Κρεούσης τῆς Ξούθου [das ist ein Versehen des Scholiasten; schol. Euthydem l. c. und BEKKER Anecd. I 292 haben richtig

beide Versionen zu vereinigen. [1]) Man hat daraus meist gefolgert, dass die Version, welche Ion zum Sohn Apollos macht, attischen Ursprungs und Ion in Athen heimisch sei. Andererseits betrachtet Töpfer (Att. Geneal. 256. 267) den Ion und seinen Vater Xuthos als Ahnherrn des attischen Geschlechts der Ioniden. Xuthos ist ihm der Repräsentant der marathonischen Tetrapolis, weil er sich nach der bei Strabo VIII 7, 1 und Konon narr. 27 vorliegenden Tradition hier angesiedelt haben soll; er hält also auch Xuthos für eine in Attika heimische Gestalt.

Ich halte diese Ansichten für grundfalsch. Ion und Xuthos sind den Athenern vollständig fremd, in ihrer Sagengeschichte, zwischen den einheimischen Gestalten des Kranaos Kekrops Erechtheus Pandion ist für sie gar kein Platz. Das ist vollständig in der Ordnung, denn der Ioniername ist ja in Attika nicht heimisch, sondern aus der Fremde importirt. Erst durch die Autorität der im Epos verarbeiteten Sagengeschichte sind Ion und Xuthos nach Athen gekommen, er ist den Athenern octroyirt sogut wie den Dorern im Peloponnes ihre heraklidischen Ahnen und den Römern Aeneas und seine Troer. Wie

---

Ἐρεχθέως] ἐγένετο. Vgl. z. B. auch Diod. XVI 57, 4 Ἀθηναῖοι . . εὐχόμενοι τὸν Ἀπόλλωνα πατρῷον αὐτῶν εἶναι καὶ πρόγονον. Steph. Byz. Ἰωνία· οὕτως ἡ Ἀττικὴ πρότερον, ἀπὸ Ἴωνος τοῦ Ἀπόλλωνος καὶ Κρεούσης τῆς Ἐρεχθέως.

1) Euripides gibt folgenden Stammbaum:

<pre>
        Zeus
          |
      Aiolos   Erechtheus
          | |
     Xuthos Gem. Kreusa Gem. Apollon
          | |
                          Ion
    Doros Achaios
</pre>

Die Eponymen der vier Phylen.

Dafür, dass dem Stammbaum in der That alte Elemente zu Grunde liegen, ist besonders auch das Fehlen Hellens beweisend; aber so wie er vorliegt, kann er nicht ursprünglich sein. Die Ableitung des Doros von Xuthos, des Xuthos von Aiolos, die Zerreissung der zusammengehörigen Eponymen sind widersinnig. Vermuthlich hat Euripides selbst die älteren Genealogien des Aiolos und Ion mit dem hesiodeischen Stammbaum contaminirt, wenn er nicht auch darin schon einen Vorgänger gehabt hat. Hellanikos ist in zahlreichen Fällen in ganz gleicher Weise vorgegangen. Leider wissen wir vom Inhalt der sophokleischen Dramen Ion und Kreusa garnichts.

der König Menestheus, den die Ilias als Feldherrn der Athener
vor Troia nannte,[1]) und die pylischen Könige, von denen sich
die ionischen Königsgeschlechter ableiteten, nur mit vieler Mühe
in der attischen Königsgeschichte untergebracht sind, so war
es auch nicht leicht, für Ion und Xuthos Platz zu schaffen.
Ihre Zeit war durch Erechtheus bestimmt, daher war es unmöglich, sie als attische Könige zu betrachten;[2]) andererseits
mussten sie eine hervorragende Rolle gespielt haben, da Ion
dem Volke seinen Namen gibt. Daher wird er oder Xuthos
στρατάρχης, Heerführer, und tritt als solcher an die Spitze des
Volks, dessen Verhältnisse er ordnet.[3]) Die Gelegenheit dafür
liess sich leicht finden; nach der gewöhnlichen Ansicht steht
Ion dem Erechtheus im Kriege gegen Eumolpos bei — Philochoros fr. 33 und wohl schon andere vor ihm gewannen dadurch
eine willkommene Gelegenheit den Namen des Festes der
„Hülfsleistung", der Boedromia, zu erklären —, Euripides er-
findet einen Krieg mit Euboea, bei dem Xuthos Hülfe leistet,
wodurch er sich die Hand der Kreusa erwirbt. Thukydides I 3

---

1) Iasos, der an seiner Stelle wie schon erwähnt O 337 genannt und
von Aeneas getödtet wird, ist neben ihm nicht zur Entwicklung gelangt;
sonst würden wir vielleicht von einem attischen Doppelkönigthum hören.
Den Commentatoren ist er natürlich ein Heerführer des Menestheus. — Die
einzige Homer bekannte Gestalt, die attischen Ursprungs ist, ist Erechtheus,
von dem man in Ionien wusste, weil er im attischen Cult eine so hervorragende Rolle spielte. Daher war er auch für den Ionstammbaum die gegebene und wahrscheinlich allein in Betracht kommende Figur.

2) Als später aus chronologischen Gründen die attische Königsliste
erweitert werden musste (durch Kekrops II. und Pandion II.), hätten sie als
Füllfiguren sehr willkommen sein können. Aber damals war ihre Rolle
sshon anderweitig bestimmt.

3) Strabo VIII 7, 1, wohl im Anschluss an Philochoros. [Ebenso Arist.
pol. Ath. 3, 2, wo das Polemarchat dadurch begründet wird, dass einige
Könige unkriegerisch sind; πρῶτον δὲ τὸν Ἰωνα μετεπέμψαντο χρείας
καταλαβούσης. Absurd ist es freilich, sich neben Theseus, Menestheus,
Kodros einen Polemarchen zu denken, und ebenso absurd, dass Ion, den
Aristoteles zum Begründer der ersten staatlichen Ordnung, der πρώτη
κατάστασις, machen muss, weil die Phylen und Phylenkönige von ihm herstammen (pol. Ath. 41, 2. Heraklid. pol. 1), erst nach den ältesten Königen
ins Land kommt. Aber diese Widersprüche, in welche die historische Behandlung der Sage mit Nothwendigkeit verwickelt, hat Aristoteles hier so
wenig wie sonst beachtet; sie sind eben von seinem Standpunkte aus un-
lösbar.]

hat diese Erzählungen verallgemeinert, indem er die Ausbreitung des Hellenennamens in Griechenland dadurch erklärt, dass man, als Hellen und seine Söhne mächtig in Phtiotis geworden waren, sie überall um Hülfe anging. — Ausser den Athenern musste Ion auch noch den peloponnesischen Ioniern den Namen geben (wie Achaios den peloponnesischen und phtiotischen Achaeern Pausan. VII 1, Konon 27, Apollodor I 7, 3). Es ist sehr begreiflich, dass jede der beiden Möglichkeiten, dies zu bewerkstelligen, auch ergriffen ist: nach Strabo VIII 7, 1 sind die Ionier im Aigialos attische Colonisten, nach Pausan. VII 1 herrscht Ion erst im Aigialos und zieht von hier den Athenern zu Hülfe.

Unsere moderne Forschung, die doch sonst mit den Ueberlieferungen recht frei schaltet und z. B. den Hektor zu einem Thebaner macht, hat eine heilige Scheu vor Grabhügeln und den ihnen anhaftenden Namen. So basirt denn auch TÖPFFER seine Ansicht, Ion sei in Attika heimisch, vor allem darauf, dass das Grab des Ion — „bei dem er heroisch verehrt wurde" setzt er hinzu, wovon Pausanias, unsere einzige Quelle, nichts berichtet, (I 31, 3. VII 1, 5) — „in Potamoi an der Seeküste lag, etwas nördlich von Thorikos, wo zur Zeit der Kleisthenischen Demenreform ein Zweig des Geschlechts [der Ioniden] ansässig war, das in ihm seinen Ahnherrn verehrte". Der einzige Ionide, den wir kennen, war allerdings δῆμων Θορίκιος (schol. Plat. Apol. 23); und dass dies Geschlecht sich auf einen Eponymen Ion zurückführte, ist nicht zu bezweifeln. Dass es denselben aber mit dem Stammvater der Ionier idenficirte, ist sehr unwahrscheinlich und würde jeder Analogie entbehren. [1] Weiter wissen wir über diese Dinge und über dies Geschlecht gar nichts. Dass man, als Ion einmal in die attische Sage Eingang gefunden hatte, auch sein Grab zeigte, scheint mir das natürlichste von der Welt. Grabhügel gab es ja in Attika wie

---

1) Dass die ioni(a)dischen Nymphen in Elis nach Ion dem Sohne des Gargettos, des Eponymen des attischen Demos, benannt sein sollen (Pausan VI 22, 7), bemerkt TÖPFFER selbst. Man kannte also in Attika jedenfalls zwei Ion's, den Sohn des Xuthos und den des Gargettos; der Eponymos der Ioniden, des Geschlechts und des Demos, mag ein dritter gewesen sein. — Dass die Ioniden ein eingewandertes „Ioniergeschlecht" waren, ist möglich, doch mag die Homonymie auch auf irgend einem andern Wege entstanden sein.

in ganz Griechenland genug. Dass man gerade einen bei Potamoi gelegenen als Grab des Ion bezeichnete, würde sich leicht erklären, wenn das Ionidengeschlecht in dieser Gegend ansässig war und der Demos, der seinen Namen trägt, hier zu suchen ist — leider ist aber seine Lage bis jetzt nicht ermittelt.[1])

Auch Xuthos ist in Attika ansässig geworden; nach Strabo und Konon (s. S. 146) hat er die marathonische Tetrapolis besiedelt. In Thessalien bei seinem Vater Hellen hatte er nichts zu thun, dass man ihn also in Attika irgendwo wohnen liess — warum grade bei Marathon, weiss ich nicht — ist sehr begreiflich.[2]) Aber eine alte Ueberlieferung, die auf den Ursprung der Sage Licht werfen könnte, ist darin nicht zu suchen. Euripides, der doch sonst an solchen Dingen nicht vorübergeht und bei dem es an Gelegenheit dazu nicht fehlte, namentlich bei Xuthos' Einführung V 290 ff., macht nicht die leiseste Andeutung, dass er von Xuthos' Beziehungen zu Marathon irgend etwas wusste.

Nach TÖPFFER l. c. wäre Euripides' Ion „ein politisches Zweckdrama", und hätte der Dichter „den ursprünglichen Mythos tendenziös variirt". Ich vermag davon in dem Stück nichts zu entdecken. Euripides behandelt hier wie in so vielen andern Dramen die zahllosen Schwierigkeiten und Unmöglichkeiten, welche die Sage bietet, sobald man sich die überlieferte Begebenheit in ihrem ganzen Verlauf real und auf Grund der Verhältnisse und Anschauungen der Gegenwart vorzustellen versucht.[3]) Er hat seine Aufgabe meisterhaft gelöst, wenn auch einzelne Missstände nicht zu beseitigen waren — so namentlich die unvermeidliche aber widersinnige Apathie, in die Xuthos in der zweiten Hälfte des Stücks versinkt, und der fast komisch

---

1) [MILCHHÖFER Unters. über die Demenordnung des Kleisthenes, Abh. Berl. Ak. 1892 S. 16 sucht ihn in der Nähe von Gargettos, also im Binnenlande.]

2) Andere liessen ihn nach dem Peloponnes (in den Aigialos) gehen und hier herrschen, so Herod. V 94. Pausan. VII 1. Apollodor I 7, 3. Von hier kommt dann sein Sohn Ion nach Athen.

3) Dass der Schauplatz nach Delphi verlegt ist vor die Wohnung des Gottes, der die ganze Lage verschuldet hat und nun lösen muss, war durchaus naturgemäss. Die ursprüngliche Sage hatte allerdings unter Apollo nicht den delphischen Gott verstanden, aber in Euripides' Zeit konnte man an einen anderen garnicht denken.

wirkende Befehl Athenes, ihm die Lösung des Räthsels zu verheimlichen.

Ich hoffe gezeigt zu haben, dass aus der Ionsage für die ältere griechische Geschichte nicht der mindeste Aufschluss zu gewinnen ist.[1]) Das Problem um das es sich handelt, ist hier wie immer ein literarisches, und nur als solches für die Geschichtsforschung von Bedeutung.

Zum Schluss möchte ich, vorläufig ohne weitere Begründung, noch eine These aufstellen: Die Besiedelung der Westküste Kleinasiens ist nicht, wie man gegenwärtig glaubt — die Alten wissen nichts davon —, eine Folge des Einbruchs der Gebirgsstämme in die Culturländer Griechenlands. Sie steht mit der dorischen Wanderung und allem was dazu gehört in gar keinem Zusammenhang und ist recht eigentlich ein Produkt der „mykenäischen" Zeit. Die überschüssige Bevölkerung des engbegrenzten Mutterlandes sucht sich zu allen Zeiten eine neue Heimath zu gewinnen — das ist ja der treibende Faktor aller griechischen Volksgeschichte bis in die hellenistische Zeit hinein — und so hat die älteste Blüthezeit Griechenlands auch die erste grosse Colonisation geschaffen: das Vordringen über das ägäische Meer und die Besetzung der Küsten Kleinasiens, einschliesslich Pamphyliens und Cyperns.

1) In den Angaben bei Velleius I 4 und Vitruv IV 1, dass Ion der Führer der Colonisation Ioniens gewesen sei, ist schwerlich ein Nachklang der ältesten Sagenform, sondern einfach Flüchtigkeit zu suchen.

Herodots Chronologie
der griechischen Sagengeschichte.

Mit Excursen zur Geschichte der griechischen
Chronographie und Historiographie.

———

Herodots Chronologie
der griechischen Sagengeschichte.

Mit Excursen zur Geschichte der griechischen Chronographie und Historiographie.

———

Bekanntlich nimmt Herodot an mehreren Stellen seines Werkes auf ein festes chronologisches System der griechischen Sagengeschichte Bezug. Zum Theil in Generationsrechnungen tritt es uns entgegen, für die er den Grundsatz aufstellt: γενεαὶ τρεῖς ἀνδρῶν ἑκατὸν ἔτεα ἐστί II 142, zum Theil in festen Daten, die von Herodots Zeit rückwärts gerechnet werden: x Jahre ἐς ἐμέ. Diese Daten sind mit Absicht in runden Zahlen gegeben; es kommt nur darauf an, im allgemeinen den Abstand der Ereignisse, z. B. der Zeit des Herakles, von der Gegenwart zu bestimmen; beides aber sind allgemeine Begriffe, die sich nicht auf ein bestimmtes Jahr stellen lassen. Zu genauen Daten gelangte man erst, als man daran ging die Lebensdauer oder bei Königen die Regierungszeit der einzelnen Personen genau festzusetzen, d. h. die Gesammtsumme in Einzelposten aufzulösen und diese ziemlich willkührlich unter die Einzelnen zu vertheilen. Derartige Operationen sind zwar auch schon vor und zur Zeit Herodots vorgenommen, z. B. an den lydischen und medischen Dynastien, aber für die griechische Geschichte offenbar noch nicht durchgeführt — oder falls es hier schon derartige Daten gab, hat Herodot verschmäht sie zu verwerthen. Auf alle Fälle waren solche bestimmte Zahlen erst auf Grund einer allgemeinen Generationenrechnung zu gewinnen, durch welche die Zeit, in die ein jeder gehörte, im

allgemeinen festgelegt war. Und eben diese allgemeinen Ansätze liegen bei Herodot vor.

Es ist daher klar, dass Herodots Ansätze nicht zu sehr
urgirt werden dürfen; sie sind mit Absicht nicht auf feste
Ephoren- oder Archontenjahre nach Art der parischen Chronik
gestellt. Und so dürfen wir, wenn wir sie in Daten unserer
Zeitrechnung umsetzen wollen, nicht etwa fragen, in welchem
Jahre das betreffende Kapitel geschrieben ist. Das würde zu
der absurden Annahme führen, dass der Schriftsteller mit
jedem neuen Jahre seine Epoche verschoben hätte und die
Zahlen hätte ändern müssen. Vielmehr hat Herodot seine
Daten auf seine Epoche ganz im allgemeinen gestellt. Herodots
Blüthezeit, seine öffentliche und literarische Wirksamkeit wie
seine geistigen und politischen Anschauungen, fallen mit der
Regierungszeit des spartanischen Königs Archidamos (468—427)
und der Staatsverwaltung des Perikles (ca. 459—429) zusammen, d. h. er gehört der Generation an, welche in den ersten
Jahren des peloponnesischen Krieges abstirbt. All die zahlreichen und meist recht unfruchtbaren Untersuchungen über
die Entstehungszeit des herodotischen Geschichtswerkes haben
nur ein sicheres Resultat ergeben: dass die letzten Bücher in
der Form, wie wir sie haben, in den ersten Jahren des peloponnesischen Krieges niedergeschrieben sind. Nichts hindert,
dies Ergebniss auf das ganze Werk auszudehnen, ja für das
zweite Buch lässt sich das, wie wir gleich sehen werden, direct
erweisen. Damit verträgt sich natürlich vollkommen, dass
Herodot einzelne Partien weit früher, vielleicht Jahrzehnte
vorher, zum Zwecke von Vorträgen oder auch lediglich zur
Stütze seines Gedächtnisses aufgezeichnet und diese älteren
Manuscripte bei der Schlussredaction benutzt hat — genau
wie Thukydides nach seiner eigenen Aussage verfahren ist
und bis auf den heutigen Tag jeder Schriftsteller in gleicher
Lage, z. B. auch der Schreiber dieser Zeilen, verfährt.

Herodots Generation entspricht also im allgemeinen etwa
den Jahren 460—427 v. Chr. Eine Stelle des zweiten Buches
aber zeigt, dass ihm, wie es natürlich ist, bei seinen Ansätzen
zunächst das Ende dieses Zeitraumes, d. h. die Gegenwart in
der er schrieb, vorgeschwebt hat. Um sie richtig zu verstehen,
müssen wir zunächst die Zeit seiner ägyptischen Reise bestimmen.

Herodot erzählt III 12, dass er auf dem Schlachtfeld von Papremis, wo das Perserheer unter Achaemenes von Inaros besiegt wurde, die Schädel der Aegypter hart gefunden habe, während die persischen Schädel so weich waren, dass man sie mit einem Kieselstein zertrümmern konnte. Der Aufstand des Inaros und die Schlacht bei Papremis fallen ins J. 460 v. Chr.; sie gaben bekanntlich den Anlass zu der grossen athenischen Expedition nach Aegypten (459—454). Daraus ergibt sich, dass Herodots ägyptische Reise lange nach 460 anzusetzen ist — es ist mir ganz unverständlich und ein handgreiflicher Beweis, wie sehr in Vorurtheilen befangen man meist an diese Fragen herangeht, dass Herodots Reise in Aegypten fast allgemein vor 450 angesetzt wird.[1]) Es ist ja klar, dass Herodot sehr viel später, etwa um 440, in Papremis gewesen ist.

Auf denselben Zeitpunkt weisen alle anderen Angaben. Es ist schon von BAUER hervorgehoben worden, dass zur Zeit von Herodots Reise Aegypten in persischem Besitz war (II. 30. 99). Seine Reise wäre aber überhaupt unmöglich gewesen, ehe die Herrschaft der Perser in Aegypten wieder hergestellt war. Denn es ist ein Irrthum zu glauben, dass der Aufstand des Inaros jemals das ganze Land ergriffen habe. In der Citadelle von Memphis haben sich die Perser καὶ Αἰγυπτίων οἱ μὴ ξυναποστάντες immer behauptet (Thuk. I 104), davon dass Oberägypten in die Hände der Aufständischen gefallen sei, kann gar keine Rede sein; ein beträchtlicher Theil namentlich der Priesterschaft ist immer den Persern treu geblieben (meine Gesch. Aegyptens S. 391 ff.). Herodot hat aber ganz Aegypten bis Elephantine hinauf bereist. Er hätte also, wenn er zur Zeit des Aufstandes reiste, von dem Gebiet der von Athen unterstützten Rebellen auf persisches Gebiet übertreten müssen, was unmöglich ist. Andererseits war der Aufstand mit der

---

1) AD. BAUER, Entstehung des herod. Geschichtswerks 33, der die ägyptische Reise am weitesten hinabrückt, entscheidet sich für die Zeit zwischen 449 und 444, weil Herodot II 148 unter den bedeutendsten Bauten der Griechen, die mit den Pyramiden verglichen werden, die Tempel auf der Akropolis nicht erwähne. Der moderne Gelehrte wird allerdings zuerst an diese denken. Herodot aber hatte nicht die mindeste Veranlassung, die in ihren Dimensionen keineswegs sehr bedeutenden (überdies auch 440 noch ganz unfertigen) Bauten zu nennen.

Niederlage der Athener 454 und der Gefangennahme des Inaros
keineswegs zu Ende. Amyrtaeos hielt sich noch lange (Thuk.
I 110 vgl. Herod. III 15), und 449 unterstützten ihn die Athener
aufs neue. Erst nach dem sog. kimonischen Frieden von 448/7
— an dessen Realität ich niemals gezweifelt habe[1]) — kann
Herodot Aegypten bereist haben. Und überhaupt sollte es doch
selbstverständlich sein, dass Herodot Reisen innerhalb des
persischen Reiches, nach Babylon (Susa?) und Tyros, nicht
ausgeführt haben kann, ehe zwischen dem attischen und
dem persischen Reich Friede war. Wie hätte sonst ein ange-
sehener Bürger einer abtrünnigen persischen Stadt, der mit
Athen in enger, vermuthlich auch diplomatischer Verbindung
stand, ungestraft das Reich des Grosskönigs bereisen können?
Wenn dem so ist, so wird es aber im höchsten Grade wahrscheinlich, dass Herodot seine grossen Reisen, mit Ausnahme
der skythischen, überhaupt erst ausgeführt hat, als er Thurii
verlassen hatte und wieder dauernd nach Athen übergesiedelt
war,[2]) d. h. in dem Decennium 440—430. — Diese Annahme
wird durch die Schilderung Aegyptens bei Herodot lediglich
bestätigt. Ueberall tritt deutlich hervor, dass der Schriftsteller
das Land zu einer Zeit bereiste, als es vollständig pacificirt
war und die grosse Rebellion bereits der Vergangenheit angehörte.

Nun sagt Herodot II 13, wo er von dem — von ihm un-
geheuer überschätzten — Fortschreiten der Ablagerungen des
Nil redet, dass nach Aussage der Priester zur Zeit des Moeris
eine Anschwellung des Nil um 8 Ellen genügt hätte um Unterägypten unter Wasser zu setzen, während er zu seiner Zeit
noch nicht über die Ufer trat, wenn er 15 bis 16 Ellen hoch
anschwoll. Dazu bemerkt er: καὶ Μοίρι οὔκω ἦν ἔτεα εἰνακόσια τετελευτηκότι, ὅτε τῶν ἱρέων ταῦτα ἐγὼ ἤκουον. „Als
ich dies von den Priestern hörte, d. h. als ich in Aegypten
war, waren seit Moeris' Tod noch nicht 900 Jahre verflossen“
— das hat nur Sinn, wenn die 900 Jahre jetzt voll geworden
sind, mit anderen Worten wenn von Moeris' Tod κατὰ εἰνακόσια ἔτεα ἐστὶ ἐς ἐμέ. War Herodot um 440 in Aegypten.

<hr/>

1) Zu meiner Freude tritt jetzt auch KÖHLER Hermes XXVII 75 für
die Realität des Kalliasfriedens ein.

2) vgl. Anhang 3.

so kann diese Stelle nicht vor rund 430 geschrieben sein. Wir können daher als die Epoche, in der er sein Werk schrieb und auf die er seine Rechnungen ἐς ἐμέ gestellt hat, das Jahr 430 v. Chr. ansetzen — wobei ich nochmals bemerke, dass nichts verkehrter wäre, als dies Jahr urgiren zu wollen und die Rechnungen mit absoluter Exactheit durchzuführen. Es handelt sich nur um runde Zahlen, weder der Anfangs- noch der Endtermin sind feste Daten, und so bedeutet auch das Jahr 430 im folgenden nichts anderes als das Jahrzehnt, innerhalb dessen Herodot geschrieben hat und in dessen Mitte 430 ungefähr liegt.

Die Grundlage der Ansätze Herodots, wie aller Sagenchronologie, bilden die durch Argonautenzug, thebischen und troischen Krieg gegebenen Synchronismen der Hauptgeschlechter, nach denen Herakles Telamon Tydeus Oedipus Laomedon Neleus Iason Atreus Laertes Theseus im wesentlichen die Generation vor den Τρωικά vertreten.[1]) Dem entspricht es, dass V 59 Herakles' Vater Amphitryon ausdrücklich als Zeitgenosse des Laios, Vaters des Oedipus, bezeichnet wird. Im übrigen genügt für uns die folgende Zusammenstellung.

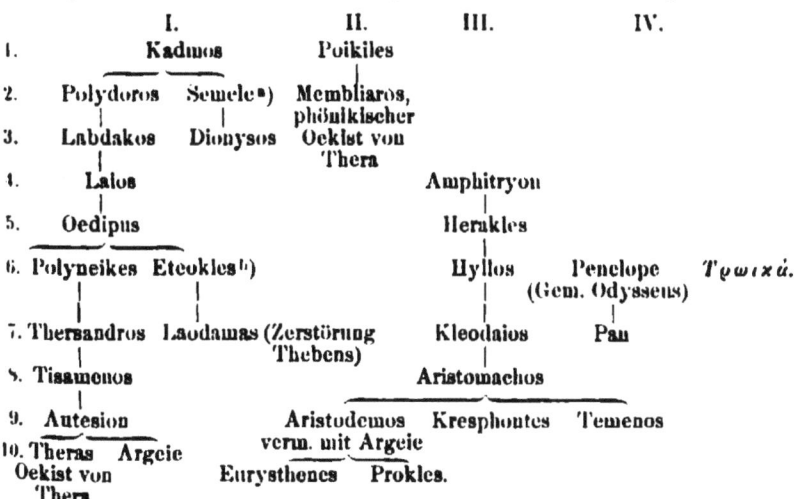

	I.	II.	III.	IV.
1.	Kadmos	Poikiles		
2.	Polydoros	Semele[a])	Membliaros, phönikischer	
3.	Labdakos	Dionysos	Oekist von Thera	
4.	Laios		Amphitryon	
5.	Oedipus		Herakles	
6.	Polyneikes Eteokles[b])		Hyllos	Penelope Τρωικά. (Gem. Odysseus)
7.	Thersandros Laodamas (Zerstörung Thebens)		Kleodaios	Pan
8.	Tisamenos		Aristomachos	
9.	Autesion	Aristodemos Kresphontes Temenos verm. mit Argeie		
10.	Theras Argeie Oekist von Thera	Eurysthenes Prokles.		

---

1) Daher z. B. auch VII 171 τρίτῃ γενεῇ μετὰ Μίνων τελευτήσαντα γενέσθαι τὰ Τρωικά. Minos' Tochter Ariadne ist die Gemalin des Theseus, sein Sohn Deukalion der Vater des Idomeneus (Ν 451. τ 180).

Belege. 1 1—4: V 59; 6—10: IV 147. VI 52. — 1 a: II 145. —
1 b: V 61.

II: IV 147 Kadmos lässt bei der Suche nach Europa auf Thera
ἄλλους τε τῶν Φοινίκων καὶ δὴ καὶ τῶν ἑωυτοῦ συγγενέων Μεμ-
βλίαρον zurück. Man wird denselben eine Generation tiefer stellen dürfen
als Kadmos. Dann ist die folgende Angabe οὗτοι (Membliaros und die
Seinen) ἐνέμοντο τὴν Καλλίστην καλεομένην ἐπὶ γενεάς, πρὶν ἢ Θήραν
ἐλθεῖν ἐκ Λακεδαίμονος, ὀκτὼ ἀνδρῶν, völlig exact.

III: VI 52, wo auch die Vermälung des Aristodemos mit Argeie;
Theras' Vormundschaft über seine Neffen IV 147.

IV: II 145.

Dasselbe Schema wird auch II 44 vorausgesetzt: von der
Gründung des Heraklesheiligthums auf Thasos durch die Phoeniker οἳ κατ' Εὐρώπης ζήτησιν ἐκπλώσαντες Θάσον ἔκτισαν,
heisst es: καὶ ταῦτα καὶ πέντε γενεῇσι ἀνδρῶν πρότερά ἐστι
ἢ τὸν Ἀμφιτρύωνος Ἡρακλέα ἐν τῇ Ἑλλάδι γενέσθαι. Von
Kadmos bis Herakles sind, beide eingeschlossen, fünf Generationen. Im übrigen sind natürlich kleine Discrepanzen, wie
sie im wirklichen Leben fortwährend vorkommen, auch in
diesen Stammbäumen nicht zu vermeiden. So fällt die Zerstörung Thebens durch die Epigonen vor den troischen Krieg,
während König Laodamas eine Generation tiefer steht; so
stehen Theras und Argeie, die Altersgenossen des Aristodemos,
gleichfalls eine Generation tiefer als dieser. Die Hauptschwierig-
keit, die aber hier nicht in Betracht kommt, bildet die Ordnung der mykenischen Geschichte von Eurystheus bis Agamemnon; hier ist ein vollständiger Ausgleich niemals möglich
gewesen.[1]) Für uns ist nur zu beachten, dass wer Herakles
allein, nicht im Zusammenhang des ganzen Systems, betrachtet,
ihn etwas weiter hinaufrücken wird: Nestor und Priamos, die
er als Kinder auf den Thron setzt, sind im troischen Krieg
uralte Männer, ihre Söhne (Hektor, Antilochos etc.) werden als
die eigentlichen Repräsentanten der Generation der Τρωικά zu
gelten haben — während andererseits Herakles von Telamon
und Theseus, deren Söhne vor Troja kämpfen, nicht zu trennen
ist, und ebenso sein eigener Sohn Tlepolemos gegen Troja zieht.

1) Agamemnon ist Vetter des Eurystheus (vgl. Thuk. I 9) und der
Aithra, der Mutter des Theseus. Das ist ein Resultat der combinatorischen
Ausgleichung der Traditionen, aber an sich widersinnig.

Man wird ihn daher an den Anfang der einen, den troischen Krieg an das Ende der nächsten Generation zu setzen haben, so dass er, wenn sich das im Schema darstellen liesse, etwa anderthalb Generationen vor den Helden des troischen Krieges stehen würde.

Auf diesem Schema beruhen Herodots Angaben II 145: *Διονύσῳ μέν νυν τῷ ἐκ Σεμέλης τῆς Κάδμου λεγομένῳ γενέσθαι κατὰ [ἑξακόσια] ἔτεα [καὶ] χίλια μάλιστα ἐστὶ ἐς ἐμὲ, Ἡρακλέϊ δὲ τῷ Ἀλκμήνης κατὰ εἰνακόσια ἔτεα, Πανὶ δὲ τῷ ἐκ Πηνελόπης (ἐκ ταύτης γὰρ καὶ Ἑρμέω λέγεται γενέσθαι ὑπὸ Ἑλλήνων ὁ Πάν) ἐλάσσω ἔτεα ἐστὶ τῶν Τρωικῶν, κατὰ ὀκτακόσια μάλιστα ἐς ἐμέ.* Die Zeit des Dionysos, des Herakles und des troischen Krieges sind für Herodot offenbar gegebene Daten, die er nicht weiter zu begründen braucht, während er die Epoche des Pan aus der des troischen Krieges erst nach ungefährer Abschätzung berechnet. Pan ist von Penelope am Ende ihres Lebens geboren, nachdem Odysseus sie nach seiner Rückkehr verstossen und zum Ikarios nach Arkadien geschickt hat (Apollodor Rhein. Mus. XLVI 181 vgl. Pausau. VIII 12, 6 u. a.); seine Geburt fällt also etwa 15—20 Jahre nach der Zerstörung Trojas. Wir dürfen mithin als Epoche der *Τρωικά* etwa 820 Jahre vor Herodot ansetzen. Daraus ergibt sich aber, dass diese Ansätze nicht zu Herodots Definition II 142, drei Generationen seien gleich hundert Jahren, stimmen. Es ist dabei in Betracht zu ziehen, dass der Begriff der Generation nichts genau bestimmbares ist. Im allgemeinen wird man sie der *ἀκμή* eines Mannes gleichsetzen; aber ebenso gut kann sie auf die Geburt gestellt werden, und diese hat Herodot II 145 vor allem im Auge, da er anders als bei Herakles ein geschichtliches Leben des Dionysos und Pan ausdrücklich läugnet und meint, die Griechen hätten die Geburt dieser beiden Götter in die Zeit gesetzt, wo sie ihre Namen zuerst kennen lernten.[1]) Doch selbst wenn wir darauf kein Gewicht

---

1) *νῦν δὲ Διόνυσόν τε λέγουσι οἱ Ἕλληνες ὡς αὐτίκα γενόμενον ἐς τὸν μηρὸν ἐνεῤῥάψατο Ζεύς ... καὶ Πανός γε πέρι οὐκ ἔχουσι εἰπεῖν ὅκῃ ἐτράπετο γενόμενος. δῆλά μοι ὦν γέγονε, ὅτι ὕστερον ἐπύθοντο οἱ Ἕλληνες τούτων τὰ οὐνόματα ἢ τὰ τῶν ἄλλων θεῶν· ἀπ' οὗ δὲ ἐπύθοντο χρόνον, ἀπὸ τούτου γενεαλογέουσι αὐτῶν τὴν γένεσιν.*

legen, steht Pan immer nur zwei Generationen tiefer als Herakles; und nach dem vorher bemerkten kann, wenn Herakles' Generation 900 vor Herodot beginnt, die Zerstörung Trojas höchstens ans Ende der nächsten Generation gesetzt werden, müsste also nach Herodots Rechnung auf 833 vor seiner Zeit, nicht auf 820 fallen. Wir erkennen also schon hier, dass Herodot seine Ansätze nicht selbst gefunden sondern einem Vorgänger entnommen hat, der die Generationen nach einem anderen System berechnete.

Das für den troischen Krieg gefundene Datum wird durch die schon besprochene Angabe bestätigt, dass Moeris 900 Jahre vor Herodot, d. h. vor 430 v. Chr., gestorben sei. Moeris ist der dritte Vorgänger des Proteus, des Zeitgenossen des troischen Krieges und der Irrfahrten des Menelaos (II 101 ff. Moeris, Sesostris, Pheros, Proteus). Wir haben also nach Herodots Generationenrechnung anzusetzen: Moeris † 900, Sesostris 900 bis 866, Pheros 866—833, Proteus 833—800. Auch von hier aus erhalten wir also für den troischen Krieg rund 830—820 vor Herodot.[1])

Dagegen ergibt sich, dass das handschriftliche Datum für Dionysos, 1600 J. ἐς ἐμέ, nicht richtig sein sein. Dionysos steht zwei Generationen vor Herakles, Pan zwei nach ihm. Entweder sind also, wie ich im Text angenommen habe, die 600 Jahre zu streichen, und von Dionysos bis Herakles ist. wie das bei runder Rechnung wohl zulässig war, ein Jahrhundert angesetzt, oder es ist ἐξήκοντα ἔτεα καὶ εἰναχόσια zu lesen, was zu Herodots Generationsrechnung völlig stimmen würde.

Wir erhalten also:

Dionysos	1000 (960) J. v. Her.	=	1430 (1390) v. Chr.	
Herakles	900	„ „	=	1330 v. Chr. (Tod des Moeris).
troischer Krieg ca.	830—820 „	„ „	= ca. 1260—1250 v. Chr.	
Pan	800	„ „	=	1230 v. Chr.

1) Menelaos wäre dann 812 J. vor Herodot nach Aegypten gekommen. Wenn wir berücksichtigen wollen, dass schon Paris mit der geraubten Helena zum Proteus kommt (II 113 ff.), zehn Jahre vor dem troischen Kriege, so könnte man die Epoche der Zerstörung Trojas noch etwas

Dass Herodots ägyptische Chronologie diese Ansätze berücksichtigt und mit ihnen übereinstimmt, haben wir gesehen.
Das gleiche gilt von der lydischen und der assyrischen Geschichte. Bekanntlich regieren nach Herodot die fünf Mermnaden über Lydien 170 Jahre 14 Tage = 716—546 v. Chr.,
und vor ihnen die Herakliden in 22 Generationen 505 Jahre
= 1221—717 v. Chr.¹) Diese Dynastie ist begründet von Agron
S. d. Ninos S. d. Belos S. d. Alkaios S. d. Herakles (I 7). Ninos
der Vater des Agron ist unzweifelhaft identisch mit dem Begründer des assyrischen Reichs. Das assyrische Reich besteht
nach Herodot I 96 520 Jahre bis zum Abfall der Meder; die
Meder herrschen nach I 130 $\tau\tilde{\eta}\varsigma$ $\check{\alpha}\nu\omega$ $"\!A\lambda\nu o\varsigma$ $\pi o\tau\alpha\mu o\tilde{v}$ $A\sigma i\eta\varsigma$
$\dot{\epsilon}\pi'$ $\check{\epsilon}\tau\epsilon\alpha$ $\tau\rho\iota\acute{\eta}\varkappa o\nu\tau\alpha$ $\varkappa\alpha\grave{\iota}$ $\dot{\epsilon}\varkappa\alpha\tau\grave{o}\nu$ $\delta\nu o\tilde{\iota}\nu$ $\delta\acute{\epsilon}o\nu\tau\alpha$ $\pi\acute{\alpha}\rho\epsilon\xi$ $\check{\eta}$ $\check{o}\sigma o\nu$ $o\grave{\iota}$
$\Sigma\varkappa\acute{v}\vartheta\alpha\iota$ $\check{\eta}\rho\chi o\nu.$²) Der erste medische König, der Eroberungen
unternimmt, ist Phraortes, während sein Vater Deiokes $\tau\grave{o}$
$M\eta\delta\iota\varkappa\grave{o}\nu$ $\check{\epsilon}\vartheta\nu o\varsigma$ $\sigma\nu\nu\acute{\epsilon}\sigma\tau\rho\epsilon\psi\epsilon$ $\mu o\tilde{v}\nu o\nu$ $\varkappa\alpha\grave{\iota}$ $\tau o\acute{v}\tau o\nu$ $\check{\eta}\rho\xi\epsilon.$ Die
128 Jahre der Mederherrschaft³) werden, wie ZUMPT und
G. RAWLINSON zuerst gesehen haben, dadurch gewonnen, dass

---

weiter, auf 815—810 v. Her., herabrücken. Das verträgt sich mit dem
Datum für Pan's Geburt 800 v. Her. vollkommen.

1) Das herodotische Datum findet sich auch bei Plinius XXXV 35
duodevicesima olympiade interiit Candaules (708 5, das ist das aus Xanthos
abgeleitete Datum für Gyges, Archilochos und die Gründung von Thasos,
das auch Euphorion gab: Clem. Alex. Strom. I 117. 131), *aut ut quidam
tradunt eodem anno quo Romulus*, d. i. nach der von Plinius befolgten
varronischen Rechnung 717 v. Chr. In Ol. 15 (720/17) setzte im Anschluss
an Herodot auch Dionys [von Halikarnass] die Gründung von Thasos Clem.
Alex. Strom. I 131.

2) Die vielumstrittene Stelle kann vernünftiger Weise nur heissen:
Die Zeit der Mederherrschaft von Phraortes bis Astyages beträgt 128 J.,
innerhalb dieses Zeitraums aber haben eine Zeitlang (28 J. nach I 104)
nicht die Meder sondern die Skythen die wirkliche Herrschaft ausgeübt.

3) Gewonnen sind dieselben wohl zweifellos so, dass man auf die
drei Mederkönige Phraortes Kyaxares Astyages ein Jahrhundert rechnete
und dazu 28 Jahre der Skythenherrschaft (I 106) zählte, deren Ursprung
dunkel bleibt. Diese Rechnung ist aber nicht etwa von Herodot oder
seinen unmittelbaren Gewährsmännern, sondern schon vorher gemacht,
denn bei Herodot sind die 128 Jahre bereits willkürlich und ziemlich
unbedacht (denn da die Skythenherrschaft in die 40 Jahre des Kyaxares
fällt, bleiben für ihn nur 12 Jahre der selbständigen Herrschaft, was absurd ist) auf die drei Könige vertheilt.

man c. 102 eine Vertauschung der Jahre des Deiokes (53) und des Phraortes (22) vornimmt; dann erhalten wir

Phraortes 53 + Kyaxares 40 (τεσσράκοντα ἔτεα σὺν τοῖσι Σκύθαι ἧρξαν I 107) + Astyages 35 = 128 J.

Herodot lässt, geschichtlich falsch (G. d. A. I 413. 461. 486), die Mederherrschaft mit Kyros' Regierungsantritt in Persien 558 v. Chr. zu Ende gehen, rechnet die 128 Jahre also = 686—559 v. Chr. Vorher liegen die 22 Jahre, die von Phraortes auf Dejokes zu übertragen sind, so dass Dejokes 708 beginnt; dazu kommen vielleicht noch einige Jahre der Anarchie (I 96)[1] — doch ist es möglich, dass diese bei der Chronologie nicht berücksichtigt sind. Das Ende der Assyrerherrschaft fällt also entweder 709 oder einige Jahre früher, ihr Anfang, d. h. der Antritt des Ninos, entweder 1228 v. Chr. oder etwas vorher, also etwa rund 1240.

Rechnen wir nun von Herakles =: 900 Jahre vor Herodot = 1330 v. Chr. abwärts 3 Generationen auf ein Jahrhundert, so erhalten wir:

Herakles	1330 v. Chr.
Alkaios	1296 „
Belos	1263 „
Ninos	1230 „
Gründung des assyrischen Reiches [1240 oder] 1228	„
Agron	1196 „
Gründung der lydischen Dynastie der Herakliden 1221	„

Wie wir sehen stimmt die Rechnung für Ninos vollkommen. Dem Ansatz für Agron's Regierungsantritt aber liegt vielleicht die Annahme zu Grunde, dass Ninos ihn schon wenige Jahre nach seiner Thronbesteigung auf den lydischen Thron gesetzt hat, ehe seine eigene Generation begann. Indessen vielleicht wird man einen anderen Ausweg vorziehen. Es wäre nämlich denkbar, dass Herodot seinen Ansatz der Heraklidendynastie auf 505 Jahre einem Gewährsmann [keinenfalls Xanthos, s. u. S. 167 f.] verdankt, der für die Mermnaden eine andere Chronologie befolgte als Herodot (über den Ursprung seiner Daten

---

1) Man könnte annehmen, dass hierfür die 25 Jahre, die Dejokes regiert, auf eine volle Generation von 33 Jahren (oder abgerundet 30 oder 40 Jahre) zu ergänzen wären.

s. u. S. 166, 1). Die S. 161 Anm. 1 erwähnte Rechnung des Xanthos, welche Gyges ins Jahr 708/5 setzt, würde den Anfang der Herakliden um 8—11 Jahre herabbringen auf 1213—1210 v. Chr., der Ansatz der christlichen Chronographen für Gyges' Antritt, 698 v. Chr., vollends um 28 Jahre auf 1203 v. Chr. — ein Datum, das den Forderungen der obigen Tabelle fast völlig entsprechen würde. Wenn diese Annahme richtig wäre, so erhielten wir einen sehr interessanten Einblick in Herodots Quellen; doch wird sie sich nie streng beweisen lassen. Immerhin will ich auch noch erwähnen, dass das oben für Dejokes gewonnene Datum 708 und der eventuell etwas früher um 720 anzusetzende Abfall der Meder von den Assyrern vielleicht in Zusammenhang steht mit dem Datum für Gyges, mag man ihn nun mit Herodot ins Jahr 716 setzen oder annehmen, dass seine Quelle das Datum 708—5 oder 696 gehabt hat. Es wäre denkbar, dass der ursprüngliche Bericht, dem Herodot folgt, die Herakliden in Lydien als assyrische Vasallenkönige betrachtete, und Gyges wie Dejokes als die Begründer der Selbständigkeit ihrer Völker; vgl. I 96 „nachdem die Assyrer 520 Jahre über das obere Asien geherrscht hatten, fielen zuerst die Meder von ihnen ab ... nach ihnen thaten auch die übrigen Völker das gleiche". In der That hat ja die neuere Geschichtsforschung vor der Entzifferung der assyrischen Inschriften vielfach so gefolgert, und auch nach derselben bleibt es richtig, dass sich Gyges gegen die allerdings nur vorübergehende assyrische Oberhoheit auflehnte. Nur ist seine Zeit um rund ein halbes Jahrhundert, bis auf ca. 660, herabzurücken, während Dejokes allerdings um 715 lebte, aber in diesem Jahre von den Assyrern besiegt und gefangen wurde (G. d. A. I 374. 462).

Doch genug der Hypothesen. Die sicheren Daten sind wichtig genug und reichen zu weiteren Schlüssen vollständig aus. Es gilt die Frage zu beantworten, wie Herakles zu seinen Ansätzen Herakles 1330 v. Chr., Zerstörung Trojas ca. 1250 u. s. w. gekommen und wie der offenkundige Zusammenhang zwischen seinen Daten für die griechische Sagengeschichte und die orientalische Geschichte zu erklären ist.

Dass die Daten nicht von Herodot selbst gefunden sind, haben wir schon gesehen. Das wird dadurch bestätigt, dass er nirgends für sie einen Beweis gibt, sie nirgends als seine

Vermuthung bezeichnet — ganz anders lautet seine Behauptung über das Alter Homers und Hesiods II 53: $\dot{\eta}\lambda\iota\varkappa\dot{\iota}\eta\nu$ $\tau\epsilon\tau\rho\alpha$-$\varkappa o\sigma\iota o\iota\sigma\iota$ $\ddot{\epsilon}\tau\epsilon\sigma\iota$ $\delta o\varkappa\acute{\epsilon}\omega$ $\mu\epsilon\nu$ $\pi\rho\epsilon\sigma\beta\upsilon\tau\acute{\epsilon}\rho o\upsilon\varsigma$ $\gamma\epsilon\nu\acute{\epsilon}\sigma\vartheta\alpha\iota$ $\varkappa\alpha\grave{\iota}$ $o\grave{\upsilon}$ $\pi\lambda\acute{\epsilon}o\sigma\iota$; das ist seine subjective Meinung. Ueberdies besteht die Abweichung von Herodots Generationsrechnung nicht nur zwischen den Daten für Herakles und für Troja, sie tritt noch greller hervor, wenn wir weiter hinabgehen. Von Leonidas † 480 bis zu Herakles hinauf enthält der Agiadenstammbaum (vgl. u. S. 170), beide eingeschlossen, 21 Generationen. Wer wie Herodot drei Generationen auf ein Jahrhundert rechnet, würde also für Herakles etwa auf 1180 v. Chr., eventuell, wenn man den Tod des Kleomenes um die Zeit der Schlacht bei Marathon zum Ausgangspunkt nähme, auf 1190 v. Chr. kommen, ihn also 1½ Jahrhunderte niedriger ansetzen müssen als Herodot.

Noch weniger stimmt der Ansatz zu Herodots ägyptischer Geschichte. Herodot kennt in Aegypten von Menes bis auf Asychis, den Vorgänger der Dodekarchie, nach den Angaben der Priester 341 Könige in ebenso vielen Generationen (II 142). Dieselben sind, mit den sonst über sie gegebenen Daten:

1. Menes (Min),
2—331. 330 Könige, von denen der letzte
331. Moeris (c. 100. 101) † um 900 v. Her., 1330 v. Chr.
    (II 13, oben S. 160),
332. Sesostris (c. 102),
333. Pheros (c. 111),
334. Proteus (c. 112), regiert zur Zeit des troischen Krieges
    um 1250 v. Chr.,
335. Rhampsinit (c. 121),
336. Cheops, reg. 50 Jahre (c. 124 ff.),
337. Chephren, reg. 56 Jahre (c. 127),
338. Mykerinos, reg. 6 Jahre (c. 129. 133),
339. Asychis,
340. Anysis, unter dem der Aethiope Sabako 50 Jahre lang
    Aegypten beherrschte,
341. Sethos, Zeitgenosse des Sanacharibos.

Es folgt die Dodekarchie, die frühestens etwa auf 700 v. Chr. anzusetzen wäre, und seit 663, oder nach Herodots Zahlen seit 670, Psammetich I.

Wie man sieht, gibt Herodot für die $5^1/_2$ Jahrhunderte von Proteus bis zur Dodekarchie (excl.) nur 7 Könige. Er hat also garnicht beachtet, in wie schreiendem Widerspruch sein Ansatz für Moeris und Proteus mit seiner eigenen Geschichtserzählung steht, nach der Proteus' Tod nicht weniger als drei Jahrhunderte später (etwa 930 v. Chr.) anzusetzen wäre. Wo er II 142 die Gesammtdauer der ägyptischen Geschichte von Menes bis Sethos berechnet, bestimmt er sie auf $341 \times \frac{100}{3} = 11340$ (richtig $11366^2/_3$) Jahre, kümmert sich also auch hier um seinen Ansatz für Moeris nicht — zugleich ein evidentes Beispiel dafür, wie wenig man in solchen Dingen Consequenz verlangen kann.[1])

Hieraus ergibt sich sowohl, dass Herodot von den ägyptischen Priestern überhaupt keine chronologischen Daten (ausser den Zahlen für Cheops und seine Nachfolger) erhalten hat,[2]) wie dass die Gleichung

Proteus[3]) $= T\varrho\omega\iota\varkappa\dot\alpha = 1250$ v. Chr.

für ihn ein fester, aus der griechischen Geschichte gegebener Punkt war, aus dem das Datum für Moeris in der oben angegebenen Weise berechnet ist.

1) Ganz unmöglich ist dagegen die Angabe II 140, von Anysis bis auf Amyrtaios (um 450) seien mehr als 700 Jahre verflossen, wodurch Anysis' Tod auf ca. 1160 v. Chr. käme. Allgemein hält man daher die Zahl für verschrieben. Rechnen wir von Proteus abwärts drei Generationen anf ein Jahrhundert, so wäre Anysis um 1030 gestorben. Doch kann Herodot auch ganz anders gerechnet haben, etwa von Psammetich aufwärts. Es ist daher unmöglich die Stelle zu emendiren.

2) In Wirklichkeit ist Herodots Königsliste keine zusammenhängende, sondern besteht 1) aus einer Liste von 331 Namen ohne historische Daten; 2) aus einzelnen halb oder ganz historischen Königsgruppen, die vermuthlich ursprünglich in der Liste der 331 ihren Platz hatten und nur durch Missverständniss hinter sie gerückt sind, nämlich: a) Könige des Neuen Reichs, Sesostris bis Rhampsinit; b) Pyramidenerbauer des Alten Reichs, Cheops bis Asychis; c) Aethiopen- und Assyrerzeit, Anysis und Sethos, die an ihrer richtigen Stelle stehen als unmittelbare Vorgänger der Dodekarchie und Psammetichs.

3) oder vielmehr die Gleichsetzung des ägyptischen Königs, der auf Pheros folgte und dessen Namen in der Sage wir nicht kennen [bei Diodor Ketes], mit dem Proteus der Odyssee (II 112 $\tauο\dot\upsilonτο\nu$ $\dot\epsilon\varkappa\delta\dot\epsilon\xi\alpha\sigma\vartheta\alpha\iota$ $\tau\dot\eta\nu$ $\beta\alpha\sigma\iota\lambda\dot\eta\iota\eta\nu$ $\dot\epsilon\lambda\epsilon\gamma\omega\nu$ $\dot\alpha\nu\delta\varrho\alpha$ $M\epsilon\mu\varphi\dot\iota\tau\eta\nu$, $\tau\tilde\omega$ $\varkappa\alpha\tau\dot\alpha$ $\tau\dot\eta\nu$ $\dot{'}E\lambda\lambda\dot\eta\nu\omega\nu$ $\gamma\lambda\tilde\omega\sigma\sigma\alpha\nu$ $ο\dot{\upsilon}\nuο\mu\alpha$ $\Pi\varrho\omega\tau\dot\epsilon\alpha$ $\epsilon\dot{\iota}\nu\alpha\iota$).

Vielfach hat man angenommen (NIEBUHR, LEPSIUS, BRAN-
DIS u. a.), Herodots Ansätze stammten aus der lydischen
Chronologie. Hier habe er zuverlässige oder ihm zuverlässig
erscheinende Daten erhalten, auf deren Grund er die Zeit der
älteren griechischen und ägyptischen Geschichte bestimmt habe.
Aber die Sache liegt vielmehr umgekehrt, die lydischen Zahlen
sind aus dem griechischen Ansatz für Herakles berechnet. Denn
eine wirkliche lydische Chronologie hat es überhaupt nicht gegeben. Die drei aus dem Alterthum für Gyges überlieferten
Ansätze (716 Herodot, 708/5 Xanthos, 698 Africanus und Eusebius) sind sämmtlich den assyrischen Daten gegenüber unhaltbar. Herodots Zahl für die Mermnaden rechnet einfach 5 Könige
= 5 γενεαί = rund 170 Jahre und vertheilt dann diese Jahre
willkührlich unter die einzelnen Könige.[1]) Selbst für Alyattes
haben wir noch keine zuverlässigen Angaben (reg. nach Herodot 617—560, nach den Chronographen 609—561, nach der
parischen Chronik seit 605); lediglich die 14 (Chronogr. 15) Jahre
des Kroesos mögen geschichtlich sein. Wenn es so um die
Mermnaden steht, wie kann da das Datum für die Herakliden
historisch sein? Es ist vielmehr aus dem feststehenden Ansatz
Herakles = 1330 v. Chr. abgeleitet. Daher erklärt es sich auch,
dass das Datum zur Generationenrechnung absolut nicht stimmt
und auch historisch zweifellos viel zu niedrig ist. Ἡρακλεῖδαι
... ἄρξαντες ἐπὶ δύο τε καὶ εἴκοσι γενεὰς ἀνδρῶν ἔτεα πέντε
τε καὶ πεντακόσια, παῖς παρὰ πατρὸς ἐκδεχόμενος τὴν ἀρχήν
(I 7). 22 Generationen würden nach Herodots Rechnung 733$\frac{1}{3}$ J.
ergeben. Es liegt hier der umgekehrte Fall vor wie bei Proteus. Beidemale sind die Ansätze für die orientalische Geschichte nach dem griechischen Datum bestimmt: Proteus wird

---

1) Auch hier haben Herodots Angaben eine längere Vorgeschichte.
Aus den 170 Jahren (+ 14 Tagen) folgerte man, dass die Mermnaden-
dynastie, der für Gyges' Usurpation die τίσις ἐς τὸν πέμπτον ἀπόγονον
Γύγεω bestimmt war (I 13), durch Apollos Gunst drei Jahre über die
πεπρωμένη, d. h. die den 5 γενεαί zustehenden 167 Jahre, hinaus regiert
habe (I 91, s. SCHOENE Hermes IX 496). In Wirklichkeit ist das ein Zirkel-
schluss [G. d. A. I 413 hatte ich das noch nicht erkannt]. Es stimmt vollständig zu dem bekannten Charakter des herodoteischen Werkes, dass er
diese religiös gefärbte Chronologie aufnahm und vielleicht um ihretwillen
die Daten derjenigen Quelle, die er für die Herakliden benutzte, verwarf,
s. o. S. 162 f.

dadurch viel zu hoch, der Heraklide Agron viel zu niedrig angesetzt.

Von hier aus ergibt sich zugleich, dass der Rahmen von Herodots älterer Geschichte Lydiens nicht lydischen sondern griechischen Ursprungs ist. Nicht aus einheimischer Ueberlieferung stammt das lydische Königshaus der Herakliden (aus dem Duncker Sandoniden gemacht hat — dass Sandon in Lydien nichts zu thun hat, sondern lediglich nach Kilikien gehört, habe ich ZDMG. XXXI 736 ff. gezeigt), sondern aus der griechischen Sage, welche Herakles zur Omphale führt: Alkaios ist der Sohn des Herakles und einer Sklavin der Omphale (Her. I 7; vgl. Hellanikos fr. 102 bei Steph. Byz. Ἀκέλης· πόλις Λυδίας ... ἔοικε δὲ λέγεσθαι ἀπὸ Ἀκέλου, τοῦ Ἡρακλίους καὶ Μάλιδος παιδὸς, δούλης τῆς Ὀμφαλίδος, ὡς Ἑλλάνικος). Jetzt wo wir sehen, zu wie grossen chronologischen Unzuträglichkeiten die Anknüpfung der lydischen Könige an Herakles führt, werden wir kein Bedenken mehr tragen, Herakles (oder einen ihm entsprechenden lydischen Gott) aus der einheimischen lydischen Ueberlieferung zu streichen. Damit fallen auch die zwei Dynastien, Atyaden und Herakliden, welche bei Herodot auffallender Weise der historischen Dynastie der Mermnaden vorausgehen. Die Lyder selbst wussten vor den Mermnaden nur von einem Geschlecht von 22 Königen, das bis in die Urzeit hinaufragte und auf Atys und seinen Sohn Lydos, die Begründer des Volks (Herod. I 7. Xanthos fr. 1 bei Dion. Hal. I 28), zurückging. Durch die Einführung der griechischen Heraklessage ist diese Dynastie bei Herodot — natürlich nicht von ihm sondern schon vor ihm — in zwei zerrissen worden. Die einheimische Ueberlieferung hat offenbar Xanthos gegeben; den Atys und Lydos kennt er, aber keine Spur weist darauf hin, dass er von den den Herakliden etwas wusste. Bei Nikolaos Dam., der im wesentlichen dem Xanthos folgt, aber ihn mit Herodot contaminirt hat (so notorisch in der Kroesosgeschichte), finden sich die Herakliden allerdings fr. 49, 60 Müller, aber in einer fast wörtlich aus Herodot I 13 entnommenen Einlage über den Spruch des delphischen Orakels, der Gyges' Thronbesteigung zulässt (ὅτι τοῖς Ἡρακλείδαις εἰς πέμπτην γενεὰν ἥξοι τίσις παρὰ τῶν Μερμναδῶν). Auch hier zeigt sich übrigens deutlich, dass Herodot den Xanthos nicht gekannt oder benutzt hat. Diese weit verbreitete und immer wieder neu auftauchende Meinung entbehrt jedes Schattens von Begründung: wo beide Schriftsteller dieselben Ereignisse berichten, weichen sie durchweg aufs stärkste von einander ab. Z. B. heisst Gyges' Vorgänger, Herodots Kandaules, bei Xanthos Sadyattes (Nic. Dam. 49). Offenbar hat Xanthos frühestens gleichzeitig mit Herodot (fr. 3 aus Eratosthenes bei Strabo I 3, 4), vermuthlich aber noch etwas später, um 420 v. Chr., geschrieben.[1])

Wie mit den Lydern verhält es sich auch mit den Assyrern. Die 520 Jahre des assyrischen Reiches sind durchaus unhistorisch, und können gleichfalls nur aus der Anknüpfung des Ninos an Herakles entstanden sein. Dass es um die Jahre der Meder, welche den Schlusstermin der Assyrerherrschaft bilden, nicht anders bestellt ist, als um die der Mermnaden, haben wir bereits gesehen. Im übrigen ist es wohl schwerlich Zufall, dass Agron von Herakles um ebenso viele Generationen absteht, wie die Söhne des Aristomachos, so dass die Begründung der Herrschaft der Herakliden im Peloponnes und in Lydien in dieselbe Zeit fallen würde.

Ziehen wir die Summe der bisher gewonnenen Resultate, so ergibt sich:

1. Die Daten Herodots für die griechische Sagengeschichte sind nicht der orientalischen Chronologie entnommen, sondern müssen aus der griechischen Ueberlieferung erklärt werden.

2. Sie sind nicht von Herodot aufgestellt, mit dessen Grundsätzen sie vielmehr in Widerspruch stehen, sondern von ihm

---

1) Ich benutze diese Gelegenheit, um ein anderes angeblich auf Lydien bezügliches Fragment des Nikolaos, das MÜLLER auch unter die Ueberreste des Xanthos aufgenommen hat (zu fr. 5), richtig zu stellen. Ich meine fr. 71 MÜLLER, 70 DINDORF, aus Const. porphyr. de themat. I 3, eine Geschichte von Alyattes und mysischen Colonisten in Kleinasien. Es ist die Geschichte, welche Herod. V 12 von Darius und den Paeonern erzählt. Hier liegt nicht etwa eine Uebertragung vor, sondern einfach eine Flüchtigkeit Constantins. Das wird nicht nur durch die wörtliche Uebereinstimmung mit Herodot bewiesen, sondern vor allem dadurch, dass Constantin das 18. Buch des Nikolaos citirt — die Emendation 8 ist verkehrt. Die lydische Geschichte des Nikolaos endete im 7. Buch, aber dass er im 18. erst bei Darius und dem ionischen Aufstande war, ist nach der weitschweifigen Oekonomie seines Werkes sehr begreiflich. Auch THRAEMER Pergamon 325, 1 hat auffallender Weise diesen Zusammenhang nicht richtig erkannt.

aus einem älteren Schriftsteller ohne weitere Begründung entnommen. Sie müssen also auf eine anerkannte Autorität zurückgehen.

3. Sie sind bereits vor Herodot benutzt worden, um die
Dauer des assyrischen Reiches und der Herrschaft der Herakliden in Lydien zu bestimmen, und zwar indem man mittels
der Rechnung von drei Generationen auf ein Jahrhundert von
dem Datum Herakles = 1330 v. Chr. aus ihren Anfang, aus
der Königsreihe der Mermnaden und der Meder ihren End-
punkt bestimmte.[1]) Der Urheber der Daten muss also geraume
Zeit vor Herodot gelebt haben. In derselben Weise hat dann
Herodot selbst von dem Datum Fall Trojas = 1250 aus die
Zeit der ägyptischen Könige Proteus und Moeris bestimmt.

Fragen wir nun, wer die Daten aufgestellt hat, so lässt
sich völlige Sicherheit allerdings nicht gewinnen; aber mit
grösster Wahrscheinlichkeit wird man sie auf Hekataeos zurückführen dürfen. Herodot's unmittelbare Vorgänger und Zeitgenossen, wie Pherekydes, Akusilaos u. a., sind durch die unter
3. aufgeführte Erwägung ausgeschlossen; auch findet sich keine
Spur, dass sie auf Herodot irgend welchen Einfluss geübt
hätten. Dagegen steht Herodot noch ganz unter dem Einfluss
des Hekataeos. Wo er mehr weiss als dieser oder ein anderes
Weltbild gewonnen hat, wie in der Geographie, polemisirt er
gegen ihn; dadurch wird es nur um so wahrscheinlicher, dass
er in anderen Fällen sich ihm anschliesst, namentlich wenn er
für den Gegenstand weder Sinn[2]) noch inneres Interesse hat,

---

1) Dass diese Rechnungen nicht von Herodot selbst angestellt sein
können [etwa in seinen Ἀσσύριοι λόγοι], ergibt ihre oben gegebene Analyse. Ueberdies würde Herodot sich ganz anders ausdrücken, wenn er
sie selbst berechnet hätte — ganz abgesehen davon, dass das garnicht zu
seiner Arbeitsweise stimmen würde. Die 505 resp. 520 Jahre hat er offenbar als feste übernommen und ihrem Ursprung nicht weiter nachgespürt.

2) Das beweist sowohl die verkehrte Abrundung der 341 Generationen
auf 11340 Jahre II 141, wie die falsche Berechnung der Tagezahl von
70 Jahren I 32 und die falsche Angabe über das ägyptische Jahr II 4.
Das Wesen des Kalenders ist Herodot offenbar völlig dunkel geblieben.
Das stimmt vortrefflich zu seinem Erdbild und seiner Theorie über die
Sonnenbahn und die Wirkung der Winde II 24 ff. Alle Fortschritte der
Naturwissenschaft lassen ihn kalt; die Lehre von der Kugelgestalt der
Erde, die er gelegentlich gehört haben muss, wird ihm als Einfall eines

wie bei der Chronologie. Dass Hekataeos in seinen Genealogien ein allgemeines chronologisches System aufgestellt haben
muss, ist ja zweifellos; und es wäre seltsam, wenn dasselbe
ganz ohne Wirkung geblieben wäre.

Hekataeos — man gestatte mir, fortan diesen Namen zu
gebrauchen — hat wie alle Chronologen seine Daten mittels
der griechischen Stammbäume gefunden. Aber er hat die
Generation nicht zu $33\frac{1}{3}$ sondern zu 40 Jahren gerechnet. Das
wird sofort klar, wenn wir den Stammbaum der spartanischen
Agiaden (Herod. VII 204) von dem Datum Herakles — 1330
aus mit den entsprechenden Zahlen versehen.[1])

1330 v. Chr. 1. Herakles,
1290 „ 2. Hyllos [am Ende seiner Generation 1250 Zerstörung Trojas],
1250 „ 3. Kleodaios,
1210 „ 4. Aristomachos,
1170 „ 5. Aristodamos [dorische Wanderung],
1130 „ 6. Eurysthenes,
1090 „ 7. Agis,
1050 „ 8. Echestratos,
1010 „ 9. Labotas,
970 „ 10. Doryssos,
930 „ 11. Agesilaos,
890 „ 12. Archelaos,
850 „ 13. Telekles,
810 „ 14. Alkamenes,
770 „ 15. Polydoros (1. messen. Krieg ca. 735—715),
730 „ 16. Eurykrates.

Verrückten erschienen sein. — Nach all diesen Proben ist es übrigens
garnicht unmöglich, dass Herodot selbst sich bei der Bestimmung der Zeit
des Anysis verrechnet hat (oben S. 165, 1).

1) Der Eurypontidenstammbaum (Herod. VIII 131) hat, da Soos noch
nicht zwischen Prokles und Eurypon eingefügt ist, eine Glied weniger.
Das würde sich aber bei Archidamos S. d. Zeuxidamos reg. 469 - 427 aus-
gleichen, da sein Vater nicht zur Regierung gekommen ist. Er steht mit
seinem Mitkönig Pleistoanax nach Herodots Stammbaum auf gleicher Linie,
nach den späteren, die Soos eingeschoben haben, um für die ältere Zeit
die zeitgenössischen Könige der beiden Häuser auf dieselbe Linie zu
bringen, um eine Stufe tiefer.

690 v. Chr. 17. Anaxandros,
650 „ 18. Eurykratidas,
610 „ 19. Leon,
570 „ 20. Anaxandridas, Zeit des Kroesos ca. 560—520,
530 „ 21. Kleomenes † ca. 488, Leonidas † 480,
490 „ 22. Pleistarchos 480—458, Pausanias † 469/8,
450 „ 23. Pleistoanax 458—408.[1])

Je weiter wir hinabgehen, desto mehr nähern sich die gewonnenen Ansätze der Wirklichkeit. Der einzige ältere König, dessen Zeit wir annähernd bestimmen können, Polydoros, steht noch beträchtlich zu hoch; bei Anaxandridas ist nahezu, bei Kleomenes vollständig das richtige Datum gewonnen. Allerdings hat sein Bruder Leonidas noch 10 Jahre über den supponirten Endtermin der Generation 490 hinaus gelebt; auch ist zu beachten, dass die vier Brüder Kleomenes Dorieus Leonidas Kleombrotos sämmtlich im besten Mannesalter gestorben sind, diese Generation also ihr normales Ende nicht erreicht hat. Andererseits empfiehlt sich der Einschnitt um 490 auch durch den gleichzeitigen Regierungswechsel im Eurypontidenhause (Demarat wird 490 abgesetzt, sein Nachfolger Leotychides steht eine Generation tiefer). Für die folgenden Generationen dagegen, Pleistarchos und Pleistoanax, passt der Einschnitt 450 bereits nicht mehr. Pleistarchos stirbt schon acht Jahre vorher — das gleicht sich dann allerdings durch Pleistoanax' lange Regierung wieder aus — die eigentlich für diese Generation massgebenden Männer, Pausanias und Leotychides, werden noch um weitere 10 Jahre vorher (469/8) der eine getödtet, der andere abgesetzt. Demnach ist es weitaus das wahrscheinlichste, dass die Ansätze von einem Schriftsteller herrühren, der um 500 v. Chr. lebte und mit dem Tod des Kleomenes und der Absetzung Demarats eine Generation abschloss. Wie vortrefflich das für Hekataeos passt, bedarf keiner Bemerkung; sein Auftreten beim ionischen Aufstand (Herod. V 36. 125) lehrt ja, dass seine Generation in die Jahre 530—490, eben in die Zeit des Kleomenes, zu setzen ist. Dies Resultat wird auch nicht geändert, wenn wir in Betracht ziehen, dass

---

1) Dass Pleistoanax nicht der Sohn des Pleistarchos sondern der seines Vetters Pausanias ist, ist für die Generationenfolge gleichgültig.

der Ausgangspunkt unserer Rechnung (Herodot = 430 v. Chr.)
nur ein aproximatives, kein absolutes Datum ist, und in Folge
dessen alle Ansätze aufwärts wie abwärts um ein paar Jahre
verschoben werden können.

Dagegen lässt sich allerdings nicht mit Sicherheit behaupten, dass Hekataeos gerade den Herakliidenstammbaum in
erster Linie seiner Rechnung zu Grunde gelegt hat. Derselbe
war zwar auch im Jahre 500 schon der wichtigste aller griechischen Stammbäume — wie es der einzige uns vollständig
erhaltene und im Detail controllirbare ist —, aber neben ihm
standen dem Schriftsteller zahlreiche andere zur Verfügung.
Zunächst, wenn er von Adel war, wie Hekataeos und Herodot,[1]) der eigene. Von Hekataeos wissen wir, dass er sich im
16. Gliede auf einen Gott zurückführte (Herod. II 143); der
Heros, von dem sein Geschlecht abstammte, stand also 15 Generationen vor ihm (beide eingeschlossen), wäre mithin bei
40jähriger Generationsdauer auf 1090—1050 anzusetzen.[2]) Das
wäre die Epoche der ionischen Wanderung; denn diese fällt
zwei Generationen nach der dorischen Wanderung 1170 v. Chr.
Denn durch die Dorer wird Melanthos aus Pylos verjagt und
gewinnt in Athen das Königthum (Herod. V 65. Paus. II 18, 8);
nach dem Tode seines Sohnes Kodros aber ziehen die Ionier
unter Neileus nach Milet (Herod. IX 97. Paus. VII 2)[3]). Der
Einwand, der erhoben werden könnte, es sei unwahrscheinlich,
dass der gottentsprossene Stammvater eines Adelsgeschlechts

---

1) s. Anhang 2 S. 193.

2) Nach Herodots Rechnungsweise käme er auf 1000 v. Chr. zu stehen,
also auf alle Fälle beträchtlich nach der ionischen Wanderung, welches
Datum man auch für dieselbe annehmen mag.

3) Diese Erwägung hat auch zu dem uns in der Literatur allein erhaltenen Ansatz der ionischen Wanderung 60 Jahre nach der dorischen geführt.
60 Jahre sind offenbar 2 Generationen zu 30 anstatt 33⅓ Jahren. Daher
erhalten Melanthos 37, Kodros 21 Jahre, zusammen 58 (Kastor bei Euseb.
chron. I 156. exc. Barb. p. 40 b). Dieselbe Generationsrechnung führt aber
auch dazu, den Abstand von der Einnahme Trojas bis zum Herakliden-
zug auf 60 Jahre zu verkürzen, und so rechnet denn auch die attische
Königsliste. Die Einnahme Ilions fällt nach der Sagengeschichte ins vor-
letzte (chron. par.) oder letzte Jahr des Menestheus oder in das erste des
Demophon (Clem. Alex. Strom. I 104, gewöhnlich als fr. 143 des Hellanikos
bei MÜLLER benutzt, wo aber die Stelle ganz verstümmelt abgedruckt ist).
Die folgenden Könige bis auf Melanthos regieren

in so späte Zeit, ans äusserste Ende der mythischen Epoche, gesetzt worden sei, wird dadurch hinfällig, dass nach officiellem Zeugniss der Ahnherr der Poseidonpriester von Halikarnass, Telamon Sohn des Poseidon, zur Zeit der Gründung der Stadt lebte; diese aber kann frühestens der ionischen Wanderung gleichzeitig angesetzt werden.[1]) Wie Hekataeos oder die Priester

	nach Kastor bei Eusebius	nach Africanus
Demophon	33 Jahre.	35 Jahre,
Oxyntas	12 „	14 „
Apheidas	1 „	1 „
Thymoites	8 „	9 „
	54 Jahre.	59 Jahre.

[Die Differenz gleicht sich dadurch aus, dass Menestheus nach Eusebius wie nach der par. Chronik 23 Jahre, nach Africanus nur 19 Jahre regiert.] Deutlich liegt hier die Annahme zu Grunde, dass von der Einnahme Ilions bis zum Herakliedenzug 60 Jahre verlaufen seien, wie Strabo XIII 1, 3, offenbar nach Ephoros, auch angibt: ἑξήκοντα ἔτεσι τῶν Τρωικῶν ὕστερον, ἐπ' αὐτὴν τὴν τῶν Ἡρακλειδῶν εἰς Πελοπόννησον κάθοδον. In der parischen Chronik sind diese Ansätze wahrscheinlich nur ganz wenig modificirt. Sie setzt den Fall Trojas 1209, die ionische Wanderung entweder 1077 (so alle älteren) oder 1087 v. Chr. (so GUTSCHMID bei FLACH chron. par. 15; erhalten ist nur ΛΙΙΙ, das zu 813 oder 823 ergänzt werden kann, die Datirung nach dem attischen König ist durch ein Abschweifen in Zl. 39 verschrieben, βασιλεύοντος Ἀθηνῶν Μενεσθῶς τρεισκαιδεκάτου ἔτους statt βασ. 49. Μέδοντος ... ἔτους). Letzteres Datum ist viel wahrscheinlicher. Dann beträgt der Abstand beider Ereignisse 122 Jahre, eine geringfügige pragmatisirende Correctur von 120. Jedenfalls ist die alte Annahme, dass das der Chronik zu Grunde liegende System die dorische Wanderung 60 Jahre nach Trojas Fall ins J. 1149 ansetzte, richtig, so problematisch auch manche weitere Folgerungen von BOECKH und BRANDIS sind. — Da Kastor den Daten des Eratosthenes folgt, welcher die 60 Jahre von der dorischen zur ionischen Wanderung festhielt, aber jene 80 Jahre nach Trojas Fall ansetzte, haben sich bei ihm alle Ereignisse um eine Regierung verschoben: der Herakliedenzug steht unter Melanthos, die Aufnahme der aus Achaia vertriebenen Ionier unter Kodros (Pausan. VII 1, 9 richtig unter Melanthos), die ionische Wanderung unter Akastos dem Sohne Medons. Dadurch darf man sich nicht auf eine falsche Fährte locken lassen.

1) CJG. 2655 = DITTENBERGER sylloge 372. Mit Recht verwirft DITTENBERGER BOECKH's Ansätze. Anthas Sohn des Alkyoneus, der im Stammbaum vorkommt, ist von Anthas dem Gründer von Halikarnass, Sohn des Poseidon, verschieden. Die Gründung von Halikarnass durch die Dorer von Troezen (Kallimachos bei Steph. Byz. Ἄνθης ἐκ Τροιζῆνος μετῴκησε λαβὼν τὴν Δύμαιναν φυλήν) kann frühestens in die Zeit der Enkel des Temenos gesetzt werden. Denn Argos wird von Temenos'

von Halikarnass haben natürlich auch andere angesehene Adels-
geschlechter Ioniens ihren vollständigen Stammbaum gehabt,
der oft in weit höhere Zeit hinaufragte, z. B. der des Thales, der
auf Kadmos zurückging; ebenso die Neliden von Milet u. s. w.
Aber auch die übrige griechische Welt bot Stammbäume in
Fülle. Der Stammbaum der Philaiden von Athen ist uns aus
Pherekydes erhalten (fr. 20, bei Marcellin. vit. Thuc. 3), aber
leider nur in verstümmelter Gestalt, so dass wir ihn nicht zur
Vergleichung heranziehen können.[1]) Dagegen kennen wir den
Stammbaum der Könige von Kyrene. Battos, der Gründer
Kyrenes, vertrat die 17. Generation nach dem Argonauten
Euphemos, dem Eurypylos am Triton die Erdscholle als Sym-
bol der Herrschaft seiner Nachkommen an dieser Küste über-

Sohn Keisos, die übrigen Städte der Landschaft von dessen Brüdern und
ihrem Schwager Deiphontes gegründet; erst die nächste Generation konnte
Colonien gründen. Daher ist Althaimenes der Oekist von Kreta ein Sohn
des Keisos. Dass Telamon Sohn des Poseidon zur Zeit der Gründung
der Stadt lebte, sagt die Inschrift ausdrücklich: τοὺς γεγενημένους ἀπὸ
τῆς κτίσεως κατὰ γένος ἱερεῖς τοῦ Ποσειδῶνος τοῦ κατιδρυθέντος
ὑπὸ τῶν τὴν ἀποικίαν ἐκ Τροιζῆνος ἀγαγόντων Ποσειδῶνι καὶ
Ἀπόλλωνι. Vor der Gründung des Heiligthums kann es keine Priester
gegeben haben. Allerdings erzählen andere auch von einer vordorischen
Gründung von Halikarnass durch Anthes (Strabo VIII 6, 14. XIV 2, 16.
Pausan. II 30, 9). Doch dass diese hier nicht in Betracht kommen kann,
lehrt die Inschrift selbst. Die ἀρχαία στήλη, aus der die Inschrift abge-
schrieben ist, nennt 27 Namen in (wahrscheinlich) 15 Generationen und gibt
ihnen zusammen 504 Jahre. Setzen wir die Gründung von Halikarnass mit
der ionischen Wanderung gleichzeitig um 1090—1030, so wäre der letzte
genannte Priester, nach dessen Tode spätestens das Original aufgestellt
sein muss, um 590–530 gestorben. Ueber den Anfang des sechsten Jahrhunderts wird man aber schwerlich die Abfassung eines derartigen Docu-
ments hinaufrücken können, geschweige denn mit Boeckh bis 691 v. Chr.

1) Zwischen Hippokleides archon 566 und seinem Vater Tisandros
(Herod. VI 128) ist fälschlich Miltiades eingeschoben; aber es fragt sich
ob nicht dafür Namen ausgefallen sind; auch Kypselos, der Vater des
Miltiades des Oekisten der Chersones, fehlt. Denkbar wäre z. B. dass der
Name Tisandros sich wiederholte. Wenn der Stammbaum so reconstruirt
werden darf, wie Müller und Töpffer Att. Geneal. 278 annehmen, so
wäre Hippokleides der 12. Nachkomme des Philaios, Sohnes des Aias
(nach unserer Zählweise, mit Ausschluss des Philaios). Aias würde dann
sehr tief hinabgerückt, bei 40jähriger Generationsrechnung auf 1040 v. Chr.
Es ist möglich, dass der Stammbaum des attischen Adelsgeschlechts so
rechnete; dann war er für den Historiker nicht zu verwerthen.

geben hatte (Pindar Pyth. 4, 16). Wie immer sind auch hier
bei der Zählung beide mitgerechnet. — Wir erhalten also:

1. Der Argonaute Euphemos,

           ⋮

17. Battos I., gründet Kyrene um 631, regiert 40 Jahre
     (Herod. IV 159),
18. Arkesilaos I., regiert 16 Jahre (ib.).
19. Battos II. ὁ εὐδαίμων um 570,
20. Arkesilaos II.,
21. Battos III. ὁ χωλός, Gem. Pheretime († ca. 510),
22. Arkesilaos III., † ca. 520,
23. Battos IV.,
24. Arkesilaos IV., siegt in Delphi 462 (Pindar Pyth. IV).

Euphemos ist Zeitgenosse des Herakles; in seinen späteren
Gliedern ist dieser Stammbaum also dem der Agiaden um eine
Stelle voraus. Gehen wir dagegen von dem wenn nicht ab-
solut so doch approximativ sicheren Datum der Besiedelung
Kyrenes aus, so steht Battos I. um ein Glied tiefer als seine
Zeitgenossen; eine 40jährige Generationenrechnung von 630
aufwärts würde für Euphemos und den Argonautenzug 1270
v. Chr. ergeben.

Aehnliche Discrepanzen zwischen den Stammbäumen werden häufig vorgekommen sein. Im allgemeinen aber hat offenbar zwischen ihnen eine weitgehende Uebereinstimmung geherrscht,[1]) nicht etwa weil sie historisch oder weil sie nach
demselben chronologischen System angefertigt wären — davon

---

1) Allerdings gibt es manche weit kürzere Stammbäume. So vielleicht
der der Philaiden (S. 174), sicher der der molossischen Könige von Epiros.
Zwischen König Tharypas, der im Jahre 429 noch ein Knabe war (Thuk.
II 80), und Pyrrhos dem Sohne des Achilleus lagen nur 15 Generationen
(incl. oder excl.?) Pausan. I 11. Nach der Analogie des Agiadenstamm-
baumes müssten es mindestens 20 oder 21 sein. Der Stammbaum der
Molosserkönige ist aber jedenfalls auch weit später gemacht als der der
altgriechischen Geschlechter. — Erwähnung verdient in diesem Zusammenhange auch, dass der Zakynthier Agathon, dem die dodonäische Weihinschrift CARAPANOS Dodone pl. 22 gehört, sich im 30. Geschlecht von Kas-
sandra ableitete (Ἀγάθων Ἐχεφύλου καὶ γενεά, πρόξενοι Μολοσσῶν ἐν
τριάκοντα γενεαῖς ἐκ Τροίας (sic) Κασσάνδρας, γενεᾶ(ι) Ζακύνθιοι).
Leider lässt sich die Zeit der Inschrift nicht genauer bestimmen.

kann zur Zeit ihrer Entstehung noch keine Rede sein — sondern weil man in den einzelnen Theilen Griechenlands im wesentlichen um dieselbe Zeit begann sie aufzuzeichnen — die geschichtlichen Namen beginnen überall ungefähr im 9. Jahrhundert (G. d. A. II 203) — und weil ihre Ergänzung nach oben bis zum Eponymen und eventuell ihre Anknüpfung an ein Heroengeschlecht der Sage überall nach denselben Principien erfolgte.

Die Möglichkeit ist also vorhanden, dass Hekataeos neben und vor dem Agiadenstammbaum andere Stammbäume benutzte. Doch würde dadurch unser Ergebniss nicht verschoben, sondern nur bewiesen, dass diese mit jenem in der Hauptsache genau übereinstimmten.

Wer der Schriftsteller ist, der Hekataeos' Daten zur Berechnung der Regierungszeit der lydischen Herakliden und der Assyrer verwerthete, muss ganz unbestimmt bleiben. Am nächsten läge es an Dionysios von Milet zu denken, auf den wohl auch sonst manche Trümmer der Ueberlieferung über orientalische Geschichte, die weder aus Herodot noch aus Ktesias oder Xenophon stammen, zurückzuführen sind, z. B. die werthvollen in Justins Geschichte des falschen Smerdis I 9 versprengten Nachrichten[1]) oder der Bericht über Sardanapal's Grabschrift, den Kallisthenes aus einem ionischen Schriftsteller aufnahm.[2]) Doch können auch andere alte Historiker bis auf Charon herab herangezogen werden. Jedenfalls haben sowohl diese Historiker wie Herodot die Ansätze des Hekataeos beibehalten, aber die Grundlage seines Systems, die Rechnung der Generation zu 40 Jahren, aufgegeben; sie sind also auf halbem Wege stehen geblieben. Nur um so deutlicher tritt dadurch hervor, welche Autorität den Ansätzen inne wohnte; ihre Rückführung auf Hekataeos wird dadurch um so wahrscheinlicher.

Unmittelbar nach Herodot hat Hellanikos das System des Hekataeos endgültig umgestossen; unter den späteren Daten wüsste ich keins, das auf seine Ansätze zurückgeführt werden könnte. Aber Nachwirkungen seines Einflusses haben sich

---

1) Ich habe früher vermuthet, dass sie aus Deinon stammen, und das wird auch richtig sein; aber Deinon muss sie einer weit älteren Quelle entnommen haben.

2) S. Anhang 4.

erhalten, vor allem hat sich die Bestimmung des Intervalls
vom Falle Trojas bis zur Heraklidenwanderung auf 80 Jahre
(= 2 gen.) dem kürzeren Ansatze gegenüber behauptet und ist
wahrscheinlich wie von Eratosthenes so schon von Hellanikos
beibehalten worden.[1]) Im übrigen sind im fünften Jahrhundert
offenbar zahlreiche Versuche vorgenommen worden, die Chronologie der Urzeit zu bestimmen, welche theils in der Annahme der Dauer der Generation, theils in den zu Grunde
gelegten Stammbäumen von dem hekatäischen abweichen.
Weder die Mythenhistoriker, wie Akusilaos und Pherekydes,
noch die zahlreichen Localhistoriker konnten an dieser Frage
vorbeigehen; ebenso setzte z. B. Demokrit die Zerstörung Trojas
730 Jahre vor seine Zeit (Diog. Laert. IX 41). Namentlich
verlangte die ältere attische und die auf ihr beruhende ionische
Geschichte Berücksichtigung. Die attische Ueberlieferung bot
eine zwar durchaus secundäre aber eben deshalb um so längere Königsliste: von Menestheus und Demophon, den Helden
des troischen Kriegs, bis auf den letzten lebenslänglichen
König Alkmaeon, dessen Sturz man ins J. 753/2 setzte, zählt
sie nicht weniger als 17 Generationen.[2]) Das führte naturgemäss zur Annahme einer kürzeren Generationsdauer etwa
von 30 Jahren, die uns denn auch in mehreren Ansätzen deut-

---

1) Die seit BRANDIS herrschende Ansicht ist, dass Hellanikos nach
attischer Rechnung (S. 173) den Fall Trojas 1209, die dorische Wanderung
1149 gesetzt habe. Aber bezeugt ist das nirgends; wir wissen nur, dass
Hellanikos den Fall Trojas auf den 12. Thargelion setzte, nicht einmal ob
unter Menestheus oder Demophon (Clem. Al. Strom. I 104). Nun setzt
Thukydides I 12 ausdrücklich die boeotische Wanderung 60, die dorische
so J. μετὰ Ἰλίου ἅλωσιν. Da er zweifellos unter Hellanikos' Einfluss steht
und nach der von diesem eingeführten Aera der Priesterinnen von Argos
datirt (II 2, IV 133; nur aus chronologischen Gründen wird der Brand des
Heratempels, die Absetzung des Chrysis und die Einsetzung des Phaeinis
erwähnt), halte ich es für weitaus das wahrscheinlichste, dass er auch in
diesen Daten dem Hellanikos gefolgt ist.

1) Dieselben sind 1) Menestheus und Demophon, 2) Oxyntas, 3) dessen
Söhne Apheidas und Thymoites und ihr Zeitgenosse Melanthos, 4) Kodros,
5) Medon, 6 - 17) 12 Medontiden von Akastos bis Alkmaion. Das Datum
753/2 ist übrigens nichts weniger als historisch, wie man meist meint;
man hat vielmehr angenommen, dass die 7 zehnjährigen Archonten auch
wirklich jeder 10 Jahre regiert hätten, was historisch im höchsten Grade
unwahrscheinlich ist.

lich entgegentritt (vgl. S. 172, 3). Die uns erhaltenen Daten für
die Regierungszeit der attischen Könige, der sog. lebenslänglichen Archonten, sind freilich noch weiter reducirt; das zu
Grunde liegende Prinzip vermag ich nicht mit Sicherheit zu
erkennen. [1])

Hellanikos hat nun offenbar zwischen den verschiedenen
Systemen einen Compromiss zu gewinnen gesucht, auch ist es
ja möglich, dass ihm wirklich eine mit Jahrzahlen versehene
Liste der argivischen Herapriesterinnen vorlag, nach Art der
Poseidonspriester von Halikarnass (S. 173, 1). Leider vermögen
wir sein System nicht im einzelnen zu reconstruiren. Sein
durchschlagender Erfolg tritt am deutlichsten darin hervor,
dass Thukydides sich ihm anschliesst; bis in die Bilderchroniken der Kaiserzeit können wir seine Wirkung verfolgen.
Den Gelehrten des vierten Jahrhunderts freilich konnte sein
künstlicher Bau nicht mehr genügen; damals begann man ja
überhaupt an der Möglichkeit geschichtlicher Erkenntniss der
Sagenzeit zu verzweifeln (S. 122). So ist es sehr begreiflich,
dass man zu ganz runden Daten griff: Duris und Timaeos
setzen Trojas Fall auf 1000 Jahre vor Alexanders Uebergang
nach Asien. [2]) Genauer zu bestimmen suchte man meist nur
noch die Heraklidenwanderung, für die denn z. B. Timaeos
im Anschluss an Klitarch das Datum 1154 v. Chr., 820 J.
vor Alexander (Clem. Al. strom. I 139) gegeben hat. [3]) Am
consequentesten scheint Ephoros gewesen zu sein, indem er
einfach nach dem Ansatz 3 Generationen auf ein Jahrhundert
rechnete. Er setzte die Heraklidenwanderung 735 Jahre vor
Alexanders Uebergang nach Asien, also 1069 v. Chr. (Clem. Al.
l. c.; ungenau Diodor XVI 76). Von Pausanias † 469 v. Chr. bis
auf Aristodemos und seine Brüder, die Führer der dorischen
Wanderung, sind, beide eingeschlossen, im Heraklidenstammbaum 18 Generationen = 600 J. Es ist wohl zweifellos, dass

---

1) vgl. BUSOLT, griech Gesch. I 404 f.

2) Duris: Clem. Alex. I 139. Für Timaeos ergibt sich das Datum (im
Widerspruch mit der verwirrten Angabe Censorin d. nat. 21) aus fr. 53 und 66.

3) Zu den zahlreichen und stark von einander abweichenden Daten,
die diese Zeit hervorgebracht hat, gehört wohl auch der Ansatz von Trojas
Zerstörung auf 1270 in der herodotischen Homervita 38, in dem man mit
Unrecht eine Einwirkung des ächten Herodot gesucht hat.

Ephoros so gerechnet hat. Daher setzt er auch den Fall Trojas
60 Jahre oder ein wenig mehr vor die Heraklidenwanderung —
denn das Datum Strabo XIII 1, 2 geht auf ihn zurück.

Neben diesen verschiedenen Ansätzen, die im einzelnen
zu verfolgen nicht unsere Aufgabe ist, hat sich für den spartanischen Heraklidenstammbaum immer die alte Generationsrechnung zu 40 Jahren behauptet, und sie liegt auch den uns
erhaltenen Daten für die einzelnen Könige zu Grunde. Nur
hat man bei ihrer Ausbildung der Tradition in grösserem Umfange Rechnung getragen, als das bei einem allgemeinen
Ueberschlag, wie ihn die älteren vornahmen, möglich war, und
namentlich hat man diejenigen Glieder des Stammbaumes, die
nicht zur Regierung gekommen sind, auch nicht mitgerechnet.
Daher fällt bei diesen Ansätzen auch Aristodemos fort; die
spartanische Königsliste beginnt naturgemäss mit Eurysthenes
und Prokles.

Der Beweis dieser These ist für Sosibios mit Sicherheit
zu führen. Aus Clem. Al. Strom. I 117 (fr. 2) wissen wir, dass
er nach den Eurypontiden rechnete; er setzte Homer als Zeitgenossen des Lykurgos ins achte Jahr seines Mündels Charilaos
und gab diesem 64 Jahre. Seinem Sohn Nikandros gab er
39 Jahre und setzte in sein 34stes Jahr die erste Olympiade.
Dazu kommt die bei Censorin 21 erhaltene Angabe, dass er
Trojas Fall 395 J. vor Ol. 1, also 1171/0, setzte.[1] Die Heraklidenwanderung hat er also, da wir ihm ein 80jähriges Inter-
vall zweifellos zuschreiben dürfen, auf 1091/0 gesetzt. Nun
regieren von Prokles bis auf den 491/0 gestürzten Demarat,
den ersten König, dessen Zeit genau bestimmbar war, und mit
dem zugleich die ältere Linie ausgeht, aus dem Eurypontidenhause 15 Könige — Archidamos S. d. Theopompos ist nicht
zur Regierung gekommen —; 15 × 40 sind 600: nach Sosibios
beginnt Prokles 600 Jahre vor Demarats Sturz.

Es lohnt sich seine Daten noch etwas genauer zu betrachten und mit der ihnen zu Grunde liegenden Generationsrechnung sowie mit den Daten des Eratosthenes zu ver-
gleichen.

1) Sie steht allerdings in verdächtiger Umgebung, wird aber durch
die Uebereinstimmung mit den anderen Daten geschützt.

180

Epoche	Sosibios	Eratosthenes[1])
1090	1. Prokles seit 1091,0	seit 1104/3
		Lykurg Regent 885/4
850	7. Charilaos 64 J. seit 873/2	60 J. seit 884/3
810	8. Nikandros 39 J. „ 809/8	38 J. „ 824/3
	sein 34. J. = Ol. 1 = 776/5	
770	9. Theopompos seit 770/69	47 J. „ 786/5
		sein 10. J. = dem Jahr vor Ol. 1 = 777/6
530	15. Demaratos bis 491/0	bis 491/0

Wie man sieht, steht Theopompos genau auf seiner Epoche. Nikandros ist um 1 Jahr gekürzt, Charilaos dagegen erhält

---

1) Die Liste des Eratosthenes liegt uns allerdings nur in argeutstellter Gestalt bei Euseb. I 223 f. aus Diodor vor; Diodor schöpft aus Apollodor, der den Polydektes ausgelassen zu haben scheint. Doch stehen die Daten, auf die es uns allein ankommt, völlig fest. Eratosthenes setzte Lykurg's ἐπιτροπία 108 Jahre vor τὸ προηγούμενον ἔτος τῶν πρώτων 'Ολυμπίων. vor 777/6 (Clem. Al. Strom. I 138: das Datum ist in alter und neuer Zeit vielfach dahin missverstanden worden, dass Lykurg 108 Jahre vor Ol. 1, also 884/3, gesetzt sei), also ins Jahr 885/4. Die Einsetzung der Olympien, d. h. eben das letzte Jahr vor Ol. 1, 777,6 v. Chr., fällt ins 10. Jahr des Alkamenes und Theopompos (Euseb. I 225 u. a.); 60 J. des Charilaos + 38 des Nikandros + 10 des Theopompos = 108 J. Lykurgs ἐπιτροπία beginnt in dem Jahre vor Charilaos' Geburt, das chronographisch offenbar noch dem Polydektes zugerechnet wurde, d. i. in 885/4. Es ist daher falsch, wenn BRANDIS p. 27 die Regierungszeit des Nikandros auf 39 Jahre erhöhen will. Die Zahl 38 wird auch durch die Daten bei Suidas Ἀρχαγέτης d bestätigt. Hier und in dem gleichlautenden schol. Plato rep. X 599 werden allerdings die 60 J. des Charilaos in 18 der Regentschaft des Lykurg und 42 der Eigenregierung des Charilaos zerlegt. GELZER Rh. Mus. XXVIII 10 führt diese Daten wohl mit Recht auf Apollodor zurück. — Ich bemerke noch, dass die Daten des Eratosthenes fast regelmässig falsch reducirt werden (so z. B. bei BRANDIS S. 27, in SCHÄFERS Quellenkunde I 107, bei GELZER Africanus I 42 u. a.) Sein Schema Clem. Al. Strom. I 138 ist folgendes:

Τροίας ἅλωσις	1184/3	
von da bis zum 'Ηραχλειδῶν κάθοδος	80 J. = 1183/2 — 1104/3
„ „ „ zur 'Ιωνίας κτίσις	60 J. = 1103/2 — 1044/3
„ „ „ zur ἐπιτροπία Λυχούργου	159 J. = 1043/2 — 885/4
„ „ „ zum Jahr vor Ol. 1	108 J. = 884/3 — 777,6
von Ol. 1 bis Ξέρξου διάβασις	297 J. = 776,5 — 480/79

Das Ereigniss, welches Epoche macht, fällt jedesmal in das Endjahr des augegebenen Zeitabschnittes. Da es aber für die Rechnung nothwendig war, Ol. 1, 1 nicht als End- sondern als Anfangstermin zu rechnen, ist mit vollem Recht das Jahr vor Ol. 1 als Ende der vorhergehenden Epoche bezeichnet.

anderthalb Generationen — mit vollem Recht, denn sein Vater
ist früh gestorben und er erst nach dessen Tode geboren; er
muss mithin lange regiert haben. — Die eratosthenischen Ansätze lassen sich nicht in gleicher Weise controlliren. Es ist
aber klar, dass die Differenz wesentlich darauf beruht, dass
Sosibios die Eurypontiden, Eratosthenes die Agiaden zu Grunde
legte. Von Eurysthenes bis auf Leonidas † 480 sind 16 Generationen. Würden wir dieselben zu 40 Jahren rechnen, so
käme die dorische Wanderung auf 1120 v. Chr. Eine Ver-
kürzung hat also stattgefunden, aus welchen Gründen, wüsste
ich nicht anzugeben. Doch will ich hier auf die arg zerrüttete
Ueberlieferung der Daten der Agiaden nicht weiter eingehen.[1]
Die Hinaufrückung der dorischen Wanderung bei Eratosthenes
hatte zur Folge, dass die Daten der Nachfolger Theopomps
erhöht werden mussten; dagegen sind die Ansätze für Charilaos
und Nikandros gegen Sosibios verkürzt — aus welchem Grunde,
ist nicht zu erkennen

Dieser Thatbestand lässt nun auf den Werth der spartanischen Königslisten, welche Eratosthenes zum Fundament der
älteren griechischen Chronologie machte, ein grelles Licht fallen.
Es ist ja möglich, dass man in Sparta schon in früher Zeit den
Königsnamen Zahlen beigeschrieben hat; aber wahrscheinlich
ist diese Annahme nicht, und jedenfalls haben diese Zahlen,
wenn sie existirten, niemals auch nur die geringste Autorität
gehabt. Denn jeder Chronolog gibt für die spartanischen
Könige andere Ansätze, fortwährend werden die Daten hin
und her geschoben. Die uns überlieferten Zahlen sind das
Ergebniss eines langen literarischen Processes, nicht Reste alter

---

1) Mit Recht heben BRANDIS p. 28 und ROHDE Rh. Mus. XXXVI 351
hervor, dass die Daten der diodorischen Liste bei Eusebius durch die Angabe Clem. Al. I 117 bestätigt worden, nach Apollodor habe Homer 100 J.
nach der ionischen Wanderung, also 944/3 gelebt, Ἀγησιλάου τοῦ Δορυσσαίου
Λακεδαιμονίων βασιλεύοντος. Nach Diodor regiert Agesilaos (wenn Echestratos 35 J. statt der verschriebenen 31 resp. 37 erhält) 960/59 — 917/6 v. Chr.
Dadurch steht fest, dass die Liste um 30 J. zu kurz ist, und so wird man
in der That versucht, mit BRANDIS und GELZER Africanus I 142 zur Liste
der exc. Barbari p. 42b zu greifen. Doch kann ich mich nicht entschliessen,
den dort eingeschobenen König Menelaos für recht zu halten. Ein derartiges Schwanken der Königsliste scheint mir undenkbar; bei Herodot
und Pausanias findet sich von ihm keine Spur.

Urkunden. — Dazu kommt die völlig äusserliche Art, in der
diese Zahlen festgestellt sind. Die Listen der beiden Häuser
laufen neben einander her, ohne die zwischen ihnen bestehenden
Synchronismen zu berücksichtigen. So kommt es, dass König
Theopompos nicht nur um ein halbes Jahrhundert zu hoch angesetzt, sondern auch durch eine rein äusserliche Nebeneinander-
legung der beiden Stammbäume zum Zeitgenossen des Agiaden
Alkamenes gemacht wird — beide haben nach Eratosthenes
und Apollodor die Regierung in demselben Jahre angetreten —
während doch daran nicht zu zweifeln ist, dass er in Wirklichkeit mit Alkamenes' Sohn Polydoros zusammen regierte.

—

Es ist nicht meine Absicht, mich tiefer in die Geschichte
der griechischen Chronologie einzulassen. Wohl aber möchte
ich noch kurz auf die Ergebnisse unserer Untersuchung für
die Beurtheilung Herodots und die Geschichte der griechischen
Historiographie eingehen, eine Aufgabe, die weit wichtiger ist
als die Untersuchung chimärischer Zahlensysteme, und auch
zu dieser den eigentlichen Anlass gegeben hat.

Zunächst ist, denke ich, die Thatsache, dass Herodot in
der Behandlung der ältesten Geschichte nicht nur von einem
sondern von zwei Vorgängern abhängig ist und ihre Daten
kritiklos übernommen hat, klar erwiesen. Er hat die von
Hekataeos aufgestellten Daten für Herakles, den troischen
Krieg u. s. w. ohne Bedenken übernommen; er hat für die Geschichte der orientalischen Reiche Zahlen verwerthet, die von
einem jüngeren Schriftsteller auf Grund der hekataeischen Ansätze, aber nach einem anderen Princip berechnet sind. Ein
eigenes System hat er nicht; an den paar Stellen, wo er
selbständig Daten berechnet, folgt er wie diese jüngere Quelle
der Generationsrechnung von $33\frac{1}{3}$ Jahren, ohne zu beachten,
dass dieselbe sich mit seinen grundlegenden Daten absolut
nicht verträgt.

Denjenigen modernen Gelehrten, welche Herodot als einen
oberflächlichen Skribenten und elenden Plagiator betrachten,
mit dem sich ernstlich zu befassen kaum lohnt, wird dies Ergebniss vermuthlich willkommen sein und als neue Bestätigung
ihrer Auffassung erscheinen. Ich brauche wohl nicht erst zu

sagen, dass ich diese Ansicht nicht theile. Dass Herodots
Werk eine der reizvollsten und bedeutendsten Erscheinungen
der Weltliteratur ist, wird abgesehen von einigen sehr fortgeschrittenen philologischen Kreisen und einigen orientalistischen
Fanatikern kein Mensch läugnen; und ein solches Werk er-
schliesst sich dem Verständniss nur, wenn man den Gedanken
seines Verfassers sorgsam nachgeht, nicht wenn man es im
Bewusstsein einer weit überlegenen Bildung benutzt um an
ihm seine Sporen zu verdienen.

Dass Herodot seine Vorgänger kennt und benutzt, ist selbstverständlich; es würde ein schwerer Vorwurf sein, wenn er
sie nicht kennte — oder vielmehr, es wäre überhaupt undenkbar.
Er verhält sich aber zu ihnen nicht anders wie alle Zeit bis
auf den heutigen Tag ein späterer Forscher sich zu früheren
verhält — wie denn überhaupt die viel verbreitete Meinung,
die Schriftsteller des Alterthums hätten anders gearbeitet als
die modernen, eben so verkehrt wie verhängnissvoll ist. Auch
wenn Herodot die jüngsten literarischen Erscheinungen ignorirt
haben sollte, so ist das ein Vorgang, den jeder aus der modernen wissenschaftlichen Literatur tausendfach belegen kann
— es genüge hier daran zu erinnern, dass RANKE die gelehrte
Arbeit der letzten Jahrzehnte, ja bei der Abfassung der Welt-
geschichte die eines halben Jahrhunderts, fast durchweg un-
berücksichtigt gelassen hat, aus dem einfachen Grunde, weil
er mit seinen Anschauungen fertig war und aus sich selbst
schöpfte. Gesetzt dass Xanthos *Λυδιακά* oder die ersten Arbeiten des Hellanikos vor Herodots Werk erschienen sind —
eine Annahme, die sich weder beweisen noch widerlegen lässt
— welchen Anlass hatte er, sich um diese Detailarbeiten junger
Leute zu bekümmern, wo er seit Jahrzehnten das Material ge-
sammelt und ein historisches Gesammtbild gewonnen hatte?
Dagegen die älteren Schriftsteller berücksichtigt er, vor allem
den Hekataeos, bei dem allein wir die Beziehungen genauer
nachweisen können.[1] Wo er glaubt ihm überlegen zu sein,

---

1) vgl. DIELS Herodot und Hekatalos, Hermes Bd. XXII. Seine that-
sächlichen Ergebnisse halte ich meist für richtig, aber nicht seine Folgerungen. Wie man von Plagiat reden kann, verstehe ich nicht, und ebenso
wenig kann ich die S. 429 ff. vorgetragenen Ansichten billigen. Wo gäbe
es einen modernen Autor, der nicht aus einem älteren Schriftsteller von

wie in den geographischen Dingen, polemisirt er gegen ihn nicht ohne geringschätzige Aeusserungen, doch ohne seinen Namen zu nennen — wusste doch jeder wen er meinte, genau wie dreissig Jahre später bei den Angriffen des Thukydides auf Herodot —, wo er seiner Meinung nach Recht hat, schliesst er sich ihm an. So übernimmt er aus ihm (fr. 279 bei Arrian anab. V 6) die Bezeichnung Aegyptens als δῶρον τοῦ ποταμοῦ [δῆλα γὰρ δὴ καὶ μὴ προακούσαντι, ἰδόντι δέ — also hat Herodot es vorher gehört[1])], so schliesst er sich ihm in der Beschreibung der Krokodiljagd, des Nilpferdes und des Phönix eng an (Porphyr. bei Euseb. praep. ev. X 3, 16 κατὰ λέξιν μετήνεγκεν βραχέα παραποιήσας), und ähnliche Stellen wird Pollio wohl noch mehrere angeführt haben (ib. X 3, 23). Er hatte eben bei der Ausarbeitung der Beschreibung Aegyptens den Hekataeos zur Hand, genau wie das jeder moderne Schriftsteller auch thun würde; trotzdem bleibt es nicht weniger wahr, dass seine Schilderungen auf Autopsie beruhen und dass Hekataeos und Herodot sich zu einander verhalten wie zwei moderne Entdeckungsreisende, von denen der ältere eine kurze Skizze, der jüngere eine ausführliche Schilderung geliefert hat.

In demselben Sinne hat Herodot auch das chronologische System des Hekataeos und die orientalischen Daten seines Nachfolgers übernommen. Könnte man ihm die Widersprüche klar machen, in die er sich verwickelt — das möchte allerdings bei einem so ganz und garnicht für derartige Dinge veranlagten Kopfe schwer genug gewesen sein —, so würde er sich irgendwie selbständig zu behelfen gesucht haben, wäre Hekataeos schon durch ein neues System verdrängt gewesen, so hätte er sich diesem angeschlossen. Aber näher eingegangen

Bedeutung, gegen den er vielfach polemisirt, daneben wissentlich und unwissentlich vieles übernommen hätte, ohne ihn zu citiren? Und ist es bei uns Brauch den Namen des bekämpften Schriftstellers stets zu nennen — gerade gegenwärtig sind ja Allusionen, die nur dem ganz Eingeweihten verständlich sind, allen anderen aber völlige Räthsel bleiben, wieder sehr Mode — oder jeder Erzählung allbekannter Dinge ein Citat beizufügen?

[1]) Diese Stelle hat DIELS S. 423 sehr richtig beurtheilt — Citirt wird Hekataeos nur VI 137, wo sein Bericht über die Pelasger in Attika gegeben und ihm die attische Variation gegenüber gestellt wird. II 143 ist kein Citat im eigentlichen Sinne.

wäre er auf diese Dinge niemals; er hat dafür nicht das mindeste Interesse: — ἄλλοισι γὰρ περὶ αὐτῶν εἴρηται, ἐάσομεν ταῦτα (VI 55). Die Geschichte der Sagenzeit ist erschöpfend behandelt, hier und da ist wohl noch einmal eine Kleinigkeit nachzutragen, wie über die Eroberung Lakomiens oder über die Pelasger, aber im übrigen lohnt es sich nicht, das so oft Gesagte noch einmal zu wiederholen. [1]) Nur ein Punct interessirt ihn hier: die Abhängigkeit der ältesten griechischen Cultur und Religion vom Orient, speciell von Aegypten; das ist die grosse Entdeckung, die er auf seinen Reisen gemacht hat. Aber im übrigen ist sein Sinn durchaus den wirklich historischen Ueberlieferungen und den realen Verhältnissen zugewandt; nicht was über den Stammbaum der spartanischen Könige zu sagen ist, wiederholt er, er erzählt die Rechte, die ihnen zustehen. Von den grossen und wunderbaren Begebenheiten der griechischen und orientalischen Geschichte will er erzählen, damit sie nicht der Vergessenheit anheimfallen — das ist buchstäblich wahr, denn was wüssten wir, was hätte das Alterthum ohne Herodot davon gewusst? Darin liegt seine Bedeutung, mit Recht trägt er den Beinamen des Vaters der Geschichte.

Es kann nun nicht genug betont werden, an welchem Puncte bei ihm die griechische Geschichte beginnt. Es sind die letzten Jahrzehnte des siebenten Jahrhunderts, die Zeit der Tyrannen und der Kriege der Lyder gegen die Ionier. Darüber hinaus führt keine Ueberlieferung, zwischen der historischen Zeit und der Sagengeschichte liegen die dunklen Jahrhunderte (nach Herodots Chronologie rund 500 Jahre), aus denen es gar nichts zu erzählen gibt. [2]) Wie im Epos und bei den auf seinen

---

1) Selbst in rationalistischer Kritik hatte er seine Vorgänger schwerlich noch viel überbieten können, daher nimmt er auch nur ganz vereinzelt Anlass sie zu üben.

2) Sehr deutlich tritt das Gefühl dieser Kluft und die unbestimmte Empfindung, dass die mythischen Ueberlieferungen wesentlich anderer Art sind als die historischen, in der Angabe hervor, Polykrates sei der erste Grieche, der nach einer Seeherrschaft gestrebt habe, abgesehen von Minos von Knossos und wer sonst etwa vor diesem die See beherrschte; von der sogenannten menschlichen Generation aber war Polykrates der erste (τῆς δὲ ἀνθρωπηίης λεγομένης γενεῆς Πολυκράτης πρῶτος, III 122). Trotz aller Historisirung der Mythen sind eben Minos und Polykrates doch nicht homogen.

Spuren wandernden älteren Logographen schliesst die alte Ueberlieferung mit der dorischen Wanderung und der κτίσις Ἰωνίας
ab; daneben steht ganz unvermittelt die von der Gegenwart
um ein paar Generationen zurück reichende Erinnerung. Die
älteren Logographen haben jene, Herodot zum ersten Male[1]
diese zum Gegenstande der Darstellung gemacht.

Die Kluft ist überbrückt worden zunächst in dürftiger
Weise durch die Localchroniken, die ὧροι, welche mit Hülfe
der Stammbäume und der Beamtenlisten einen ganz dürftigen
von der Urzeit bis zur Gegenwart reichenden Faden herstellten.
Dann kam Hellanikos. Nachdem er die Sagengeschichte noch
einmal systematisch durchgearbeitet hatte, hat er in seinen
Priesterinnen der Hera, in beschränkterem Umfange auch in
seiner Atthis, zum ersten Male eine zusammenhängende, chronologisch geordnete Geschichte der Griechen von der Urzeit
bis zur Gegenwart geschaffen.

Thukydides hat diese ganze Behandlungsweise verworfen:
indem er im Gegensatz zur rationalistischen die historische
Kritik schuf, wies er auch den Weg, auf dem allein die ältere
Geschichte Griechenlands erkannt und dargestellt werden kann.
Aber er fand keinen Nachfolger. Der Rationalismus und seine
Tochter, der Skepticismus, behielten die Herrschaft. Ihnen ist
es zu verdanken, dass die noch im fünften Jahrhundert so klar
vor Augen liegende Kluft zwischen der mythischen und der
historischen Epoche im vierten so vollständig verschleiert
worden ist, dass sie vor dem neunzehnten Jahrhundert n. Chr.,
vor NIEBUHR und seinen Zeitgenossen, Niemand wieder zum
Bewusstsein kam. Massgebend war hier der Einfluss des
Ephoros. Wenn Herodot auf die Sagengeschichte nicht ein-
ging, weil sie so oft erzählt war, Thukydides sie kritisch behandelte, um aus ihr die Grundzüge der Culturentwickelung
zu gewinnen, so liess Ephoros sie als unzuverlässig und unhistorisch bei Seite.[2] De Gedanke freilich, nun etwa erst da

---

1) wenigstens in umfassenderer Weise. Wie weit hier etwa Charon
als sein Vorgänger gelten kann, wissen wir nicht. — Die Schriften über
Geschichte des Orients sind anderer Art, und viel mehr den geographischen
und ethnographischen Schilderungen verwandt, welche seit Hekataeos neben
den Genealogien stehen und wie diese schon im Epos vorgebildet sind.

2) Er spricht dabei einen völligen richtigen kritischen Grundsatz aus

zu beginnen, wo Herodot anfängt, lag ihm fern; es wäre ja in der That ebenso unmöglich wie historisch verkehrt gewesen, die griechische Geschichte so jung zu machen. Also setzte er da ein, wo die Mythengeschichte aufhört und die gegenwärtige Gestaltung der Dinge beginnt, bei der dorischen Wanderung. Von hier an glaubte er festen Boden unter den Füssen zu haben, von hier aus überbrückte er die grosse Kluft bis zum siebenten Jahrhundert. Er konnte das nur auf Grund der zu seiner Zeit bestehenden historischen Verhältnisse. Und so stellte er den Peloponnes in den Mittelpunct nicht der Geschichte der Urzeit — das wäre richtig — sondern der Geschichte von der Wanderung ab, und datirte die Hegemonie Spartas von da an. Dass er damit den wahren Verlauf der griechischen Geschichte geradezu auf den Kopf stellte, ist ihm so wenig ins Bewusstsein gekommen wie allen, die ihm gefolgt sind.

Dabei ist es denn im wesentlichen geblieben. [1]) Zwar kam eine Zeit, wo der Skepticismus noch einen Schritt weiter that und den Anfang der griechischen Geschichte bis auf das erste chronologisch beglaubigte Datum, den olympischen Sieg des Koroibos, hinabrückte. Doch ist das nur eine Verschiebung des Ausgangspunktes, nicht der Methode. Es ist ziemlich gleichgültig, ob man mit Apollodor sagt, die beglaubigte griechische Geschichte beginnt 1184 oder mit Ephoros 1069 oder mit Phlegon und Grote 776 v. Chr.; von der historischen Wahrheit sind alle drei Ansätze gleich weit entfernt, weil die ihnen zu Grunde liegende Anschauungsweise unhistorisch ist. Ja Ephoros

---

(fr. 2): περὶ μὲν γὰρ τῶν καθ' ἡμᾶς γεγενημένων τοὺς ἀκριβέστατα λέγοντας πιστοτάτους ἡγούμεθα, περὶ δὲ τῶν παλαιῶν τοὺς οὕτω διεξιόντας ἀπιθανωτάτους εἶναι νομίζομεν, ὑπολαμβάνοντες οὔτε τὰς πράξεις ἁπάσας οὔτε τῶν λόγων τοὺς πλείστους εἰκὸς εἶναι μνημονεύεσθαι διὰ τοσούτων; vgl. auch fr. 3. Nur ist in der Geschichtsforschung die richtige Durchführung der kritischen Grundsätze die Hauptsache; und zu der fehlte Ephoros die Methode durchaus, die doch bereits Thukydides praktisch entwickelt hatte; vgl. o. S. 122.

1) Dass die Chronographie des Eratosthenes und Apollodor und aller, die ihnen folgten, so z. B. Diodor, etwas früher anfängt, bei dem Falle Ilions, ist nur eine ganz unwesentliche Verschiebung. Eigentlich ist ja schon mit dem troischen Kriege und der Rückkehr der Helden die Sagenzeit zu Ende. Kastor hat dann wieder die Urzeit in seine Chronik mit aufgenommen.

steht entschieden über den Skeptikern, insofern er wirklich consequent ist und mit der dorischen Wanderung einsetzt; was vorher liegt lässt er bei Seite. Dagegen wirklich erst mit Ol. 1. die griechische Geschichte zu beginnen ist so gut wie unmöglich und führt zu solchen Tragelaphen wie Grote's Griechischer Geschichte. Und im Grunde ist doch auch hier der zweite Theil, Historical Greece, nichts anderes als ein etwas umgestalteter Ephoros, in dem die Untersuchungen über Pelasger und Leleger, die dorische Wanderung und Lykurgos den Eingang bilden, während Homer und Hesiod, d. h. alles das was wir wirklich von jener Zeit wissen, ins Schattenland des Legendary Greece verbannt sind.

Ephoros' Behandlung der älteren Griechischen Geschichte ist bis auf den heutigen Tag massgebend geblieben bei denen die ihm folgen wie bei denen die ihn verwerfen; einzig Duncker hat selbständig den Gang der älteren griechischen Geschichte aufzubauen gesucht. Aber Curtius schliesst sein erstes Buch mit der dorischen Wanderung und lässt dann erst die peloponnesische, dann die attische Geschichte folgen, darauf erst die Geschichte der Colonisation; bei Busolt, der wieder einmal die vordorische Geschichte so gut wie völlig gestrichen hat, steht die Geschichte des Peloponnes bis zu den messenischen Kriegen vor der der kleinasiatischen Griechen. Grote endlich, der scheinbar ganz selbständige, was giebt er anders als die verschlechterte ephorische Anordnung? Nach einem Kapitel über die Griechen nördlich vom Isthmos, über die nicht viel zu sagen ist, folgt die peloponnesische Geschichte bis ca. 550, dann Athen bis auf Pisistratos, darauf die kleinasiatischen Griechen, endlich ein Blick auf die orientalischen Culturvölker. Der Ruhm muss dieser Anordnung bleiben, dass eine gründlichere Verkehrung der historischen Ordnung der Dinge schwerlich erfunden werden könnte. Ganz so schlimm ist doch Ephoros nicht verfahren, bei dem von Homer und Hesiod da gesprochen wurde, wo sie nach Ephoros' Chronologie ihren Platz hatten, und auch sonst die kleinasiatischen Griechen viel mehr zu ihrem Rechte kamen, als bei den Neueren.

Anhänge.

1. Ist Herodots Geschichtswerk vollendet?

(Rhein. Mus. XLII, 1887, S. 146 f.)

1. Herodot erzählt VII 213, Ephialtes, der Verräther der
Thermopylen, sei von den Amphiktyonen geächtet, und als er
später nach Antikyra zurückkehrte, von Athenadas aus Trachis
getödtet worden: ὁ δὲ Ἀθηνάδης οὗτος ἀπέκτεινε μὲν Ἐπιαλτέα
δι' ἄλλην αἰτίην, τὴν ἐγὼ ἐν τοῖσι ὄπισθε λόγοισι σημανέω,
ἐτιμήθη μέντοι ὑπὸ Λακεδαιμονίων οὐδὲν ἧσσον. Bekanntlich
ist dies Versprechen in Herodots Werk, wie es uns vorliegt,
nicht erfüllt, und wir wissen daher auch nicht, bei welcher
Gelegenheit Ephialtes seinen Tod fand. KIRCHHOFF (Sitzungsber.
der Berl. Akad. 1885, S. 301 ff.) hat vermuthet, es sei zur Zeit
der thessalischen Expedition des Spartanerkönigs Leotychides
(nach KIRCHHOFFS Ansicht 476/5 v. Chr., nach der von mir für
richtig gehaltenen 469) geschehen, und Herodot verweise auf
die Darstellung, die er in späteren Partien seines Werkes von
diesem Zuge zu geben beabsichtigt habe. Dass letztere Vermuthung nicht richtig ist, lässt sich indessen nachweisen.
Denn Herodot spricht von Leotychides' Zug nach Thessalien,
seiner Bestechung bei demselben, seiner Verurtheilung und
seinem Tode in der Verbannung in Tegea eingehend bereits
im sechsten Buche c. 72. Er fügt hinzu ταῦτα μὲν δὴ ἐγένετο
χρόνῳ ὕστερον. Hätte er die Absicht gehabt, in einem späteren Abschnitt ausführlich von diesen Dingen zu reden, so
würde er im sechsten Buch sich mit einer ganz kurzen Bemerkung begnügt und vor allem am Schlusse gesagt haben:
ταῦτα μὲν ἐν τοῖσι ὀπίσω λόγοισι ἀπηγήσομαι oder σημανέω,

wie I 75. II 38. II 161. VI 39 und in der angeführten Stelle VII 213. Bei welcher Gelegenheit Herodot auf Athenadas' That zurückzukommen beabsichtigte, bleibt demnach nach wie vor unbekannt.

2. Wie VI 72 spricht Herodot auch an zahlreichen andern Stellen seines Werkes von Begebenheiten, die später als das Jahr 479 v. Chr. fallen. So erwähnt er III 160 Megabyzos' Kämpfe in Aegypten mit den Athenern (455 v. Chr.); V 32 die beabsichtigte Vermählung des Pausanias mit der Tochter des Megabates; VII 106 f. erzählt er ausführlich die Eroberung der thrakischen Castelle, speciell Eions, durch Kimon im Jahre 470 (nach andern 476): VII 151 erwähnt er die Gesandtschaft des Kallias und die gleichzeitige der Argiver nach Susa im J. 448; VIII 3 die Uebertragung der Hegemonie auf die Athener 477; VIII 109 Themistokles Flucht nach Asien (465); IX 35 die Kämpfe der Spartaner bei Tegea. Dipaia, Ithome und Tanagra: IX 64 den messenischen Aufstand; IX 105 die Kämpfe der Athener gegen Karystos. An keiner einzigen dieser Stellen sagt er, dass er später von diesen Dingen reden werde; und doch wäre dieser Zusatz wenigstens bei einigen gar nicht zu entbehren, wenn Herodot wirklich die Absicht hatte, dieselben Begebenheiten später ausführlich zu erzählen. Wo er erwähnt, dass in Folge der ὕβρις des Pausanias die Hegemonie zur See auf die Athener übertragen sei, fügt er (VIII 3) hinzu: ἀλλὰ ταῦτα μὲν ὕστερον ἐγένετο, nicht etwa εἰρήσεται oder etwas ähnliches, was im letzteren Falle das einzig naturgemässe war. Und wie konnte er VII 107 ganz ausführlich die heroische Vertheidigung Eions durch Boges erzählen, wenn er die Absicht hatte, dasselbe Ereigniss im historischen Zusammenhange zu berichten? An dieser Stelle liegt nichts weniger vor, als eine beiläufige oder durch den Zusammenhang geforderte Erwähnung eines späteren Ereignisses zur Orientirung des Lesers, wie etwa an den bereits genannten Stellen VII 151, IX 35. 64. 105 oder VII 137 (Schicksal der 430 gefangenen Gesandten der Spartaner nach Persien), VII 233 (Ueberfall von Plataeae durch die Thebaner), IX 75 (Expedition der Athener gegen die Edoner), IX 73 (Verschonung von Dekelea durch die Spartaner); die Erzählung über Eion ist vielmehr eine ausgeführte Episode. Denselben Charakter trägt auch der Abschnitt über Leotychides.

3. Während kein einziges Zeugniss dafür vorhanden ist, dass Herodot sein Geschichtswerk über das Jahr 479 hinaus fortführen wollte, widersprechen die angeführten Stellen dieser von DAHLMANN zuerst aufgestellten und neuerdings namentlich von KIRCHHOFF vertheidigten Hypothese auf das entschiedenste. Es liegt aber auch in allgemeinen Erwägungen kein Grund, durch den dieselbe wahrscheinlich oder gar nothwendig gemacht werden könnte. Man hat gemeint, die Schlacht bei Mykale und die Einnahme von Sestos sei kein Abschluss, weil die Perserkriege weiter fortgingen. Gewiss ist letzteres richtig; aber eben so sicher ist, dass für die Anschauung der Griechen mit der Zeit nach 479 in gleichem Masse und mit demselben Rechte eine neue Zeit anhebt, wie für uns mit dem Jahre 1815. Die Angriffskriege gegen die Persermacht, welche 478 beginnen, tragen einen ganz anderen Charakter, als der grosse Kampf um die Existenz in den Jahren 490, 480 und 479. Herodot VIII 3 unterscheidet beide Perioden scharf; wo er vom Hegemoniewechsel spricht, sagt er: ὡς γὰρ δὴ ὡσάμενοι τὸν Πέρσην περὶ τῆς ἐκείνου ἤδη τὸν ἀγῶνα ἐποιεῦντο; nur das erstere ist Gegenstand seiner Darstellung. Die Begebenheiten seit 478 sind daher auch nie mehr zu den Μηδικά gerechnet worden: IX 64 bezeichnet Herodot ein Ereigniss des messenischen Aufstands durch χρόνῳ ὕστερον μετὰ τὰ Μηδικά — und doch war gerade damals der Krieg Athens gegen Persien in vollem Gange. Nicht anders redet Thukydides: I 23 bezeichnet er als den grössten der früheren Kriege τὸ Μηδικόν (ἔργον), von dem er sagt; καὶ τοῦτο ὅμως δυοῖν ναυμαχίαιν καὶ πεζομαχίαιν ταχεῖαν τὴν κρίσιν ἔσχε. Ebenso sind I 18 und 97 τὰ Μηδικά nur die Ereignisse der Jahre 480 und 479; die Begebenheiten μεταξὺ τοῦδε τοῦ πολέμου καὶ τοῦ Μηδικοῦ will Thukydides erzählen, die früheren Schriftsteller haben nur ἢ τὰ πρὸ τῶν Μηδικῶν Ἑλληνικὰ erzählt ἢ αὐτὰ τὰ Μηδικά. Dass unter letzterer Bezeichnung etwa auch die Schlacht am Eurymedon mitbegriffen werden könnte, ist ihm nicht in den Sinn gekommen. Bekanntlich hat der Terminus τὰ Μηδικά diese begränzte Bedeutung alle Zeit behalten, so gut wie unser Ausdruck „die Perserkriege".

Die vorstehenden Argumente hat grösstentheils schon OTTO NITZSCH in seinem Programm über Herodot, Bielefeld 1873, beigebracht. Da sie aber in den neueren Discussionen nicht

die Berücksichtigung gefunden haben, die sie verdienen, dürfte
es nicht ohne Nutzen sein, sie hier noch einmal in Kürze
wiederholt zu haben.

2. Herodots Sprachkenntnisse.

Dass Herodot die Sprachen der Völker, welche er auf
seinen Reisen besucht hat, nicht kannte, ist zwar schon öfter
hervorgehoben; doch lohnt es sich, die entscheidenden Belege
dafür zusammenzustellen und etwas eingehender zu besprechen.
I. Aegyptisch. Zwar gibt Herodot mehrere aegyptische
Wörter einigermassen correct wieder; so II 69 χάμψαι = κρο-
κόδειλοι ägypt. geschrieben *mshu*,[1]) wo wohl bei der griechischen Wiedergabe die Aspirata durch eine Art Metathesis an
den Anfang des Wortes gerathen ist; II 30 Ἀσμάχ — so die
codd. der Classe des Romanus *R* und des Sancroftianus, Citat
bei Steph. Byz. Αὐτόμολοι mit der unwesentlichen Variante
Ἀσμάχην; die codd. der anderen Classe (*A B C*) haben Ἀσχάμ —
οἱ ἐξ ἀριστερῆς χειρὸς παριστάμενοι βασιλέι, äg. *smhi* „links".
Diese Wörter hat er durch die Dollmetscher richtig kennen gelernt. Dagegen übersetzt er II 143 eins der allergewöhnlichsten
ägyptischen Wörter falsch. Er sagt πίρωμις ἐστὶ κατὰ Ἑλλάδα
γλῶσσαν καλὸς κἀγαθός; das ägyptische Wort *pi rômi* aber
bedeutet einfach „der Mensch"[2]) Und erst dadurch wird Herodots Erzählung wirklich verständlich. Er berichtet, dass
„die Priester mit dem Historiker Hekataeos, als er in Theben
seinen Stammbaum im 16. Gliede auf einen Gott zurückführte,
dasselbe thaten wie mit mir, obwohl ich meinen Stammbaum

---

1) Vocale schreibt die hieroglyphische Schrift im allgemeinen nicht.
2) *pi* ist Artikel. Das Wort Mensch wird hierogl. einmal *rmt* [sprich
romet], sonst mit Auslassung des Nasals *rt*, in späterer Zeit auch *rm* geschrieben. Auslautendes *t* ist im Aegyptischen schon in sehr früher Zeit in
der Aussprache abgefallen. Die Vocalisation steht durch das koptische
rôme fest. Wenn A. WIEDEMANN in dem werthlosen Buch „Herodots
zweites Buch mit sachl. Erläuterungen" 1890 S. 509 diese Thatsache leugnet
und lieber zu den absurdesten Erklärungen seine Zuflucht nimmt, so ist
dass nur ein Beweis von vielen dafür, dass alle Errungenschaften, welche
die Aegyptologie seit anderthalb Jahrzehnten gemacht hat, spurlos an ihm
vorüber gegangen sind.

nicht aufzählte".¹) Sie zeigten ihm die hölzernen Colossal-
statuen der Oberpriester von den Zeiten des Menes an und
erklärten, jeder sei der Sohn seines Vorgängers. [In der ganzen
Zeit sei kein Gott in Menschengestalt auf Erden erschienen
c. 142.] „Und als Hekataeos seinen Stammbaum anführte und
im sechzehnten Glied an einen Gott anknüpfte, zählten sie dagegen ihre Genealogie auf und wollten seine Behauptung, dass
ein Mensch Sohn eines Gottes sei, nicht anerkennen; sie erklärten aber bei der genealogischen Rechnung, jeder der Colosse sei πίρωμιν ἐκ πιρώμιος γεγονέναι, bis sie alle 345 Colosse
durchgegangen waren, wobei sie jeden πίρωμις nannten, und
knüpften sie weder an einen Gott noch an einen Heros an.
πίρωμις aber heisst auf griechisch καλὸς κἀγαθός d. h. ein
Adliger." Man sieht Herodot hat seine Uebersetzung aus Hekataeos entnommen, der mithin eben so wenig ägyptisch konnte,
wie er. Mit der Uebersetzung, jeder der Priester sei ein Adliger
Sohn eines Adligen, lassen Herodot und Hekataeos die Aegypter
Unsinn reden; denn ob die Priester adlig waren oder nicht,
ist für die vorliegende Frage gleichgültig. Setzen wir die
richtige Uebersetzung „Mensch" ein, so ist alles in Ordnung;
dem Griechen, der über das hohe Alter der ägyptischen Cultur
verblüfft ist, weil nach seiner Anschauung noch vor wenig
Generationen die Götter auf Erden wandelten, erwidern die
Prieser auf sein ungläubiges Kopfschütteln, alle diese Statuen
stellten Menschen dar, „Mensch von Mensch gezeugt". Man
sieht, das Gespräch hat wirklich stattgefunden und ist nicht
erst von Hekataeos fingirt. Dass sich dem auf seine Abstammung von den Göttern stolzen Mann der Begriff des Adligen
unterschob, ist begreiflich genug; noch deutlicher als in den
directen Angaben Herodots spricht sich darin der Eindruck aus,
welchen das Bekanntwerden mit dem Alter der ägyptischen
Geschichte auf die Griechen gemacht hat. Es hat ihren Rationalismus nicht erzeugt aber wesentlich bestärkt.

---

1) Diese Stelle beweist, dass Herodot so gut wie Hekataeos seine
γενεαλογία hatte, d. h. einer adligen Familie angehörte. Wäre das nicht
der Fall, so würde Herodots Aeusserung ihn nur lächerlich machen. Aber
Herodot ist bereits über die Standesvorurtheile hinaus; und daher versetzt
er seinem Vorgänger auch hier einen Hieb. [Ich bemerke, dass ich diese
Notiz und die über pirômi schon Philol. NF. II S. 270, 5 publicirt habe.]

Bei dieser völligen Unkenntniss des Aegyptischen wird es verständlich, dass Herodot allen Ernstes behaupten kann, die Namen der meisten griechischen Götter stammten aus Aegypten und seien hier zu allen Zeiten gebräuchlich gewesen (II 43. 50). Er hat eben die meisten einheimischen Namen (ausser Isis Osiris Horos Buto Ammon u. a.) von seinen Führern nie gehört, sondern nur ihre seit langem gangbaren griechischen Aequivalente.

11. Persisch. Ueber die persische Sprache glaubt Herodot eine Entdeckung gemacht zu haben, auf die er nicht wenig stolz ist (I 139): alle ihre Eigennamen gingen auf *s* aus. Mit Recht bemerkt er, dass die Perser selbst davon nichts wussten; die Entdeckung zeigt uns, dass Herodot kein Wort persisch kannte. Denn sie ist von den griechischen Formen der Eigennamen abstrahirt; im persischen haben nur die *i*- und *u*-stämme im Nominativ ein *s*, aber nicht die unter den Eigennamen weit überwiegenden *a*-stämme, bei denen der Nominativ vielmehr vocalisch ausgeht.

Neuerdings hat LAGARDE (Mittheilungen IV S. 372) Herodots Angabe mittels des Alten Testamentes retten wollen; hier zeige der Name *Ahašveroš* = Xerxes pers. *Khšajâršâ* den Auslaut auf *s*, wie *Koreš* = *Kuruš* Κῦρος und *Darjaweš* = *Dârajawahuš*. Diese Behauptung beruht lediglich auf einer seltsamen Flüchtigkeit; LAGARDE hat sich durch die absurde masoretische Vocalisation irre führen lassen. Der Auslaut *š* ist nicht die Nominativendung, sondern der letzte Consonant des Stammes: das hebräische *'hšvrš*, zu sprechen etwa *'achšawaš*, entspricht abgesehen von dem wohl verschriebenen *w* für *j* genau dem Persischen *Khšajâršâ* äg. *Khšjarša*, babyl. *Hiš'arši* (resp. -*šu*, -*ša'*).

Die gleiche Unkenntniss der Sprache verräth die Angabe VI 98,[1]) die Namen der drei Perserkönige Dareios Xerxes und Artaxerxes bedeuteten ἑρξίης, ἀρήιος und μέγας ἀρήιος. Offenbar liegt dieser Deutung die Annahme zu Grunde, Artaxerxes sei ein Compositum von Xerxes. Die griechischen Namen sehen in der That so aus, aber die persischen Formen *Khšajâršâ* und *Artakhšatra* haben, wie man sieht, nicht das mindeste mit ein-

---

1) Die Stelle mit WESSELING für eine Interpolation zu erklären liegt kein Grund vor.

ander zu thun. Von den gegebenen Uebersetzungen ist die von Darcios „der Halter" vielleicht richtig, auch die Wiedergabe von Xerxes *Khsajârsâ*, etwa „der mächtige", durch ἄρηιος kann man vertheidigen, aber *Artakhsatra* heisst nicht μέγας ἄρήιος, sondern „der dessen Reich (oder Herrschaft) vollkommen ist". — Mit diesen Irrthümern steht die Behauptung I 131, Mithra sei eine persische Göttin, auf gleicher Linie.

III. Skythisch. Hier genügt der Verweis auf MÜLLENHOFS Untersuchungen Ber. Berl. Ak. 1866. Ich erwähne nur dass ἀριμάσποι IV 27 nicht μονόφθαλμοι heisst, sondern einer der vielen mit *aspa* „Pferd" zusammengesetzten Stammnamen ist, wahrsch. *arjamâspa* „folgsame Pferde habend"; ebenso bedeutet οἰόρπατα, der skythische Name der Amazonen, nicht ἀνδροκτόροι IV 110, sondern „Männerherrinnen" *vîrapatajâ*. Dem gegenüber können einzelne richtige Uebersetzungen nichts beweisen.

Herodot ist zu beurtheilen wie die zahlreichen modernen Orientreisenden, welche ihre totale Unkenntniss der einheimischen Sprache gleich am Eingang ihrer Werke durch die Behauptung verrathen, das muslimische Glaubensbekenntniss laute allah ill allah, was sie womöglich noch durch die unsinnige „Uebersetzung" Gott ist Gott wiedergeben. Wie kein besonnenerer Forscher den Angaben dieser Schriftsteller über das Religionssystem des Islam und den Zusammenhang seiner Lehre, oder über historische Nachrichten, die selbständige Forschung verlangen, irgend welchen Werth beilegen wird, so wenig ist das bei Herodot gestattet; wie sie ist auch er hier völlig von ungebildeten Dragomännern und von seinen im Lande ansässigen Landsleuten abhängig, die ihm nicht weniger Absurditäten und Fabeln aufgebunden haben, wie jenen. Aber wie jene dabei vortreffliche Beobachter sein, Land und Leute, Sitten und Gebräuche ausgezeichnet schildern können — soweit dafür nicht Kenntniss der inneren geistigen Zusammenhänge erforderlich ist — so auch Herodot. Soweit seine Autopsie reicht, gibt es bei ihm kaum eine Angabe die sich nicht bestätigt hätte; seine Schilderungen z. B. der ägyptischen Feste oder der persischen Sitten und ihrer Religionsübung sind völlig correct und vom höchsten Werthe, obwohl oder vielmehr gerade weil er von dem zu Grunde liegenden religiösen System keine Ahnung hat.

3. Herodot von Thurii.[1])

Aristoteles Rhet. III 9 citirt den Eingang von Herodots Werk in der Form Ἡροδότου Θουρίου ἥδ' ἱστορίης ἀπόδειξις. Ebenso hat offenbar Duris gelesen: Δοῦρις δὲ Πανύασιν Διοκλέους τε παῖδα ἀνέγραψε καὶ Σίμιον, ὁμοίως ὡς καὶ Ἡρόδοτον Θούριον (Suidas s. v. Πανύασις); er bezeichnete die beiden Halikarnassier Panyassis und Herodot nicht nach ihrer ursprünglichen sondern nach ihrer Adoptivheimath. Auch Avien or. mar. 49, der ja alten Quellen folgt, sagt *Herodotus Thurius*. In der hellenistischen Literatur stehen dann beide Lesungen Θουρίου und Ἁλικαρνησσέος neben einander, doch so, dass von den Schriftstellern, die sie citiren, die letztere bereits bevorzugt wird. So Strabo XIV 2, 16 „aus Halikarnass stammt der Historiker Herodot, ὃν ὕστερον Θούριον ἐκάλεσαν διὰ τὸ κοινωνῆσαι τῆς εἰς Θουρίους ἀποικίας; und deutlicher noch Plutarch de exil. 13 τὸ δὲ „Ἡροδότου Ἁλικαρνασσέως ἱστορίης ἀπόδειξις ἥδε“ πολλοὶ μεταγράφουσιν „Ἡροδότου Θουρίου“. μετῴκησε γὰρ ἐς Θουρίους καὶ τῆς ἀποικίας ἐκείνης μετέσχε und de mal. Her. 35 „Herodot sollte den medisch gesinnten Griechen keine so starken Vorwürfe machen; denn während ihn die übrigen Griechen für einen Thurier hielten, rechnet er sich selbst zu den Halikarnassiern, die als Dorer unter jener Weiberherrschaft gegen die Griechen zu Felde zogen“ (καὶ ταῦτα Θούριον μὲν ὑπὸ τῶν ἄλλων νομιζόμενον, αὐτὸν δὲ Ἁλικαρνασσέων περιεχόμενον). Deutlich sieht man aus diesen Zeugnissen, wie die kritisch für richtig geltende Lesart Ἁλικαρνησσέος in die Texte eindringt und das ältere Θουρίου verdrängt. In unseren Handschriften ist das letztere völlig verschwunden.

Schon diese Darlegung zeigt, dass die Lesung Θούριον im Prooemium Herodots die ältere ist, mit andern Worten, dass Herodot selbst so geschrieben hat. Hätte Herodot sich selbst als Halikarnassier bezeichnet, so wäre gar nicht zu verstehen, wie die Variante entstanden wäre, ja schwerlich hätte sich

---

1) Ein Eingehen auf die älteren durchweg überholten Arbeiten über Herodots Leben (darunter den verfehlten Aufsatz von Ad. BAUER Ber. Wien. Ak. Bd. 59, 1878) wird man mir wohl erlassen. Wirklichen Werth hat jetzt noch, so weit ich die Literatur übersehe, einzig der Aufsatz von RÜHL, Herodotisches, Philol. XLI, 1882, 54 ff.

überhaupt irgend welche Kunde davon erhalten, dass er an
der Gründung der Colonie Theil genommen hat. Umgekehrt
aber ist es sehr wohl begreiflich, dass in hellenistischer Zeit,
als der Stolz der einzelnen Städte auf ihre literarischen Grössen
sich entwickelte, die Halikarnassier sich ihren berühmten Lands-
mann nicht entgehen lassen wollten, und dass ihr Anspruch
von der literarischen Kritik anerkannt und durch sie zur Herrschaft gelangt ist. Dass Herodot von Geburt Halikarnassier
war, wird man wenigstens in seiner Heimath immer gewusst
haben, ja er mag hier in jüngeren Jahren eine politische,
literarisch oder urkundlich fixirte Rolle gespielt haben — gehörte er doch zum Adel der Stadt (oben S. 193, 1; daher richtig
bei Suidas: Ἡρ. Ἁλικαρνασσεύς, τῶν ἐπιφανῶν). Auch seine
Verwandtschaft mit Panyassis ist gewiss geschichtlich [nur
wie sie verwandt waren, ob von Vaters oder von Mutters Seite,
war zweifelhaft, s. Suidas Πανύασις], und ebenso der Name
seines Vaters Lyxes und seines Bruders Theodoros — man
sieht nicht ein, aus welchem Grunde letzterer erfunden sein
sollte. Dass Panyassis, doch wohl wegen der Tyrannis, auf
Samos gelebt hat und hier das Bürgerrecht erwarb, steht durch
Duris' Zeugniss fest. Auch dass er durch Lygdamis ermordet
ist (Suidas), mag richtig sein. Dagegen ist die Betheiligung
Herodots am Sturze des Tyrannen von Halikarnass, die Suidas
behauptet, recht problematisch; Herodot war wohl damals noch
zu jung um eine politische Rolle zu spielen. Doch fehlt uns
alles Material um zu einer sicheren Entscheidung zu gelangen.[1]
    Dass Herodot so gut wie Panyassis sich lange auf Samos
aufgehalten hat — freilich nicht um hier ionisch zu lernen,
wie die Fabel meint; das sprach er von Kindesbeinen auf —
lehrt sein Werk. Dann ist er nach Athen gekommen, und hier
mit Sophokles und Perikles in nahe Beziehungen getreten, wie
das für einen angesehenen Bürger aus einer wichtigen Bundes-

---

1) Ueber die fälschlich hierher gezogene Inschrift von Halikarnass
vgl. Rühl Philol. 41. Herodots Erzählungen von Artemisia sprechen nicht
gerade dafür, dass seine Familie von Anfang an im Gegensatz zu den Tyrannen stand; der Conflict (falls er vorhanden war) mag erst nach ihrem
Tode entstanden sein und zur Flucht des Panyassis und seiner Verwandten
nach Samos geführt haben. Doch ist das nicht mehr als eine vage Vermuthung.

stadt, der sich ganz der attischen Reichspolitik angeschlossen hat, natürlich ist.¹) Denn als ein begeisterter Anhänger der attischen Herrschaft und der perikleischen Ideale erweist sich Herodot auf jeder Seite seines Werks; um Perikles' und seines Hauses willen verfolgt er das Andenken des Themistokles und sucht den grössten attischen Staatsmann herabzusetzen wo er kann; um seinetwillen hat er an zwei Stellen seines Werkes versucht, die Alkmeoniden von den Makeln freizuwaschen, die an ihrer Geschichte hafteten, einmal indirect in der Geschichte des kylonischen Frevels, einmal in einer ausführlichen Apologie, die sie von dem Vorwurf des Medismos zur Zeit der Schlacht bei Marathon befreien soll. Beide Versuche sind freilich gründlich missglückt: Herodots Darstellung des kylonischen Frevels widerlegt Thukydides; und seine Vertheidigung gegen den Medismos ist so schief und gekünstelt, dass sie die Richtigkeit der Beschuldigung nur in um so helleres Licht stellt.²)

1) Ich mache darauf aufmerksam, dass Sophokles als erster Hellenotamias im J. 443/2 nach dem Siege des Perikles über Thukydides die Neuorganisation des attischen Bundes und seine Eintheilung in fünf Quartiere durchgeführt hat: CIA. I 237.

2) Davon wissen die meisten Darstellungen der griechischen Geschichte nichts; auch DELBRÜCK in seiner trefflichen Kritik der Schlacht bei Marathon hält den Bericht über den Verrath der Alkmeoniden für thörichtes Gerede (Perserkriege und Burgunderkriege 60 ff.). Aber Altweibergerede hält sich nicht 60 Jahre lang lebendig; Herodot VI 121 ff. zeigt, wie eingehend diese Dinge beim Ausbruch des peloponnesischen Krieges, als die Angriffe auf Perikles begannen, discutirt wurden. Seine Vertheidigung ist so schwach wie nur möglich. Wer wirklich ein lebendiges Bild der damaligen Verhältnisse Athens gewonnen hat, wird an der Richtigkeit der Beschuldigung nicht zweifeln. Seit der Katastrophe Milets hatten die Alkmeoniden allen Einfluss verloren und sahen sich zwischen Themistokles auf der einen, Miltiades auf der andern Seite, die um die politische Leitung Athens mit einander rangen, erdrückt. Da ist es durchaus natürlich, dass sie mit Hülfe der Emigranten und der Perser in die Höhe zu kommen suchten, genau wie die die Aleuaden in Thessalien, oder wie der Alkmeonide Megakles um 555 mit Hülfe des Pisistratos, der Alkmeonide Kleisthenes um 506 mit Hülfe der Perser die Macht zu gewinnen versucht hatten. Dadurch, dass sie den Miltiades, den Themistokles, den Kimon bis in den Tod verfolgten, haben die Alkmeoniden, resp. ihre Erben Xanthippos und Perikles die Herrschaft über Athen gewonnen. — Ueber Herodots Bericht über Kylon s. G. d. A. II. Es ist seltsam, dass NISSEN Hist. Ztschr. NF. XXVII 1889, 419 f. diese Zusammenhänge völlig verkannt hat.

Die Verbindung mit Perikles hat offenbar den Anlass gegeben, dass Herodot mit so vielen anderen hervorragenden
Männern an der Gründung der panhellenischen Colonie Thurii
Theil nahm, die ja den Höhepunkt der perikleischen Politik
bilden sollte. Die Thatsache stand dadurch fest, dass Herodot
selbst sich in seinem Werke als Thurier bezeichnete; sie ist
daher von den Alten benutzt worden um Herodots Lebenszeit
zu datiren (Plin. XII 18. Pamphila bei Gellius XV 23, Diels
Rhein. Mus. XXXI 48). Hier lässt man ihn daher auch gestorben und begraben sein (Suid.; Steph. Byz. Θούριοι) und
verfasste ihm eine Grabschrift mit der thörichten Motivirung,
er habe seine Heimath Halikarnass verlassen vor dem ἄτλητος
μῶμος seiner Mitbürger fliehend.[1]) Andere haben ihn nach
Analogie des Hellanikos, Thukydides, Agathon, Euripides an
den makedonischen Hof gebracht und lassen ihn in Pella sterben
(Suidas s. v. Ἡρόδοτος und Ἑλλάνικος). Beide Annahmen sind
falsch; denn wie sein Werk lehrt und seit Kirchhoffs Nachweisen unbestritten ist, ist Herodot alsbald nach Athen zurückgekehrt und hat hier bis in den Anfang des peloponnesischen
Krieges gelebt. In diese Zeit fallen seine Reisen in Asien und
Aegypten (S. 156) und dann die Verarbeitung des seit langem
von ihm gesammelten und zu Vorträgen benutzten Materials
zu einem planmässigen einheitlichen Geschichtswerke. Was
seine weiteren Schicksale gewesen sind, wird sich nie ermitteln
lassen; mit dem Erscheinen des Werkes versiegt die Quelle
für die Erkenntniss des Lebens des Autors.

Der Grund, weshalb Herodot Thurii verlassen hat, ist offenbar in den politischen Wirren des neugegründeten Gemein-
wesens zu suchen; es ist ihm ergangen wie später dem Lysias
und Polemarchos und dem Euthydemos und Dionysodoros
(Plato Euthydem 271 οὗτοι τὸ μὲν γένος, ὡς ἐγῷμαι, ἐντεῦθέν
ποθέν εἰσιν [da die Ionier aus Athen stammen] ἐκ Χίον,
ἀπῴκησαν δὲ ἐς Θουρίους· φεύγοντες δὲ ἐκεῖθεν πόλλ' ἤδη
ἔτη περὶ τούσδε τοὺς τόπους διατρίβουσιν). Natürlich aber
hat er damit seine Ansprüche auf das Bürgerrecht in der neuen

---

1) Dieselbe Motivirung findet sich, wohl auf Grund des Epigramms,
bei Suidas: ἐπεὶ ὕστερον εἶδεν ἑαυτὸν φθονούμενον ὑπὸ τῶν πολιτῶν.
Der Gedanke lag nahe genug; historische Realität hat er natürlich nicht.

Heimath nicht aufgegeben; er bleibt Thurier, nicht Halikarnassier, auch wenn er aus Thurii verbannt ist, genau wie die beiden letztgenannten (ib. 2SS ὦ ἄνδρες Θούριοι εἴτε Χῖοι εἴθ' ὁπόθεν καὶ ὅπῃ χαίρετον ὀνομαζόμενοι); dass er sich Ἡρόδοτος Θούριος nennt, ist das einzig correcte.

Dass Herodot historische Vorlesungen gehalten hat, lehren Thukydides I 21. 22 und einzelne Andeutungen seines Werkes selbst. Ob er dafür Preise erhalten hat, wie die Alten meinen, wissen wir nicht. Wohl aber hat er vom athenischen Staate eine grosse Belohnung erhalten; das Zeugniss des Diyllos darüber ist offenbar aus den Urkunden geschöpft (Plut. de mal. Her. 26 ὅτι μέντοι δέκα τάλαντα δωρεὰν ἔλαβεν ἐξ Ἀθηνῶν Ἀνύτου τὸ ψήφισμα γράψαντος, ἀνὴρ Ἀθηναῖος οὐ τῶν παρημελημένων ἐν ἱστορίᾳ, Δίυλλος, εἴρηκεν). Die Alten lassen ihm diese Belohnung für eine öffentliche Vorlesung seines Werkes ertheilt werden und setzen sie daher vor die Auswanderung nach Thurii (Euseb. arm. Ol. 83,3 = 446/5. bei Hieron. 83,4 = 445/4 resp. im cod. Regius 84,1 = 444/3 Ἡρόδοτος ἱστορικὸς ἐτιμήθη παρὰ τῆς Ἀθηναίων βουλῆς ἐπαναγνοὺς αὐτοῖς τὰς βίβλους). Das ist eine falsche Combination.[1]) Denn der Antragsteller Anytos ist offenbar kein anderer als der Ankläger des Sokrates, der bekannte Staatsmann der Zeit des Thrasybul; Plato schildert ihn als eifrigen Verehrer der guten alten Zeit, und dazu passt die Bewunderung für Herodot vortrefflich, sie ist das Gegenstück zur Anklage des Sokrates. Anytos' politische Thätigkeit kann aber unmöglich über die letzten Jahre des Perikles und den Beginn des peloponnesischen Krirges hinaufreichen. In dieser Zeit wäre es vielleicht begreiflich, dass dem Herodot als Belohnung für den Muth, mit dem er in glänzender Darstellung Athens Verdienste vor ganz Hellas verkündete, die ungeheure Summe von zehn Talenten geschenkt wäre. Ueberliefert ist das freilich nicht; und sehr möglich wäre, dass die Belohnung für ganz andere Verdienste, die vielleicht mit grossen jetzt wiedererstatteten Auslagen im Zusammenhang standen, ertheilt ist; in dem Psephisma wird dann,

---

1) Dass dies von KIRCHHOFF wie von BAUER gleichmässig zum Ausgangspunkt ihrer Untersuchungen gemachte Datum lediglich auf einer durchsichtigen Combination beruht, hat bereits RÜHL Philol. XLI 71 erkannt und weit früher schon NIEBUHR Kl. Schr. I 118 A. angedeutet.

wie das Usus ist, daneben die athenerfreundliche Haltung Herodots im allgemeinen gerühmt worden sein. Denkbar wäre z. B., dass Herodot in diplomatischen Diensten, etwa bei Verhandlungen mit Persien, für Athen thätig gewesen wäre. Dass über den Grund der Belohnung in der auf uns gekommenen Notiz nichts enthalten ist, kann nicht befremden. — Der mehrfach betretene Ausweg, an dem Psephisma des Anytos festzuhalten, aber die zehn Talente für Ausschmückung zu erklären, ist zwar sehr verlockend, aber methodisch schwerlich zulässig.

Ich schliesse mit einer Bemerkung über die Entdeckung, durch welche MAASS unsere Kenntniss Herodots bereichert haben will: dass die Discussionen der sieben Perser über die beste Staatsform nach der Ermordung des Magiers,[1]) deren historische Realität Herodot zweimal mit grosser Emphase den ihm geäusserten Zweifeln gegenüber versichert (III 80. VI 43), aus einer sophistischen Schrift über die Vorzüge der drei Staatsformen geschöpft seien, die darauf hinauslief, die Frage unentschieden zu lassen; wahrscheinlich sei eine Schrift des Protagoras, den Herodot ja in Thurii kennen lernte, die Quelle.[2]) Ich will dagegen garnicht polemisiren, sondern nur meinen

---

1) Was WILAMOWITZ Hermes XII 331 über diese Stelle behauptet hat, um KIRCHHOFF's Ansicht zu retten, Herodot habe diese Partie 445 in Athen vorgelesen, glaubt er hoffentlich schon lange selbst nicht mehr. Jedenfalls scheint eine Polemik dagegen überflüssig.

2) MAASS zur Geschichte der griech. Prosa, 2. Herodot und Isokrates, Hermes XXII 581 ff. Das von der Uebereinstimmung einzelner Wendungen in Isokrates' Nikokles (§ 14 ff.) mit Herodot hergenommene Argument ist ganz hinfällig; wie wäre es denn denkbar, dass bei einem so unendlich viel behandelten Thema Anklänge vermieden wären? Der Gedanke, dass Isokrates für diese Ausführungen den Protagoras aufgeschlagen hätte, ist geradezu absurd; so schwachköpfig war der angesehenste Literat seiner Zeit doch nicht, um nicht über dies Thema stundenlang aus eigenen Mitteln reden zu können. Ueberdies hat MAASS die Anklänge maasslos übertrieben; sie sind ganz geringfügiger und äusserlicher Natur. Isokrates' Behauptung z. B., in der Demokratie schwimme der einzelne in der Masse (φέρεσθαι μετὰ τοῦ πλήθους), ohne dass seine individuellen Fähigkeiten erkannt würden, hat doch wirklich mit Herodots Worten, die unwissende Masse handle ohne Einsicht und stosse die politischen Angelegenheiten, auf die sie gerathe, ohne Verstand vorwärts wie ein Giessbach (ὠθεῖ τε ἐμπεσὼν τὰ πρήγματα ἄνευ νόου χειμάρρῳ ποταμῷ ἴκελος), nicht das mindeste zu thun.

vollsten Dissensus constatiren. Denn die Voraussetzungen, von denen Maass ausgeht, sind von meinen Ansichten so verschieden, dass ich mir von einer Polemik nicht nur keinerlei Ergebniss verspreche, sondern in der That garnicht wüsste wie ich sie beginnen soll, da dafür jeder gemeinsame Boden fehlt, von dem man ausgehen könnte. Dass Herodot die Erzählung einem älteren Historiker entnommen hat, wäre möglich — wenn ich auch meine, dass man nur Angaben von Persern, denen er Vertrauen schenkte, als seine Quelle betrachten darf; derartige Discussionen so gut wie die I 1—5 berichteten müssen an den kleinasiatischen Satrapenhöfen sehr oft geführt worden sein —; wenn er sie frei erfunden hat, so war er ein Lügner, und dieser Vorwurf ist ihm wenigstens oft genug gemacht worden, so unbegründet er ist. Aber Maass macht ihn zugleich zu einem Dummkopf, der sich einbildet, Erfindungen seines guten Freundes Protagoras dem Publicum als geschichtliche Thatsachen aufbinden zu können — vielleicht meinte er sogar ihm damit eine Schmeichelei zu erweisen, wie sie nach Kirchhoff Sophokles dem Herodot erwies, indem er durch Aufnahme der Intaphernesepisode seine Antigone verdarb. Oder sollte Herodot gar so dumm gewesen sein garnicht zu merken, dass die Discussion am Perserhofe bei Protagoras, oder wer sonst der Sophist war, nur Einkleidung war? Das ist doch mehr als bisher irgend jemand dem Herodot zugetraut hat. Und gesetzt auch, es wäre so, so wäre ihm auch damit nichts geholfen. Denn sein Publicum wäre so dumm nicht gewesen, da hätte es mindestens den einen oder den anderen gescheiten Mann gegeben, der ihn des Plagiats an dem Sophisten überführte oder im anderen Falle über den Sinn der Schrift aufklärte — und dann wäre ihm doch nichts übrig geblieben, als die Erzählung zurückzuziehen.

Es bleibt dabei: von Einflüssen der Sophistik [und sophistischer Rhetorik] kann bei Herodot so wenig die Rede sein, wie etwa in der Beredsamkeit des Perikles.

4. Sardanapals Grabschrift.

(Zu S. 176.)

Ich benutze die Erwähnung der Grabschrift Sardanapals, um die sehr interessante Ueberlieferung über dieselbe noch weiter klar zu stellen, als das von Niese in einem trefflichen Breslauer Programm (de Sardanapalli epitaphio, Sommersemester 1880) geschehen ist — Niese hat namentlich Arrians Bericht falsch verstanden und sehr mit Unrecht an dem Vorhandensein des Denkmals gezweifelt —, und um zugleich den von mir zweimal (in Ersch und Gruber's Encycl. Art. Kallisthenes und G. d. A. I 386 Anm.) gegen Kallisthenes erhobenen Vorwurf, er habe leichtfertig eine Erzählung erfunden, zurückzunehmen.

Wir gehen aus von dem Fragment 32 des Kallisthenes (bei Suidas und Photios s. v. Σαρδ.): Σαρδαναπάλλους ἐν δευτέρῳ Περσικῶν δύο φησὶ γεγονέναι Καλλισθένης, ἕνα μὲν δραστήριον καὶ γενναῖον, ἄλλον δὲ μαλακόν. ἐν Νίνῳ δ᾽ ἐπὶ τοῦ μνήματος αὐτοῦ τοῦτ᾽ ἐπιγέγραπται· „Σαρδανάπαλλος Ἀναχυνδαράξεω (Suid. Phot. -ον) παῖς Ταρσόν τε καὶ Ἀγχιάλην ἔδειμεν ἡμέρῃ μιῇ· ἔσθιε πῖνε ὄχευε, ὡς τά γε ἄλλα οὐδὲ τούτου ἐστὶν ἄξια", τούτεστιν τοῦ τῶν δακτύλων ἀποκροτήματος. τὸ γὰρ ἐφεστὸς τῷ μνήματι ἄγαλμα ὑπὲρ τῆς κεφαλῆς ἔχον τὰς χεῖρας πεποίηται, ὡς ἂν ἀπολήχοῦν τοῖς δακτύλοις. ταυτὸ καὶ ἐν Ἀγχιάλῃ τῇ πρὸς Ταρσῷ ἐπιγέγραπται [ἥτις νῦν καλεῖται Ζεφύριον — dieser Zusatz ist unrichtig, Anchiale liegt bei Zephyrion].

Dass die gesperrt gedruckten Worte von Kallisthenes aus einem älteren ionisch schreibenden Schriftsteller entlehnt sind, hat Niese erkannt; er denkt an Hellanikos, ich würde eher an Dionysios von Milet denken. Der Sardanapal, von dem dieser erzählte, kann nicht der des Ktesias gewesen sein; denn er hat an einem Tage zwei grosse Städte erbaut, und er ist in seiner Hauptstadt begraben, also nicht wie der ktesianische mit ihr zugleich verbrannt.[1]) Wir haben hier noch einen Rest

---

1) Diese Beobachtung hat Klitarch fr. 2 bei Athen. XII 39 zu dem originellen Ausweg veranlasst, Sardanapal habe seinen Sturz überlebt und

der echten vorktesianischen Assyrergeschichte; wir dürfen mit diesem Bruchstück den herodotischen Sardanapal combiniren, den schätzereichen König, den die Diebe bestehlen (II 150).[1]) Bekanntlich ist die Sagengestalt Sardanapals aus dem letzten mächtigen Assyrerkönig Assurbanipal erwachsen, der in der Sage seine ohnmächtigen Nachfolger, unter denen Reich und Stadt vernichtet wurden, mit umschliesst. So ist die Doppel-gestalt Sardanapals zu erklären — als Typus eines Weichlings kennt ihn schon Aristophanes av. 1021. Bereits Hellanikos hat hier Anstoss genommen und zwei Sardanapale unterschieden (schol. Arist. av. 1021, bei MÜLLER fr. 158 falsch citirt: ὁ δὲ Ἑλλάνικος ἐν τοῖς Περσικοῖς δύο φησὶ Σαρδαναπάλους γεγο-νέναι); ihm hat sich, wie wir sehen, sodann Kallisthenes an-geschlossen.

Mit dem sachlichen Charakter des ersten Theils der Grab-schrift, in dem wirklich geschichtliche Thatsachen durchschim-mern (G.d.A. I 386. 406), steht der zweite in auffallendem Wider-spruch. Eins ist aber klar, obwohl es NIESE verkannt hat: die Inschrift mit dem Bilde ist nicht auf Grund der Sage von Sardanapals Weichlichkeit erfunden — wie sollte Jemand auf eine so absurde Erfindung kommen? —, sondern sie ist der Versuch, einen den Griechen räthselhaften Gestus des Bildes zu erklären, und hat weit eher umgekehrt zur Bildung oder doch Weiterbildung der Erzählung von Sardanapals Weichlich-keit Anlass gegeben. Sie setzt also ein wirkliches Denkmal voraus. Es ist ja kein Zweifel, dass assyrische Königsdenk-mäler auf den Trümmern der Hauptstädte Assyriens im sechsten und fünften Jahrhundert noch vielfach sichtbar waren und auch griechischen Reisenden bekannt wurden. Wie das Denkmal aus-gesehen hat, zeigt die nebenstehende einer Stele Samsira-màn's IV. entnommene Abbildung (PERROT et CHIPIEZ hist. de l'art II 621 no. 306). Gleichartige assyrische Sculpturen sind ganz gewöhnlich; es ist begreiflich genug, dass die eigen-artige Haltung des Armes — ein Gestus der Anrufung der

sei in hohem Alter als Privatmann gestorben (γήρᾳ τελευτῆσαι μετὰ τὴν ἀπόπτωσιν τῆς Σύρων ἀρχῆς).

1) Ebenso weiss Herodot bekanntlich nichts von der ktesianischen Semiramis. Seine Semiramis (I 184) ist die babylonische Gemalin des Assyrerkönigs Ramànniràri III. (811—782).

Götter — von dem Scharfsinn der Griechen eine Erklärung forderte. Dabei hat man die echt assyrische schematische Darstellung der geschlossenen Hand als Schnalzen mit den Fingern bezeichnet.

Kallisthenes erwähnt das Monument in Ninive, weil Alexander auf seinem kilikischen Feldzuge in Anchiale ein gleichartiges Denkmal fand¹); dadurch wurde die Angabe der Grab-

inschrift bestätigt, und Kallisthenes excerpirte sie daher aus dem alten Autor. Dem Kallisthenes sind dann wie immer die übrigen Geschichtsschreiber Alexanders gefolgt. Vor allem brachte sie Choirilos, der bekannte Jammerpoet, der Alexanders Thaten besang (Horaz epist. II 1, 233. art. poet. 358. Curt. VIII 5. 8), in Verse (mit Weglassung ihres geschichtlichen Inhalts)

---

1) NIESE's Anmerkung auf S. 7 mit dem merkwürdigen Satz: *nec verisimile est Callisthenem conscripsisse Alexandri res, quippe qui in mediis Alexandri rebus diem supremum obierit* ist mir völlig räthselhaft geblieben. Daran dass Kallisthenes eine Geschichte der Meder und Perser geschrieben hätte, ist nicht zu denken; Περσικά ist der naturgemässe Titel der Geschichte der Perserkriege Alexanders.

— diese 7 Verse sind wie zu Porphyrio's Zeiten (zu Horaz l. l.) so jetzt die einzigen von Choirilos erhaltenen. Sie werden unendlich oft citirt, meist ohne Nennung ihres Verfassers, so z. B. Diodor II 23 in der Geschichte Sardanapals ($\mu\varepsilon\vartheta\varepsilon\rho\mu\eta\nu\varepsilon\nu\vartheta\grave{\varepsilon}\nu$ $\check{\upsilon}\sigma\tau\varepsilon\rho\rho\nu$ $\dot{\upsilon}\pi\acute{o}$ $\tau\iota\nu\sigma\varsigma$ $\H{E}\lambda\lambda\eta\nu\sigma\varsigma$)[1]). Chrysippos bei Athen. VIII 336 a, der sie auch parodirt hat so gut wie schon vor ihm Choirilos' Zeitgenosse, der Kyniker Krates (Diog. Laert. VI 86). Die Autorschaft des Choirilos bezeugt Amyntas, der Verfasser eines Itinerars Alexanders (Athen. XII 529 e): in Ninive befinde sich ein hoher aufgeschütteter Hügel, den Kyros bei der Belagerung der Stadt zerstört habe (es ist die Ruine des Terrassentempels gemeint; die Darstellung ist von der bei Xenophon Anab. III 4, 7 ff. vorliegenden Tradition beeinflusst); er soll das Grab Sardanapals sein, $\dot{\varepsilon}\varphi'$ $o\mathring{\upsilon}$ $\varkappa\alpha\grave{\iota}$ $\dot{\varepsilon}\pi\iota\gamma\varepsilon\gamma\rho\acute{\alpha}\varphi\vartheta\alpha\iota$ $\dot{\varepsilon}\nu$ $\sigma\tau\acute{\eta}\lambda\eta$ $\lambda\iota$-$\vartheta\acute{\iota}\nu\eta$ $X\alpha\lambda\delta\alpha\iota\varkappa o\tilde{\iota}\varsigma$ $\gamma\rho\acute{\alpha}\mu\mu\alpha\sigma\iota\nu$, $\H{o}$ $\mu\varepsilon\tau\varepsilon\tau\varepsilon\gamma\varkappa\varepsilon\tilde{\iota}\nu$ $Xo\acute{\iota}\rho\iota\lambda o\nu$ $\H{\varepsilon}\mu\mu\varepsilon\tau\rho o\nu$ $\pi o\iota\acute{\eta}\sigma\alpha\nu\tau\alpha$, worauf eine Paraphrase des Gedichts folgt.[2]) Dass auch Klitarch das Denkmal erwähnt hat, haben wir gesehen: seine Fassung der Inschrift ist nicht erhalten. Der Urheber der Vulgata über Alexander übergeht den Aufenthalt in Anchiale ganz, nicht nur bei Justin und Diodor — das würde nichts beweisen — sondern auch bei Curtius ist er ausgelassen. Plut. de Alex. virt. II 3 gibt Kallisthenes' Darstellung etwas gemildert ($\dot{\alpha}\varphi\rho o\delta\iota\sigma\iota\acute{\alpha}\zeta\varepsilon$). Genau an Kallisthenes hat sich Apollodor angeschlossen (schol. Arist. Av. 1021, womit Suidas $\Sigma\alpha\rho\delta$. Art. d übereinstimmt), etwas abweichend Klearch von Soli (Athen. XII 529 d), der den Gestus erwähnt, aber als Grabschrift citirt: $\Sigma\alpha\rho\delta$. $\H{A}\nu\alpha\xi$. $\mathring{A}\gamma\chi\iota\acute{\alpha}\lambda\eta\nu$ $\H{\varepsilon}\delta\varepsilon\iota\mu\varepsilon$ $\varkappa\alpha\grave{\iota}$ $T\alpha\rho\sigma\grave{o}\nu$ $\mu\iota\tilde{\eta}$ $\dot{\eta}\mu\acute{\varepsilon}\rho\eta$, $\dot{\alpha}\lambda\lambda\grave{\alpha}$ $\nu\tilde{\upsilon}\nu$ $\tau\acute{\varepsilon}\vartheta\nu\eta\varkappa\varepsilon\nu$. Etwas weiter geht Aristobul. Einmal hat er das gemeine Wort $\acute{o}\chi\varepsilon\upsilon\varepsilon$ durch $\pi\alpha\tilde{\iota}\zeta\varepsilon$ ersetzt (Amyntas sagte $\dot{\eta}\varphi\rho o\delta\acute{\iota}\sigma\iota\alpha\sigma\alpha$) — die Ionismen behält auch er bei —, sodann lässt er das Bild nicht wie Kallisthenes beide Hände über den Kopf ausstrecken, sondern nur mit den Fingern der rechten

---

1) Dass Diodor die Verse des Choirilos anführt, ist ein weiterer Beweis dafür, dass seine Assyrergeschichte nicht direct aus Ktesias geschöpft ist.

2) bei Strabo XIV 5, 9, dem Steph. Byz. s. v. $\H{A}\gamma\chi\iota\acute{\alpha}\lambda\eta$ folgt, wird durch ein begreifliches Versehen Choirilos von dem Gedicht getrennt: $\mu\acute{\varepsilon}\mu\nu\eta\tau\alpha\iota$ $\delta\grave{\varepsilon}$ $\varkappa\alpha\grave{\iota}$ $Xo\acute{\iota}\rho\iota\lambda o\varsigma$ $\tauo\acute{\iota}\tau\omega\nu$· $\varkappa\alpha\grave{\iota}$ $\delta\grave{\eta}$ $\varkappa\alpha\grave{\iota}$ $\pi\varepsilon\rho\iota\varphi\acute{\varepsilon}\rho\varepsilon\tau\alpha\iota$ $\tau\grave{\alpha}$ $\check{\varepsilon}\pi\eta$ $\tau\alpha\upsilon\tau\acute{\iota}$, $\tau\alpha\tilde{\upsilon}\tau'$ $\check{\varepsilon}\chi\omega$ $\H{o}\sigma\sigma'$ $\check{\varepsilon}\varphi\alpha\gamma o\nu$ etc.

Hand schnalzen (τύπον λίθινον συμβάλλοντα τοὺς τῆς δεξιᾶς
χειρὸς δακτύλους ὡς ἂν ἀποκροτοῦντα), wodurch die Uebereinstimmung mit dem oben abgebildeten Denkmal vollständig
wird, drittens redet er von dem Denkmal in Ninive überhaupt
nicht, sondern nur von dem Monument und der Inschrift in
Anchiale (fr. 6 bei Strabo XIV 5, 9 und Athen. XII 530 b).

Wesentlich anders berichtet Arrian. II 5. Die Inschrift
hat zwar παῖζε wie Aristobul und dazu die Andeutung, dass
„im assyrischen Original" ein stärkerer Ausdruck stehe (καὶ
τὸ παῖζε ῥαδιουργότερον ἐγγεγράφθαι ἔφασαν τῷ Ἀσσυρίῳ
ὀνόματι), aber alle bisher consequent bewahrten Ionismen sind
beseitigt,[1] und die metrische Fassung, die Choirilos der Grabschrift gegeben hatte, wird hier dem Urtext zugeschrieben
(οἱ μὲν Ἀσσύριοι καὶ μέτρον ἔφασκον ἐπεῖναι τῷ ἐπιγράμματι,
ὁ δὲ νοῦς ἦν αὐτῷ ὃν ἔφραζε τὰ ἔπη, ὅτι Σαρδ. ὁ Ἀνακ. etc.).
Soweit gibt also Arrian eine jüngere Ueberarbeitung der ari-
stobulischen Fassung. Voran aber geht eine kurze treffliche
Schilderung der Ruinen von Anchiale, oder wie Arrian durchweg sagt, Ἀγχίαλος, und eine wesentlich abweichende Beschreibung des Denkmals: ταύτην δὲ Σαρδανάπαλον κτίσαι
τὸν Ἀσσύριον λόγος· καὶ τῷ περιβόλῳ δὲ καὶ τοῖς θεμελίοις
τῶν τειχῶν δήλη ἐστὶ μεγάλη τε πόλις κτισθεῖσα καὶ ἐπὶ μέγα
ἐλθοῦσα δυνάμεως. καὶ τὸ μνῆμα τοῦ Σαρδαναπάλου ἐγγὺς
ἦν τῶν τειχῶν τῶν Ἀγχιάλου· καὶ αὐτὸς ἐφειστήκει ἐπ᾿ αὐτῷ
Σαρδανάπαλος συμβεβληκὼς τὰς χεῖρας ἀλλήλαις ὡς
μάλιστα ἐς κρότον συμβάλλονται. Also das Bild hat die
Hände zusammengelegt wie beim Beifallklatschen (so wird denn
auch die Inschrift erklärt). Dass das nicht, wie NIESE meint,
eine dem Arrian vorzuwerfende Entstellung der älteren Darstellung ist, sondern eine vortreffliche Beschreibung des assyrischen Denkmals, zeigen zahlreiche Königsstatuen, z. B. die
umstehend abgebildete eines altbabylonischen Königs (PERROT
et CHIPIEZ II Pl. VI). Die Haltung der Hände zeigt den König
im Gebet zur Gottheit; sie bezeichnet sonst häufig die Diener,
welche sich ehrfurchtsvoll dem Herrscher nahen.[2] Gerade die

---

1) auch die Schlussworte sind verändert: ὡς τἄλλα τὰ ἀνθρώ-
πινα οὐκ ὄντα τούτου ἄξια.

2) z. B. PERROT et CHIPIEZ II S. 631. Es wäre daher möglich, dass
das Monument von Anchiale keine Königsstatue, sondern ein Bruchstück

Abweichung von allen anderen Berichten zeigt den hohen
Werth der Beschreibung Arrian's, die durch die Monumente
glänzend bestätigt wird: während alle anderen einfach die
Schilderung des ninivitischen Denkmals aus dem alten Chro-
nisten auf das Denkmal in Anchiale übertragen, hat Arrian's
Quelle das letztere selbständig und genau geschildert. Da
Arrian seine Beschreibung nicht aus Aristobul entnommen haben
kann, kann sie nur aus Ptolemaeos stammen; und dafür spricht
ja auch die Genauigkeit der Angaben. Man kann nur schwanken, ob Ptolemaeos selbst den angefügten Bericht über die
Inschrift aus Aristobul herübergenommen und ein wenig modificirt hat, oder ob Arrian hier einer anderen Quelle folgt. Doch
ist ersteres wohl weit wahrscheinlicher; im anderen Falle blieben die Abweichungen von Aristobul unerklärt.

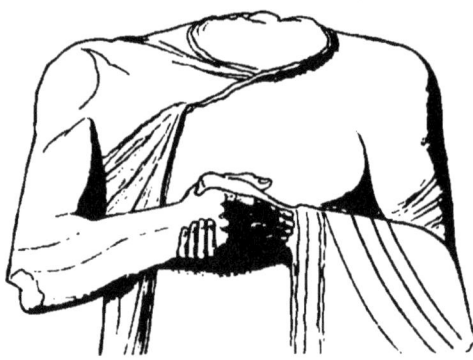

Das Resultat unserer Untersuchung ist, dass beide Monu-
mente, das in Ninive und das in Anchiale, wirklich existirt
haben, aber verschieden gewesen sind. Das Monument von
Ninive hat der alte griechische Schriftsteller auf Sardanapal
bezogen und gute wenn auch möglicherweise nicht völlig historische Nachrichten damit verbunden. Aber wenigstens die
Möglichkeit, dass auf dem Denkmal von der [Eroberung und]
Gründung, d. h. dem Neubau von Tarsos und Anchiale die
Rede war, wird man nicht bestreiten können; und dass die
Assyrer in Anchiale Monumente errichtet haben, steht jetzt
völlig fest. Von eigenem hat der Logograph nur die Deutung
_____
einer grösseren Sculptur gewesen ist und einen Beamten des Herrschers
darstellte.

des Gestus hinzugefügt; dass er dieselbe direct in die Inschrift aufnahm, wird man ihm gern verzeihen.[1]) Dass er selbst die Ruinen von Ninive besucht hat, ist nicht zu bezweifeln. Man wird die Angaben des Amyntas und Aristobul zur Herstellung des ursprünglichen Berichts verwerthen dürfen; offenbar haben beide die von Kallisthenes benutzte Quelle eingesehen und seine Erzählung danach corrigirt. Auch den seltsamen Namen Anakyndaraxes hat man nicht ohne Wahrscheinlichkeit aus dem Eingangswort der Inschrift *anâku* „ich" zu erklären gesucht.

Noch wichtiger aber scheint mir auch hier das methodologische Ergebniss. Man sieht aufs neue, wie falsch es ist, vorschnell den Vorwurf der Erfindung und des Betruges gegen alte Autoren zu erheben. Angaben, die uns als handgreifliche Unwahrheiten erscheinen, erklären sich oft ganz ungezwungen, wenn wir im Stande sind, den literarischen Process, durch den sie auf uns gekommen sind, genau zu verfolgen. Wie selten sind aber die Fälle, wo uns das auch nur in den Hauptzügen möglich ist!

---

1) In ähnlicher Weise ist gewiss die von Aristobul gegebene Grabschrift des Kyros (Strabo XV 3, 7. Arr. VI 29) zu erklären. Die Inschrift kehrt ebenso bei Plutarch Alex. 69 wieder, obwohl dessen Quelle von der Gestalt des Grabes keine Ahnung hat und es sich in der Erde denkt. Bekanntlich stimmt Aristobuls Schilderung vortrefflich zu dem Grabbau des Kyros in Murghab. — Onesikritos dagegen (bei Strabo l. c.) hat geschwindelt wie gewöhnlich.

Lykurgos von Sparta.

Zuerst gedruckt Rhein. Mus. Bd. XLI 1886 und XLII 1887; die wichtigeren
Zusätze sind durch eckige Klammern bezeichnet.

Ich bemerke noch, dass Aristoteles' Politik nach den Kapiteln und
Paragraphen der SUSEMIHLschen Ausgabe citirt ist.

— · ——

14*

Vorbemerkungen.

Ueber die Geschichte der spartanischen Verfassung und die Ueberlieferung von Lykurgos sind in neuerer Zeit so viele Untersuchungen angestellt worden, dass eine neue Behandlung der zahlreichen Probleme, welche uns hier entgegentreten, kaum auf eine günstige Aufnahme wird rechnen dürfen, zumal wenn sie sich von Anfang an als eine Quellenuntersuchung ankündigt. Es herrscht gegen derartige Abhandlungen eine nur zu berechtigte Abneigung, und speciell bei unserem Thema wird die Annahme weit verbreitet sein, das Material sei bereits mehr als genügend nach allen Seiten hin durchgearbeitet und ein sicheres Ergebniss sei eben nicht zu gewinnen. So liegt die Sache aber keineswegs; gerade für die Ueberlieferung über Lykurg lässt sich aus dem reichen uns erhaltenen Material für alle wichtigeren Fragen ein völlig befriedigendes Resultat gewinnen, und es zeigt sich zugleich, dass die bisherigen Untersuchungen trotz mancher ganz richtigen Ergebnisse doch das Hauptproblem methodisch falsch angefasst haben.

Es kann als bekannt vorausgesetzt werden, dass im ganzen fünften Jahrhundert die Ueberlieferung über Lykurg eine sehr unbestimmte und schwankende gewesen ist. Nach Simonides soll Lykurg ein Sohn des Eurypontiden Prytanis gewesen sein, nach Herodot war er ein Sohn des Agis, Xenophon (pol. Lak. 10, 8) setzt ihn in die Zeit der Herakliden, d. h., wie Plutarch (Lyc. 1) richtig erklärt, unmittelbar nach der dorischen Wanderung. Nach Herodot stammt die gesammte bestehende Verfassung von ihm, und zwar hat er sie nach spartanischer Ueberlieferung aus Kreta, nach anderen Angaben aus Delphi geholt. Sein jüngerer Zeitgenosse Hellanikos dagegen wusste von Lykurg überhaupt nichts und bezeichnete die spartanische Verfassung als Werk des Eurysthenes und Prokles.

Im vierten Jahrhundert dagegen stehen die Hauptpunkte der Ueberlieferung über Lykurg fest; die Folgezeit hat wenig mehr daran geändert. Gleichzeitig finden wir Ansätze zu einer spartanischen Verfassungsgeschichte, welche Zusätze und Erweiterungen der lykurgischen Verfassung kennt. Die erste Frage, die wir zu stellen haben, ist also: wie hat sich diese ausgeführte Ueberlieferung, welche uns im vierten Jahrhundert entgegentritt, gebildet?

Für die literarhistorische Untersuchung, welche wir unternehmen wollen, besitzen wir ein für griechische Dinge ungewöhnlich reichhaltiges Material, weit mehr z. B. als für eine Untersuchung über Solon. Ein besonderer Glücksfall ist es, dass sich der Bericht, welchen Ephoros gegeben hat, in seinen Grundzügen fast völlig herstellen lässt. Mit einer Analyse seiner Darstellung wird unsere Untersuchung zu beginnen haben. In den Anmerkungen habe ich die Angaben der Späteren, soweit sie sich mit Ephoros berühren, gleich beigefügt. Es wird sich ergeben, dass, wie es sich erwarten liess, Ephoros zwar nicht für die Darstellung der Verfassung, wohl aber für den geschichtlichen oder biographischen Theil die Grundlage aller nachfolgenden Bearbeitungen geworden ist, so viel auch im einzelnen geändert und erweitert sein mag, und so wenig behauptet werden kann, dass jeder einzelne der späteren Schriftsteller den Ephoros auch nur eingesehen habe; Plutarch z. B. hat ihn sicher nicht selbst benutzt. Ueber einen Gegenstand wie die lykurgische Verfassung ist in der hellenistischen und noch in der römischen Zeit zahllose Male gehandelt worden, von allbekannten Schriftstellern ebenso gut wie von kaum ein- oder zweimal genannten und von völlig verschollenen. Es ist daher ein völlig aussichtsloses Unternehmen, jede Einzelangabe der Späteren auf ihre Quelle zurückführen zu wollen, aber es ist in der Regel auch ziemlich irrelevant, wer diese durchaus secundären Nachrichten zuerst in Umlauf gesetzt hat.[1]) — Ge-

---

1) Dass für Plutarch im Lykurg wie im Solon eine Hauptquelle Hermippos ist, liegt auf der Hand; doch ist es übertrieben, ihn aus einer Hauptquelle zu der Hauptquelle zu machen. Im allgemeinen gilt für Plutarch, dass bei ihm das biographische Material (mit gewissen Einschränkungen) in letzter Linie auf Ephoros, die Darstellung der Institutionen auf Aristoteles (und Xenophon) zurückgeht. [Weiteres s. III.] Die Hypo-

lesen und berücksichtigt ist Ephoros schon von Aristoteles, wie bereits TRIEBER[1]) nachgewiesen hat. Ich weiss nicht, warum man sich sträubt diese Thatsache, für die die Belege bei den betreffenden Stellen folgen, anzuerkennen. Es wäre doch im Gegentheil ganz unbegreiflich, wenn Aristoteles das grosse Werk seines älteren Zeitgenossen, in dem die gesammte geschichtliche Ueberlieferung systematisch verarbeitet war, nicht berücksichtigt haben sollte, zumal das Werk zweifellos rasch in die Hände aller Gebildeten gekommen ist.[2]) Natürlich ist aber darum Ephoros noch nicht „Quelle" des Aristoteles in dem modernen Sinne des Wortes: Aristoteles kennt und verwerthet vielmehr so ziemlich die ganze bis auf seine Zeit erschienene Literatur, und weicht wie wir sehen werden in sehr wichtigen Punkten von Ephoros ab.

I. Die Darstellung des Ephoros und Pausanias' Schrift über Lykurg.

Wir gehen aus von dem grossen Excerpt, welches Strabo X 4. 16—22 aus Ephoros' Darstellung der kretischen Verfassung bewahrt hat. Dieselbe gilt ihm als Werk des Minos, der seinen Anordnungen dadurch Anerkennung verschaffte, dass er in

these, welche Plutarch zum Ausschreiber des zweimal mit ziemlicher Geringschätzung genannten Spartiaten Aristokrates (nach 150 v. Chr.) macht, bedarf wohl keiner Widerlegung mehr; oder glaubt man, dass derselbe bei seinen Erfindungen (Plut. c. 4. 31) die abweichenden Ansichten aller anderen Schriftsteller ausführlich dargelegt hat? — Ganz so selbstständig wie die Biographien der attischen Staatsmänner des fünften Jahrhunderts sind die des Lykurg und Solon allerdings nicht gearbeitet.

1) TRIEBER, Forschungen zur spartanischen Verfassungsgesch. 1871.

2) [Die selbstverständliche Voraussetzung dabei ist, dass das grosse dreissigbändige Werk, das der Verfasser selbst nicht mehr vollenden konnte, partienweise veröffentlicht ist. Die ersten Theile mögen etwa um 350 erschienen sein, zur Geschichte Philipps ist E. gewiss erst unter Alexander, ja vielleicht erst nach dessen Tode gelangt. Aristoteles' historische Arbeiten fallen sämmtlich erst in die Zeit seiner Lehrthätigkeit in Athen; das beweist sowohl die Politik (z. B. II 7, 6) wie die pol. Ath., die bekanntlich wenige Jahre vor Alexanders Tod geschrieben ist. Damals stand Ephoros offenbar bereits im höchsten Ansehen.]

Nachahmung des uralten Rhadamanthys[1]) vorgab, sie direct
vom Zeus empfangen zu haben und sich deshalb neun Jahre
lang in der „Höhle des Zeus" aufhielt.[2]) Als höchstes Gut
betrachtete der Gesetzgeber die Freiheit (ἐλευθερία), die durch
Eintracht (ὁμόνοια) und Tapferkeit (ἀνδρεία) gesichert wird.
Jene wird durch Aufhebung der Habsucht und des Luxus,
durch das gemeinsame Leben der Knaben und Männer in den
ἀγέλαι und ἀνδρεῖα, diese durch Abhärtung und Waffenübungen[3])
erreicht.

Manche haben nun behauptet, die kretischen Institutionen
stammten aus Sparta. In Wirklichkeit aber haben die Kreter
sie erfunden, die Spartaner nur weiter ausgebildet, während
sie in Kreta verfielen. Nach Widerlegung der Argumente der
Gegner führt Ephoros seine Beweise auf: 1) Lykurg ist fünf
Generationen jünger als Althaimenes, der Gründer der dorischen Colonien auf Kreta; 2) die Lakedämonier selbst bezeichnen den bei ihnen üblichen Tanz sowie manche Rhythmen und
Melodien als kretisch; 3) von den Institutionen haben die Geronten und Hippeis in beiden Staaten dieselben Namen, den
Ephoren entsprechen die kretischen Kosmen, und die Syssitien
wurden in Sparta früher ἀνδρεῖα genannt, wie alle Zeit auf
Kreta. Ferner ist nach kretischer Tradition Lykurgos nach
Kreta gekommen, nachdem er die Vormundschaft über seinen
Neffen Charilaos niedergelegt hatte, weil Jemand ihn beschul-
digte demselben nach dem Leben zu trachten.[4]) Auf Kreta

---

1) Ephoros unterschied von dem Bruder des Minos ein uralten Rhadamanthys, einen δικαιότατος ἀνήρ, der zuerst auf Kreta Städte gründete
und Gesetze gab: Strabo X 4, 8.

2) Ephoros bei Strabo X 4, 8. Zu diesem in der griechischen Historiographie seit Hekataeos und Herodot herrschenden Rationalismus weitere
Parallelen aus Ephoros anzuführen ist wohl überflüssig.

3) Zu denselben gehören die von Kures und Pyrrhichos (dieser Name
ist in Strabo's Text ausgefallen) erfundenen Tänze der Kureten und Pyr-
rhichisten, und die von Thales (oder Thaletas) erfundene kretische Musik.
Vgl. Nic. Dam. fr. 115 MÜLLER, Schol. Pind. Pyth. 2, 127 [wo das spartanische ὑπόρχημα, das Pindar Καστόρειον nennt, aus Kreta abgeleitet und
auf Thales zurückgeführt wird], Plin. VII 204.

4) Ebenso erzählt Plut. Lyc. 3, nur nennt er als Verläumder Leonidas, den Bruder der Gemalin des Polydektes. Es ist sehr begreiflich,
dass ein Späterer an die Stelle des unbekannten „Jemand" eine geeignet
erscheinende Persönlichkeit gesetzt hat. Im übrigen scheint der Wortlaut

trifft er mit Thales zusammen[1]) und erfährt von ihm den Kunstgriff des Rhadamanthys und Minos. Darauf reist er nach Aegypten, um auch die dortigen Gesetze kennen zu lernen.[2]) Dann trifft er, wie einige sagen, den Homer auf Chios[3]) und

---

des Ephoros auch bei Plutarch noch durch. Ephoros: λοιδορούμενος δή τις αὐτῷ σαφῶς εἶπεν εἰδέναι διότι βασιλεί σοι· λαβὼν δ' ὑπόνοιαν ἐκεῖνος ὡς ἐκ τοῦ λόγου τούτου διαβάλλοιτο ἐπιβουλὴ, ἐξ αὐτοῦ τοῦ παιδὸς etc.; Plutarch: Λεωνίδας ... τῷ Λυκούργῳ λοιδορηθεὶς ὑπεῖπεν, ὡς εἰδείη σαφῶς μέλλοντα βασιλεύειν αὐτὸν, ὑπόνοιαν διδούς etc. Ganz anders erzählt dagegen Justin, der hier Herodot folgt.

1) Darauf spielt auch Aristoteles Pol. II 9, 5 an: Ὀνομακρίτου γενέσθαι Θάλητα ἑταῖρον, Θάλητος δ' ἀκροάτην Λυκοῦργον καὶ Ζάλευκον, Ζαλεύκου δὲ Χαρώνδαν, was chronologisch unmöglich sei. Daher Demetrius Magnes bei Diog. Laert. I 38 Θάλης ... τρίτος ἀρχαῖος πάνυ, κατὰ Ἡσίοδον καὶ Ὅμηρον καὶ Λυκοῦργον. Bei Plutarch Lyc. 4 wird Thales von Lykurg nach Sparta geschickt, um durch seine Musik erziehend zu wirken. Andere dagegen setzten ihn in eine weit spätere Zeit, und liessen ihn wegen einer Pest nach Sparta kommen oder wie Terpander und Tyrtaeos durch seine Lieder eine στάσις bewältigen: Plut. de mus. 9. 42 nach Pratinas. cum princ. philos. 4 (p. 770). Pausan. I 14, 4. [Alle diese Erzählungen sind Erweiterungen und Umbildungen der Verbindung mit Lykurg. Eine historisch greifbare Gestalt ist der kretische Musiker und Dichter nicht, sondern ein Seitenstück zu Olympos, Marsyas, Orpheus u. s. w. und zu Daedalos, der Heros der kretischen Musik, wie Ephoros bei Strabo X 4, 16 ja auch geradezu sagt. Ob er Paeane gedichtet habe, war umstritten (Plut. de mus. 10); existirt haben gewiss keine. Aus unseren Literaturgeschichten sollte er als Persönlichkeit verschwinden.]

2) Nach Plut. Lyc. 4 ist dies ägyptische Ueberlieferung; ebenso Diod. I 96. 98. Man sieht, welchen Werth derartige angeblich einheimische Traditionen haben. Plutarch setzt naiv hinzu: ταῦτα μὲν οὖν Αἰγυπτίοις ἔνιοι καὶ τῶν Ἑλληνικῶν συγγραφέων μαρτυροῦσιν. Aristokrates lässt den Lykurg dann noch wie es sich gehört zu Libyern, Iberern und Brahmanen reisen, wofür er hoffentlich auch einheimische Traditionen beigebracht hat. Aus Aegypten holt Lykurg nach Plutarch die Scheidung der Stände. [Die Sonderung der Krieger und Gewerbtreibenden bei Griechen und Barbaren haben schon Herodot II 167 und Aristoteles pol. IV 9 mit den angeblichen ägyptischen Kasten in Verbindung gebracht, ohne sich über die Frage, ob Entlehnung stattgefunden hat, zu entscheiden. Ebenso setzt Aristoteles die Syssitien des Minos auf Kreta und des Italos in Oenotrien in Parallele. Vgl. Diod. I 28, wo die älteste Eintheilung der attischen Bevölkerung aus Aegypten abgeleitet wird.]

3) An seine Stelle setzen, wie bekannt, Heraklides Pont. Lac. pol. 3, d. i. Aristoteles, und Plutarch Lyc. 4 die Nachkommen des Kreophylos auf Samos aus chronologischen Gründen, während Timaeos sich damit half

kehrt nach Hause zurück, um seine Gesetze zu geben.[1]) Zu
dem Zwecke geht er wiederholt nach Delphi (φοιτῶντα ὡς
τὸν θεὸν τὸν ἐν Δελφοῖς) und holt von dort die Gebote, wie
Minos aus der Höhle des Zeus.[2]) Ephoros behandelte das
delphische Orakel mit einem gewissen Respect (Strabo IX 3, 11)
und wird es an demselben auch hier nicht haben fehlen lassen,
aber seine eigentliche Meinung ist zweifellos, dass Lykurg sich

einen älteren Zeitgenossen des Homer und einen jüngeren Lykurg zur
Zeit der ersten Olympiade zu scheiden.

1) Diese ganze Argumentation ist von Aristoteles adoptirt, mit di-
rectem Hinweis auf Ephoros. Es heisst pol. II 7, 1: καὶ γὰρ ἔοικε (d. h. es
ergibt sich aus angestellten Untersuchungen, nämlich denen des Ephoros)
καὶ λέγεται δὲ (d. h. es ist Tradition, z. B. bei Herodot) τὰ πλεῖστα μέ-
μιμῖσθαι τὴν Κρητικὴν πολιτείαν ἡ τῶν Λακώνων, τὰ δὲ πλεῖστα τῶν
ἀρχαίων ἦττον διήρθρωται τῶν νεωτέρων (ebenso wie Ephoros urtheilt).
Dann folgt die Geschichte von Lykurgs Auswanderung wie bei Ephoros,
nur dass Aristoteles ihn nach der lakonischen Colonie Lyktos gehen lässt.
Die kretischen Gesetze stammen von Minos und sind von den Einwanderern adoptirt worden. [Das hat SUSEMIHL nicht verstanden und nimmt
daher eine Interpolation an, während SPENGEL das wichtigste Wort des
Beweises, οἱ περίοικοι, streichen will. Der Gedankengang ist: dass die
kretischen Institutionen nicht nur von der herrschenden Bevölkerung sondern auch von den Perioeken, den Leibeigenen, befolgt werden, beweist,
dass sie nicht von den dorischen Eroberern, sondern von dem einheimischen König Minos stammen. Das Argument ist von Aristoteles denen
des Ephoros hinzugefügt und ist völlig richtig; nur ist der Gegensatz
lediglich ein künstlicher und durch die Sagengeschichte geschaffen. In
Wirklichkeit ist Minos der Repräsentant des historischen, d. i. dorischen.
Kreta, s. G. d. A. II 178. — Wie Aristoteles es liebt, hat er eine historische
Hypothese daran angeschlossen, die nicht streng zur Sache gehört, aber
parenthetisch mit vorgetragen wird (ähnliches findet sich auch bei Thukydides mehrfach, und ist bei einer so lockeren, als Grundlage für Vor-
lesungen dienenden Composition, wie in der Politik, ganz natürlich): Kreta
ist durch seine Lage zur Seeherrschaft vorzüglich geeignet (das sagt auch
Ephoros), bei dem Versuche dieselbe auch auf Sicilien auszudehnen hat
Minos seinen Tod gefunden. Diese pragmatische Erklärung der Sage von
Minos und Daedalos ist Aristoteles' Eigenthum.] Dann folgen die Ueber-
einstimmungen der Verfassung: den Heloten entsprechen die kretischen
Perioeken, die Syssitien, welche früher in Sparta ἀνδρεῖα hiessen, wie auf
Kreta, sind beiden gemeinsam, ebenso die Geronten; auch Könige gab es
früher bei beiden. Den Ephoren entsprechen die Kosmen. Man sieht
die Uebereinstimmung mit Ephoros ist vollkommen.

2) Ebenso Clem. Alex. Strom. I 26, 170 unter Berufung auf Plato,
Aristoteles und Ephoros.

mit der Pythia ins Einvernehmen setzte und sie veranlasste, seinen Gedanken in Orakelform Ausdruck zu geben (direct so formulirt wird diese Ansicht bei Polyb. X 2. Polyaen. I 16, 1. VIII 4).

Weiteres erfahren wir aus Strabo VIII 5, 4. 5. Strabo gibt hier zunächst ausführlich Ephoros' Bericht über die Einrichtungen der ersten Könige Sparta's, den wir hier übergehen können, und schliesst daran einen kurzen Abriss der Geschichte von der Achäerzeit bis auf die dorische Eroberung. Darauf heisst es: „die Eroberer Lakoniens waren gleich zu Anfang verständige Leute (κατ᾽ ἀρχὰς μὲν ἰσωφρόνουν, vgl. S. 221), nachdem sie aber dem Lykurg die Staatsordnung überlassen hatten, übertrafen sie alle anderen so sehr, dass sie allein von allen Hellenen sowohl zu Lande wie zur See geherrscht und ihre Herrschaft bis auf die Zeit der Thebaner und Makedoner behauptet haben". Dass auch dieser Satz auf Ephoros zurückgeht, liegt auf der Hand[1]); Strabo hat ihm einen Excurs über die Zustände der Römerzeit angefügt. Dann kehrt er zu Ephoros zurück. Derselbe bekämpfe den Hellanikos, welcher die Staatsordnung dem Eurysthenes und Prokles zuschrieb und Lykurg garnicht erwähnte. Ephoros widerlegt ihn mit dem Hinweis auf den Cult des Lykurg und auf eine Schrift des Pausanias, von der später ausführlicher zu handeln sein wird.

Ergänzt wird Strabo's Excerpt durch Polybios, der VI 45. 46 gegen die landläufige Ansicht der älteren Schriftsteller polemisirt, dass die kretische Verfassung trefflich und der spartanischen ähnlich sei; als Hauptinstitutionen der letzteren nennt er die Gleichheit des Grundbesitzes, die Werthlosigkeit des Geldbesitzes, die Aemter der Könige und Geronten (vgl. auch VI 48, 3). Als Vertreter der bekämpften Ansicht nennt er Ephoros, Xenophon, Kallisthenes und Plato. Dass Polybios unter diesen den von ihm so hoch verehrten Ephoros in erster Linie im Auge hat, ist an sich klar.[2]) folgt aber auch daraus,

---

1) Wir wissen auch sonst, dass Ephoros über die ältere Geschichte des Peloponnes so völlig im unklaren war, dass er die Hegemonie der Spartaner schon vor der Zeit des Pheidon bestehen liess: Strabo VIII 3, 33. Diod. VIII 1.

2) Erkannt hat es bekanntlich zuerst C. WACHSMUTH, Gött. Gel. Anz. 1870, 1814 ff.

dass, was er des weiteren anführt, bei Xenophon und Plato nicht. wohl aber bei Ephoros steht. Es heisst nämlich, die erwähnten Schriftsteller hätten ihrer Darstellung noch eine lange Digression angefügt, in der sie darlegten, dass Lykurg allein den Kernpunkt der Staatsentwickelung erkannt habe (πολὺν δή τινα λόγον ἐν ἐπιμέτρῳ διατίθενται, φάσκοντες τὸν Λυκοῦργον μόνον τῶν γεγονότων τὰ συνέχοντα τεθεωρηκέναι), und nun folgt die oben nach Strabo gegebene Ausführung über ἀνδρεία und ὁμόνοια als Grundlagen des Staats. Daran schliesst sich die Angabe, Ephoros, der hier direct genannt wird. habe diese Ausführung in dem Abschnitt über Sparta und dem über Kreta. abgesehen von den Eigennamen, mit denselben Worten gegeben, so dass man, wenn man auf die Namen nicht achte, gar nicht wissen könne, von welchem der beiden Staaten er rede.

Dass das richtig ist, können wir heute noch beweisen: denn der Abschnitt über Kreta ist bei Strabo, der über Sparta bei Diodor erhalten, und beide stimmen Satz für Satz mit einander überein. Es heisst bei Diodor VII 14, 3 DINDORF, 12, 3 VOGEL (exc. περὶ γνωμῶν): τὸ δὲ κεφάλαιον [der dem Lykurg gegebenen Orakel] ἦν ὅτι μεγίστην πρόνοιαν ποιητέον ἐστὶν ὁμονοίας καὶ ἀνδρείας, ὡς διὰ μόνων τούτων τῆς ἐλευθερίας φυλάττεσθαι δυναμένης, ἧς χωρὶς οὐδὲν ὄφελος οὐδ' ἄλλο τῶν παρὰ τοῖς πολλοῖς ὑπειλημμένων ἀγαθὸν ἔχειν ἑτέροις ὑπήκοον ὄντα· πάντα γὰρ τὰ τοιαῦτα τῶν ἡγουμένων, οὐ τῶν ὑποτεταγμένων ἐστίν, ὥστ' εἴπερ τις ἑαυτῷ βούλεται καὶ μὴ τοῖς ἄλλοις κτήσασθαι τὰ ἀγαθά, πρῶτόν ἐστι κατασκευαστέον τὴν ἐλευθερίαν. Auch nütze eine der beiden Eigenschaften allein nichts, sondern nur beide vereinigt. — Damit vergleiche man den Auszug Strabo's über Kreta: δοκεῖ δὲ, φησίν (Eph.), ὁ νομοθέτης μέγιστον ὑποθέσθαι ταῖς πόλεσιν ἀγαθὸν τὴν ἐλευθερίαν· μόνην γὰρ ταύτην ἴδια ποιεῖν τῶν κτησαμένων τὰ ἀγαθά, τὰ δ' ἐν δουλείᾳ τῶν ἀρχόντων ἀλλ' οὐχὶ τῶν ἀρχομένων εἶναι· τοῖς δ' ἔχουσι ταύτην φυλακῆς δεῖν· τὴν μὲν οὖν ὁμόνοιαν u. s. w.; nachher folgt als zweites Schutzmittel die ἀνδρεία. Inhaltlich decken sich beide Stellen vollkommen; zugleich aber sieht man, wie sehr sich die ephorische Darstellung in den unfähigen Händen Diodors formell verschlech-

tert hat.¹) Der stilistischen Seite des Werks und überhaupt
der schriftstellerischen Befähigung des Ephoros gerecht zu
werden ist uns fast unmöglich gemacht, da wir ihn ja vorwiegend nur aus Diodor kennen.

Wenn es im allgemeinen völlig feststeht, dass Diodor die
ältere griechische Geschichte ausschliesslich aus Ephoros geschöpft hat, so bietet unsere Stelle den Beweis, dass er sich
in der Darstellung der lykurgischen Verfassung bis ins kleinste
genau an seine Vorlage angeschlossen, wenn auch natürlich
bedeutend gekürzt hat. Auch der Schlusspassus Diodors über
die lykurgische Verfassung (exc. de virt. et vit. VII 14, 7 D.
12, 8 V.) deckt sich mit dem früher auf Ephoros zurückgeführten
Abschnitt Strabo VIII 5, 5. Er lautet: οἱ Λακεδαιμόνιοι τοῖς
τοῦ Λυκούργου χρησάμενοι νόμοις ἐκ ταπεινῶν²) δυνατώτατοι
ἐγένοντο τῶν Ἑλλήνων, τὴν δὲ ἡγεμονίαν διεφύλαξαν ἐπὶ ἔτη
πλείω τῶν ῡ³). Dann fallen sie von den Gesetzen ab, führen
Luxus und Geld ein, sammeln Reichthümer und verlieren daher (durch die Schlacht bei Leuktra) die Hegemonie. Wenn
die Hegemonie 400 Jahre ungetrübt bis zum Eintritt des Ver-
falls, d. h. bis zum Ende des peloponnesischen Kriegs, bestan-

---

1) Besonders lehrreich nach dieser Richtung ist der Vergleich der
diodorischen Auszüge aus Polybios mit dem Original. Die Gedanken-
armuth und Trivialität Diodors tritt dabei fast in jedem Satze hervor.

2) Dass es bei Strabo hiess, sie seien schon vor Lykurg σώφρονες
gewesen (oben S. 219), steht damit nicht im Widerspruch; die Hegemonie
beginnt erst in Folge der lykurgischen Gesetze.

3) WESSELING setzt dafür φ ein, eine harmonistische Correctur, die
jetzt niemand mehr für berechtigt halten wird. Plutarch Lyc. 29 und
Nikolaos Dam. fr. 57 MÜLLER (ebenso Plut. inst. lac. 42) und ebenso Diod.
XV 1. 50 geben allerdings 500 Jahre auf Grund der alexandrinischen Chronologie. Aber jene sind selbständig denkende Arbeiter, nicht wie Diodor
Ausschreiber; Diodor hat sich nie darum gekümmert, ob die chronologischen Daten in seinem Texte mit den von ihm gegebenen Ansätzen irgendwie übereinstimmten. — Im übrigen liegt auch bei Plutarch und Nikolaos
Dam. der ephorische Text zu Grunde; bei letzterem heisst es: οἱ δὲ πει-
σθέντες οὐ τῶν περιοίκων μόνον ἀλλὰ καὶ πάντων Ἑλλήνων ἄριστοι
ἐγένοντο, ἡγεμόνες τε συνεχῶς ἐξ ὅτου παρεδέξαντο τοὺς νόμους ἐπὶ
ἔτη πεντακόσια, καὶ οὐ πολλοῦ χρόνου ἐπὶ μέγα ἐχώρησαν δυνάμεως.
Das gleiche Raisonnement hat Plut. Lyc. 29. 30, bei dem auch als Haupt-
vorwurf die Einführung von Geld und Reichthum unter Agis dem Sohn
des Archidamos erscheint, genau wie bei Diodor. Ebenso Aelian. v. h.
13, 8. 14, 29 u. a.

den hat, so hat Ephoros den Lykurg ebenso wie Thukydides gegen 800 v. Chr. angesetzt. Daher erklärt es sich, dass er auch seinen Zeitgenossen Homer spät ansetzen und jünger als Hesiod machen musste.

Was uns sonst aus Diodors Darstellung erhalten ist (die Fragmente stammen ausser einem werthlosen Bruchstück in den exc. de virt. et vit. sämmtlich aus den exc. de sentent.), besteht in einer Reihe von Orakeln, die mit der Sentenz abgeschlossen werden ὅτι τοὺς μὴ διαφυλάττοντας τὴν πρὸς τὸ θεῖον εὐσέβειαν πολὺ μᾶλλον μὴ τηρεῖν τὰ πρὸς τοὺς ἀνθρώπους δίκαια, womit das Motiv gegeben wird, weshalb Lykurg seine Gesetzgebung in eine religiöse Form eingekleidet hat. Im übrigen stimmen diese Orakel bei Diodor völlig zu der Angabe Strabos, dass nach Ephoros Lykurg in fortwährendem Verkehr mit dem Orakel gestanden habe (oben S. 218). Dasselbe sagt Polybios X 2, 11 Λυκοῦργος ἀεὶ προσλαμβανόμενος ταῖς ἰδίαις ἐπιβολαῖς τὴν ἐκ τῆς Πυθίας φήμην εὐπαραδεκτοτέρας καὶ πιστοτέρας ἐποίει τὰς ἰδίας ἐπινοίας.

Von den Sprüchen Diodors kehren zwei unter den Orakeln wieder, welche Oinomaos von Gadara in seiner γοήτων φωρά verhöhnt, von der uns Eusebius praep. ev. V 18 ff. grosse Bruchstücke bewahrt hat. Vermuthlich hat Oinomaos sie, wenn nicht aus Ephoros selbst, so direct aus Diodor entnommen, in dessen Fragmenten sich auch sonst noch mehrere andere der hier vorgeführten Orakel wieder finden.[1]) Wir dürfen daher auch

1) [ROHDE, Psyche 137, 1 sagt: „Oinomaos entlehnt sie (wie alle Orakel, die er in seiner Γοήτων φώρα verarbeitet) einer Sammlung von Orakelsprüchen, gewiss nicht dem Ephoros, wie E. MEYER annimmt (um von dem König Pausanias ganz zu schweigen)." Wenn diese Behauptung richtig ist, was sehr gerne möglich ist, so bleibt die Frage, woher diese Sammlung sie genommen hat; die Quellenfrage wird nicht aufgehoben, sondern nur um ein völlig untergeordnetes Moment verschoben. Nun steht das eine Kroesosorakel Euseb. V 20, 8 bei Diod. IX 31 VOGEL, das andere V 24, 8 bei Diod. IX 31, 2, das eine Orakel über den messenischen Krieg V 27, 1 bei Diod. VIII 13, 2, das andere V 27, 4 wenigstens dem Inhalte nach bei Diod. VIII 8; dass Ephoros sich die zahlreichen Orakel bei Herodot über die Perserkriege u. a., die Oinomaos anführt, nicht hat entgehen lassen, lehren zahlreiche Belege bei Diodor. Dazu kommen dann die Lykurgorakel. Dass also Oinomaos oder seine Quelle entweder den Ephoros selbst oder seinen Ausschreiber Diodor oder meinetwegen noch eine andere Mittelquelle benutzt hat, scheint mir unbestreitbar.]

einen dritten Spruch, der sich nur hier findet, auf dieselbe Quelle zurückführen.

Den Anfang macht der aus Herodot I 65 bekannte Spruch der Pythia, in dem sie den Lykurg zögernd als Gott anerkennt. In der Diodorhandschrift ist nur der Schluss erhalten, dagegen finden sich hier wie bei Eusebius zwei Verse mehr. Derjenige welcher in hellenistischer Zeit das Orakel in Delphi auf einen Inschriftenstein setzte,[1]) kannte diesen Zusatz nicht oder hat ihn verworfen. Der Text lautet bei Eusebius und Diodor:

A ἥκεις ὦ Λυκόεργε[2]) ἐμὸν ποτὶ πίονα νηὸν
Ζηνὶ φίλος καὶ πᾶσιν Ὀλύμπια δώματ᾽ ἔχουσι·
δίζω ἢ σε θεὸν μαντεύσομαι ἢ ἄνθρωπον·
ἀλλ᾽ ἔτι καὶ μᾶλλον θεὸν ἔλπομαι ὦ Λυκόεργε[3]).
5 [ἥκεις δ᾽ εὐνομίαν αἰτεύμενος· αὐτὰρ ἔγωγε
δώσω, τὴν οὐκ ἄλλη ἐπιχθονίη πόλις ἕξει[4]).]

In dieser Gestalt kennt auch Plutarch das Orakel (Lyc. 5), da es aber allbekannt ist, gibt er es nur in prosaischer Umschreibung: τὸν διαβόητον χρησμόν, ᾧ θεοφιλῆ μὲν αὐτὸν ἡ Πυθία προσεῖπε καὶ θεὸν μᾶλλον ἢ ἄνθρωπον, εὐνομίας δὲ χρῄζοντι διδόναι καὶ καταινεῖν ἔφη τὸν θεόν, ἣ πολὺ κρατίστη τῶν ἄλλων ἔσται πολιτειῶν.[5]) Herodot dagegen kennt

---

1) FOUCART im Bull. corr. hell. V 43 nach einer Abschrift des Cyriacus von Ancona.

2) So Euseb. und die Inschrift. Die correcte Form, welche bei Herodot und ebenso Il. Z 130. H 142 ff. vorliegt, ist bekanntlich Λυκόοργος. Bei Diodor steht in v. 4 Λυκοῦργε [ebenso schol. Aristot. p. 7ᵃ. 13ᵃ ed. Berlin.], was die Herausgeber schwerlich mit Recht in Λυκόοργε verwandeln [so auch noch VOGEL, der die Lesung der Handschrift nicht einmal anführt]. — Für ἥκεις hat die Inschrift ηλυθες, in v. 2 schreibt sie εχουσιν, in v. 3 αι für ἢ und am Schluss ηε και ανδρα.

3) So Herodot und Euseb. In der Inschrift: μαλλον τοι θεον ελπομαι εμμεναι ω Λυκοερ[γε]. Bei Diodor ist erhalten: ετ᾽ οιομαι ω Λυκουργε.

4) So Diodor; bei Euseb. ἥκεις εὐνομίην διζήμενος· αὐτὰρ ἐγώ τοι δώσω, καὶ τὰ τούτοις συνεπιλεγόμενα.

5) Nach Plut. adv. Coloten 17 soll das Orakel (mit oder ohne den Zusatz?) in den παλαιόταται ἀναγραφαί der Lakedaemonier gestanden haben — wie die Geschichten von König Romulus in den annales maximi nicht gefehlt haben werden.

die Zusatzverse noch nicht,[1]) wohl aber ihren Inhalt. Er bemerkt im Anschluss an das Orakel: οἱ μὲν δή τινες πρὸς τούτοισι λέγουσι καὶ φράσαι αὐτῷ τὴν Πυθίην τὸν νῦν κατεστεῶτα κόσμον Σπαρτιήτῃσι. Also was Herodot als Tradition Einzelner gibt, ist bei Ephoros in Verse gebracht und dem alten Orakel direct angehängt. Zu dem ursprünglichen Sinn des Orakels passt dieser Anhang allerdings schlecht genug, da in ihm von der Gesetzgebung garnicht, sondern nur von der Frage die Rede ist, ob Lykurg ein Mensch oder ein Gott sei.[2]) Aber diese Verse waren nun einmal gegeben, und wer auf Grund der bei Herodot mitgetheilten Tradition die ganze Gesetzgebung in Orakelform einkleiden wollte, wie das Ephoros, oder vielmehr die Quelle aus der er schöpft, gethan hat, konnte dieselben nicht gut umgehen. So werden sie denn hier zur einfachen Begrüssungsformel, von der durch die Zusatzverse der Uebergang zu der Offenbarung der Grundprincipien der neuen Staatsordnung, der εὐνομία, gemacht wird.[3])

Nach der Begrüssung fragt Lykurg, welche Gesetze den Spartiaten am nützlichsten sein würden. Die Pythia antwortet:

B ἐὰν τοὺς μὲν καλῶς ἡγεῖσθαι, τοὺς δὲ πειθαρχεῖν
νομοθετήσῃ,

und auf die Frage, wie das zu machen sei, folgt das auch bei Eusebius erhaltene Orakel:

C εἰσὶν ὁδοὶ δύο πλεῖστον ἀπ᾽ ἀλλήλων ἀπέχουσαι,
ἡ μὲν ἐλευθερίας ἐς τίμιον οἶκον ἄγουσα,

1) Ebenso kennt Xenophon, Apol. Socr. 15 das Orakel nur in der herodotischen Fassung: φροντίζω πότερα θεόν σε εἴπω ἢ ἄνθρωπον.

2) [Dieser Anstoss hat zu der Anthol. pal. XIV 77 bewahrten Umwandlung des Orakels geführt: ὄλβιος οὗτος ἀνὴρ ὃς νῦν κατὰ λάϊνον οὐδὸν Φοίβου Ἀπόλλωνος χρηστήριον εἰσαναβαίνει· ἦλθεν εὐνομίην διζήμενος etc. So hätte das Orakel allerdings lauten müssen, wenn es Sinn haben sollte.]

3) [Oinomaos redet in seinen Ausführungen zu dem Spruch den pythischen Gott an: ἀλλὰ σὺ τὸν Τυρταῖον (so cod. A, DINDORF -ον) προκαθηγεμόνα καὶ σκοπὸν ἐλθόντα ποτὲ ὡς σὲ ἥκειν ἔφης ἐκ κοίλης Λακεδαίμονος Ζηνὶ φίλον etc. Die richtige Lesung und den Sinn der Stelle hat SAARMANN im Dortmunder Gymnasialprogr. 1889, 29 erkannt: Lycurgum qui ἦλθεν εὐνομίαν αἰτήσων scite Oenomaus Τυρταῖον (sic recte unus A) προκαθηγομένα appellat propter celeberrimi carminis titulum qui fuit εὐνομία.]

η δ' ἐπὶ δουλείας φευκτὸν δύμον ἡμερίοισι·
καὶ τὴν μὲν διὰ τ' ἀνδροσύνης ἱερῆς[1]) θ' ὁμονοίας
5 ἔστι περᾶν, ἣν δὴ λαοὶς ἡγεῖσθε[2]) κέλευθον,
τὴν δὲ διὰ στυγερῆς ἔριδος καὶ ἀνάλκιδος ἄτης
εἰσαφικάνουσιν· τὴν δὴ πεφύλαξο[3]) μάλιστα.

Darau schliesst sich die S. 220 angeführte Ausführung τὸ δὲ
κεφάλαιον ἦν; man sieht Ephoros hat seine Auseinandersetzung
über die Tendenz der Verfassung an das Orakelwort angeschlossen und seine Theorie überdies nicht selbst erfunden,
sondern nur weiter ausgeführt; der Grundgedanke, der ja auch
nichts weniger als originell ist, ist schon in dem übrigens an
sich recht trivialen Orakel enthalten.

Es folgt der nur bei Eusebius erhaltene Spruch[4]):

D ὡς ἄν μαντείῃσιν ὑποσχέσιάς τε καὶ ὄρκους (?)
καὶ δίκας ἀλλήλοισι καὶ ἀλλοδαποῖσι διδῶτε,
ἁγνῶς καὶ καθαρῶς πρεσβηγενέας τιμῶντες,
Τυνδαρίδας δ' ἐποπιζόμενοι, Μενέλαν τε καὶ ἄλλους
5 ἀθανάτους ἥρωας, οἳ ἐν Λακεδαίμονι δίῃ,
οὕτω δὴ χ' ὑμῶν περιφειδοιτ' εὐρύοπα Ζεύς.

Das Alter dieses Spruchs hat jetzt durch die Gedichte des
Isyllos von Epidauros (WILAMOWITZ philol. Unters. IX) eine
höchst willkommene Bestätigung erhalten, die zugleich beweist,
dass zu Ende des vierten Jahrhunderts[5]) die Ansicht, Lykurg

---

1) So Euseb. Bei Diodor ἀρετῆς, was DINDORF in ἐρατῆς ändert.
2) Diod. ἡγεῖσθαι.
3) Euseb. δὲ πεφυλάχθαι.
4) Es geht dort dem Orakel C voran. Der erste Vers ist zweifellos corrupt, aber eine Heilung noch nicht gelungen.
5) [Im Gegensatz zu WILAMOWITZ setzt BLASS Jahrbb. f. Phil. 1885,
822 ff. (vgl. COLLITZ Dialektinschr. 3342) Isyllos an den Anfang des zweiten
Jahrhunderts. Isyllos berichtet, wie Asklepios Sparta geschützt habe ὅκα
δή στράτον ἦγε Φίλιππος εἰς Σπάρτην, ἐθέλων ἀνελεῖν βασιληίδα τιμήν.
BLASS bezieht das auf den Zug Philipp's V. gegen Sparta im Bundes-
genossenkrieg 218 v. Chr. (Polyb. V 18). Aber damals hatte ja Sparta eben
die grossen Revolutionen hinter sich, das Königthum war Jahre lang nicht
besetzt gewesen, und die Stelle des einen Hauses bekleidete ein durchaus
illegitimer König (Polyb. IV 35); wie passen da Isyllos' Aeusserungen, dass
die Spartaner den Geboten des Lykurgos getreu seien? Auch ist es höchst
unwahrscheinlich, dass Philipp 218 daran dachte das Königthum in Sparta
zu beseitigen. Dazu kommt, dass die Oligarchie in Epidauros hergestellt

habe seine Gesetze einzeln in Orakelform erhalten, allgemein anerkannt war. In der Vision, die berichtet wird, sagt Asklepios dem Knaben Isyllos „er wolle Sparta vor Philipps Angriff retten οὕνεκα τοὺς Φοίβου χρησμοὺς σώζοντι δικαίως, οὓς μαντευσάμενος παρέταξε πόληι Λυκοῦργος". Isyllos selbst ahmt diese Orakel nach, speciell eben dies Orakel D; sein Gedicht über den von ihm gegebenen ἱαρὸς νόμος schliesst mit den Worten: οὕτω τοὶ κ' ἁμῶν περιγείδοιτ' εὐρύοπα Ζεύς. Ebenso kennt er, wie wir sehen werden, die prosaischen Rhetren.

Wie dies Orakel Detailvorschriften gibt, so auch das bei Diodor folgende, welches das Verbot des Geldes bezweckt. Es ist der bekannte Vers

E ἁ φιλοχρηματία Σπάρταν ἕλοι [1]), ἄλλο δὲ οὐδέν.

Man möchte den Ephoros gerne von der Gedankenlosigkeit freisprechen, er habe diesen Vers, der, wie Diodor selbst bemerkt, zum Sprichwort geworden ist und denn auch bei den Paroemiographen steht (die hier wie so vielfach ephorische

wurde, als Isyllos bereits alt war; also nach BLASS' Annahme im zweiten Jahrhundert, als Epidauros zum achäischen Bunde gehörte und die römische Suprematie in Griechenland bestand. Dass das unmöglich ist, liegt auf der Hand. Auch weist der ganze Geist der Inschrift in eine weit frühere Zeit, in die Epoche der Wirren, Tyrannenherrschaften und Restaurationsversuche nach Demetrios' Sturz und in der Zeit der Antigonos Gonatas. Sie passt etwa in die Zeit von Areus' Zug 280. Es bleibt also dabei, dass mit Philipp der Vater Alexanders und sein Zug gegen Sparta 337 gemeint ist. — Wie es zu gehen pflegt, hat BLASS' Ansatz trotz seiner Unhaltbarkeit allgemeinen Anklang gefunden. Er veranlasst ROHDE Psyche 137 Anm. zu der Bemerkung: „die Orakelverse aus Oenomaos sind wohl recht jung ... wiewohl älter als das 2. Jahrhundert (vgl. Isyllos v. 26)". Das wäre verkehrt, auch wenn der Ansatz für Isyllos richtig wäre. ROHDE muss die von mir nachgewiesenen Thatsachen anerkennen, aber da sie ihm unbequem sind, sucht er ihre Tragweite möglichst einzuschränken. — In derselben Anmerkung stellt ROHDE die erstaunliche Behauptung auf: „Mit der Entrückung des Menelaos nach Elysion (Odyss. δ) hat sein Cult in Therapne nichts zu thun". Das ist allerdings von seinem Standpunkt aus consequent; aber ich verstehe nicht, wie man an einem Standpunkt festhalten kann, der durch solche Consequenzen ad absurdum geführt wird.]

1) Ebenso die Paroemiographen; bei Plutarch inst. lac. 42 ὀλεῖ. Als Orakel wird der Spruch citirt bei Plut. Agis 9, Cicero de off. II 77. Schol. Aristoph. Pac. 622 = Suid. διειρωνόξενοι.

Nachrichten aufgenommen haben, vgl. oben S. 19), für ein Product der lykurgischen Zeit gehalten, während er doch erst in Lysanders Zeit entstanden sein kann.[1]) Und doch hat Ephoros so berichtet, denn auch Aristoteles kennt den Vers als Orakelspruch (Zenob. II 24), offenbar weil er dem Ephoros folgte.[2]) Auch erhält ja so erst das Schlusswort des Ephoros zur lykurgischen Verfassung seine rechte Beziehung, in dem, wie wir sahen, den Spartanern die Einführung des Geldes zum schlimmsten Vorwurf gemacht wird.

Es folgen bei Diodor Verse wesentlich verschiedener Art,[3]) Distichen, von denen v. 3—6 mit einem anderen Eingang auch bei Plutarch Lyc. 6 als Verse des Tyrtaeos augeführt werden. Sie lauten:

F δὴ γὰρ ἀργυρότοξος ἄναξ ἑκάεργος Ἀπόλλων
   χρυσοκόμης ἔχρη πίονος ἐξ ἀδύτου,
ἄρχειν μὲν βούλῃ[4]) θεοτιμήτους βασιλῆας,
   οἷσι μέλει Σπάρτης[5]) ἱμερόεσσα πόλις,
5 πρεσβυγενεῖς[6]) τε[7]) γέροντας, ἔπειτα δὲ δημότας ἄνδρας,
   εὐθείαις[8]) ῥήτραις ἀνταπαμειβομένους.
[μυθεῖσθαι δὲ τὰ καλὰ καὶ ἔρδειν πάντα δίκαια,
   μηδέτι ἐπιβουλεύειν τῇδε πόλει[9]).
δήμου τε πλήθει νίκην καὶ κάρτος ἕπεσθαι·
10 Φοῖβος γὰρ περὶ τῶν ὧδ' ἀνέφηνε πόλει.]

---

1) BERGK nimmt ihn unter die Fragmente des Tyrtaeos auf!

2) Andere wollten auch hier wieder klüger sein als ihre Quellen, von denen sie doch total abhängig waren, und machten den Vers zu einem dem Alkamenes und Theopomp gegebenen Orakel (Plut. inst. lac. 42) — wobei nur übersehen ist, dass diese beiden Könige wohl in den Listen der Alexandriner, aber nicht in Wirklichkeit Zeitgenossen waren.

3) Am Rande der Handschrift stehen die Worte ἡ Πυθία ἔχρησε τῷ Λυκούργῳ περὶ τῶν πολιτικῶν οὕτως, die vor den betr. Versen einzuschalten sind, vgl. HERWERDEN Spicil. Vat. 3. 15.

4) Plut. βούλης.

5) Plut. Σπάρτας. Diod. ἰσχερύεσσα.

6) Plut. πρεσβύτας.

7) Diod. δὲ, was keinen Sinn gibt.

8) Diod. εὐθείης (so nach HERWERDEN; MAI las fälschlich -ην) ῥήτρας.

9) WILAMOWITZ hom. Unters. S. 282 Anm. nimmt wohl mit Recht an, dass hier keine Corruptel vorliegt, sondern der Text gekürzt und deshalb Prosa geworden ist.

Die beiden ersten Verse lauten bei Plutarch:

Φοίβου ἀκούσαντες Πυϑωνόϑεν οἴκαδ' ἔνειχαν
μαντείας τε ϑεοῦ καὶ τελέεντ' ἔπεα,

weichen also wohl im Ausdruck, aber nicht im Inhalt von
Diodor ab.

Von den Herausgebern wird nach v. 6 nicht interpungirt
und v. 7 *τε* in *δὲ* geändert, so dass *μυϑεῖσϑαι* Prädicat zu
δημότας ἄνδρας wäre. Dass das falsch ist, lehrt schon der
Umstand, dass Plutarch mit v. 6 schliesst und doch sein Citat
als ein vollständiges gibt; also muss mit *μυϑεῖσϑαι* ein neuer
Satz beginnen, in Uebereinstimmung mit der handschriftlichen
Ueberlieferung. „Ziemlich zu reden und recht zu handeln"
wird nicht nur dem Demos, sondern allen Spartanern befohlen.
Zu *δημότας ἄνδρας* ist aus dem vorhergehenden *ἄρχειν* ein
Verbum wie *ἕπεσϑαι* zu suppliren. „Vorangehen im Rathe
sollen die Könige und Geronten, alsdann [folgen] die Männer
des Volks, den richtigen Rhetren erwiedernd" [d. h. der Demos
soll durch seinen zustimmenden Ruf die Rhetren (Anträge, s. u.).
wenn sie richtig (gerade) sind, annehmen. So hat Plutarch
die Verse verstanden, denn er findet in ihnen, nicht etwa in
dem ihm unbekannten Schluss, der ja auch ganz anderes besagt, die Unterordnung des Demos unter die Entscheidung der
Könige und der Geronten ausgedrückt; wenn krumme (unge-
rechte) Rhetren vom Demos angenommen werden, haben die
Könige und Geronten das Recht, die Entscheidung des Volks
zu verwerfen und die Versammlung aufzulösen. Diese Bestimmung, die auf eine Rhetra der Könige Polydor und Theopomp zurückgeführt wird, ist nach Plutarch (resp. natürlich
nach der Auffassung seiner Quelle) in den Versen 1—6 enthalten, und er folgert aus denselben weiter, dass die Könige
sie ebenso wie Lykurg auf einen Spruch des Orakels zurückgeführt hatten (*ἔπεισαν δὲ καὶ αὐτοὶ τὴν πόλιν ὡς τοῦ ϑεοῦ
ταῦτα προστάσσοντος, ὥς που Τυρταῖος μέμνηται διὰ τούτων*).

Die Zusatzverse bei Diodor sind nun offenbar nicht eine
weitere Ausführung der Verse 3—6. Die herrschende Meinung.
dass Plutarch von demselben Gedicht einige Verse weniger.
Diodor einige mehr citire, ist falsch. Vielmehr enthalten die
Zusatzverse bei Diodor deutlich eine Polemik gegen die bei

Plutarch vorgetragene Auffassung. Von einer Unterordnung
des Demos unter die Könige und Geronten wollen sie nichts
wissen. Sie betonen vielmehr so scharf wie möglich die Souveränetät des Demos: δήμου δὲ πλήθει νίκην καὶ κάρτος ἐπί-
σθαι, das ist es was Phoebos angeordnet hat. Nach den
Diodorversen haben Könige und Geronten durchaus nicht das
Recht, einen missliebigen Volksschluss zu verwerfen. Die diodorische Fassung ist also jünger als die plutarchische; sie
rectificirt die ältere Ueberlieferung, und führt uns hinein in
eine Polemik über die Grundlagen der spartanischen Staatsordnung, die mit tendenziös fabricirten Gedichten als Beweisstücken operirt und in sehr fundamentalen Fragen scharf
entgegengesetzte Auffassungen erkennen lässt. Da zu der Annahme, Diodor habe hier aus einer anderen Quelle eine Einlage gemacht, nicht der mindeste Grund vorliegt, ist diese
Polemik älter als Ephoros.]

Wie die Distichen in dem Diodorexcerpt stehen, scheinen
sie als Orakel bezeichnet zu werden. Es ist indessen kaum
denkbar, dass Diodor, unmöglich, dass Ephoros sie so aufgefasst hat: vielmehr sind sie offenbar citirt worden zum Beleg,
dass auch die einzelnen Grundinstitutionen der Verfassung auf
Aussprüchen Apollos beruhen. Plutarch schreibt sie dem Tyrtaeos zu, mit der sehr unbestimmten Wendung ὡς που Τυρταῖος ἐπιμέμνηται διὰ τούτων.[1]) Die Neueren haben ihm
Glauben geschenkt, auch v. WILAMOWITZ hom. Unters. S. 282,
der doch mit Recht gegen die herkömmliche Ausgleichung der
Varianten protestirt. Nun wäre es zwar möglich, dass in den
Auszügen aus Diodor der Name Tyrtaeos ausgefallen wäre,
aber wahrscheinlich ist das nicht gerade. Vielmehr sind sie
ursprünglich anonym überliefert. Dass man, wenn man den Verfasser der Verse nennen wollte, Tyrtaeos wählte, ist nur natürlich; er ist ja der einzige, der überhaupt in Betracht kommt.

Dass die Verse nicht von Tyrtaeos stammen, steht, ganz
abgesehen von ihrer verschiedenen Fassung, durch ihren Inhalt

---

1) Also haben die Neueren mit doppeltem Unrecht das Bruchstück
der Εὐνομία zugewiesen: dies Gedicht war dem Aristoteles wie der Quelle
Strabo's (VIII 4, 10) noch vollständig bekannt, und wenn die Verse daher
stammten, würde es bei Plutarch nicht που, sondern ἐν τῇ Εὐνομίᾳ κα-
λουμένῃ heissen.

vollkommen fest. Denn noch im fünften Jahrhundert wusste man in Sparta nichts davon, dass die Verfassung aus Delphi stamme. Ausdrücklich sagt Herodot I 65 „einige sagen, die Pythia habe dem Lykurg die bei den Spartiaten bestehende Ordnung geoffenbart; wie aber die Lakedaemonier selbst sagen, hat Lykurg ... diese Dinge aus Kreta geholt". Die Neueren sind dieser Stelle meist so viel wie möglich aus dem Wege gegangen. Und doch konnte Herodot so nicht schreiben, wenn zu seiner Zeit die Ableitung von Delphi in Sparta längst in der Weise, wie in dem angeblichen Tyrtaeosfragment, als sichere Thatsache anerkannt war, und ebenso wenig konnte dann Hellanikos die vom Gott offenbarten ($\pi v \vartheta \acute{o} \chi \varrho \eta \sigma \tau o \iota$) Gesetze einfach als Werk der ersten Könige bezeichnen. Man pflegt sich wohl auf die enge Verbindung des historischen Sparta mit Delphi, auf die von den Pythiern bewahrten Orakel (Herod. VI 57) zu berufen. Aber daraus folgt nur das Gegentheil: trotz dieser Verbindung dachte man zu Herodots Zeiten in Sparta garnicht daran, die Verfassung aus Delphi abzuleiten. Man holte sich fleissig beim delphischen Apoll Rath, ebenso gut wie beim Zeus von Olympia (Plut. Ages. 11); aber die Schutzgötter des Staats waren vielmehr Zeus und Athene (s. u.).[1]) Die Verfassung galt den Spartiaten als etwas naturwüchsiges, nicht wie den Fremden für ein seltsames Kunstproduct, zu dessen Erzeugung es des Orakelapparats bedurft hätte. Dass auf Kreta ähnliche Institutionen bestanden, wie bei ihnen, wussten sie; und so mögen sie dazu gekommen sein, dieselbe aus Kreta holen zu lassen. Diese ältere Ansicht erscheint auch in dem unter Platos Schriften stehenden Dialog Minos p. 318 ohne Verquickung mit dem delphischen Orakel. Der Dialog muss seinem ganzen Inhalt nach recht alt sein; auch wenn er nicht von Plato geschrieben ist, stammt er jedenfalls aus den ersten Jahrzehnten des vierten Jahrhunderts, so gut wie der Hipparchos und der meiner Meinung nach zweifellos platonische Ion.[2])

---

1) Erwähnt werden mag immerhin, dass auch in der allerdings absichtlich alles Details entkleideten Angabe des Thukydides I 18 über die spartanische Verfassung von der Ableitung aus Delphi so wenig die Rede ist wie von Lykurg.

2) Bekanntlich wird im Minos Lykurgs Zeit „300 Jahre oder etwas

Herodots Werk ist erschienen in den ersten Jahren des
peloponnesischen Kriegs, Hellanikos' literarische Thätigkeit —
in welcher Schrift er von Lykurg gehandelt oder vielmehr
nicht gehandelt hat, lässt sich nicht sicher erkennen, am nächsten liegt es, mit NIESE Hermes XXIII 89 an die Herapriesterin-
rinnen zu denken — fällt im allgemeinen etwas später. Wenige
Jahre darauf, zu Anfang des vierten Jahrhunderts, ist die Ableitung aus Delphi mit einem Male allgemein anerkannt und
in Sparta selbst officiell recipirt. König Pausanias theilt die
dem Lykurg gegebenen Orakelsprüche mit, Xenophon, der um
375 v. Chr. schreibt, bezeichnet es als einen besonders feinen
Kunstgriff des Lykurg, dass er die Gesetze nicht eher erliess,
als bis er sie vom Orakel hatte sanctioniren lassen: πολλῶν
δὲ καὶ ἄλλων ὄντων μηχανημάτων καλῶν τῷ Λυκούργῳ
εἰς τὸ πείθεσθαι ἐθέλειν τοὺς πολίτας, ἐν τοῖς καλλίστοις καὶ
τοῦτό μοι δοκεῖ εἶναι, ὅτι οὐ πρότερον ἀπέδωκε τῷ πλήθει
τοὺς νόμους, πρὶν ἐλθὼν σὺν τοῖς κρατίστοις εἰς Δελφοὺς
ἐπήρετο τὸν θεὸν εἰ λῷον καὶ ἄμεινον εἴη τῇ Σπάρτῃ πειθο-
μένῃ οἷς αὐτὸς ἔθηκε νόμοις. ἐπεὶ δὲ ἀνεῖλε τῷ παντὶ ἄμεινον
εἶναι, τότε ἀπέδωκεν, οὐ μόνον ἄνομον ἀλλὰ καὶ ἀνό-
σιον θεὶς τὸ πυθοχρήστοις νόμοις μὴ πείθεσθαι (rep.
Lac. 8). Man sieht, seine Darstellung ist ganz rationalistisch
gefärbt, wie es sich gehört, da er für die gebildete Welt
schreibt; sie berührt sich zum Theil fast wörtlich mit den Ausführungen des Ephoros. Bei Plato in den Gesetzen gilt es als
feststehend und von den Lakedämoniern selbst anerkannt, dass
die Gesetze von Apoll stammen, wie die kretischen von Zeus
(I p. 624 „der Urheber der Gesetze ist die Gottheit, παρὰ μὲν
ἡμῖν [in Kreta] Ζεύς, παρὰ δὲ Λακεδαιμονίοις, ὅθεν ὅδε [Me-
gillos] ἐστίν, οἶμαι φάναι τούτους Ἀπόλλωνα, was Megillos
bestätigt“). Lykurg wird gewissermassen zum Propheten der
Gottheit: φύσις τις ἀνθρωπίνη μεμιγμένη θείᾳ τινὶ δυνάμει
(III 691 E). Plato setzt also dieselbe Darstellung voraus, welche
Ephoros gegeben, aber rationalistisch eingekleidet hat.

Es steht also fest, die Legende von dem delphischen Ur-

mehr vor die Gegenwart, d. h. die Zeit des Sokrates, angesetzt. — Einen
sicheren Beweis für die Unächtheit des Dialogs kenne ich nicht. Dass
er über Lykurg eine andere Ansicht hat als die weit späteren Gesetze,
kann jedenfalls nichts entscheiden.

sprung der Verfassung ist den Spartanern von aussen octroyirt[1]) und um das Jahr 400 v. Chr., in der Zeit des Lysander, officiell recipirt worden. Es war das eine Epoche der tiefsten politischen Bewegung, in der der spartanische Staat gerade in Folge seiner gewaltigen Siege innerlich überall aus den Fugen ging. Nicht nur dass es in den Unterthanen und Halbbürgern gährte und die alte Bürgerschaft durch den Krieg decimirt war: weit schlimmer erschien, dass alle Grundlagen des überlieferten κόσμος angetastet wurden. Grosse Schätze flossen in Sparta zusammen, Luxus und Habsucht rissen ein, eine neue Politik kam auf, welche den alten ehrenhaften Grundsätzen zuwider auf krummen Wegen wandelte und vor List und Gewalt, ja vor Verbrechen nicht zurückscheute, um die Macht Spartas und seines Adels zu sichern. Die Seele dieser Neuerungen war Lysander, der gewissenlose aber unentbehrliche Feldherr, der damit umging die alte Verfassung zu stürzen und die Vorrechte der Königsgeschlechter zu beseitigen. Wir wissen wie vielfach die besseren Elemente der Bürgerschaft sich gegen dies neue Treiben gesträubt haben: Kallikratidas wird hunderte von Gesinnungsgenossen gehabt haben. König Pausanias hat es durchgesetzt, dass Lysanders Plan, Athen dauernd zu knechten, vereitelt wurde, dass man seine Zwingherrschaften in den griechischen Gemeinden stürzte — die Folge war allerdings, dass eine neue Erhebung Griechenlands, die sich auf Persien stützte, die Nothwendigkeit der lysandrischen Politik nur zu schlagend bewies. Man sieht aber daraus, wie thätig die conservativen Elemente Spartas gewesen sein müssen. Es ist ja nicht angeborene Bösartigkeit und moralische Verstocktheit, was die Spartaner zu der Politik trieb, welche in den Zeiten des Lysander und Agesilaos herrschte, sondern der Zwang der Verhältnisse, der mächtiger war als die reinen Absichten, mit denen der bessere Theil Spartas den Krieg gegen Athen zu Ende geführt hatte. Bei solcher Lage war es begreiflich, dass man nach jedem Mittel griff, welches geeignet erscheinen konnte, die wankende Ordnung zu stützen. So erklärt es sich, dass jetzt der delphische Ursprung derselben anerkannt wurde, um so eine göttliche Sanction für sie

---

1) Ueber ihre Entstehung s. u. IV.

zu gewinnen. In dieser Zeit also sind die angeblichen Tyrtaeosverse entstanden; sie stehen mit Recht neben dem Spruch, der vor der *φιλοχρηματία* warnt und direct gegen Lysander, Gylippos und ihre Genossen gerichtet ist.

Wenn die Distichen einen kurzen Abriss der spartanischen Institutionen geben und auf das Orakel zurückführen, so sehen wir aus Ephoros (und auch Plato weist ja darauf hin, während bei Xenophon nur von einer einmaligen Sanction der lykurgischen Ordnungen in Bausch und Bogen die Rede ist), dass daneben die Orakel auch im einzelnen ausgeführt worden sind. Dass das in derselben Zeit geschehen ist, liegt auf der Hand. Wir können aber auch noch nachweisen, woher Ephoros die Orakel genommen hat.

In seiner Polemik gegen Hellanikos' Behauptung, die Verfassung stamme von Eurysthenes und Prokles, bringt Ephoros zwei Argumente vor: erstlich werden diese beiden Könige in Sparta so wenig geehrt, dass sie nicht einmal ihren Geschlechtern den Namen gegeben haben, Lykurg dagegen hat Tempel und Opfer. Zweitens hat Pausanias in seiner Verbannung eine Schrift über Lykurg geschrieben, in der er die Orakel mittheilt.

Die Stelle über Pausanias ist bei Strabo VIII 5, 5 nur in der Pariser Handschrift A erhalten und auch da nur mit einer Lücke von etwa 15 Buchstaben in jeder Zeile. Da ich die Richtigkeit der von KORAIS, KRAMER und MEINEKE gegebenen Ergänzungen, auf denen auch die Darstellung bei WILAMOWITZ, Hom. Unters. 272 beruht, zum Theil entschieden bestreiten muss, setze ich zunächst den handschriftlich erhaltenen Text hierher und füge nur diejenigen Ergänzungen bei, die für sicher gelten können.

[Hierfür hat mir Herr Dr. TRIEBER freundlichst eine nochmalige Collation der betreffenden Stelle überlassen, die er Herrn JACOB, Professeur à l'école des hautes études, verdankt. Sie zeigt, dass der Text, welchen KRAMER in der praefatio zu Bd. I p. 62 mitgetheilt hat, völlig correct ist, während die von ihm im Contexte gegebene und die von MEINEKE befolgte Lesung einzelne Fehler enthält:]

1 *Παυ]σανίαν τε τῶν Εὐρυπωντιδῶν ἐκπεσόν[τα ...*
2 *οἰκίας ἐν τῇ φυγῇ συντάξαι λόγ[ον ..... Λυκούρ]*

3 γου νόμων ὄντος τῆς ἐκβαλλούση[ς . . . ., ἐν ᾧ καὶ]
4 τοὺς χρησμοὺς λέγει τοὺς δοθέντ[ας αὐτῷ περὶ τῶν]
5 πλείστων.

Zl. 1 cod. Εὐρυποδῶν. Zl. 2 οἰκίας cod., οἰκείας KRAMER, MEINEKE.
Zl. 3 ἐκβαλλούση[ς] cod. KRAMER, ἐκβαλούσης KORAIS, MEINEKE. Zl. 4
λέγει cod., λέγειν KRAMER, MEINEKE.

In diesen Worten ist offenbar von dem vorhin erwähnten
Könige Pausanias die Rede, der nach der Schlacht bei Haliar-
tos 395 nach Tegea in die Verbannung gehen musste — denn
der Sieger von Plataeae ist sicher nicht literarisch thätig gewesen. Pausanias aber war Agiade, und daher ist es unmöglich, mit den bisherigen Herausgebern Παυσανίαν τε τῶν Εὐρυ-
ποντιδῶν ἐκπεσόντα . . . τῆς οἰκίας zu lesen. Die Ergänzung
ἐκπεσόν[τα freilich wird durch das folgende erfordert; der Sinn
aber kann nur gewesen sein, dass Pausanias durch den Hass
und die Intriguen des rivalisirenden Hauses verbannt sei. Daher ist mit TRIEBER zu ergänzen: Παυσανίαν τε τῶν Εὐρυ-
ποντιδῶν ἐκπεσόν[τα μίσει (oder ἔχθει), τῆς ἑτέρας] οἰκίας,
ἐν τῇ φυγῇ etc.[1]) — Die folgenden Zeilen ergänzen KRAMER
und MEINEKE συντάξαι λόγ[ον κατὰ τοῦ Λυκούρ]γου, νόμων
ὄντος τῆς ἐκβαλούση[ς (KRAMER ἐκβαλλ.) αὐτὸν αἰτίου, καὶ] etc.,
wobei ich bekennen muss, dass mir die letzten Worte dunkel
geblieben sind; soll zu τῆς ἐκβαλούσης einfach πόλεως ergänzt
werden? Das wäre doch eine unerträgliche Härte. Indessen
die Annahme, Pausanias habe eine Schrift gegen Lykurg geschrieben, kann nicht richtig sein. Ephoros will die Realität
der lykurgischen Gesetzgebung beweisen; wie kann er da eine
„Schmähschrift" brauchen, die „den heiligen Trug, der die
Oligarchie sicherte, ans Licht zog", wie WILAMOWITZ meint.
Und wie stimmt eine derartige Schrift zu dem Charakter des
Pausanias, des Hauptgegners des Lysander, des Vertreters einer
ehrenhaften Politik, welche das feierlich verpfändete Wort
Spartas, es sei gekommen, die Hellenen zu befreien, wahr
machen wollte, des Königs, der die Vergewaltigung Athens
hinderte und noch in der Verbannung durch seine Verwendung

---

1) Meine frühere Vermuthung, es sei vor τῶν Εὐρυπ. ein ὑπὸ ein-
zuschieben, die dem Sinne nach auf dasselbe hinauskam, ziehe ich dem
gegenüber natürlich zurück; sie ist kritisch nicht haltbar.

bei seinem Sohn und Nachfolger die mantineischen Demokraten vom Tode und Sparta von der Schmach rettete (Xen. Hell. V 2, 6)? Dieser Pausanias soll eine Schmähschrift gegen Lykurg geschrieben haben, gegen den Urheber der weisen Ordnung, welche Ehrenhaftigkeit und Pflichtgefühl zum obersten Gebot machte, auf dessen Gesetzen auch die Machtstellung der Könige ruhte, welche die Neuerer zu untergraben strebten? Nicht eine Schrift gegen, sondern eine über Lykurg hat Pausanias geschrieben: von der Stadt, welche ihn in die Verbannung gejagt und die alte Ordnung mit Füssen getreten hatte, appellirte er an den Gesetzgeber, dem sie ihre Grösse verdankte. Eine mir genügende Ergänzung der Lücke habe ich nicht finden können; als Kern des Satzes aber ergibt sich: συντάξαι λό[γον περὶ τῶν Λυκούρ]γου νόμων,[1]) ... [.. ἐν ᾧ καὶ] τοὺς χρησμοὺς λέγει τοὺς δοθέντα[ς αὐτῷ περὶ τῶν] πλείστων.

Die letzte Bemerkung ist die, um derentwillen Ephoros überhaupt von Pausanias redet: in seiner Schrift waren die Orakel mitgetheilt, auf denen die lykurgische Gesetzgebung beruhte, die authentischen Urkunden, welche Hellanikos' Ansicht widerlegten. Damit ist zugleich gesagt, dass dieselben vor Pausanias noch nicht publicirt waren, und dass Ephoros sie aus Pausanias entlehnt hat.

Wir sehen, wie sich jetzt alles zusammenfügt. Wir begreifen, wie Ephoros dazu gekommen ist, die Orakel des Lykurg mitzutheilen, die seinem kritischen Scharfsinne so wenig Ehre machen, und diese erscheinen nicht mehr als literarische Spielerei oder antiquarische Fälschung, sondern als Produkt einer politischen Bewegung mit sehr realen Tendenzen. Dadurch gewinnen sie trotz ihrer Trivialität für uns ein hohes Interesse; sie sind ein Versuch die Grundlagen der altererbten Staatsform und Lebensordnung in idealem Gewande zu codificiren und als göttliche Offenbarung hinzustellen, um dadurch die Gegenwart zum rechten und gottwohlgefälligen Leben zurückzuführen. Daher die Warnung vor der φιλοχρηματία (E), daher die Betonung der Eintracht neben der Tapferkeit (C), da-

---

1) Im folgenden ist vielleicht zu lesen: ὄντος τῆς ἐκβαλλούσ[ης οἰκίας. Lykurg war ja nach der schon zu Pausanias' Zeit herrschenden Ansicht Eurypontide. Dann würde er hier seinen entarteten Nachkommen (Agesilaos) gegenüber gestellt.

her die Ermahnung zum Gehorsam gegen die recht erzogenen
Führer (B), daher die Verpflichtung den Orakeln zu gehorchen,
zu reden wie es sich geziemt und Gerechtigkeit zu üben unter
einander wie gegen die Fremden (D 1. 2, F 7). Sind das doch
alles Dinge, an denen die Modernen, Lysander und seine Genossen, sich tagtäglich verständigten. Im Mittelpunkt der Bewegung, aus der die Sprüche hervorgegangen sind, steht König
Pausanias, der gewiss an ihrer Abfassung direct oder indirect
betheiligt gewesen ist.

[Die Ausbildung der lykurgischen Gesetzgebung in der
Form von Orakelsprüchen in der Absicht, damit politische Wir-
kungen zu erzielen, erinnert lebhaft an die Gesetzbücher der
Juden und der Perser. Auch hier tritt das Programm für die
Zukunft, durch das die Gott wohlgefällige Ordnung hergestellt
werden soll, auf in der Form einer göttlichen Offenbarung an
den uralten Propheten; auch hier treten wie in Sparta verschiedene Strömungen und Redactionen hervor. Nur ist das
Werk hier völlig durchgeführt und zu grösster historischer
Wirkung gelangt, während man in Sparta historisch und politisch nicht über die ersten Ansätze hinausgelangt ist. Auch
die Gesetzbücher des Numa, welche im Jahre 181 v. Chr. ans
Tageslicht traten, in einer Zeit, da in Rom das Alte ins
Schwanken gerieth und eine neue weiten Kreisen unheilvoll
erscheinende Politik aufkam, haben gewiss ähnliche Tendenzen
verfolgt; der Senat hat ihre Wirkung durch Verbrennung des
apokryphen Machwerks vereitelt. Auch auf griechischem Boden
fehlt es nicht an Analogien. Das „Gesetzbuch des Zaleukos",
von dem Diodor XII 20 f. einen Auszug bewahrt, berührt sich
eng mit den lykurgischen Orakeln. Es beginnt mit religiös-
politischen Speculationen, mit der Ermahnung zur εὐσεβεία
und δικαιοσύνη als den Grundlagen jeder guten Staatsordnung,
und knüpft daran eine Reihe ethischer Bestimmungen. Nur
fehlt hier die Anknüpfung an die Gottheit, und die politische
Tendenz, die gewiss vorhanden war, ist für uns nicht mehr
erkennbar. Noch augenfälliger ist die Analogie der „Gesetze
des Drakon". Dass die überraschenden Mittheilungen, welche
Aristoteles pol. Ath. 4 über dieselben macht, nicht geschichtlich sein können, sondern Aristoteles sich durch ein apokryphes
Product hat täuschen lassen, ist alsbald nach Auffindung der

Schrift von den verschiedensten Seiten ausgesprochen worden, so dass ich die Beweise hier nur kurz zu skizziren brauche. Die wichtigsten sind: 1) Das Vorkommen der solonischen Classen. 2) Die Geldsätze in Minen und Drachmen für das Vermögen und die Strafen, während noch die solonische Ordnung das Vermögen nach dem Ertrage schätzt und Solon vielleicht noch Strafen in Vieh angesetzt hat (Plut. Sol. 23). Man hat angenommen, die drakontischen Sätze seien später in Geld umgerechnet worden; aber wie wäre das bei diesen ephemeren Bestimmungen denkbar, wenn selbst die Sätze für die solonischen Classen, die doch noch im vierten Jahrhundert zu Recht bestanden, niemals in Geld umgesetzt sind? 3) Solon reservirt die Bekleidung der höheren Aemter den Pentakosiomedimnen, die übrigen politischen Rechte [ausser der Theilnahme an Volksversammlung und Gericht] den drei ersten Classen. Drakon berücksichtigt für seine Staatsordnung diese Classen, die doch unter ihm existirt haben sollen, garnicht, sondern verlangt für die Archonten und Schatzmeister ein Vermögen von 10, für die Strategen und Hipparchen eins von 100 Minen, die niedrigen Aemter lässt er *ἐκ τῶν ὅπλα παρεχομένων* besetzen. Das setzt die Zustände des capitalistisch entwickelten Staats der perikleischen Zeit und des vierten Jahrhunderts voraus, wo die solonischen Classen als eine praktisch bedeutungslose Antiquität[1] fortbestanden auch noch als durch die Schatzung unter Nausinikos und die Symmorien das Steuerwesen auf ganz andere Grundlagen gestellt war, ist aber absurd für das siebente Jahrhundert. 4) Auch der vorsolonische Rath der 400 oder vielmehr 401 gibt zu starken Bedenken Anlass. 5) Völlig durchschlagend ist die Thatsache, dass die Strategen (und Hipparchen) als die ersten Beamten erscheinen, für die zehnmal mehr Vermögen verlangt wird als für die Archonten. Dieser Zustand besteht in Athen seit den Reformen von 487 und 457, durch die das Archontat alle politische Bedeutung verloren hat, ist aber undenkbar im siebenten Jahrhundert, wo der Archon noch im Vollbesitz der königlichen Machtbefugnisse war und die

---

1) z. B. pol. Ath. 7, 4 *διὸ καὶ νῦν ἐπειδὰν ἔρηται τὸν μέλλοντα κληροῦσθαι τιν' ἀρχήν, ποῖον τέλος τελεῖ, οὐδ' ἂν εἷς εἴποι θητικόν.* c. 26, 3. 47, 1.

Strategen, wenn sie überhaupt schon existirten, Untergebene des Obercommandanten, des Polemarchen, waren.

Aristoteles' Erzählung ist denn auch von seinen Nachfolgern sofort als unhaltbar erkannt worden. Die eigene Schule hat sie fallen lassen; nur so kann jetzt die Bemerkung in dem Anhang zum zweiten Buch der Politik verstanden werden (9, 9): *Δράκοντος δὲ νόμοι μὲν εἰσί, πολιτείᾳ δ' ὑπαρχούσῃ τοὺς νόμους ἔθηκε.* Die Späteren wissen von der drakontischen Verfassung nichts mehr. Bei Plutarch Solon 19 wird die Frage, ob zu Drakons Zeit der Areopag bestand, eingehend discutirt; von Aristoteles' Bericht, der ihn nennt, ist nicht die Rede. Also haben schon Plutarchs Gewährsmänner Aristoteles' Bericht entweder nicht mehr gekannt oder als unhaltbar nicht in die Discussion gezogen. Die Stelle ist zugleich nicht der einzige aber der zwingendste Beweis dafür, dass Plutarch die Schrift des Aristoteles nicht benutzt hat, sondern nur aus zweiter Hand kennt.

Aristoteles' Erzählung über Drakon ist eine Einlage in seinem Hauptbericht — leider sind dadurch authentische Nachrichten über Drakons Rechtsordnung, die in der Quelle gewiss standen,[1]) verdrängt worden. Die Erzählung über Solon weiss von der Verfassung Drakons, die ja auch mit Solons Ordnungen im schärfsten Widerspruch steht, nichts mehr. Die Dissonanz hat Aristoteles gefühlt; mit einer verlegenen Wendung gleitet er darüber hinweg: c. 7 Solon *τιμήματα διεῖλεν εἰς τέτταρα τέλη, καθάπερ διῄρηντο καὶ πρότερον.*[2]) Dass er damit einen absoluten Widerspruch ausspricht, hat er nicht empfunden. Einen zu schweren Vorwurf darf man ihm daraus nicht machen; nicht nur in populären Broschüren, sondern auch in streng wissenschaftlichen Geschichtswerken von der ältesten bis zur neuesten Zeit finden sich derartige missglückte Compromisse oft genug. — Wer Aristoteles' Quelle war, wird sich nicht ermitteln lassen. Möglicherweise eine Atthis, freilich nicht die, der er vorwiegend folgte; vielleicht aber auch eine selbständige Schrift. In Bro-

---

1) Aristoteles erwähnt sie nur bei ihrer Aufhebung c. 7 *τοῖς δὲ Δράκοντος θεσμοῖς ἐπαύσαντο χρώμενοι πλὴν τῶν φονικῶν.* In der Quelle muss darüber mehr berichtet sein.

2) ebenso sagt er c. 8, 4 ganz ruhig *βουλὴν δ' ἐποίησε τετρακοσίους.* Dass dieser Rath schon unter Drakon bestand, wird einfach ignorirt.

schüren nach Art des Areopagitikos und Panathenaikos des Isokrates liesse sich eine derartige Ausführung sehr gut denken. Ihre Tendenz aber ist völlig klar: es gilt ein Idealbild einer Verfassung zu entwerfen, welche die corrupte attische Demokratie ersetzen soll und deshalb älter sein muss als der Vater der Demokratie. Da bot sich Drakons Gestalt als Gegenbild zu Solon ganz von selbst.[1]) Dass dies Idealbild im Zusammenhang steht mit den Versuchen, die radicale Demokratie zu stürzen, mit Bestrebungen wie sie 411, 404, 322 zum Siege gelangten und in der Zwischenzeit niemals völlig verschwanden, ist evident; dass Aristoteles, dessen Gesinnungen es so völlig entsprach, sich dadurch täuschen liess, ist sehr begreiflich.]

[Von den theils zustimmenden, theils polemischen Besprechungen, welche sich an meinen Aufsatz angeschlossen haben, erfordern die leider bisher nur auszugsweise vorliegenden Ausführungen Trieber's[2]) eine eingehendere Berücksichtigung. Während er im übrigen dem Kern meiner Ausführungen zustimmt und auf die völlig richtige Thatsache hinweist, dass die Abstracta, die in den Orakeln vorkommen „Worte wie ἐλευθερία, δουλεία, ὁμόνοια, alle jungen Ursprungs sind",[3]) bestreitet er die Zurückführung auf Pausanias und setzt an seine Stelle den Hippias von Elis. In seinen Olympioniken habe derselbe die Gründung der olympischen Spiele durch Lykurg und Iphitos vorgetragen; auf ihn gehen die Orakel zurück, welche in die Geschichte der Spiele bei Phlegon und Eusebios (Africanus) verwoben sind; er habe bei dieser Gelegenheit auch von Lykurgs Gesetzgebung gesprochen und die Orakel verfertigt, deren Tendenz im übrigen nicht bestritten wird.

1) Man könnte sich sehr gut denken, dass das Idealbild, welches Isokrates von den Zuständen der attischen Königszeit entwirft, in gleicher Weise zu einem vollständigen Verfassungsentwurf ausgemalt worden wäre.

2) Berichte des freien Deutschen Hochstifts, 1889 Heft 2, 3. Abth. für Sprachwissenschaft S. 133 ff.

3) Seine Angabe, ὁμόνοια sei sonst vor Plato nicht nachweisbar, ist, wie er mir mittheilt, nicht richtig. Es findet sich schon bei Thuk. VIII 75. 93 und bei Lysias.

Von Hippias wissen wir, dass er der erste war, der die Olympionikenliste behandelt hat,[1]) und dabei wird er natürlich auch über die Einsetzung der Spiele gesprochen haben. Andererseits stand er zu Sparta in nahen Beziehungen; vielfach ist er in wichtigen Angelegenheiten als elischer Gesandter nach Sparta gegangen (Plato Hipp. mai. 281). Hier hat er, wie bekannt, auch Vorträge über die Urgeschichte gehalten, die bei den Spartanern lebhaften Anklang fanden (*περὶ τῶν γενῶν τῶν τε ἡρώων καὶ τῶν ἀνθρώπων καὶ τῶν κατοικίσεων, ὡς τὸ ἀρχαῖον ἐκτίσθησαν αἱ πόλεις, καὶ συλλήβδην πάσης τῆς ἀρχαιολογίας ἥδιστα ἀκροῶνται, ὥστ' ἔγωγε δι' αὐτοὺς ἠνάγκασμαι ἐκμεμαθηκέναι τε καὶ ἐκμεμελητηκέναι πάντα τὰ τοιαῦτα*[2]) ib. 285). Es wäre also sehr wohl möglich, dass Hippias das historische Verhältniss zwischen Elis und Sparta in die Urzeit projicirt und die olympischen Spiele als das gemeinsame Werk des Iphitos und Lykurgos dargestellt hätte — wenn nur irgend ein Beweis dafür vorhanden wäre. Aber das Gegentheil ist der Fall; denn noch Ephoros weiss nichts von einer Einsetzung der Spiele durch Iphitos und Lykurg, sondern führt sie lediglich auf Iphitos zurück (Strabo VIII 3, 33). Erst Aristoteles

---

1) Plut. Numa 1. Plutarch bespricht das Verhältniss Numas zu Pythagoras und die vielfach vorgebrachte Vermuthung, der Lehrer Numas sei der Lakone Pythagoras, der in der 16. Ol. im Stadion siegte. Er hat hier wie sonst wenig Neigung sich auf chronologische Fragen einzulassen und behauptet daher *τοὺς μὲν οὖν χρόνους ἐξακριβῶσαι χαλεπόν ἐστι, καὶ μάλιστα τοὺς ἐκ τῶν Ὀλυμπιονικῶν ἀναγομένους, ὧν τὴν ἀναγραφὴν ὀψέ φασι Ἱππίαν ἐκδοῦναι τὸν Ἠλεῖον ἀπ' οὐδενὸς ὁρμώμενον ἀναγκαίου πρὸς πίστιν.* Der Zweifel richtet sich hier nicht sowohl gegen Hippias wie gegen die Glaubwürdigkeit der Olympionikenliste und hat lediglich den Werth einer Verlegenheitsphrase; mit Unrecht hat TRIEBER darauf Gewicht gelegt.

2) TRIEBER meint „dass die Wissbegierde der Spartaner von Platon nur ironisch gemeint sein kann, dürfte niemandem entgehen". Ich bin dieser Niemand; im Gegentheil, die Angabe ist durchaus ernst gemeint und völlig correct. Von sophistischen Vorträgen wollten die Spartaner nichts wissen, aber an der Sagengeschichte, wie sie die genealogischen Dichter und die Logographen behandelten, hatten sie natürlich sehr lebhaftes Interesse. Das ist ja die Literatur des Adels. — Sehr mit Unrecht hat NITZSCH Herodots Quellen der Perserkriege Rhein. Mus. XXVII 1872 S. 231 die Stelle auch auf Vorträge über geschichtliche Ereignisse, z. B. über die Perserkriege, bezogen.

schreibt nicht etwa die Einrichtung der Spiele, sondern speciell die Einsetzung der Ekecheirie dem Iphitos und Lykurgos
gemeinsam zu, nicht auf Grund einer Tradition oder der Berichte
des Hippias, sondern weil die Diskosinschrift den Namen Lykurgs nannte (Plut. Lyk. 1), und erst durch ihn ist diese Thatsache in die Literatur eingeführt. Das hat TRIEBER verkannt,
nach dem schon Ephoros von Lykurgs Verbindung mit Iphitos
erzählt hätte.

Nicht anders ist es auch um die Orakelsprüche bestellt.
Dass Hippias die Einrichtungen der Spiele und die Anerkennung des Gottesfriedens im Peloponnes auf den Rath des delphischen Gottes zurückführte, ist sehr möglich; und die Orakel,
welche bei Phlegon und Eusebius erhalten sind, stammen jedenfalls aus derselben Zeit und zeigen die gleiche Mache wie die
Lykurgorakel und die zahlreichen Orakel über Coloniegrün-
dungen [1]) und die über die messenischen Kriege, welche Ephoros
aufgenommen hat. Aber von Hippias können die den Eliern
gegebenen Sprüche nicht stammen; denn sie zeigen antisparta-
nische Tendenzen. Als die Spartaner bald nach Ol. 1 Helos
belagern und die Elier anfragen, ob sie ihnen helfen sollten,
verweist sie der Gott zur Ruhe:

> τὴν αὑτῶν ῥύεσθε πάτραν, πολέμου δ᾽ ἀπέχεσθε,
> κοινοδίκου φιλίης ἡγούμενοι Ἑλλήνεσσιν,
> ἔστ᾽ ἂν πενταέτης ἔλθῃ φιλόφρων ἐνιαυτός. [2])

---

1) die allerdings zum Theil älter sind.
2) Damit verbindet TRIEBER den bisher ganz unverständlich gebliebenen Spruch an die Könige Charilaos und Archelaos, den Oinomaos bei
Euseb. praep. ev. V 32 bewahrt hat

> εἴ κεν ἐπικτήτου μοίρης λάχος Ἀπόλλωνι
> ἥμισυ δάσσωνται, πολὺ λώϊον ἔσσεται αὐτοῖς.

TRIEBER meint, hier sei von der Eroberung von Helos die Rede, die vom
Gott gemissbilligt werde. Allerdings setzt das den Eleern gegebene
Orakel den Krieg gegen Helos nach Ol. 1. Aber dass es von Charilaos
und Archelaos erobert sei, wird nirgends berichtet. Die ältere Ueberlie-
rung, der Ephoros folgt (Strabo VIII 5, 4), setzt die Einnahme von Helos
unter Agis, die jüngere bei Pausan. III 2, 7 unter Alkamenes, der nach
der alexandrinischen Chronologie zur Zeit von Ol. 1 regierte. Dagegen
fällt eben nach Pausanias III 2, 5. 7, 9 unter Archelaos und Charilaos die
Eroberung der Aigytis und der unglückliche Krieg gegen Tegea, wo die
Spartaner, durch das bei Herodot I 66 mitgetheilte Orakel getäuscht, das
zu erobernde Land auftheilen wollen, aber schmählich geschlagen werden.

Das stimmt in der Tendenz ganz gut zu der Darstellung, die Ephoros von der älteren Geschichte von Elis gab,[1]) wenn auch nicht zu seinem Ansatz der Eroberung von Helos unter Agis, aber unmöglich kann der Spartanerfreund Hippias eine derartige Tendenz verfolgt haben.

Ebenso steht es mit der Annahme, Hippias sei der Autor der Lykurgorakel. Wir wissen, dass Hippias behauptete *Λυκοῦργον πολεμικώτατον γενέσθαι καὶ πολλῶν ἔμπειρον στρατειῶν* (Plut. Lyc. 23). Das ist der alte Lykurg, der bei Herodot erkennbar ist, wo die Ordnung des Heerwesens sein wichtigstes Werk ist, aber nicht der philosophische Gesetzgeber der Orakel. Hippias steht auf Seiten des officiellen Spartas, nicht auf Seiten der Reformpartei.

Somit wird es also doch beim König Pausanias bleiben. Und ich sehe nicht, wie man Ephoros' Zeugniss in der Art, wie es TRIEBER thut, bei Seite schieben kann: „Zudem besagen jene Worte des Ephoros nur das eine, dass Pausanias in seinem Werke jene unechten Orakel verwerthet habe. Demnach fand er sie schon vor". Ephoros beruft sich, um die Realität der lykurgischen Gesetzgebung zu erweisen — und das ist, was nicht genug betont werden kann, der einzige positive Beweis, den er beibringt — auf die Schrift des Pausanias, in der die Orakel mitgetheilt seien. Wie können dieselben also schon vor Pausanias in einer anderen Schrift publicirt sein?

Mit Recht sagt TRIEBER, Pausanias als Agiade könne nicht den Lykurg zum Eurypontiden gemacht haben. Das habe ich aber auch nicht behauptet; vielmehr folgt Pausanias hierin nur der zu seiner Zeit herrschenden Meinung. Schon bei Simonides (unten S. 276) ist Lykurg ein Eurypontide. Derselbe Stammbaum, den Ephoros gibt, hat bereits seinem älteren Zeitgenossen

Eben diese verunglückte Expedition wird in dem Orakel bei Oinomaos gemeint sein: „wenn sie die Hälfte des eroberten Landes dem Apollo zutheilten, wird es ihnen besser gehen".

1) Eher mag die in die Zeit nach Pheidon gesetzte Verbindung zwischen Sparta und Elis (Strabo VIII 3, 33. Diod. VIII 1) und die Behauptung, Elis sei als heiliges Land anerkannt und daher von der Verpflichtung zur Theilnahme an Kriegen (auch am Perserkrieg!) entbunden, auf Hippias zurückgehen. Eine derartige Stellung mochte ein spartanerfreundlicher elischer Patriot nach dem peloponnesischen Kriege für seine Heimath erstreben.

Dieuchidas von Megara vorgelegen (Plut. Lyc. 1), denn dieser
hat nicht etwa den später recipirten Stammbaum erfunden,
sondern ihn durch den Zusatz erweitert, Polydektes sei der
Sohn des Eunomos aus erster Ehe, Lykurg aus zweiter Ehe,
mit Dionassa, gewesen.[1]) Ephoros sagt daher ausdrücklich:
Λυκοῦργον ὁμολογεῖσθαι παρὰ πάντων (das ist allerdings
nicht richtig) *ἕκτον ἀπὸ Προκλέους γεγονέναι* (Strabo X 4, 18).
Also ist Trieber's Behauptung, Ephoros „gebe die Genealogie
des Lykurg in einer so eigenthümlichen, von allen seinen Vorgängern abweichenden Form ..., dass derjenige, bei dem sich
dieselbe auffällige Bezeichnung der Abstammung und vielleicht gar dasselbe Zusammenwirken mit Iphitos nachweisen
liesse, unbedingt der Gewährsmann des Ephoros sein müsste",
nicht richtig, und die Annahme, dieser Stammbaum sei von
Hippias erfunden, schwebt vollends in der Luft. Sie wird damit begründet, dass derselbe Stammbaum sich in der Geschichte
der olympischen Spiele bei Eusebius angedeutet findet (Phlegon
gibt den Stammbaum des Simonides). Aber die Annahme, dass
diese aus Hippias stamme, ist, wie wir gesehen haben, unhaltbar; höchstens ihre Urwurzeln gehen auf Hippias zurück.

Im übrigen hebe ich noch hervor, dass ich nicht behauptet habe, Pausanias selbst habe die Orakel verfasst. Ich halte
das kaum für wahrscheinlich; derartige Dinge pflegen Könige
und Staatsmänner selten zu verfassen, wohl aber zu benutzen.[2])
Und dass die Lykurgorakel in ihrer Tendenz genau mit den
politischen Zielen des Königs Pausanias übereinstimmen, in
dessen Zeit sie entstanden, in dessen Schrift sie veröffentlicht
sind, wird, wer die damaligen Verhältnisse Spartas sich wirk-

---

1) Das ist der Grund, weshalb Dieuchidas bei Plut. Lyc. 1 citirt
wird, nicht etwa als Autorität für den Stammbaum im allgemeinen. Plutarch gibt die Genealogie des Simonides und führt dann fort: *οἱ πλεῖστοι
σχεδὸν οὐχ οὕτω γενεαλογοῦσιν, ἀλλὰ Προκλέους μὲν γενέσθαι Σῶον ...
Εὐνόμου δὲ Πολυδέκτην ἐκ προτέρας γυναικὸς, Λυκοῦργον δὲ νεώτερον
ἐκ Διωνάσσης, ὡς Διευ[τυ]χίδας ἱστώρηκεν.* Der Schluss *ἕκτον μὲν ἀπὸ
Προκλέους, ἐνδέκατον δ᾽ ἀφ᾽ Ἡρακλέους* (= Ephoros) gehört nicht mehr
dem Dieuchidas speciell, sondern der recipirten Genealogie im allgemeinen an.

2) Dass auch die Distichen (F) von Pausanias mitgetheilt waren, ist
möglich, aber durchaus nicht nothwendig. Jedenfalls entspricht seinen
Tendenzen die ältere plutarchische Fassung, nicht die diodorische.

lich lebendig gemacht hat, nicht bestreiten können. Das ist im folgenden genauer darzulegen. —

Schliesslich verdanke ich einer mündlichen Mittheilung TRIEBER's den Hinweis darauf, dass die Art, wie Lysander seine Umsturzpläne durchzusetzen versuchte, welche die Beseitigung der beiden Königshäuser und die Erwählung der Könige aus allen Herakliden, oder nach anderen aus allen Spartiaten, erstrebten, das genaue Gegenstück zu unseren Lykurgorakeln bietet. Nach Ephoros' Bericht, der uns ausführlich erhalten ist,[1]) liess er sich zuerst eine Rede von Kleon von Halikarnass ausarbeiten, versuchte dann die Orakel von Delphi, Dodona, Ammonion zu seinem Zwecke zu benutzen, und trieb schliesslich einen angeblichen Sohn Apollos Namens Silenos auf, dem nach einem von Lysander in Umlauf gesetzten Orakelspruch das Recht zustehen sollte, die ἐν γράμμασιν ἀπορρήτοις bewahrten παμπάλαιοι χρησμοί zu untersuchen. Unter diese hatte Lysander einen Spruch eingeschwärzt ὡς ἄμεινον εἴη καὶ λῷον Σπαρτιάταις ἐκ τῶν ἀρίστων πολιτῶν αἱρουμένοις τοὺς βασιλέας. Man sieht wie stark damals mit Orakelsprüchen operirt wurde. Dass die Gegenpartei dasselbe Mittel benutzte, ist nur natürlich. Schliesslich versagten Lysanders Werkzeuge und die ganze weit angelegte Maschinerie führte nicht zum Ziel.]

II. Der Ursprung des Ephorats und die lykurgische Landauftheilung.

Ueber die politische Stellung des Königs Pausanias haben wir, abgesehen von dem was sich aus seinem Verhalten im Jahre 403 ergibt, zwei sehr werthvolle Angaben in Aristoteles' Politik. IV 13, 13 heisst es, die Lakonen werfen ihm vor, er habe sich, nicht zufrieden damit, dass er König war, auch zum Herrscher über Sparta machen wollen; und VIII 1, 5, er habe die Ephoren stürzen wollen wie Lysander das Königthum. Beide Angaben decken sich offenbar: eben durch den Sturz des übermächtig gewordenen Ephorats wollte er die alte

---

1) Plut. Lys. 25 f. 30, vgl. 20 fin. Diod. XIV 13. Nepos Lys. 3.

Machtstellung des Königthums wieder gewinnen. Den bisher entwickelten Tendenzen widerspricht das keineswegs: sind doch die Ephoren die Leiter der modernen Politik, und überdies der Bestechung und dem Luxus zugänglich.[1])

Daher ist denn auch in den Sprüchen vom Ephorat nirgends mit einer Silbe die Rede, während der Gehorsam gegen das Königthum und die Geronten (πρεσβυγενεῖς) besonders eingeschärft wird (B. F 3—5). Denn auch die Geronten sind durch das Ephorat aus ihrem Ansehen verdrängt (vgl. Xenophons Schilderung der Macht der Ephoren und Aristoteles' Bemerkungen über die Geronten); der König mochte daher hoffen im Rathe der Alten eine Stütze für seine Pläne zu finden. Auch in Orakel D wird befohlen die Geronten zu ehren, während anstatt der Könige ihr mythischer Vorgänger Menelaos, der neben der Helena in Therapne als Gott verehrt wird (Isokr. Hel. 63), und ihre Schutzgötter, die Tyndariden, erscheinen. Denn das ist die Bedeutung der Dioskuren im spartanischen Staat, wie Herodot ausdrücklich berichtet (V 75): mit jedem der beiden Könige zieht einer der beiden Zwillingsgötter ins Feld.[2])

Wenn es gewiss nicht Zufall ist, dass an diesen Stellen

---

1) Arist. pol. II 6, 14 πολλάκις ἐμπίπτουσιν ἄνθρωποι σφόδρα πένητες εἰς τὸ ἀρχεῖον (das Ephorat), οἳ διὰ τὴν ἀπορίαν ὤνιοι ἦσαν. ἐδήλωσαν δὲ πολλάκις μὲν καὶ πρότερον (also jedenfalls zur Zeit des Pausanias), καὶ νῦν δὲ etc. — Ferner II 6, 16 ἔστι δὲ καὶ ἡ δίαιτα τῶν ἐφόρων ... ἀνειμένη λίαν.

2) Ich halte es für evident, dass die Dioskuren aus dem spartanischen Doppelkönigthum erwachsen und lediglich sein Abbild in der Götterwelt sind. Die Mythen, welche an sie anknüpfen, sind secundärer Natur; es sind Deutungen, nicht Voraussetzungen des Cultus. — Bei Homer erscheinen sie nur an den verhältnissmässig recht späten Stellen Γ 237. λ 300. [Ich würde das jetzt etwas anders fassen: die seit uralter Zeit in Sparta verehrten Zwillingsgötter sind durch die Dorer in Schutzgötter des Doppelkönigthums umgewandelt. Dass der schon λ 301 erwähnte Mythus von ihrem abwechselnden Leben und Sterben (οἳ καὶ νέρθεν γῆς τιμὴν πρὸς Ζηνὸς ἔχοντες ἄλλοτε μὲν ζώουσ' ἑτερήμεροι, ἄλλοτε δ' αὖτε τεθνᾶσιν, τιμὴν δὲ λελόγχασι ἶσα θεοῖσιν) daraus erwachsen ist und garkeine physische Bedeutung hat, ist klar: offenbar hat in Sparta ebenso wie bei den römischen Consuln ursprünglich, so lange beide Könige zusammen auszogen, das Commando tagtäglich gewechselt, und das ist denn auf die Schutzgötter übertragen.]

von den Ephoren vollständig geschwiegen wird, so wird damit die Wandelung zusammenhängen, welche sich eben in der Zeit des Pausanias in den Anschauungen über den Ursprung des Ephorats vollzieht. Bei Herodot sind die Ephoren so gut von Lykurg eingesetzt wie die Geronten und überhaupt alle anderen Institutionen mit Ausnahme des Königthums, das naturgemäss über den Ursprung der Verfassung hinaufragt. Ebenso führt Isokrates Panath. 153 die Ephoren (das sind die ἀρχαὶ αἱρεταὶ) auf Lykurg zurück. Vereinzelt findet sich das noch in späterer Zeit, so bei Iustin. III 3: Lycurgus *regibus* potestatem bellorum, *magistratibus* (das sind die Ephoren) iudicia et annuos successores, *senatui* (den Geronten) custodiam legum, *populo* sublegendi senatum vel creandi quos vellet magistratus (auch Aristoteles bezeugt, dass die Ephoren vom Volke ἐξ ἁπάντων gewählt werden) potestatem permisit. Auch Satyros (bei Diog. Laert. I 68) hat die Ephoren auf Lykurg zurückgeführt.

Dagegen nach Plato de legg. III 692 A hat Lykurg dem Königthum nur die Geronten beigeordnet, ein Späterer (τρίτος σωτήρ) die Ephoren hinzugefügt. Einen Namen nennt Plato nicht, doch hat er an derselben Stelle auch Lykurg nicht mit Namen genannt, so dass es wohl nicht zweifelhaft ist, dass er denselben meint, den alle Späteren[1]) nennen, nämlich König Theopomp. Die Massregel wird als eine heilsame Mässigung der absoluten Königsgewalt betrachtet, durch die dem Königthum zwar ein Theil seiner Macht geraubt, aber eben dadurch lange Dauer verliehen wird — eine Auffassung, die schon Plato ausspricht, während sie sonst mehrfach im Gewande einer Anekdote erscheint: die Frau des Theopomp habe ihn gefragt, ob er sich nicht schäme, das Königthum seinen Söhnen in geschmälerterer Gestalt zu hinterlassen, als er es von seinem Vater erhalten habe, er aber habe geantwortet: nein, denn ich lasse es ihnen dauerhafter.[2]) Nach den

---

1) Denn Sosikrates bei Diog. Laert. I 68 καὶ πρῶτον ἔφορον γενέσθαι (Χείλωνα) ἐπὶ Εὐθυδήμου, d. i. 556/5 v. Chr., sagt nicht, wie Diogenes und O. MÜLLER Dorier II 108 die Stelle auffassen, er sei der erste, sondern er sei in diesem Jahre zum ersten Male Ephor gewesen.

2) Aristot. pol. VIII 9, 1. Plut. Lyc. 7. Val. Max. IV 1 ext. 8 in fast gleichlautender Fassung. Plutarch im Lykurg nimmt auf Angaben der aristotelischen Politik auch sonst Rücksicht (c. 14 = pol. II 6, 8), doch ver-

alexandrinischen Chronologen Eratosthenes, Apollodor und ihren Nachfolgern ist das Ephorat Ol. 6, 2 = 755/4 [1]) eingesetzt. Das Datum ist unzweifelhaft historisch, d. h. die Ephorenliste, welche den Alexandrinern vorlag und welche schon Timaeos zu chronologischen Zwecken herangezogen hatte (Polyb. XII 11), begann mit diesem Jahre. Denn die Angabe des Eusebius (Anm. 1), dass mit Alkamenes das Königthum in Sparta aufgehört habe, besagt, in die Auffassung seiner Quelle zurückübersetzt, nichts anderes, als dass es von jetzt an nicht mehr nöthig war in der spartanischen Chronologie nach den immer unsicheren Königsjahren zu rechnen, sondern die Liste der jährlich wechselnden und darum chronologisch weit werthvolleren Ephoren an ihre Stelle treten konnte.[2]) Auch hat es ja nichts auffallendes, dass man damals, zwanzig Jahre nach dem Beginn der Olympionikenliste, anfing die Namen der eponymen Be-

---

muthlich nur scheinbar, weil sie auch in der von ihm vielbenutzten πολιτεία Λακεδαιμονίων gestanden haben werden. — Cic. de rep. II 59. de leg. III 16, bei dem wir ja Angaben der Peripatetiker erwarten dürfen, erwähnt gleichfalls die spätere Einsetzung der Ephoren und vergleicht sie mit den Tribunen, worin ihm Val. Max. folgt.

1) Die Handschriften des Eusebius und Hieronymus geben allerdings Ol. 5, 3 oder 4 (welches Datum der cod. R gibt, ist aus Schöne's Bemerkungen I p. 127 leider nicht zu ersehen); aber zwei von einander ganz unabhängige Zeugnisse führen übereinstimmend auf das oben gegebene Datum. Einmal sagt Plut. Lyc. 7, die Einsetzung der Ephoren durch Theopomp falle ἔτεσί που μάλιστα τριάκοντα καὶ ἑκατὸν μετὰ Λυκοῦργον, d. i. da Lykurg von Eratosthenes und Apollodor ins Jahr 885/4 gesetzt wird, ins Jahr 755,4. Zweitens bemerkt Eusebius bei Ol. 1, wo in Folge der heillosen Verwirrung seiner lakonischen Königsliste die Regierung des Alkamenes zu Ende geht (ebenso Hieron. bei der Einsetzung der Ephoren und die exc. Barbari in der Königsliste p. 42 a. b), die spartanischen Könige hätten 350 Jahre regiert, das wäre von der dorischen Wanderung 1104/3 wieder bis 755 4.

2) [Das hat Gelzer Africanus I 142 übersehen. Er meint man habe die spartanischen Königslisten mit dem Beginn der Olympiadenrechnung abgebrochen. Das wäre ein sehr unverständiges Verfahren gewesen, da zwischen den Olympiaden und der spartanischen Chronologie keine Beziehungen vorlagen. Dagegen konnte man die Ephorenliste mit den attischen Archonten und den Olympioniken gleichen, wie das schon Timaeos gethan hat. Ich kann daher den chronologischen Folgerungen Gelzer's so wenig zustimmen, wie denen Busolt's Griech. Gesch. I 146, 6.]

amten [1]) aufzuzeichnen. Aber dass damals die Ephoren zuerst
eingesetzt seien, folgt daraus noch nicht; sie können schon
Jahrhunderte bestanden haben, ehe man ihre Namen aufzuzeichnen begann. Nach der alexandrinischen Chronologie stimmt
das Jahr 755/4 vortrefflich zu der Einsetzung der Ephoren
durch Theopomp; nach Apollodor (Diodor bei Euseb. I 223)
fällt die erste Olympienfeier ins zehnte Jahr Theopomps, 775/4
ist also sein 31. Jahr. In Wirklichkeit folgt eben daraus, dass
die Ephoren nicht von Theopomp eingesetzt sein können, da
dieser frühestens erst etwa zwanzig Jahre später, um 735 v. Chr.,
zur Regierung kam [2]) — für den viel zu hohen Ansatz seines
Regierungsantritts ist vielleicht auch die Ephorenliste von
Einfluss gewesen.

[Auch Xenophon steht nicht mehr auf dem naiven Standpunkt Herodots, sondern kennt die neue Auffassung Lykurgs.
Die Angabe, dass er seine Gesetze durch den delphischen Gott
habe sanctioniren lassen, hat er recipirt (rep. Lac. 8, 5), die Ansicht von dem secundären Ursprung des Ephorats dagegen verworfen. Seine Ausdrücke zeigen aber deutlich, dass die Frage
damals vielfach discutirt wurde: εἰκὸς δὲ καὶ τὴν τῆς ἐφο-
ρείας δύναμιν τοὺς αὐτοὺς τούτους (die Genossen des Lykurg)
συγκατασκεύασαι, ἐπείπερ ἔγνωσαν τὸ πείθεσθαι μέγιστον ἀγαθὸν εἶναι καὶ ἐν πόλει καὶ ἐν στρατιᾷ καὶ ἐν οἴκῳ. „Es ist
wahrscheinlich (oder begreiflich), dass Lykurg und seine Genossen die Ephorenmacht begründet haben" — so würde er
nicht reden, wenn die Einsetzung der Ephoren durch Lykurg
unbestrittene Ueberlieferung wäre. In der Motivirung stellt er
sie, die den Gegnern als Usurpatoren gelten, als die rechten
Zuchtmeister Spartas, als die wichtigsten Träger der lykurgischen Ordnung hin. Es ist das für Xenophon sehr charakteristisch. Seine Schrift trägt ja einen gewissermassen officiellen

---

1) Im fünften Jahrhundert wird bei den Schriftstellern wie in den
Urkunden (Inscr. Gr. Ant. 83 ff.) bekanntlich nach den Ephoren datirt.
Freilich haben wir noch im sechsten Jahrhundert für Cheilons Ephorat
verschiedene Ansätze: doch hat wenigstens Sosikrates ein ganz bestimmtes Jahr genannt, Ol. 56, 1, das auch von der Pamphila adoptirt ist (Diog.
Laert. I 68) und sich bei Hieronymus wenigstens in den cod. M und A
findet — die anderen Handschriften geben abweichende Daten.

2) Seine Zeit ist durch den ersten messenischen Krieg bestimmt. Im
übrigen vgl. oben S. 171. 180 ff.

Charakter, sie verherrlicht alle spartanischen Institutionen und stellt sie vom Standpunkt des Agesilaos aus dar, nicht von dem der Reformpartei. Nur die Ausschreitungen der letzten Jahrzehnte nach dem peloponnesischen Kriege und dem Antalkidasfrieden kann er nicht mehr ganz billigen (c. 14 „wenn man mich fragt, ob Lykurgs Gesetze noch jetzt unverändert bestehen, τοῦτο μὰ Δί᾽ οὐκ ἂν ἔτι θρασέως εἴποιμι") — denn die Wagschale beginnt sich zu Ungunsten Spartas zu senken, und wenn irgend jemand, so ist Xenophon ein durchaus naiver und gläubiger Anbeter des Erfolgs. Zugleich aber gewinnen wir durch Xenophon ein sehr willkommenes chronologisches Datum; denn seine Schrift ist um 375 geschrieben, nach der Erhebung Thebens und der Neugründung des attischen Seebundes und vor der Schlacht bei Leuktra.[1]) Vor diesem Termin ist also die neue Ansicht über das Ephorat aufgekommen, d. h. eben in der Zeit des Pausanias.]

Die Auffassung der Einsetzung der Ephoren, welche den angeführten Berichten (auch bei Plato) zu Grunde liegt, gibt sich selbst deutlich als secundär: es ist eine durchaus gekünstelte Reflexion, dass König Theopomp in der Voraussicht, die Stellung des Königthums dadurch für die Zukunft zu sichern, sich eines Theils seiner Rechte[2]) freiwillig entäussert habe. Vielmehr ist diese Erzählung nur die Berichtigung einer älteren Auffassung, welche in der Anekdote der Frau in den Mund gelegt wird. Ursprünglich ist erzählt worden, dass die Könige sich dadurch, dass sie das Ephorencollegium sich zur Seite setzten, schweren Schaden zugefügt haben. Eine derartige Darstellung vom Ursprung des Ephorats hat bekanntlich König

---

1) [denn nach dieser gingen keine Spartaner mehr als Harmosten in die Städte, was sie nach c. 14, 2. 4 gegenwärtig noch thun. Die früher von mir geäusserte Meinung, dies Kapitel sei ein späterer Zusatz, „der mit der Tendenz der übrigen Schrift und namentlich ihren Eingangsworten in schroffem Widerspruch steht", war wenig überlegt und ist ganz unhaltbar.]

2) Θεοπόμπου μετριάσαντος (τὴν βασιλείαν) τοῖς τε ἄλλοις καὶ τὴν τῶν ἐφόρων ἀρχὴν ἐπικαταστήσαντος heisst es bei Aristoteles VIII 9, 1. Was für andere Dinge das sind, wissen wir nicht, denn an die sog. Zusatzrhetra kann doch hier nicht gedacht werden. Sehr glaublich ist es aber, dass die Urheber dieser Version das weise Verfahren des alten Königs, sich selbst zu beschränken, noch weiter illustrirt haben.

Kleomenes III. gegeben, als er sich wegen der Beseitigung dieser Behörde rechtfertigte[1]): Lykurg habe den Königen nur die Geronten zur Seite gesetzt, und erst weit später, als im messenischen Kriege die Könige (d. i. Theopomp und sein College) lange im Felde standen und keine Zeit hatten Recht zu sprechen, hätten sie die Ephoren als ihre Stellvertreter ernannt. Ganz allmählich und namentlich durch Asteropos habe sich dann das Collegium zu einer selbständigen Behörde entwickelt, die selbst das Königsthum unter ihre Macht zwang. Diese Darstellung gibt sich selbst nicht als allbekannte Ueberlieferung, sondern als Reconstruction, und operirt daher mit Beweisstücken (σημεῖα): der König erscheint vor dem Richterstuhl der Ephoren erst wenn er dreimal geladen ist. Ich will durchaus nicht behaupten, dass diese Version direct auf Pausanias zurückgeht: aber dass derselbe den Ursprung der Ephoren ähnlich erzählt haben muss, wie sein Nachkomme, der seine Pläne ausführte, dürfte klar sein. Pausanias' Behauptung, die Ephoren stammten erst von Theopomp, ist von seinen Nachfolgern[2]) adoptirt — wurde sie doch durch die angeblich uralten Orakel gestützt — aber in dem Sinne, den wir bei Plato und Aristoteles finden, umgeändert worden. Wer der Urheber dieser Berichtigung ist, lässt sich nicht sagen: es liegt ja nahe auf Thibron zu rathen, an den v. WILAMOWITZ Hom. Unters. 273 als Quelle Platos denkt.[3]) Doch wer sich von der literarischen Bewegung des vierten Jahrhunderts eine klare Anschauung gemacht hat, wird nicht in Zweifel sein, dass in der Zeit zwischen Thukydides und Aristoteles wie über jeden andern Gegenstand von allgemeinem Interesse so auch über die lakonische Verfassung eine ganze Reihe von Schriften erschienen sind, von denen nicht einmal der Name auf uns gekommen ist.[4]) Die

---

1) Plut. Cleomenes 10, d. i. Phylarch. Wir können nicht zweifeln, dass uns die von Kleomenes gegebene Darlegung der Hauptsache nach in authentischer Gestalt erhalten ist.

2) d. h. vor allem in der Literatur; in Sparta selbst wird sie schwerlich je völlig officiell anerkannt worden sein.

3) Wir wissen von Thibron nur, dass er den Lykurg besonders als Urheber der militärischen Ausbildung verherrlicht hat, auf der die Vorherrschaft Spartas beruhte: Arist. pol. IV 13, 11.

4) Vgl. Stellen wie Isokr. panathen. 177. Arist. pol. IV 13, 11 Θίβρων ... καὶ τῶν ἄλλων ἕκαστος τῶν γραφόντων περὶ τῆς πολιτείας αὐτῶν,

Darstellung des Isokrates panath. 177 ff. (vgl. 153 ff.) geht auf
Quellen zurück, die für uns völlig verschollen sind. Auch von
Pausanias' und Thibrons Schriften erfahren wir nur durch je
eine ganz gelegentliche Notiz; und was wissen wir z. B. über
Inhalt, Abfassungszeit und Tendenz von Dioskorides' Λακώνων
πολιτεία [falls sie in diese Zeit gehört, s. u. S. 280, 2]? Auch
von dem Megarer Dieuchidas, den WILAMOWITZ zum Urheber der
Lykurglegende machen möchte, ist uns weiter nichts bekannt,
als dass er von Lykurgs Genealogie handelte (Plut. Lyc. 1) und
dass er [im Widerspruch mit der Generationenrechnung] seine
Zeit auf 200 Jahre nach dem Fall Trojas bestimmte (Clem.
Alex. strom. I 119), also ihn jedenfalls beträchtlich früher ansetzte als Thukydides und Ephoros oder gar Plato's Minos.

Leider fehlt uns eine positive Angabe darüber, was Ephoros über den Ursprung des Ephorats berichtet hat. Man könnte
daraus, dass er die Ephoren den Kosmen gleichsetzt, also für
eins der Stücke erklärt, welche die spartanische Verfassung
aus Kreta entnommen hat, folgern, dass er ihre Einsetzung
dem Lykurg zuschrieb, und eine weitere Spur davon darin
erkennen, dass Aristoteles in seiner Kritik der spartanischen
Verfassung II 6, 15 ausdrücklich die Ephoren als ein Werk
des νομοθέτης bezeichnet, im Widerspruch mit VIII 9, 1. Dann
wäre Ephoros in diesem Punkte von Pausanias abgewichen
und hätte sich der älteren, auch von Isokrates vertretenen
Ansicht angeschlossen. Indessen können diese Stellen wenig
beweisen: ist es doch allgemein griechische Anschauung, die
Verfassung als eine Einheit anzusehen, so dass selbst Plutarch
Ages. 5 in einer Betrachtung, die nicht entlehnt sein kann, den
Hader zwischen Königen und Ephoren als Werk des Λακωνικὸς
νομοθέτης betrachtet. Den angeführten Gründen steht gegenüber, dass Polybios, wo er von der lykurgischen Verfassung
spricht (VI 10 und 45), nur die Könige und Geronten, aber
nicht die Ephoren nennt,[1]) sowie die Erwägung, dass die all-

---

vgl. kurz vorher τῶν ὑστέρον [im Gegensatz zu den alten Gesetzgebern]
τινὲς γραψάντων. Ephoros bei Strabo X 4, 17: λίγεσθαι δ' ὑπό τινων ὡς
Λακωνικὰ εἴη τὰ πολλὰ τῶν νομιζομένων Κρητικῶν u. s. w. Uns ist kein
einziger Vertreter dieser Ansicht bekannt.

1) Justin resp. Trogus, auf den man sich hier etwa noch berufen
könnte, da er sonst vielfach Ephoros folgt, hat in dem Abschnitt über

gemeine Reception der Annahme, die Ephoren seien von Theopomp eingeführt, kaum begreiflich wäre, wenn Ephoros anders erzählt hätte; mindestens dürften wir dann erwarten, die abweichende Angabe des Ephoros irgendwo erwähnt zu finden.

Die Behauptung des Pausanias und seiner Nachfolger über den Ursprung des Ephorats beruht auf der Thatsache, dass das Königthum von Generation zu Generation immer mehr unter die Herrschaft der Ephoren gezwängt worden ist, und auf der ganz richtigen Annahme, dass das Königthum einst in Sparta das gewesen ist, was sein Name besagt, die höchstgebietende staatliche Macht. Aber irgend welchen andern Werth für die Erkenntniss des älteren Zustandes als den einer auf ihre Wahrscheinlichkeit hin zu prüfenden Hypothese hat sie nicht: überliefert ist nur, dass die Ephoren eben so gut auf Lykurg zurückgehen wie alle anderen Institutionen Spartas. Und formell hat die Ueberlieferung zweifellos recht: die Ephoren, eine Behörde, der wir, wie O. MÜLLER mit Recht hervorhebt, in einer ganzen Reihe dorischer Staaten begegnen, werden auch in Sparta bereits der ältesten Zeit des Staates angehören. Sie sind die Richter in allen Civilsachen,[1] entsprechen also ur-

---

Lykurg Ephoros höchstens nebenbei benutzt, da er über die Zeit der Gesetzgebung — Lykurg habe dieselbe während seiner Vormundschaft erlassen — wie über Lykurgs Tod abweichend von ihm berichtet.

1) Gegenüber den verschiedenen und zum Theil recht abenteuerlichen Theorien über den Ursprung des Ephorats ist daran festzuhalten, dass die Iurisdiction in Civilsachen zu allen Zeiten der Beruf der Ephoren gewesen ist. Ihre politische Rolle ist daraus erst abgeleitet. Mit vollem Rechte sucht daher die angeführte Speculation bei Plut. Kleom. 10 in der richterlichen Function den Ursprung des Ephorats. Die Processe wurden unter die einzelnen Ephoren vertheilt, wie in Athen unter die Archonten: Arist. pol. III 1, 7 (ἔνιοι) τὰς δίκας δικάζουσι κατὰ μέρος, οἷον ἐν Λακεδαίμονι τὰς τῶν συμβολαίων δικάζει τῶν ἐφόρων ἄλλος ἄλλας, οἱ δὲ γέροντες τὰς φονικάς, ἑτέρα δ' ἴσως ἀρχή τὰς ἑτέρας. vgl. II 8, 4 ἀριστοκρατικόν ... τὸ τὰς δίκας ὑπὸ τῶν ἀρχείων δικάζεσθαι πάσας, καὶ μὴ ἄλλας ὑπ' ἄλλων, καθάπερ ἐν Λακεδαίμονι. Plut. Apophth. lac. Eurykratidas: πυθομένου τινὸς διὰ τί τὰ περὶ τῶν συμβολαίων δίκαια ἑκάστης ἡμέρας κρίνουσι οἱ ἔφοροι. Es ist seltsam, dass GILBERT in seinem sonst so brauchbaren Handbuche diese Thätigkeit der Ephoren, welche bei weitem den grössten Theil ihrer Amtszeit in Anspruch genommen haben wird, nur ganz anhangsweise erwähnt. Die Rechtsprechung geschah natürlich nach Gewohnheitsrecht, daher die angebliche Rhetra, keine geschriebenen Ge-

sprünglich genau den attischen Thesmotheten; und dass in einem Staate, der sich nicht auf eine einzige πόλις beschränkte, sondern eine ziemlich ausgedehnte Landschaft umfasste, die Könige jemals allein die Gerichtsbarkeit geübt haben sollten, ist recht unwahrscheinlich.

Dadurch, dass die Ephoren dann auch politische Angelegenheiten vor ihren Richterstuhl zu ziehen begannen, ist ihre Macht allmählich zu der einer Staatsinquisition erwachsen, gegen die das Königthum in derselben Weise zurücktreten musste, wie das Herzogthum in Venedig gegen den Rath der Zehn. Die Criminalgerichtsbarkeit haben die Ephoren immer nur über Perioeken und Heloten ausgeübt, mit denen kurzer Process gemacht wird (Isokr. panath. 181); Leib und Leben des Vollbürgers können sie nicht antasten, aber sie eignen sich das Recht zu, ihn vor dem Rath der Alten auf den Tod zu verklagen. Wenn sie weiter die Beamten vor ihren Richterstuhl ziehen, von ihnen Rechenschaft fordern, ihnen Büsse auferlegen und sie vom Amte suspendiren (Xen. rep. Lac. 8), so wird dabei gewiss irgend eine legale Fiction angewandt worden sein.[1] Schliesslich wird auch der König geladen, und wenn er auch nicht will, der dritten Ladung muss er Folge leisten — man sieht deutlich, dass ein bestimmtes geschichtliches Ereigniss zu einem Conflict geführt hat, der damit endete, dass der König es nicht wagte sich der Forderung der Ephoren zu entziehen;[2] dieser Hergang ist dann als Präcedenzfall betrachtet worden. Die Gerichtsbarkeit der Könige wird auf wenige Fälle beschränkt: Wegebau, Adoption, Entscheidung beim Streit über eine Erbtochter (Herod. VI 57). Dann wird auch die Selbständigkeit des Königs im Felde beseitigt: „damit keine Ungebührlichkeiten vorkommen und die Bürger sich

---

setze zu haben, vgl. Arist. pol. II 6, 16 ἔτι δὲ καὶ κρίσεών εἰσι μεγάλων κύριοι, διόπερ οὐκ αὐτογνώμονας βέλτιον κρίνειν ἀλλὰ κατὰ τὰ γράμματα καὶ τοὺς νόμους.

1) Vgl Arist. pol. II 6, 18 δόξειε δ' ἄν ἡ τῶν ἐφόρων ἀρχὴ πάσας εὐθύνειν τὰς ἀρχάς (auch die Geronten). τοῦτο δὲ τῇ ἐφορείᾳ μέγα λίαν τὸ δῶρον, καὶ τὸν τρόπον οὐ τοῦτον λέγομεν διδόναι δεῖν τὰς εὐθύνας.

2) Wenn man will, mag man das Ephorat des Asteropos, von dem Kleomenes spricht, auf diesen Vorgang beziehen.

im Lager vernünftig benehmen". begleiten den König seit dem
fünften Jahrhundert zwei Ephoren in den Krieg. die im übrigen.
wie uns Xenophon versichert, ganz artig sind und sich um
nichts kümmern. wenn es ihnen nicht der König befiehlt. [1]
So ist das Königthum völlig geknebelt. und sollte es ja noch
Zeichen von Eigenwillen zeigen. so gibt es in der staatsrecht-
lichen Rumpelkammer noch ein religiöses Mittelchen, den un-
bequemen Herrscher durch Sternschnuppenbeobachtung zu beseitigen (Plut. Agis 11) — ein Mittel um das Bibulus die Ephoren
hätte beneiden können. In der Regel geht alles friedlich zu.
wie es sich für einen Idealstaat gehört: allmonatlich schwören
Könige und Ephoren, die gegenseitigen Rechte [2] gewissenhaft
zu achten. [3] — Wenn Pausanias und Kleomenes behaupteten.
dass das Ephorat nichts ursprüngliches sei, sondern auf Usurpation beruhe, so hatten sie vollständig recht: es ist das Produkt einer langsamen aber stetigen Entwickelung, die sich im
sechsten und fünften Jahrhundert vollzogen hat. [4] Nur haben
sie, indem sie dies Ephorat aus dem dem Lykurg zugeschrie-
benen Idealbilde beseitigten, gerade das Element weggeschnitten.
auf dem dasjenige ruht, was man lykurgische Verfassung nannte
und was in Wirklichkeit die Organisation des spartanischen
Adelsstaates gewesen ist: ohne Ephorat existirt auch dieser
Adelsstaat nicht. [5]

1) Xen. rep. Lac 13 πάρεισι δὲ (bei dem Auszugsopfer des Königs,
um den Glanz des Stabes zu erhöhen) καὶ τῶν ἐφόρων δύο, οἳ πολυ-
πραγμονοῦσι μὲν οὐδέν, ἢν μὴ ὁ βασιλεὺς προσκαλῇ, ὁρῶντες δὲ ὅτι
ποιεῖ ἕκαστος πάντας σωφρονίζουσιν, ὡς τὸ εἰκός. Es ist einer der
naivsten Sätze, welche Xenophon je geschrieben hat.

2) Bei den Ephoren heisst das die Rechte der πόλις, d. i. in Sparta
der dorischen Herren.

3) Xen. rep. Lac. 15, 7. Bei Nic. Dam. fr. 114, 16 ist daraus ein Eid
vor dem Amtsantritt der Könige gemacht.

4) Völlig richtig erkannt und mit klarem Verständniss dargelegt ist
diese Entwickelung von DUNCKER, der auch darin Recht haben wird, dass
er den weissen Cheilon als einen der Hauptgestalter dieser Entwickelung,
als den eigentlich geschichtlichen Lykurg betrachtet. Nur entziehen sich
die einzelnen Vorgänge fast völlig unserer Kenntnisse.

5) Die lykurgische Idealverfassung ohne Ephorat, wie sie bei Plutarch
geschildert wird und schon Ephoros sie dargestellt haben wird, ist geschichtlich ein Unding und hat nie existirt.

Wenn ich für die Annahme, dass der spätere Bericht über das Ephorat seinem Kerne nach auf Pausanias zurückgeht, auf Zustimmung hoffe, so trage ich eine weitere Vermuthung nur mit aller Reserve vor. In Sparta hat zu allen Zeiten der Reichthum in Ehren gestanden so gut wie in Rom, das in dieser wie in so vielen anderen Beziehungen das vollständige Analogon zu Sparta ist. Es ist das, wie Aristoteles mit Recht bemerkt, eine bei kriegerischen und erobernden Stämmen ganz natürliche Erscheinung,[1]) die zu vertuschen den späteren Lobrednern nie völlig gelungen ist. Hat doch ein Spartaner, Aristodamos, den Ausspruch gethan, dass die Habe den Mann macht: χρήματ' ἀνήρ, kein Armer kann edel sein.[2]) Nur sind die Formen des Staatslebens frühzeitig so erstarrt, dass als die lydische Erfindung des geprägten Geldes sich über das griechische Mutterland verbreitete, Sparta dieselbe nicht wie die übrigen Staaten adoptirte, sondern bei dem ältern Tauschverkehr stehen blieb, in dem besonders Eisenbarren als Werthmesser verwendet worden waren. Man betrachtete die neuen

1) ὥστ' ἀναγκαῖον ἐν τῇ τοιαύτῃ πολιτείᾳ τιμᾶσθαι τὸν πλοῦτον.

2) Alkaios fr. 49. χρήματα ist hier, zu Ende des siebenten Jahrhunderts, noch nicht mit Geld zu übersetzen. Nach Pindar, Isthm. 2, 15, stammte der Ausspruch von einem Argiver. Darauf kommt wenig an; das maassgebende ist, dass man ihn überhaupt einem Spartaner in den Mund legen konnte. Im übrigen vergleiche die Zusammenstellung der zahlreichen hierher gehörigen Belegstellen bei GILBERT, Handbuch der Staatsalt. I 12 Anm. 2, der nur darin vollständig fehl gegriffen hat, dass er einen Geburtsadel innerhalb der dorischen Spartiaten annimmt, von dem sich in unserer Ueberlieferung nirgends eine Spur findet. Ausnahmslos berichten die Alten, dass alle Spartiaten, soweit sie nicht die bürgerlichen Ehrenrechte verloren haben, einander rechtlich gleich stehen: daher ist ja Sparta eine Demokratie. Die καλοὶ κἀγαθοί, aus denen nach Aristoteles II 9 die Gerusie gewählt wird, sind hier so wenig wie sonst irgendwo bei Aristoteles der Geburtsadel, sondern die „Besten", d. h. die welche sich ausgezeichnet haben und zur Leitung der Staatsgeschäfte befähigt sind, wie er an der angeführten Stelle selbst sagt: ἆθλον γὰρ ἡ ἀρχὴ αὕτη (die Gerusie) τῆς ἀρετῆς ἐστιν; vgl. Aeschines c. Tim. 173, die Lak. καθιστᾶσι αὐτοὺς (die Geronten) ἐκ τῶν ἐκ παιδὸς εἰς γῆρας σωφρόνων. Ihnen steht die grosse Masse der ihrem Werthe nach indifferenten Vollbürger (οἱ τυχόντες) als δῆμος gegenüber. — Gleichzeitig bemerke ich, dass ἀριστίνδην (Polyb. VI 10, 9. 24, 1 Arist. pol. II 8, 5 ebenso in den Urkunden IGA. 322 CIA. I 61 LEBAS II 17) seinem Wortsinne nach niemals „nach dem Adel" bedeutet, sondern soviel wie κατ' ἀρετήν, wie πλουτίνδην identisch ist mit κατὰ πλοῦτον.

Münzen und die auf ihnen beruhende Umwandlung des Besitzes als eine staatsverderbende Neuerung, und so wurde nicht nur kein Geld geprägt, sondern auch der Besitz desselben verboten (Xen. rep. Lac. 7). Die reichen Leute, welche auf dasselbe doch nicht verzichten wollten oder konnten, halfen sich bekanntlich damit, dass sie ihr Geld ausser Landes, namentlich in Tegea, deponirten (IGA 68. Posidon. fr. 48.[1]) So konnten diejenigen, welche aus politischem oder idealem Interesse, wie Xenophon und Ephoros, den spartanischen Staat als vollendeten Musterstaat darstellen wollten, behaupten, die bewegliche Habe spiele in Sparta gar keine Rolle,[2]) wenn auch selbst noch die Urheber des ganz verzerrten Bildes, welches bei Plutarch im Lykurg gegeben wird, zugeben mussten, dass eine wirkliche Gleichheit des beweglichen Vermögens in Sparta selbst in der idealen Urzeit nicht hergestellt worden sei. Lykurg habe es zwar gewollt, aber nicht durchführen können, und daher auf Umwegen, durch Verbot des Gold- und Silbergeldes und Einführung der eisernen Münzen, sein Ziel zu erreichen gesucht (Plut. Lyc. 9).

Wir müssen uns hüten, diesen idealen Schilderungen irgendwie zu glauben, und am wenigsten der Behauptung, man habe mit dem Reichthum in Sparta nichts anfangen können. Wenn Xenophon c. 7 behaupten möchte, selbst bei den Syssitien könnten die Wohlhabenden ihren Besitz nicht verwerthen, so lernen wir aus c. 5, dass die Reichen hier sehr wohl für bessere Kost sorgten: οἱ δὲ πλούσιοι ἔστιν ὅτε καὶ ἄρτον ἀντικαρα-

---

1) Xuthias hat im ganzen 10 Talente in Tegea deponirt. Auch Molobros und der Sohn des Lyrcidas, die IGA. 69 dem Staate grosse Geldsummen schenken, also Geld besitzen, sind doch offenbar Spartiaten.

2) Xen. rep. Lac. 7. Polyb. VI 45, 4, im wesentlichen nach Ephoros: τῆς Λακεδαιμονίων πολιτείας ἴδιον εἶναί φασι (Ephorus, Xenophon etc.) ... δεύτερον τὰ περὶ τὴν τοῦ διαφόρου κτῆσιν, ἧς εἰς τέλος ἀδοκίμου παρ' αὐτοῖς ὑπαρχούσης ἄρδην ἐκ τῆς πολιτείας ἀνῃρῆσθαι συμβαίνει τὴν περὶ τὸ πλεῖον καὶ τοὔλαττον φιλοτιμίαν. Vgl. Plut. Lys. 17, wo die nach Lysanders Siegen beschlossene Erlaubniss der Einführung des Geldes für Staatszwecke nach Theopomp und Ephoros erzählt wird. Danach scheint auch Ephoros wie Xenophon dem Lykurg das Verbot von Gold- und Silbergeld zugeschrieben zu haben; hatte er dabei vergessen, dass dasselbe nach seiner eigenen, freilich auch nicht richtigen, Darstellung (bei Strabo VIII 3, 33) erst von Pheidon erfunden sein soll?

βάλλουσιν: überhaupt wird in Sparta gegen die vorgeschriebene einfache Kost — die übrigens weiter nichts ist als eine Bewahrung roher Zustände und ihrem Ursprung nach durchaus keine asketische Tendenz hat [1]) — eben so viel gesündigt sein, wie im Islam gegen das Weinverbot und die Fasten der Ramadân (vgl. Aristot. II 6, 16 „die Ephoren leben übermässig luxuriös, für die übrigen sind die diätarischen Vorschriften zu streng, so dass sie sich ihnen heimlich entziehen und sich verbotene Genüsse verschaffen"). Auf die Bedeutung, welche die Rossezucht in Sparta hatte, macht GILBERT mit Recht aufmerksam, und überhaupt ist die Pflege der einheimischen wie der Nationalspiele zu allen Zeiten nur recht Wohlhabenden möglich gewesen. Auch renommirte man ganz gerne mit seinem Reichthum: Lichas ist in ganz Hellas berühmt geworden, weil er bei den Gymnopaedien alle Fremden zu Gaste lud (Xen. Memorab. I 2, 61). Endlich ist der politische Einfluss der Familien wie der Einzelnen in Sparta — ebenso wie in Rom und schliesslich überall auf Erden — ganz wesentlich vom Reichthum abhängig gewesen. [2])

Diesen Thatsachen entspricht es, dass auch die Grundlage des Lebens der Spartiaten, der Grundbesitz, keineswegs gleichmässig vertheilt war. [3]) Indessen bei einem durch Eroberung gegründeten Staat, in dem der Stand der Eroberer sich gegen die Unterworfenen streng abgesondert hielt, ist es natürlich, dass jeder Vollbürger einen Antheil an dem occupirten feindlichen

---

1) [Wie sich die spartanischen Zustände erst allmählich consolidirt haben und die greisenhafte Erstarrung und Ablehnung aller natürlichen Lebensverhältnisse der älteren Zeit noch durchaus fremd ist, zeigen namentlich die Fragmente des Alkman. Alkman isst denn auch „die gemeine Kost ὥσπερ ὁ δᾶμος," fr. 33 und klagt, dass es im Frühjahr nicht genug zu essen gibt fr. 70. Er war zwar kein Spartiate, aber deutlich sieht man, dass auch für diese die starre Syssitienordnung damals noch nicht bestand.]

2) [vgl. auch Plato Alkib. I 122 f. Auch nach Plato Hippias mai. 283 D haben die Spartaner „Geld genug".]

3) [Die anschliessenden Fragen sind in grösserem Zusammenhang in meiner G. d. A. II 194 f. 210 f. behandelt; namentlich ist dort nachgewiesen, wie sich in den Angaben über die Grösse und ursprüngliche Gleichheit des Landlooses älteste Zustände bewahrt haben. Hier habe ich daher die alte Darstellung bis auf formelle Aenderungen unverändert gelassen und nur directe Fehler berichtigt.]

Lande besitzt: und umgekehrt, nur wer grösseren Grundbesitz hat, kann Vollbürger sein, da es sich für diesen nicht ziemt, von seiner Hände Arbeit zu leben, sondern er seine ganze Persönlichkeit dem Staate widmen soll. Daher ist das Erbgut die Grundlage des Bestehens einer Familie, und nach einer auch sonst, z. B. bei den Lokrern und in Leukas,[1]) vorkommenden Anschauung gilt es für schimpflich, dasselbe zu veräussern.[2]) Indessen wurde diese Satzung durch eine juristische Fiction, an denen Sparta eben so reich gewesen sein wird wie Rom, umgangen: die Grundstücke, welche man officiell nicht verkaufen durfte, verschenkte man oder vermachte man testamentarisch.[3]) Dazu kam, dass die Töchter eine beliebig grosse

---

1) Arist. pol. II 4, 5 ὁμοίως δὲ καὶ τὴν οὐσίαν πωλεῖν οἱ νόμοι κωλύουσιν, ὥσπερ ἐν Λοκροῖς νόμος ἐστὶ μὴ πωλεῖν, ἐὰν μὴ φανερὰν ἀτυχίαν δείξῃ συμβεβηκυῖαν. ἔτι δὲ τοὺς παλαιοὺς κλήρους διασώζειν. τοῦτο δὲ λυθὲν καὶ περὶ Λευκάδα δημοτικὴν ἐποίησε λίαν τὴν πολιτείαν αὐτῶν. Ebenso in Philolaos' Gesetzgebung in Theben: ὅπως ὁ ἀριθμὸς σώζηται τῶν κλήρων II 9, 7. Vgl. in der nächsten Abh. das Gesetz über Naupaktos.

2) Arist. pol. II 6, 10 ὠνεῖσθαι γὰρ ἢ πωλεῖν τὴν ὑπάρχουσαν (χώραν) ἐποίησεν οὐ καλόν; Heracl. pol. 2, 7 (d. i. Aristoteles) πωλεῖν δὲ γῆν Λακεδαιμονίοις αἰσχρὸν νενόμισται· τῆς (δὲ) ἀρχαίας μοίρας οὐδὲ ἔξεστιν. Dieser „alte Theil" [d. h. der Antheil an der πολιτικὴ χώρα (unten S. 260, 3) im Gegensatz wahrscheinlich vor allem zu dem in Messenien eroberten Gebiet] ist nichts anderes als das von Lykurg zugewiesene Landloos: Plut. inst. lac. 22 ἔνιοι δ' ἔφασαν, ὅτι καὶ τῶν ξένων ὅς ἂν ἱπομείνῃ ταύτην τὴν ἄσκησιν τῆς πολιτείας (vgl. Xen. Hell. V 3, 9), κατὰ τὸ βούλημα τοῦ Λυκούργου μετεῖχε τῆς ἀρχῆθεν διατεταγμένης μοίρας· πωλεῖν δ' οὐκ ἐξῆν.

3) Diese Umgehung der alten Satzung — dass es sich dabei in Wirklichkeit um einen Kauf handelt, liegt auf der Hand — kennt Aristoteles II 6, 10 und macht dem Gesetzgeber daraus schwere, indessen diesmal wirklich ganz unberechtigte Vorwürfe. Nach Plutarch Agis 5 (Phylarch), dem die Neueren folgen, ginge die Form der Umgehung auf eine Rhetra des bösen Ephoren Epitadeus zurück, der sich mit seinem Sohne überworfen hatte und denselben zu enterben wünschte. Ich würde gerne glauben, dass diesmal die spätere detaillirte Angabe wirklich auf einer Erweiterung der antiquarischen Kenntnisse beruhe; indessen die Erzählung trägt handgreiflich den Charakter einer ätiologischen Anekdote, wie uns deren in der römischen Ueberlieferung so viele begegnen; ihre ganze Bedeutung beruht auf der individuellen Motivirung, die sie der Institution gibt. Völlig entscheidend ist, dass die Rhetra ganz unnöthig ist: wir haben es ja mit einer legalen Fiction zu thun, deren Wesen eben darin

Mitgift erhalten konnten und um eines reichen oder einfluss-
reichen Schwiegersohnes willen gewiss oft genug erhalten
haben.[1]) und dass namentlich in Folge der Kriege die Familien
sehr oft bis auf eine Erbtochter ausstarben. In letzterem Falle
hatte ursprünglich der König zu entscheiden, wer sie zu heirathen hatte und dadurch das Erbgut gewann (Herod. VI 57):[2])
zu Aristoteles Zeit verfügte der nächste Verwandte über ihre
Hand und vergab sie gewiss oft genug nicht an einen armen
Verwandten, der dadurch die Familie erhalten konnte, sondern
an einen reichen Mann, der seinen Plänen passte.

Auf diese Weise ist der Herrenstand von Sparta noch weit
mehr als durch die fortwährenden Kriege decimirt worden:
wer zu wenig besass, um seinen Beitrag zu den Syssitien noch
zahlen zu können, schied damit aus der Zahl der Vollbürger.
Zu Aristoteles Zeit gab es keine 1000 Spartiaten mehr, und
unter ihnen bildeten die Armen vielleicht schon die Mehrzahl.
Jeder Weiterdenkende musste sehen, dass dadurch nicht nur
die Machtstellung, sondern selbst die Existenz des Staates ge-
fährdet war, wie denn auch schon im fünften Jahrhundert kein
Moment für die spartanische Politik so massgebend gewesen
ist, wie die Rücksicht auf die geringe Zahl der Vollbürger.[3])
Es lag nahe, auch hier mit Reformideen hervorzutreten. Das
ist denn auch geschehen; aus ihnen ist die Tradition von der

---

besteht, dass das alte Gesetz der Form nach beobachtet, also gerade nicht
abgeändert wird. [Ueberdies ist Epitadeus' Gesetz nach Plutarch erst geraume Zeit nach dem Ende des peloponnesischen Kriegs erlassen; wie wäre
es aber möglich, dass es dann zu Aristoteles' Zeit schon in dem Umfang
gewirkt hätte, wie aus dessen Schilderungen hervorgeht?]

1) Auch in Gortyn wird die Höhe der Mitgift erst durch das „Gesetz
von Gortyn" begrenzt, nämlich auf die Hälfte des Antheils eines Sohns.
Iustin III 8 erzählt freilich von Lykurg: virgines sine dote nubere iussit;
ebenso Plut. apophth. Lac. Lyc. 15. Auch hier sind die idealen Phantasien
in unseren Berichten einfach an die Stelle der realen Verhältnisse gesetzt.

2) Vgl. die ausführlichen Bestimmungen über die Verheirathung der
Erbtochter im Gesetz von Gortyn.

3) vgl. Xen. pol. Lac. 1, 1 ἡ Σπάρτη τῶν ὀλιγανθρωποτάτων πόλεων
οὖσα. Isokrates panath. 255 sagt von den Spartanern zur Zeit der Begründung des Staates ὄντες οἱ πλείους τότε δισχιλίων. Dem stehen Herodots 7000 Spartiaten (VII 234), von denen 5000 bei Plataeae kämpfen
(IX 10. 28), und Aristoteles Angabe II 6, 12 καὶ φασὶν εἶναί ποτε τοῖς Σπαρτιάταις καὶ μυρίοις gegenüber.

lykurgischen Landauftheilung erwachsen, deren vorbildlichen Charakter GROTE mit Recht betont hat.

[Bekanntlich gehen die Nachrichten über dieselbe nicht weniger stark auseinander, als über den Ursprung des Ephorats. GROTE's Ansicht, sie sei eine Erfindung des dritten Jahrhunderts, ist längst aufgegeben: es steht durch Polybios fest, dass Ephoros sie gekannt hat. [1]) Aber Herodot, der die von Lykurg eingeführten Neuerungen aufzählen will (μετέστησε τὰ νόμιμα πάντα etc.), erwähnt sie nicht, Xenophon redet nicht von ihr. Aristoteles, der doch die spartanischen Grundbesitzverhältnisse einer scharfen Kritik unterzieht, eben so wenig. Auch Isokrates panath. 178 bespricht zwar die spartanischen Grundbesitzverhältnisse — alles beste Land nehmen die Spartiaten für sich, und zwar soviel, wie sonst niemand in Hellas besitzt, die Masse der Perioeken erhält das dürftigste Land, von dem sie eben leben können — aber von einer gleichmässigen Vertheilung des Besitzes ist auch hier nicht die Rede. [2]) Bei Plato de legg. III 684 (vgl. V 736 C) ist sie direct ausgeschlossen: die Gesetzgeber der Dorer haben keine Landauftheilung und Schuldentilgung nöthig gehabt, weil durch die Eroberung der Besitz gleichmässig vertheilt war. Dagegen nach Polybios, der dem Ephoros folgt, ist die Landauftheilung das wichtigste Werk des Lykurg. Auf ihn geht ἡ περὶ τὰς κτήσεις ἰσότης καὶ περὶ τὴν δίαιταν ἀφέλεια καὶ κοινότης zurück, welche sie zu σώφρονες und ihren Staat ἀστασίαστος macht (VI 48); τὰ περὶ τὰς ἐγγαίους κτήσεις, ὧν οὐδενὶ μέτεστι πλεῖον, ἀλλὰ πάντας τοὺς πολίτας ἴσον ἔχειν δεῖ τῆς πολιτικῆς χώρας. [3]) daneben die Werthlosigkeit des Geldes, und die Stellung der Könige und Geronten — das sind die Grundzüge der spartanischen Staatsordnung (VI 45). Die späteren haben Ephoros

---

1) WACHSMUTH Gött. Gel. Anz. 1870, 1814 ff.

2) Isokr. Panath. 259 (οὐδὲ πολιτείας μεταβολὴν οὐδὲ χρεῶν ἀποκοπὰς οὐδὲ γῆς ἀναδασμὸν kann man bei den Spartiaten nachweisen) beweist nach keiner Seite hin etwas, da hier nur von der historischen Zeit die Rede ist, nicht von der Urzeit. Im übrigen führt auch Leonidas gegen Agis Reformen an, dass Lykurg keine Schuldentilgung vorgenommen habe (Plut. Agis 10).

3) [d. i. von dem Stadtgebiet von Sparta, dem Eurotasthal, im Gegensatz sowohl zu dem Ackerland der Perioekenstädte wie zu den ausserhalb Lakoniens eroberten Gebieten. Die Stelle habe ich früher missverstanden.]

Erzählung aufgenommen und weitergebildet; mit mehreren
Varianten liegt sie bei Justin und Plutarch vor.] Als einfache
historische Legende hat eine derartige Erzählung keinen Sinn;
auch hier besteht ihr Werth lediglich darin, dass sie den Zeitgenossen im Spiegel der idealisirten Vergangenheit vorhält,
was sie zu thun haben. So hat sie denn auch im dritten Jahrhundert auf Agis und Kleomenes gewirkt. Sollte es zu kühn
sein, auch hier wieder an den König Pausanias zu denken?
Dann wäre die Speculation, welche Plato in den Gesetzen
vorträgt, nichts anderes als wieder eine Rectification der Ansicht des Pausanias. Ausdrücklich hebt Plato hervor, dass
dem Gesetzgeber durch diese bei der Eroberung selbst geschaffene Gleichheit die gehässige Aufgabe, die Vermögens-
verhältnisse umzugestalten, erspart geblieben sei. Aristoteles
hat dann die Landauftheilung ebenso verworfen oder vielleicht
einfach ignorirt, wie er, wie wir gleich sehen werden, die
Orakel bei Ephoros verworfen hat.

III. Die lykurgischen Rhetren.

Von der Darstellung des Ephoros weicht die bei Plutarch
gegebene in einem wesentlichen Punkte ab. Ueber die Institutionen hat er in der Hauptsache die gleichen Anschauungen;
das Ephorat ist spätern Ursprungs. Lykurgs Hauptwerke sind
die Einsetzung der Geronten und die Landvertheilung, daneben
steht als τρίτον πολίτευμα καὶ κάλλιστον die Einsetzung der
Syssitien. Auch nach Plutarch lernt Lykurg die kretischen
Institutionen kennen und holt sich die Bekräftigung seiner
Pläne aus Delphi. Ferner kennt er den Spruch ἥκεις ὦ Λυκόοργε nebst dem Zusatz. Die weiteren Orakel des Ephoros
dagegen sind ihm nicht bekannt. An ihre Stelle treten prosaische Sprüche, die sogenannten Rhetren. Ausdrücklich bemerkt Plutarch in der Untersuchung, weshalb die Pythia jetzt
nicht mehr in Versen weissage (de Pyth. orac. 19), die Rhetren
seien dem Lykurg vom Orakel in Prosa gegeben worden[1] —

---

1) αἱ ῥῆτραι, δι᾿ ὧν ἐκόσμησε τὴν Λακεδαιμονίων πολιτείαν Λυκοῦργος, ἐδόθησαν αὐτῷ καταλογάδην.

zugleich ein Beweis, dass Plutarch den Ephoros selbst niemals eingesehen hat, wenn er ihm auch indirect sehr viel Material verdankt.

Diese abweichende Darstellung Plutarchs geht nun aller Wahrscheinlichkeit nach auf Aristoteles zurück, aus dem ja überhaupt ein grosser Theil der plutarchischen Lykurgbiographie stammt (c. 1. 5. 6. 14. 28 *bis*. 31).[1] Im cap. 6 citirt Plutarch nämlich eine erklärende Bemerkung des Aristoteles zu der ersten und wichtigsten dieser Rhetren. Wir dürfen also annehmen, dass Aristoteles in diesem Punkte dem Bericht des Ephoros nicht gefolgt ist — vielleicht erkannte er den späteren Ursprung seiner Orakel —, dass er dagegen in den Rhetren ein authentisches Document aus der Zeit Lykurgs zu besitzen glaubte. Wir haben uns zunächst mit der ersten Rhetra zu beschäftigen, die allgemein ausser von TRIEBER[2] als ein authentisches und uraltes Document anerkannt wird. Jetzt steht durch die Gedichte des Isyllos fest, dass sie zu Anfang des dritten Jahrhunderts allbekannt war, denn Isyllos entlehnt aus ihr in demselben Gedicht über den ἱερὸς νόμος, das mit der Nachahmung des Orakels D schliesst, die Worte ὥραις ἐξ ὡρᾶν νόμον ἀεὶ τόνδε σέβοντας.

[Nach Plutarch sind die Rhetren „Sprüche" der Gottheit, die dem Gesetzgeber als Normen dienen (ὥστε μαντείαν ἐκ Δελφῶν κομίσαι περὶ αὐτῆς [die Gerusia], ἣν ῥήτραν καλοῦσιν Lyc. 6). Dem gegenüber meinen GILBERT[3] und WILAMOWITZ,[4] das Wort bedeute „Vertrag", und es liege uns hier ein uraltes

---

1) [ferner ist die Erzählung von Theopomps Einsetzung des Ephorats c. 7 aus Aristoteles entnommen, und die Begegnung mit Kreophylos stimmt zu Herakl. pont. (oben S. 217, 3). Seit wir wissen, dass Plutarch die pol. Athen. des Aristoteles nicht selbst benutzt hat, sondern nur durch spätere Vermittelung kennt — eine Thatsache, die mich sehr überrascht hat — ist das gleiche natürlich auch für das Verhältniss von Plutarchs Lykurg zur πολιτεία Λακεδαιμονίων anzunehmen.]

2) TRIEBER (Forschungen zur spart. Verfassungsgesch.) war durch ROSE's Aristoteles pseudopigraphus verführt worden, die Rhetra nebst Aristoles' Commentar dazu als das Werk eines späteren Fälschers zu betrachten. Er hat diese Meinung längst zurückgenommen: Gött. Gel. Anz. 1872, 828.

3) Studien zur altspart. Gesch. (Gr. Staatsalt. I 8.

4) Homer. Unters. 250.

Document vor, welches die durch einen Vertrag, sei es zwischen den verschiedenen Gemeinden oder Staaten, aus denen nach dieser Ansicht Sparta erwachsen wäre (GILBERT), sei es zwischen Königen und Adel (WILAMOWITZ) geschaffene Neuordnung des spartanischen Staates enthalte. Es gilt daher zunächst die wirkliche Bedeutung des Wortes festzustellen.

ῥήτρα ist eins der zahlreichen homerischen Worte, die der classischen Sprache verloren, dagegen dialektisch lebendig geblieben sind. Wir finden es auf Cypern, in Elis und in Sparta — sprachliche Berührungen zwischen Elis und Sparta finden sich ja vielfach. In der Odyssee ξ 393 bezeichnet es einen Vertrag, ein Abkommen zwischen Odysseus und Eumaios, die grosse Tafel von Idalion (COLLITZ 60, 28. 29) enthält τας ϝρη- τας[1] „die Verträge, Abmachungen", welche Stasikypros und die Idalier mit dem Arzt Onasilos geschlossen haben (ευϝρητα- σατυ βασιλευς κας α πολις (Zl. 4. 14). Die olympische Bronze IGA. 110 enthält die ϝρατρα d. h. den Vertrag zwischen Eliern und Heraeern; IGA. 118 die ϝρατρα zwischen Anaitern und Metapiern. Aber IGA. 112 α ϝρατρα τοις ϝαλειοις heisst „Ge- setz für die Elier", IGA. 112, 2 α ϝρατρα α δαμοσια „das Volks- gesetz", und auch IGA. 113 α ϝρατρα τοιρ Χαλαδριορ και Δευ- καλιονι sollte man ϝρατρα nicht mit Vertrag übersetzen, denn von Gegenseitigkeit ist hier keine Rede; es ist ein Gemeinde- schluss, durch den dem Deukalion das Bürgerrecht und wei- tere Privilegien verliehen werden. Bei Xenophon anab. VI 6, 28 ἵνα ... διασώσειε τοῖς λῃσταῖς παρὰ τὴν ῥήτραν τὰ χρήματα bezeichnet das Wort einen Beschluss des Heeres (εἴ τις χωρὶς ἀπελθὼν λάβοι τι, δημόσιον ἔδοξεν εἶναι VI 6, 2)[2]). Mithin be- deutet das Wort sowohl „Vertrag", wie „Gesetz", oder viel- mehr ganz im allgemeinen „Spruch" in dem Sinne einer recht- lich bindenden „Satzung".[3])

---

1) Das zweite ρ ist im Kyprischen ausgestossen.

2) WILAMOWITZ l. c. behauptet, es bedeute auch hier „Vertrag", und zwar „im Munde eines Spartiaten". Aber was ein Heer über sich beschliesst, ist kein Vertrag, sondern eine Satzung, ein Gesetz, und der Redner bei Xenophon ist kein Spartiate, sondern ein gemeiner Soldat aus dem λόχος des Stymphaliers Agasias.

3) Im übrigen vgl. Photius s. v. ῥῆτραι· συνθῆκαι, λόγοι, ὁμολογίαι. Ταραντῖνοι δὲ νόμον καὶ οἷον ψηφίσματα. παρὰ Λακεδαιμονίοις ῥήτρα Λυκούργου νόμος, ὡς ἐκ χρησμῶν τιθέμενος.

In Sparta wird ῥήτρα im dritten Jahrhundert zur Bezeichnung eines regelrecht zu Stande gekommenen Gesetzes, ja auch zur Bezeichnung des an die Volksversammlung gebrachten Gesetzesantrags gebraucht. Das angebliche Gesetz des Epitadeus (S. 258, 3) heisst eine ῥήτρα (Plut. Agis 5), ebenso wird Agis' Landvertheilungsbill genannt (Plut. Agis 8. 9). Wir haben nicht den mindesten Grund anzunehmen, dass Plutarch oder vielmehr Phylarch das Wort lediglich einer antiquarischen Schrulle zu Liebe gebraucht habe: Agis hat offenbar seinen Antrag selbst als Rhetra bezeichnet. Dieselbe Bedeutung hat das Wort bereits in den oben besprochenen Distichon F. v. 6 „εὐθείαις ῥήτραις ἀνταπαμειβομένους“ d. h. der Demos soll den Rhetren, den Gesetzesanträgen. wenn sie richtig sind, zustimmen (oben S. 228). Wir können daher nicht zweifeln, dass ῥήτρα in Sparta selbst weder die Bedeutung „Vertrag“ noch die ihm von Plutarch zugeschriebene Bedeutung eines von der Gottheit gegebenen Spruchs gehabt hat, sondern einfach „Gesetz“ und „Gesetzesantrag“ (vielleicht mit Beschränkung auf constitutive Ordnungen) bedeutete.]

Indessen sehen wir uns die lykurgische Rhetra selbst näher an. Sie lautet in den Handschriften:

Διὸς Συλλανίου καὶ Ἀθηνᾶς Συλλανίας[1] ἱερὸν ἱδρυσάμενος (leg. -ον), φύλας φυλάξαντα καὶ ὠβὰς ὠβάξαντα, τριάκοντα γερουσίαν σὺν ἀρχαγέταις καταστήσαντα, ὥρας ἐξ ὥρας ἀπελλάξειν (leg. -ζειν) μεταξὺ Βαβύκας τε καὶ Κνακιῶνος,[2] οὕτως εἰσφέρειν τε καὶ ἀφίστασθαι· γαμωδαν γοριανημην[3] καὶ κρά-

___

1) Man pflegt die Beinamen in Ἑλλάνιος (-α) zu ändern. WILAMOWITZ, Hom. Unters. 94 Anm., bezieht darauf Herod. V 49, wo Aristagoras den Kleomenes als προστάτης τῆς Ἑλλάδος beschwört: πρὸς θεῶν τῶν Ἑλληνίων ῥύσασθε Ἴωνας etc. Möglich ist das, aber nöthig nicht; es kann auch einfach soviel heissen wie „bei den Göttern von Hellas“. Ebenso sagen die Athener Herod. IX 7 ἡμεῖς δὲ Δία τε Ἑλλήνιον αἰδεσθέντες etc. [Zu dem Beinamen Συλλάνιος vgl. Σελλάνιον als Name einer Oertlichkeit zwischen Epidauros und Korinth in dem megarischen Schiedsspruch Ἐφ. ἀρχ. 1887, 11 = COLLITZ 3025 Zl. 4.]

2) Ueber die Frage, was das für Localitäten waren, sind, wie Plutarch bemerkt, Aristoteles und andere alte Ausleger verschiedener Meinung gewesen. Es ist daher völlig unmöglich, dass wir darüber etwas aussagen können.

3) Die Stelle ist ganz corrupt. Man pflegt zu emendiren: δάμῳ δὲ τὰν κυρίαν ἦμεν.

τος· αἲ δὲ σκολιὰν ὁ δᾶμος ἔροιτο,[1]) τοὶς πρεσβυγένεας καὶ
ἀρχαγέτας ἀποστατῆρας ἦμεν. Dieser letzte Satz ist nach
Plutarch ein Zusatz des Polydor und Theopomp, das übrige
ist der dem Lykurg gewordene Götterspruch. Nach GILBERT
dagegen wäre es ein Vertrag zwischen den drei Gemeinden der
Agiaden, Eurypontiden und Aigiden, aus denen nach ihm Sparta
synoekisirt sein soll, nach WILAMOWITZ ein Vertrag zwischen
König und Demos d. h. der Adelskaste, nach allgemeiner Annahme das Grundgesetz des spartanischen Staates. Ich muss
offen bekennen, dass ich nicht verstehe, wie man irgend eine
dieser Auffassungen für richtig halten kann. „Theile das Land
in Provinzen und Kreise — die Bedeutung des Staatsheilig-
thums lässt sich in modernen Verhältnissen nicht wiedergeben
— berufe einen Reichrath von 30 Männern mit Einschluss des
Königs, halte jeden Monat (ὥρας ἐξ ὥρας) eine Parlament-
sitzung in Berlin ab und bringe da deine Anträge ein — oder
was οὕτως εἰσφέρειν τε καὶ ἀφίστασθαι sonst bedeuten mag [2]) —;
das Parlament aber soll die Entscheidung haben [falls die
Correctur der verstümmelten Stelle das richtige trifft]“. Ist
denn das ein Gesetz oder ein Vertrag, durch den beispiels-
weise der preussische Staat oder das deutsche Reich begründet
oder geordnet werden könnte? Bei keiner einzigen der Vorschriften steht ja irgend etwas über den Modus der Ausführung
darin. Plutarch's Anschauung ist wenigstens insofern consequent, als bei ihm die Rhetra nur eine dem Lykurg von der
Gottheit gegebene Directive ist, die er ins Detail ausführt.
Aber die Neueren sehen in der Formel einen constitutionellen
Act, bei dem ja gerade das Detail, die Abgrenzung der Rechte
der einzelnen Factoren das maasgebende ist. Wie viele Phylen
und Oben sollen eingerichtet werden?[3]) welche Functionen

1) So die Handschriften: gewöhnlich liest man ἕλοιτο, REISKE αἱροῖτο.
2) Ueber die Bedeutung der Worte ist viel gestritten worden. Plutarch erklärt den Schlusspassus: τοῦ δὲ πλήθους ἀθροισθέντος εἰπεῖν
μὲν οὐδενὶ γνώμην τῶν ἄλλων ἐφεῖτο, τὴν δ' ὑπὸ τῶν γερόντων καὶ τῶν
βασιλέων προτεθεῖσαν ἐπικρῖναι κύριος ἦν ὁ δῆμος. In der Zusatzrhetra
erklärt Plutarch das ἀποστατῆρας ἦμεν durch μὴ κυροῖν ἀλλ' ὅλως
ἀφίστασθαι καὶ διαλύειν τὸν δῆμον. Danach heisst ἀφίστασθαι „weg-
treten lassen“, „auflösen“.
3) Wir wissen denn auch in der That gar nichts über die spartanischen Phylen und Oben.

stehen ihnen im Staatsleben zu? Wie werden die achtund-
zwanzig Alten gewählt, was haben sie zu thun, wie stehen sie
dem König gegenüber? wer hat die Initiative der Gesetzgebung? nur die Könige oder auch der Rath oder auch noch
andere Beamte oder jeder Bürger? Einzig die Rechte des
Demos scheinen genauer bestimmt und doch vermissen wir
auch hier gar manches. Wie stimmt der Demos ab? als Gesammtheit oder klassenweise, etwa nach Phylen und Oben
geordnet? Welche Dinge gehören zu seiner Competenz? jede
Verwaltungsmassregel oder nur ein Theil derselben oder nur
die eigentliche Gesetzgebung oder was sonst für Möglichkeiten
sind? Genug, wohin wir blicken, überall treten uns Fragen
in Masse entgegen, aber nirgends erhalten wir eine Antwort.
Auf die lykurgische Rhetra lässt sich ein Staat so wenig
gründen wie etwa auf die Menschenrechte Lafayette's. Und
liegt es denn im übrigen nicht auf der Hand, dass dieser Rhetra
die zwar dem ganzen Alterthum allein geläufige aber völlig
unhistorische Anschauung zu Grunde liegt, eine Staatsordnung
entstehe durch den Willen eines Gesetzgebers, der sie aus dem
Nichts oder dem Chaos hervorzaubert? Wer glaubt, dass in
Sparta die Eintheilung des Volks in Phylen und Oben, der
Rath der Alten und das Recht der Volksversammlung durch
einen einmaligen Akt ins Leben gerufen seien, der muss auch
glauben, dass König Romulus in Folge einer Eingebung seines
souverainen Willens das Volk in Tribus und Curien, in Patricier
und Plebeier getheilt hat.

Auf alle die Fragen, welche wir eben aufgeworfen haben,
bedurfte nur derjenige keiner Antwort, welcher im spartanischen
Staate lebte und die Functionen der einzelnen Factoren von
Jugend auf tagtäglich sich vollziehen sah. Für ihn war die
Bedeutung der Phylen und Oben, die Competenz der Alten
und der Könige etwas selbstverständliches, von der Natur ge-
gebenes. Mit anderen Worten, die Rhetra ist nichts anderes
als eine Formulirung der im spartanischen Staate bestehenden
Ordnung, aber nicht etwa die Grundlage, auf der diese letztere
aufgebaut ist. Sie hat ihr Analogon in den Gesetzesformeln,
welche Cicero in den leges gibt und mit denen auch kein
Mensch etwas anfangen kann, der die Institutionen des römischen Staates nicht kennt. Sie ist ein secundäres Product,

eine Prosaredaction der Grundzüge der Verfassung, welche der oben besprochenen poetischen, namentlich den angeblichen Tyrtaeosversen, die denselben Inhalt haben, gleichwerthig zur Seite steht. Aelter als diese Verse ist sie denn auch auf keinen Fall. Sie stimmt inhaltlich genau zu den Versen ἄρχειν μὲν βουλῇ etc. und schliesst das Ephorat von den lykurgischen Einrichtungen aus. Hätte es zu Herodots Zeit schon eine derartige Formulirung gegeben, so würde in ihr das ἐφόρους καταστήσαντα ebenso gut stehen wie in Herodots Bericht (πρὸς δὲ τούτοις τοὺς ἐφόρους καὶ γέροντας ἔστησε Λυκοῦργος). Es mögen vielleicht ältere Formulirungen zu Grunde liegen, aber so wie Aristoteles sie aufzeichnete, war die Rhetra höchstens etwa fünfzig Jahre alt.

[Ferner aber setzt die Rhetra die Ansicht voraus, dass die Verfassung von Apoll stammt; die Plutarchische Erklärung, sie sei der dem Lykurg gegebene Spruch, die allgemeine Directive, nach der er die Verfassung ordnen sollte, bleibt die einzig haltbare. Sie wird bestätigt durch den Dialekt; denn dieser ist keineswegs der spartanische, sondern der spätere delphische, den wir aus den zahlreichen delphischen Urkunden kennen.[1] Daraus erhellt zugleich, dass die Rhetra nicht etwa, wie ich früher glaubte, spartanischen Ursprungs, sondern ein Erzeugniss der Literatur ist, genau so gut wie die Orakel. Und damit fällt endlich auch auf die eigenthümliche Bedeutung, in der das Wort ῥήτρα hier verwendet wird, ein helles Licht. Der Verfasser wusste, dass man in Sparta die Gesetze als ῥήτρα bezeichnete, verstand aber das ihm unbekannte Wort fälschlich als „Spruch". Das konnte natürlich für jemanden, der an die Ableitung aus Delphi glaubte, nur ein Spruch des Gottes an Lykurg sein. Damit ist das Machwerk völlig entlarvt;[2] und es ist zugleich klar, dass in Sparta selbst das Wort ῥήτρα niemals den Sinn gehabt hat, der ihm hier untergelegt wird — ebenso wenig wie sonst irgendwo in Griechenland.]

---

1) Diese evidente Entdeckung, die ich 1887 übersehen hatte, stammt von BERGK (Lyrici II⁴ p. 10).

2) Trotzdem behält es für uns als Quelle für die Kenntniss der in historischer Zeit in Sparta bestehenden Verhältnisse bei der Dürftigkeit unseres sonstigen Materials einen gewissen Werth.

Mit dem Haupttheil der Rhetra fällt auch der angebliche
Zusatz des Polydor und Theopomp, die Bestimmung, welche
den Königen und dem Rath der Alten das Recht gibt, die Beschlüsse des Demos zu confisciren. Wie sich ihre Zurückführung auf Theopomp zu der Ansicht verhält, der letztere habe
die Ephoren eingesetzt, ist völlig unklar. Nur sollten wir uns
nicht einbilden, über die spartanische Verfassungsgeschichte
im achten Jahrhundert eine ächte Ueberlieferung zu haben,
wo uns selbst aus dem fünften und vierten Jahrhundert keine
Spur derselben vorliegt.[1])

Bestätigt wird das hier ausgesprochene Urtheil über die
Rhetra dadurch, dass neben ihr noch drei andere überliefert
werden, welche eben so gut bezeugt sind wie die besprochene.
Es sind die drei Sätze, keine geschriebenen Gesetze zu haben
(d. h. nicht nach einem Gesetzbuch, sondern nach Herkommen
Recht zu sprechen), das Dach des Hauses nur mit dem Beil,
die Thür nur mit der Säge zu verfertigen, und nicht wiederholt gegen dieselben Feinde zu kämpfen (Plut. Lyc. 12, Ages. 26,
de esu carnis 2, 6, 6 u. sonst). Diese drei kleinen Rhetren sind
uns ebenso gut wie die grosse nur aus Plutarch bekannt; wir
dürfen also, wie GOETTLING und TRIEBER mit Recht hervorheben, die grosse nicht als echt anerkennen, wenn wir die
kleinen verwerfen. Und umgekehrt wird Aristoteles die letz-

1) Es ist seltsam, dass Pausanias' Angabe III 11, 10, das Staatssiegel
der spartanischen Beamten, d. i. der Ephoren, sei das Bild Polydors gewesen, noch immer auf Treu und Glauben angenommen und zur Stütze
dieser verfassungsgeschichtlichen Angaben verwerthet wird. Wie spät
kommt selbst in streng monarchischen Staaten der Brauch auf, den Kopf
des Königs auf die Münzen zu setzen! Und gab es im achten Jahrhundert
in dem recht wenig cultivirten Sparta Steinschneider, welche ein Portrait
zu graviren die Fertigkeit und die Gelegenheit gehabt hätten? Eine
menschliche Figur — die natürlich einen Gott darstellen sollte — wird auf
dem Siegel wohl gewesen sein, und ein späterer Antiquar hat sie dann
für das Bild des guten Königs Polydoros ausgegeben, der trotz all seiner
Güte und Volksfreundlichkeit (καὶ κατὰ γνώμην Λακεδαιμονίων μάλιστα
ὄντι τῷ δήμῳ heisst es bei Pausanias — diese Quelle weiss also von der
Zusatzrhetra nichts) dennoch von dem bösen Polemarchos ermordet wird,
der freilich auch sein Grabmonument in Sparta hat (Pausan. III 3). Man
sollte doch endlich aufhören, aus solcher Afterweisheit die ältere griechische Geschichte zu „reconstruiren".

teren eben so gut angeführt haben wie die erstere. Bei den
kleinen Rhetren lehrt aber der erste Blick, dass sie nichts
weiter sind als knappe Formulirungen herkömmlicher Bräuche
und Grundsätze, welche dem Gesetzgeber resp. dem Orakel in
den Mund gelegt werden.[1]) Von Lykurg stammen alle vier
Rhetren ebensowenig wie z. B. das Verbot des Geldes, das es
zu Lykurg's Zeit noch gar nicht gab.

IV. Die Ausbildung der Lykurglegende.

Durch die vorausgehenden Untersuchungen haben wir, wie
ich glaube, über die Entstehung der detaillirten Berichte über
das Werk des Lykurgos eine in den Grundzügen gesicherte
Einsicht gewonnen. Wie Ephoros' Darstellung entstanden ist,
liegt klar vor Augen. Auf der einen Seite fand er die schon
zu Herodots Zeit in Sparta herrschende Ansicht, die Gesetzgebung stamme aus Kreta, die sich inzwischen weit über
Griechenland (vgl. Plato's Minos) und auch nach Kreta selbst
verbreitet hatte. Auf der anderen Seite war die Ableitung
von Delphi jetzt in Sparta officiell anerkannt und die authentische Fassung der Orakel lag in Pausanias' Schrift vor. Ephoros
combinirte die beiden sich ursprünglich ausschliessenden Mei-
nungen durch seine rationalistische Deutung. Hierin sind ihm
alle Späteren gefolgt; dagegen ersetzte Aristoteles die Orakelverse durch die prosaischen Rhetren. Daher sind die Späteren über die Frage, wieviel von Lykurgs Gesetzen im
einzelnen auf Delphi zurückgeht, verschiedener Ansicht:
Diodor folgt dem Ephoros, Plutarch dem Aristoteles, aber
Trogus[2]) begnügt sich mit der von Xenophon ausgesprochenen
Ansicht, dass Lykurg den Apoll für den Urheber seiner Ge-

---

1) Plutarch kennt weitere Rhetren als die grosse und die drei kleinen
nicht, sei es dass man überhaupt nicht mehr verfertigt hat, sei es dass
seine Quellen — das ist in letzter Linie Aristoteles — weitere nicht aufgenommen haben.

2) In Justins Geschichte des Lykurg zeigt sich durchweg, dass
Trogus nichts weniger als ein Ausschreiber war, sondern die verschiedensten Quellen mit grosser Umsicht in einander gearbeitet hat, ebenso wie
in der persischen Geschichte. Vgl. S. 273.

setze ausgegeben habe, ohne im einzelnen die Orakel auszuführen (III 3, 10). Im übrigen ist es sehr bezeichnend, dass Aristoteles in der äusseren Geschichte der Verfassung, die für ihn mehr nebensächlich ist, sich in den wesentlichen Punkten an Ephoros angeschlossen, dagegen die Darstellung der Institutionen völlig selbständig und abweichend von ihm gegeben hat.

Während die ältere Auffassung die bestehende Verfassung als eine Einheit betrachtet, haben die politischen Bewegungen der Zeit des Pausanias zur Folge gehabt, dass man ältere und jüngere Institutionen, angeblich echt lykurgische Satzungen und spätere Neuerungen zu scheiden begann. So kam man zu den Grundzügen einer Verfassungsgeschichte, von der die Aelteren nichts gewusst hatten. Wie vielfach diese Dinge im vierten Jahrhundert discutirt wurden, lehrt der Eingang des Heraklides Ponticus: τὴν Λακεδαιμονίων πολιτείαν τινὲς Λυκούργῳ προσάπτουσι πᾶσαν, ein Satz, der aus der Einleitung von Aristoteles πολιτεία Λακεδαιμονίων excerpirt ist.[1]

Ueber die Gesetzgebung sind wir mithin im reinen. Die Aelteren führten einfach die zu ihrer Zeit bestehenden Institutionen auf Lykurg — oder wie Hellanikos auf die ersten Könige — zurück, die Späteren folgen einer ausgeführten Bearbeitung der Gesetzgebung, welche sehr bestimmte praktische Ziele verfolgt und in Wirklichkeit mit Lykurg gar nichts zu thun hat. Eine Ueberlieferung über die spartanische Verfassungsgeschichte gibt es nicht.

Wie steht es aber mit der Person des Gesetzgebers? Ziehen wir zunächst alles ab, was sich als Combination erweist. Lykurg holt seine Gesetze von Kreta; mithin ergab sich von selbst, dass er gereist war, und dass er bei der Gelegenheit sich auch die Institutionen des uralten Culturstaates Aegypten ansah, war nur natürlich. Ebenso entspringt die persönliche Begegnung mit Homer — die dann von den Späteren entweder aus chronologischen Bedenken rectificirt oder zu Combinationen über die Schicksale der homerischen Poesie verwerthet wird — demselben Triebe, der die sieben Weisen an den Hof des

---

[1] Dass die Politien des sogenannten Heraklides nichts sind als ein sehr flüchtiges Excerpt aus Aristoteles, ist jetzt durch die pol. Ath. erwiesen.

Kroesos geführt oder Lykurg und Zaleukos zu Schülern des
Kreters Thales (Arist. pol. II. 9. 5) gemacht hat. [1])

Von der Art, wie Lykurg seine Gesetze durchgeführt habe,
ein klares Bild zu entwerfen ist keinem der Alten gelungen,
wie es denn ja auch eine ungeheuerliche Vorstellung ist, dass
ein Mann durch weise Vorschriften die ganze Lebensweise
eines Volksstammes umgestaltet. Doch war es natürlich, dass
man, als man die Gesetzgebungsgeschichte weiter ausbildete,
auch einige Anschaulichkeit in dieselbe hineinzutragen versuchte. So meint Xenophon, Lykurg könne unmöglich auch
nur versucht haben, seine Ordnung durchzuführen, ohne sich
vorher mit den angesehensten Männern verständigt zu haben
(8, 1 ἐγὼ μέντοι οὐδ' ἐγχειρῆσαι οἶμαι πρότερον τὸν Λυκοῦργον
ταύτην τὴν εὐταξίαν καθιστάναι πρὶν ὁμογνώμονας ἐποιήσατο
τοὺς κρατίστους τῶν ἐν τῇ πόλει). Diese Vermuthung haben
die folgenden aufgegriffen, um damit zugleich die Zahl der
Geronten zu erklären: Aristoteles meinte, es seien dreissig Genossen gewesen. von denen zwei zurücktraten, während Sphairos
es von Anfang an nur 28 sein liess. Wie es sich gehörte,
wusste Hermippos zwanzig von ihnen bei Namen zu nennen,
darunter als wichtigsten Arthmiadas (Plut. Lyc. 5). [1]) Dass

---

1) Die persönliche Bewegung des Homer und Lykurg ist dem Ephoros
überliefert: ἐντυχόντα δ' ὡς φασί τινες καὶ Ὁμήρῳ διατρίβοντι ἐν Χίῳ.
Dass er bei dieser Gelegenheit die homerischen Gedichte kennen lernt und
auch mitnimmt, wird Ephoros wohl schon erzählt haben; aber dahinter
mit WILAMOWITZ Hom. Unters. 256 irgend etwas weiteres zu suchen, sehe
ich keinen Grund. Dass Homer in Sparta bekannt und angesehen war,
sagt Megillos in den platonischen Gesetzen III 680 c ἡμεῖς δ' αὖ χρώμεθα
μὲν (Ὁμήρῳ) καὶ ἔοικέ γε κρατεῖν τῶν τοιούτων (der auswärtigen)
ποιητῶν und wird überdies durch die systematische Anknüpfung an die
homerischen Gedichte bewiesen (Ueberführung der Leiche des Orestes,
Geschlecht der Talthybiaden, Herod. VII 159 u. a.). Aber dass hier irgendwie ein Gegensatz gegen die attische Redaction und Interpolation des
Solon und Pisistratos beabsichtigt sei, ist durch nichts angedeutet, ebensowenig dass die Nachricht auf Dieuchidas zurückgehe, was WILAMOWITZ
voraussetzt. — [Wie mit Homer und dem Kreter Thales haben andere
den Lykurg mit Terpander in Verbindung gebracht, dessen Zeit ja auch
stark schwankte: nach dem Peripatetiker Hieronymos (Athen. XIV 635 f.)
sind beide Zeitgenossen.]

1) Auch in diesem Capitel zeigt sich wieder Aristoteles als letzte
Grundlage der plutarchischen Version, während Ephoros auch hier nicht

diese ätiologische Erzählung zum Institut des Gerusia sehr schlecht stimmte, hat Aristoteles übersehen: die Geronten sind Greise, die Genossen des Lykurg müssen als kräftige Männer gedacht werden — zur Einschüchterung der Bürger lässt man sie bewaffnet den Markt besetzen.

In ähnlicher Weise erzählt Aristoteles pol. II 6, 8 eine Geschichte, Lykurg habe auch die Frauen zur Zucht bringen wollen, habe das aber in Folge ihres Widerspruchs aufgeben müssen — eine Erzählung, die bei den spätern Lykurgenthusiasten argen Anstoss erregte (Plut. Lyc. 14). Ebenso ist es nur eine Combination, wenn Hippias (Plut. Lyc. 23, oben S. 242) behauptete, Lykurg sei sehr kriegerisch gewesen und habe viele Feldzüge mitgemacht: entsprach das doch dem Charakter der von ihm gebildeten Spartaner. Die Späteren, denen Lykurg der weise Gesetzgeber ist, der des rohen Kriegs nicht bedarf,[1] wollten auch davon nichts wissen, so schon Demetrios von Phaleron (Plut. Lyc. 23). Gewiss spielt dabei die Thatsache mit, dass man in der Ueberlieferung keine Kriege fand, in denen Lykurg gekämpft hatte. Auf Tradition beruhen alle diese Dinge so wenig wie der kindische Gedanke, den die Eitelkeit dem alten Isokrates eingab, Lykurg habe seine Institutionen denen der Athener nachgeahmt (Panathen. 153).

Auch über Lykurgs Tod hat es keine Ueberlieferung gegeben, sonst würde nicht ein jeder anders erzählen. Herodot nimmt offenbar an, er sei in Sparta gestorben, sonst könnte er nicht einfach erzählen, „nach seinem Tode (τῷ δὲ Λυκούργῳ τελευτήσαντι) bauten sie ihm ein Heiligthum". Die verschiedenen Ansichten der Späteren über seinen Tod zählt Plutarch c. 31 auf: nach „einigen" starb er in Kirra, nach Apollothemis

---

erwähnt wird. Ebenso ist er die Quelle des Berichts über die Krypteia, welche Plutarch so gern von Lykurg abwälzen möchte (Lyc. 2ʙ; vergl. Heraklides pol. 2, 4).

1) Es ist sehr charakteristisch, wie in diesem Punkte die Darstellung völlig gewechselt hat: bei Herodot stehen die militärischen Einrichtungen im Vordergrund, bei Xenophon werden sie eingehend dargelegt, Plato macht dem Lykurg den Vorwurf, die ganze Staatsordnung einseitig auf den Krieg zugespitzt zu haben, wie ihn Thibron deswegen lobt (Arist. pol. IV 13, 11). Bei Plutarch dagegen ist von der militärischen Ordnung kaum irgendwo die Rede.

in Elis, nach Timaeos und Aristoxenos auf Kreta; Aristokrates,
Hipparchs Sohn, den wir als Erfinder müssiger Geschichten
schon kennen (oben S. 217. 2), hat die Legende von Solons Tod
auf ihn übertragen: man habe seine Asche auf Kreta ins Meer
gestreut, damit nicht einmal seine Ueberreste nach der Heimath
zurückkehren und die Spartaner von ihrem Schwur, den Gesetzen zu gehorchen, befreien könnten (ebenso Justin III 3:
Trogus hat also hier direkt oder indirekt aus dieser späten
Quelle geschöpft. [1]) Diese Zusammenstellung ist bei Plutarch
aber nur ein Nachtrag zu der ausführlichen Erzählung von
Lykurgs Ende, welche er c. 29 ohne Anstand gegeben hat.
Nach derselben hat er erklärt, den Gott noch über einen
Hauptpunkt befragen zu müssen, und Könige, Geronten und
Volk schwören lassen, nichts an den Gesetzen zu ändern, bis
er aus Delphi zurückgekehrt sei. Als dann Apoll erklärte, die
Verfassung sei gut, habe Lykurg beschlossen, seinem Leben
freiwillig ein Ende zu machen, damit die Spartaner für immer
durch ihren Eid gebunden wären, und sich der Nahrung enthalten. Dies ist die Erzählung des Ephoros gewesen, wie wir
aus Aelian var. hist. 13, 23 erfahren: λέγει δὲ Ἔφορος αὐτὸν
λιμῷ διακαρτερήσαντα ἐν φυγῇ [das ist ein entstellender Ausdruck Aelians, der aus der Tendenz der an dieser Stelle zusammengestellten Geschichten hervorgegangen ist] ἀποθανεῖν.
Ferner berichtet Nic. Dam. fr. 57 MÜLLER genau wie Plutarch,
und Nikolaos hat die ältere griechische Geschichte durchweg
aus Ephoros geschöpft. [2]) Ueberdies schliesst bei Plutarch wie
bei Nikolaos der Abschnitt über die Wirkung und Dauer der
lykurgischen Verfassung, der, wie wir oben S. 221, 3 sahen, aus
Ephoros stammt, unmittelbar an diese Erzählung. Nikolaos
nennt als Ort seines Todes Krisa (= Kirra); was bei Plutarch
c. 31 als Angabe der οἱ μὲν angeführt wird, Lykurg sei in
Kirra gestorben, ist mithin die Darstellung des Ephoros, die

---

1) STEIN (Kritik der Ueberlieferung über Lykurg, Progr. Glatz 1882)
und WILAMOWITZ S. 271 möchten die ganze Lykurgbiographie für einen
Abklatsch der solonischen erklären. Nachweisbar ist das nirgends ausser
in diesem Punkte; aber da ist die Erfindung auch nicht älter als das zweite
Jahrhundert v. Chr.

2) Vgl. fr. 36 über den Verräther Philonomos; fr. 39. 40 über die Eintheilung Messeniens in fünf Districte.

auch hier wieder zur Vulgata geworden ist und daher bei
Plutarch ausführlich gegeben wird. Ich denke nun es liegt
auf der Hand, dass auch diese Erzählung des Ephoros auf
Pausanias zurückgeht. Erst dadurch erklärt sie Werth und
Beziehung: der Eid ἐμμενεῖν καὶ χρήσεσθαι τῇ καθεστώσῃ πολιτείᾳ μέχρις ἂν ἐπανέλθῃ ὁ Λυκοῦργος, die Verpflichtung
μηδὲν ἀλλάσειν μηδὲ μετακινεῖν [also auch die Ephoren nicht
zur Macht gelangen zu lassen] besteht noch für die Zeitgenossen
des Pausanias in voller Kraft, obwohl sie ihren Schwur mein-
eidig Tag für Tag brechen und dadurch die Verheissung des
Orakels τὴν πόλιν ἐνδοξοτάτην διαμενεῖν τῇ Λυκούργου χρω-
μένῃ πολιτείᾳ zu Schanden machen.[1]

Aus der Lykurglegende ist des weiteren auszuscheiden die
Erzählung von seiner Betheiligung an der Stiftung der olympischen Spiele. Seit Aristoteles den Namen des Lykurgos
[neben dem des Iphitos?] auf dem Diskos in Olympia entdeckt
hatte, der die Satzungen des Festfriedens enthielt,[2] ist diese
Thätigkeit allgemein anerkannt worden[3], und Hermippos, der
Meister im Erfinden thörichter Geschichten, hat sich die Gelegenheit nicht entgehen lassen, noch eine Geschichte dazu zu
erfinden, wie Lykurg durch eine geheimnissvolle Stimme zu
dem Werk aufgefordert wird (Plut. Lyc. 23). Die älteren wissen
von der Sache gar nichts, auch Ephoros nicht. Ihm gilt vielmehr Iphitos als der alleinige Stifter, die Lakedaemonier verbinden sich mit den Eliern erst um Pheidon von Argos zu
stürzen und die Elier für sich unschädlich zu machen.[4] Eine
Sage oder Tradition, welche Lykurg mit Olympia in Verbindung
brachte, gab es mithin nicht. Ebenso wenig aber kann die
Diskosinschrift eine aus dem Streben, die späteren Beziehungen
zwischen Sparta und Olympia durch eine Urkunde als uralt

---

1) Man vergleiche zu dieser Erzählung die letzte Rede des Josua
im Buch Josua c. 24, die eine ganz ähnliche Tendenz hat; vgl. Zeitschr.
f. alttestamentl. Wissensch. I S. 144.

2) Plut. Lyc. 1. Der „Diskos des Iphitos" wurde noch zu Pausanias'
Zeit gezeigt (V 20, 1); die Inschrift wird nach seiner Beschreibung etwa
ausgesehen haben wie die des Bybon IGA. 370.

3) So von Timaeos. Vgl. auch Herakl. Pont. 2, 3 καὶ κοινὸν ἀγαθὸν
τὰς ἐκεχειρίας κατέστησε.

4) Ephoros bei Strabo VIII 3, 33, vgl. Diod. VIII 1.

nachzuweisen, hervorgegange Fälschung sein. Denn an einer derartigen Fälschung hatte in der Zeit, wo die Urkunde ans Licht gezogen wurde, Niemand Interesse mehr. Ist die Inschrift also, was ja auch ihre Form lehrt, alt und authentisch, so steht doch fest, dass Aristoteles sich in ihrer Deutung geirrt hat. Denn vor der Unterwerfung Messeniens hat Sparta mit Olympia keine Berührungen gehabt; in Ol. 15 erscheint zum ersten Male eine Lakone unter den Olympioniken, und seitdem begegnen sie uns dann fast bei jeder Feier. Der Lykurg, von dem die Inschrift redete, kann also nicht der spartanische Gesetzgeber sein. Hier scheint mir WILAMOWITZ' Deutung recht wahrscheinlich, dass die Inschrift die Satzungen der Festfeier an Gestalten der Heroenzeit anknüpfen wollte, dass der Lykurg des Diskos kein anderer ist als der arkadische Heros Lykoorgos.

Was wir bisher kennen gelernt haben, sind geschichtlich werthlose Combinationen, die über das vierte Jahrhundert nicht hinausreichen. Zwar etwas älter, aber um nichts werthvoller sind die Versuche, Lykurgs Stellung in der Königsliste zu bestimmen. Im vierten Jahrhundert gilt er allgemein als Mitglied des Eurypontidengeschlechts, Sohn des Eunomos, Bruder des Polydektes, Oheim des Charilaos; Dieuchidas (oben S. 243, 1) nannte auch seine Mutter Dionassa. Diese Ansicht gilt dem Ephoros als allgemein anerkannt; da zu seiner Zeit die Einschiebung des Soos in den Stammbaum zwischen dem Eponymos des Geschlechts Eurypon und seinem angeblichen Ahnherrn Prokles bereits stattgefunden hatte,[1]) war ihm Lykurg der sechste von Prokles und der elfte von Herakles: Λυκοῦργον δ' ὁμολογεῖσθαι παρὰ πάντων ἕκτον ἀπὸ Προκλέους γεγονέναι

---

1) Der spätere Stammbaum ist Prokles, Soos, Eurypon, Prytanis, Eunomos, Polydektes. Dass Ephoros denselben so kennt, lehrt die angeführte Stelle; mithin beruht ἀπὸ Εὐρυπῶντος τοῦ Προκλέους bei Strabo VIII 5, 5 auf einer Flüchtigkeit. Dagegen kennt Herodot den Soos bekanntlich noch nicht (VIII 131), und da im Stammbaum Agis ein Sohn des Eurysthenes ist, hat Soos keine Berechtigung. Er ist lediglich zur Ausgleichung der Stammbäume eingeschoben. Dass die Späteren auch von seinen Thaten (gegen Kleitor!) zu erzählen wissen (Plut. Lyc. 2; anders Pausan. III 7), ist nicht wunderbar, wohl aber, dass sehr angesehene neuere Historiker diese Geschichten als brauchbares Material verwerthet haben.

Strabo X 4, 18 = Plut. Lyc. 1. Freilich ist diese Angabe nur
eine Correctur der älteren, dass Lykurg Sohn des Prytanis
und Bruder des Eunomos sei, einer Angabe, die Plutarch auf
Simonides zurückführt[1]) und die später bei Phlegon fr. 1 wieder auftaucht; die Correctur geht wohl darauf zurück, dass
man um des Namens willen den Gesetzgeber zum Sohn des
Eunomos machen wollte. Denn dass nicht, wie so oft behauptet
wird, der Name Eunomos aus dem Umstand gebildet ist, dass
für den Gesetzgeber ein passender Vater gesucht wurde, geht
daraus hervor, dass diese Verbindung den älteren Quellen
noch unbekannt ist und sie doch den Namen des Eunomos
kennen. Die Namen der ersten Eurypontiden, des Prytanis
und Eunomos, sind zwar schwerlich historisch, aber doch weit
älter als die Einreihung des Lykurg in ihren Stammbaum.

Wenn Simonides wirklich so berichtet hat, wie Plutarch
erzählt, so hat er doch zu seiner Zeit mit seiner Ansicht sehr
allein gestanden. Denn Hellanikos weiss von Lykurg garnichts,
Xenophon macht ihn zum Zeitgenossen der Herakliden, d. h. der
dorischen Wanderung (ὁ γὰρ Λυκοῦργος κατὰ τοὺς Ἡρακλείδας
λέγεται γενέσθαι 10, 8), und nach Herodot war er der Oheim
und Vormund des Leobotes (Labotas), also Bruder des Echestratos und Sohn des Agis. Letzteres ist offenbar das, worauf
es bei dieser Version eigentlich ankommt: der Gesetzgeber ist
der Sohn des Ahnherrn des angeseheneren der beiden Königsgeschlechter, des Herrschers, auf den nach der bei Ephoros
(Strabo VIII 5, 4) vorliegenden Erzählung die eigentliche Gründung des spartanischen Staates, die Unterordnung der Perioeken
und Heloten unter die dorischen Herren, zurückgeht.[2])

1) Schol. Plato rep. V 599, wo dieselbe Ansicht angeführt wird, ist
aus Plutarch und einer Chronik combinirt. Sollte die Angabe wirklich auf
den Dichter Simonides zurückgehen? Plutarch nennt ihn allerdings ausdrücklich (Σ. ὁ ποιητής); aber sehr naheliegend ist es doch, eine Verwechselung mit dem jüngeren Genealogen anzunehmen, der etwa um 440
geschrieben haben mag (MÜLLER F. H. G. II 42). — Beachtenswerth ist,
dass bei Herodot VIII 131 Polydektes und Eunomos in umgekehrter
Reihenfolge erscheinen wie bei den Späteren. Das ist indessen bei Simonides nach Plutarchs Angabe nicht der Fall gewesen.

2) Daher erzählt Plut. Lyc. 2 von Agis' Zeitgenossen Soos: ἐφ' οἷς
καὶ τοὺς Εἵλωτας ἐποιήσαντο δούλους οἱ Σπαρτιᾶται. — Beruht der Sieg
der Ansicht, Lykurg sei ein Eurypontide, auf der leitenden Stellung,

Wir sehen, eine geschichtliche Ueberlieferung hat es auch
über Lykurgs Stammbaum nicht gegeben; der einzige Punkt,
den alle Darstellungen gleichmässig festhalten, ist, dass er als
Oheim und Vormund eines regierenden Königs seine Gesetze
gab.[1]) Der Grund dafür dürfte einfach der sein, dass einem
Gesetzgeber nach spartanischer Anschauung die königliche
Machtstellung ebenso wenig fehlen konnte, wie nach römischer.
Die Königslisten aber waren, als die Erzählung von Lykurg
aufkam, längst fixirt, sein Name liess sich darin nicht mehr
unterbringen; so blieb nichts übrig, als ihm wenigstens die
königliche Machtbefugniss in der Stellung eines Vormunds
zu geben.

Wenn die Ordnung des spartanischen Staates auf Lykurg
zurückging, so muss vorher Unordnung geherrscht haben. So
berichten denn auch Herodot und Thukydides I 18. Nur weitere Ausspinnung dieses Motivs ist es, wenn bei Aristoteles
(pol. VIII 10, 3) Charilaos zum Tyrannen,[2]) umgekehrt bei Plutarch zum Schwächling, der keine Ordnung halten kann, gemacht wird. Ephoros hat dies Motiv nicht benutzt; nach ihm
wandelt, wie wir oben sahen, Sparta schon vor Lykurg auf
verständigen Bahnen. Aehnlich ist die Auffassung in Platos
Gesetzen; bei Plutarch dagegen (Lyc. 2) ist die alte Auffassung wieder aufgenommen.[3])

----

welche die Eurypontiden Archidamos, Agis, Agesilaos eingenommen
haben? Zu ihrer Zeit war das Agiadengeschlecht durchaus in den Hintergrund gedrängt.

1) Im Detail variiren auch hier die Angaben: nach Herodot gibt er
die Gesetze gleich beim Antritt der Vormundschaft, und diese Darstellung,
die natürlich das ursprüngliche ist, hat auch Justins Quelle wieder aufgenommen. Ephoros dagegen, resp. die bei ihm vorliegende Version, benutzt die Ueberlieferung von der Vormundschaft, um Lykurgs Uneigen-
nützigkeit ins Licht zu stellen und zugleich ein Motiv für die Reise nach
Kreta zu gewinnen, und lässt die Gesetzgebung erst nach der Rückkehr
eintreten.

2) Ebenso Heracl. polit. 2, 4.

3) In einer eigenartigen Umgestaltung erscheint dieselbe bei Isokrates
panath. 177 ff. Danach herrschten bei den Lakedaemoniern zu Anfang die
grössten Wirren (στασιάσαι μέν φασιν αὐτοὺς οἱ ταπεινῶν ἀκρι-
βοῦντες ὡς οὐδένας ἄλλους τῶν Ἑλλήνων), bis die μεῖζον τοῦ πλήθους
φρονοῦντες sich selbst zu Herren, die übrigen zu Periöken und Heloten
machen. Das ist also ungefähr dasselbe, was Ephoros berichtet hat,

278

Es gibt mithin eine alte Ueberlieferung über den
Gesetzgeber ebenso wenig wie über sein Werk. Plutarch hat völlig Recht, wenn er seine Biographie mit den
Worten beginnt: „Betreffs Lykurgs gibt es keinen Punkt der
Ueberlieferung, der unbestritten wäre"; aber er hat nicht gewusst, die Consequenz aus dieser Thatsache zu ziehen. Das
Ergebniss kann uns nicht befremden; denn in Sparta gibt es
überhaupt keine Ueberlieferung, die über den Anfang des
sechsten Jahrhunderts, die Zeit der Könige Leon und Agesi-
kles (Her. I 65), hinaufragte. Dass Messenien unterworfen war,
lehrte der Augenschein; dass das aber unter König Theopomp
stattgefunden hatte, wusste man nicht aus der Ueberlieferung.
sondern aus Tyrtaeos' Liedern. Denn vom zweiten Krieg,
dessen Realität wiederum Tyrtaeos bezeugte, wusste man nicht
einmal so viel; unter welche Könige er fiel, war gänzlich unbekannt, da ihre Namen bei Tytaeos nicht vorkamen. So ist
Theopomp der einzige König der älteren Zeit, von dem man
überhaupt etwas zu erzählen wusste[1]) — daher wird er wohl
auch zum Urheber des Ephorats und der Zusatzrhetra gemacht
sein. Es ist also schon a priori unmöglich, dass über die Verfassungsgeschichte des neunten Jahrhunderts irgend welche
Ueberlieferung existiren könnte. Nur von der Urzeit des Staates.
der Gründungsgeschichte und dem was damit zusammenhing.
erzählte man wie überall so auch in Sparta gern (Plato Hippias
maior 285, s. o. S. 240), und darauf bezügliche Sagen und Geschichten sind uns denn auch von Herodot an genug erhalten.

Ueber den Ursprung ihrer Staatsordnung sich den Kopf
zu zerbrechen hatten dagegen die Spartiaten wenig Veranlassung.[2]) Ihnen war dieselbe ja nicht, wie sie den übrigen
erschien, etwas Seltsames und Fremdartiges, sondern etwas

Eurysthenes und Prokles hätten den Unterworfenen das Bürgerrecht gegeben, Agis habe diese Massregel wieder rückgängig gemacht.
1) Dass in der spätesten Ueberlieferungsschicht, bei Pausanias, auch
die meisten der älteren Könige mit einzelnen Thaten ausstaffirt sind, ist
nur in der Ordnung. — Die Partheniergeschichte beruht nicht auf spartanischer Ueberlieferung, sondern ist die Gründungssage von Tarent.
2) Auch Kritias hat, nach den Fragmenten zu urtheilen, in seiner
πολ. .ταχ. davon nicht gehandelt, sondern die Sitten und Institutionen dargestellt. Wenn er von Lykurg etwas besonderes erzählt hätte, würden
wir wohl davon erfahren.

durchaus Naturwüchsiges, welches sie von den Vätern und diese wieder von den Ahnen überkommen hatten. Man lebte in Sparta getreu den Satzungen des Aigimios, des alten dorischen Urkönigs, von dessen drei Söhnen [1]) alle Dorer abstammten [2]); die Ordnung des Staates geht zurück auf die Zeit seiner Gründung, auf König Agis, oder auch auf Eurysthenes und Prokles, welche die Dichter als die Ahnen der beiden Königshäuser nennen.[3]) Die Schirmherren des Staats sind Zeus und Athene, die Götter, denen der König das feierliche Opfer darbringt, ehe er auf einem Kriegszug die Grenze überschreitet (Xen. rep. Lac. 13, 2), und die im Mittelpunkt des Landes als „syllanische" Götter — oder was sonst für ein uns nicht mehr deutbares Beiwort in der Namensform der Rhetra stecken mag — ihr Heiligthum haben. Daneben kommt dann allmählich, und vermuthlich erst als man sich seit den Perserkriegen der Eigenart der heimischen Ordnung mehr bewusst wurde, der Glaube auf, dieselbe sei eine Schöpfung des Lykurgos, dieser habe seine Ordnungen aus dem stammverwandten Kreta geholt, wo man nach den Satzungen des Minos, die von Zeus stammten, in ähnlicher Organisation lebte, wie in Sparta. Mit diesem Glauben war zugleich die Aufgabe gegeben, den Lykurg irgendwo in der Geschichte unterzubringen.

Wer ist denn nun dieser Lykurgos? Das einzige, was wir sicher von ihm wissen, ist, dass er ein Gott war, der in Sparta hoch verehrt wurde, ein *ἱερόν* und ein jährliches Opferfest hatte.[4]) Ein alter Spruch des delphischen Orakels, weitaus das

---

1) Dass in unserer Ueberlieferung Hyllos nicht Sohn, sondern Adoptivsohn des Aiginios ist, ist handgreiflich ein harmonistischer Ausweg der genealogischen Poesie, welche die Aufgabe hatte, die Nachkommen des argivischen Herakles zu den Dorern zu bringen. Für die Dorer selbst ist Herakles natürlich kein Argiver oder Thebauer, sondern eben ein Dorer gewesen, der Ahnherr ihrer angestammten Könige.

2) Pindar Pyth. I 120: *θέλοντι δὲ Παμφύλου καὶ μὰν Ἡρακλειδᾶν ἔκγονοι ὄχθαις ὕπο Ταυγέτου ναίοντες αἰεὶ μένειν τεθμοῖσιν ἐν Αἰγιμιοῦ Δωριεῖς.* Im vierten Jahrhundert hätte man gesagt: *ἐν τεθμοῖσι Λυκούργου.*

3) Vgl. den Anhang.

4) Herod. I 66 *τῷ Λυκούργῳ τελευτήσαντι ἱερὸν εἰσάμενοι σέβονται μεγάλως.* Ephoros bei Strabo VIII 5, 5 *Λυκούργῳ ἱερὸν ἱδρύσθαι (τοὺς Λακ.) καὶ θύεσθαι κατ' ἔτος.* Aristoteles bei Plut. Lyc. 31 *ἱερόν τε γάρ*

älteste Zeugniss, das wir über ihn haben, erkannte ihn zögernd als Gott an; dadurch soll, wie es scheint, sein Cult legitimirt werden. Davon, dass der Gott zugleich der Gesetzgeber Spartas ist, erwähnt dieser Spruch noch nichts. Auf diese mythische Gestalt bezieht sich denn auch die einzige Erzählung der Lykurglegende, welche wir noch zu besprechen haben: Lykurg sei auf Widerstand gestossen und Alkandros habe ihm mit dem Stocke ein Auge ausgeschlagen. „Daher tragen die Spartaner in der Volksversammlung keine Stöcke bis auf diesen Tag“ heisst es, wie im Alten Testament. Zur Erinnerung an den Vorfall baute Lykurg einen Tempel der Athena Optilitis, der „Augengöttin“.[1]) Eine abgeschwächte Version der Geschichte gab Dioskorides[2]): das Auge sei verletzt, aber wieder geheilt worden. Dass sie nicht aus der Rolle des Gesetzgebers herausgesponnen ist, liegt auf der Hand; offenbar ist sie mythisch. Ein einäugiger Zeus Lykurgos ist ja ebenso gut denkbar, wie der einäugige Wotan. Im übrigen ist es bezeichnend, dass Lykurg hier in Verbindung mit Athene erscheint, die ja mit Zeus zusammen die Schutzgöttin des Staates ist. Es ist das ein Fingerzeig dafür, auf welchem Wege aus dem Schutzgott Zeus der Gesetzgeber Lykurgos geworden ist.

Zu dem Cult des Gottes Lykurgos werden auch die Festversammlungen an den Λυκουργίδες genannten Tagen gehört haben. Nach Plutarchs Ausdruck (Lyc. 31) scheint es ein gentilicisches Fest gewesen zu sein: „Lykurgs Geschlecht ist mit seinem Sohne Antioros ausgestorben, οἱ δ᾽ ἑταῖροι καὶ οἰκεῖοι διαδοχήν τινα καὶ σύνοδον ἐπὶ πολλοὺς χρόνους διαμείνασαν

ἔστιν αὐτῷ καὶ θύουσι καθ᾽ ἕκαστον ἐνιαυτὸν ὡς θεῷ. Ein ἐπιμελήτης ... θεοῦ Λυκούργου CIG. 1341. Erst Nic. Dam. fr. 57 MÜLLER hat aus dem Gotte einen Heros gemacht.

1) Plut. Lyc. 11. Pausan. III 18, 2. Auch Aelian v. hist. XIII 23 erwähnt sie (mit der Bemerkung, dass er nach einigen das Auge durch einen Steinwurf verlor), und schliesst daran Ephoros' Angabe über Lykurgs Tod. Also ist Ephoros vielleicht auch hier Quelle.

2) [Dass Dioskorides der Verfasser der Λακ. πολ. nicht der Isokrateer ist, wie man bisher annahm, sondern der um 100 v. Chr. lebende Grammatiker, hat R. WEBER de Dioscoridis περὶ τῶν παρ᾽ Ὁμήρῳ νόμων, Leipz. Stud. XI p. 190 erwiesen. Nach den Citaten bei Athen. IV 140 b. f ist er jünger als Persaios.]

κατέστησαν καὶ τὰς ἡμέρας ἐν αἷς συνήρχοντο Λυκοεργίδας
προσηγόρευσαν".

[Die ursprüngliche, rein religiöse Gestalt des Lykurgos ist
nun noch ganz wohl fassbar. Schon WILAMOWITZ (Hom. Unters.
284 f.) hat mit dem spartanischen Gott den arkadischen und
attischen Heros identificirt und auf diese Weise auch die Identität des spartanischen Lykurgos mit dem olympischen gerettet.
Auch dieser ist so wenig eine historische Gestalt wie Iphitos
der Begründer der Spiele, mit dem zusammen er die Satzungen
der Ekecheirie feststellt: beide sind ursprünglich nichts anderes
als die aus dem Epos wohlbekannten Heroen, Iphitos der Sohn
des Eurytos von Oichalia, den zahlreiche Sagen schon bei
Homer nach Messenien versetzen (φ 14 ff., vgl. B 596), Lykurgos
der arkadische Heros, von dessen Thaten Nestor H 142 ff. erzählt. Lykurgos erscheint als Sohn des Arkaders Aleos und
König von Lepreon in Triphylien.[1]) Ein anderer Lykurgos ist
König von Nemea, seinem Sohne Opheltes Archemoros zu Ehren
begründen die Sieben auf dem Zuge gegen Theben die nemeischen Spiele.[2]) In letzter Linie wird dieser peloponnesische
Lykurgos auch von dem Gegner des Dionysos, dem wilden
Edonenkönig, den Zeus zur Strafe blendet (Z 139), nicht getrennt werden können. Doch können wir das hier nicht
weiter verfolgen.[3])

Lykoorgos heisst „Wolfsmuth", wie WILAMOWITZ richtig
übersetzt. Der arkadische Heros ist von dem arkadischen Wolfs-
gott Zeus nicht zu trennen; er tritt einer anderen Abzweigung
desselben, dem „Lichten", Lykaon, gleichberechtigt zur Seite.
Und gerade in dem für uns wesentlichsten Zuge decken sich
beide vollständig. Lykaon ist der Begründer des Lykaeischen
Zeuscults und der mit demselben verbundenen Festspiele (oben
S. 56, 2). Ebenso begründet Lykurgos mit Iphitos zusammen
die olympischen Spiele, in Nemea werden unter seiner Regie-

1) Pausan. V 5, 5. VIII 4, S. 10. Apollod. III 9, 1. 2.
2) Argum. Pind. nem. Pausan. II 15, 3. Apoll. I 9, 14. III 6, 4. Wahrscheinlich ist er, wie WILAMOWITZ annimmt, mit dem von Asklepios
wiederbelebten Sohn des Pronax (Stesich. fr. 16), der in die thebanische
Sage verwebt ist, identisch (Apollod. I 9, 13. III 10, 3. Pausau. III 18, 12).
3) vgl. jetzt WIDE Bem. zu der spart. Lykurglegende, Skandinav.
Archiv I 1891.

rung und ursprünglich doch wohl von ihm die nemeischen Spiele eingesetzt. Alle drei sind Zeusfeste, und wenigstens in Olympia wird daneben Zeus selbst als Begründer der Spiele genannt (Pausan. V 7, 10. VIII 2, 2).[1]) Dazu passt es aufs beste, dass in Sparta der Gott Lykurgos als Begründer der religiösen und politischen Ordnung des Staats betrachtet wird. Wir erkennen also eine gemeinsame peloponnesische Anschauung, welche den aus dem Wolfszeus abgezweigten Gott oder Heros und ursprünglich den höchsten Gott, den Wolfszeus selbst, als Begründer der bestehenden Ordnugen verehrt. Daraus können wir zugleich folgern, dass diese Anschauung in ihren Wurzeln vordorisch ist. Die Dorer von Sparta haben den Lykurgos von der älteren Bevölkerung des Landes übernommen und ihren Anschauungen angepasst, so gut wie den Cult der Helena und ihrer Brüder und Retter, der Dioskuren und des Agamemnon und Menelaos.

Die weitere Entwickelung liegt klar vor Augen. Seitdem Lykurg in Sparta als Urheber der einheimischen Ordnungen galt, lag es für den Fremden nahe genug, den ihm gewordenen Orakelspruch dahin umzudeuten, er habe sich seine Weisheit von dem delphischen Gotte geholt.[2]) Zu Ende des peloponnesischen Krieges ist diese Ansicht in Sparta recipirt und für politische Reformbestrebungen verwerthet worden; Ephoros hat sie mit der älteren Tradition, welche die spartanischen Ordnungen aus Kreta ableitet,[3]) durch eine rationalistische Umdeutung verbunden. In derselben Zeit hat die herrschende Stellung Spartas und die sich entwickelnde politische Doctrin, welche die Misère der Gegenwart durch eine Idealverfassung zu heilen suchte, zahlreiche Schriften über Sparta und seine Verfassung hervorgerufen. Damals ist die neuerdings durch NIESE[4]) repristinirte Ansicht aufgekommen. Sparta sei eine ausgebildete

1) In Olympia und Nemea wird daneben unter anderen Concurrenten Herakles als Begründer der Spiele genannt. Das ist vielleicht dorischer Einfluss.

2) Anzunehmen, dass die delphische Priesterschaft bei der Bildung dieser Erzählung mitgewirkt habe, ist nicht einmal nöthig.

3) Ich mache noch darauf aufmerksam, dass Xenophon, der die Ableitung von Delphi anerkennt, eben desshalb die von Kreta nicht erwähnt. Damals vertrug sich beides noch nicht mit einander.

4) Zur Verfassungsgeschichte Lakedaemons, Hist. Ztschr. NF. XXVI.

Demokratie, während andere seine Verfassung für oligarchisch erklärten.[1]) Den meisten Beifall fand die Ansicht, welche die Vortrefflichkit der spartanischen Verfassung daraus erklärte, dass sie eine Mischung aus Königthum, Aristokratie und Demokratie sei[2]) — eine Theorie, die dann später von Polybios auf, Rom übertragen und aus ihm wieder von Cicero entnommen ist.]

Anhang.

Die Stammbäume der lakonischen Königshäuser.[3])

Ich habe oben angedeutet, dass ich die Könige Eurysthenes und Prokles weder für geschichtliche Herrscher noch für Gestalten der Volkssage halte. Zu einer ausführlichen Begründung ist an dieser Stelle kein Raum: die Voraussetzung einer gründlichen Kritik der Ueberlieferungen über die dorische Wanderung ist auch hier die Reconstruction des Berichts des Ephoros, die unter anderem vor solchen Missgriffen bewahren wird, wie dem, dass die Eurysthiden bei Polyaen I 10 mit dem Geschlechte des Eurysthenes identisch wären und dass man überhaupt aus dieser Stelle für die ältere spartanische Geschichte irgend etwas lernen könnte. Hier möchte ich nur auf die Thatsache aufmerksam machen, dass mit Ausnahme der Temeniden von Argos keines der Heraklidengeschlechter nach dem Namen bezeichnet wird, welchen die Ueberlieferung

---

1) Arist. pol. VI 7, 5 πολλοὶ γὰρ ἐγχειροῦσι λέγειν ὡς δημοκρατίας οὔσης διὰ τὸ δημοκρατικὰ πολλὰ τὴν τάξιν ἔχειν, οἷον ... οἳ δ' ὀλιγαρχίαν διὰ τὸ πολλὰ ἔχειν ὀλιγαρχικά, vgl. Isokr. panath. 178 Σπαρτιατῶν τοῖς νοῦν ἔχοντας (im Gegensatz zu dem in Argos und Messene gegen die Unterworfenen eingeschlagenen Verfahren) ... παρὰ σφίσι μὲν αὐτοῖς ἰσονομίαν καταστῆσαι καὶ δημοκρατίαν τοιαύτην, οἵαν περ χρὴ τοὺς μέλλοντας ἅπαντα τὸν χρόνον ὁμονοήσειν, τὸν δὲ δῆμον περιοίκους ποιήσασθαι u. s. w.

2) Aristot. l. c. und II 3, 10. Vgl. Isokrates panath. 153 Λυκούργου ... τὴν δημοκρατίαν καταστήσαντος παρ' αὐτοῖς τῇ ἀριστοκρατίᾳ μεμιγμένην in Nachahmung der Verfassung der attischen Königszeit. Polyb. VI 10, 6.

3) An diesem Abschnitt, der die Grundlage weitergehender Ausführungen in meiner G. d. A. II bildet, habe ich eben darum ausser einer Streichung nichts geändert.

an seine Spitze stellt. In Sparta herrschen die Agiaden und Eurypontiden, deren Eponymen Söhne des Eurysthenes und Prokles sind; in Messenien die Aipytiden, die nach dem Sohne des Kresphontes benannt sind, in Korinth die Bakchiaden, die sich von Bakchis ableiten, dem vierten Nachkommen des Herakliden Aletes, der Korinth eroberte. Ebenso heissen die attischen Könige Medontiden nach dem Sohne des Kodros, die von Lesbos Penthiliden nach dem Sohne des Orestes, die von Makedonien Argeaden wahrscheinlich nach Argaios dem Sohne des Perdikkas, [die ionischen Neliden nach dem Sohne des Kodros]. Diese Erscheinung kann nicht Zufall sein: vielmehr sehen wir hier sehr deutlich die Fuge, welche Mythus und Geschichte verbindet. Jedes Geschlecht leitet nach antiker Anschauung seinen Namen her von einem eponymen Ahnherrn, der im Stammbaum den ältesten in der Erinnerung bewahrten Namen, sei es direct, sei es, was von den Eurypontiden wahrscheinlich ist, nach Einschiebung mehrerer Mittelglieder vorgeordnet wird, aber im allgemeinen nicht historisch ist.[1]) Diesen Eponymen sind nun in den griechischen Stammbäumen durchweg mythische Gestalten vorangestellt. Das ist nicht das Werk einer spontanen Thätigkeit des Volksgeistes, sondern einer durchaus künstlichen Thätigkeit, welche mit vollem Bewusstsein versucht, die Herrschergeschlechter der Gegenwart mit den Gestalten der Sage zu verbinden, genau gleichartig der Art wie die mittelalterlichen und modernen Genealogen den Ursprung der modernen Völker an die Heroen des Alterthums anknüpfen. Diese künstliche Verknüpfung ist in Griechenland das Werk der Dichter, vor allem der sogenannten hesiodeischen oder genealogischen Poesie. Wer volksthümliche Ueberlieferung darin sucht, verkennt die Entwickelung vollkommen.

Für Sparta können wir direct beweisen, dass die traditionelle Urgeschichte des Staates das Werk fremder Dichter ist, welche die bestehenden Zustände in ihrer Weise zu erklären versuchten; die einheimische Ueberlieferung hat auf die Gestaltung der Sage gar keinen Einfluss ausgeübt. Von Eury-

1) Ebenso bezeichnet z. B. bei den Persern der Name Achaemenes keine historische Persönlichkeit und wird daher auch von Darius nicht als König gerechnet: Gesch. des Alterth. I 466.

sthenes und Prokles wusste man in Sparta garnichts: als
Begründer des Staates galt Agis (S. 276). Was unsere Ueberlieferung von dem Zwillingspaar erzählt, ist handgreiflich
weiter nichts als ein Versuch zu erklären, warum ihr Andenken
in Sparta verschollen war: sie hätten, berichtete Ephoros, den
Unterworfenen gleiche Rechte mit den Dorern verliehen, Agis
habe das rückgängig gemacht.[1]) Dass man unter der Führung
zweier Säuglinge die neue Heimath erobert habe, wie die
Dichter erzählten, erschien den Spartanern undenkbar: die
Namen und den allgemeinen Gang der Ereignisse adoptirte
man aus der poetischen Darstellung, denn diese trat mit der
gewaltigen Autorität eines Literaturwerks dem noch ungebildeten Volke entgegen; aber man corrigirte sie dahin, dass der
Vater der Zwillinge das Land erobert habe und dann erst gestorben sei.[2]) Die Herleitung der beiden Königshäuser von
den Zwillingskindern ist ein naiver Versuch, die auffallende
Erscheinung des Doppelkönigthums zu erklären, der aber mit
den realen Verhältnissen schlecht stimmte: denn die beiden
Häuser waren keineswegs, wie diese Erzählung annahm, gleichberechtigt, sondern die Agiaden die angeseheneren. Auch hier
wagte man nicht der Autorität der Dichter direct zu widersprechen: man hat, so erzählten die Spartaner dem Herodot,
durch genaue Beobachtung der Mutter herausgefunden, dass
Eurysthenes, der Ahnherr der Agiaden, früher geboren war als
sein Bruder und ihm daher grössere Ehren erwiesen.[3])

Diese Dinge erzählten die Lakedämonier, wie Herodot uns
mittheilt, „abweichend von allen Dichtern" (VI 52 Λακεδαιμό-

---

1) [Anders Plut. apophth. lac. Pleistarchos 1 „die ersten Könige wollten lieber ἄγειν als βασιλεύειν, deshalb sind sie nicht Eponymen geworden".]

2) So ausser Herodot auch Xenophon Ages. 8, 7. — Charakteristisch
ist auch, dass Aristodemos vor seinem Tode noch die Zwillinge als Kinder
anerkennen muss: ταύτην δὲ (Argeie) τεκεῖν δίδυμα, ἐπιδόντα δὲ τὸν
Ἀριστόδημον τὰ τέκνα νούσῳ τελευτᾶν.

3) Bei Ephoros wird dies Verhältniss umgekehrt: Prokles gilt bei
ihm für den tüchtigeren der beiden Zwillinge, der Sparta gründet (daher
auch Polyaen I 10), während Eurysthenes nichts geleistet hat (Strabo
X 4, 18. Cicero de div. II 90). Man sieht wie im vierten Jahrhundert die
Eurypontiden in den Vordergrund gedrängt werden, fast wie Jakob dem
Esau den Rang abläuft.

ριοι γὰρ ὁμολογέοντες οὐδενὶ ποιητῇ λέγουσι ... ταῦτα μὲν Λακεδαιμόνιοι λέγουσι μοῦνοι Ἑλλήνων). Es ist mir unbegreiflich, wie man allgemein hat annehmen können, der lakonische Bericht sei der ältere und volksthümliche, der poetische beruhe auf Entstellung. Es liegt doch auf der Hand, dass die lakonische nur eine nachträgliche Correctur der dichterischen Version ist und nie entstanden wäre, wenn die letztere nicht vorgelegen hätte.

Für die Geschichte ist das Resultat, dass im günstigsten Falle die Söhne des Agis und Eurypon die ältesten geschichtlichen Könige Spartas sind. Chronologisch bestimmbar sind zuerst Polydoros und Theopomp, die in die Zeit des ersten messenischen Krieges um 720 fallen; über diese reicht der Stammbaum der Agiaden im besten Falle um sieben, der eurypontidische um fünf (wahrscheinlich nur um drei) Glieder hinauf. Das heisst mit anderen Worten: die historische Erinnerung in dürftigster, genealogischer Form reichte in dem angeseheneren der beiden Königshäuser bis etwa zum Anfang des neunten Jahrhunderts hinauf — eine Thatsache, die zu allem was wir sonst von der ältesten griechischen Geschichte wissen, vollständig stimmt. Wie viele Generationen von Königen bereits vorher auf dem Thron gesessen haben mögen und in welche Zeit die Eroberung des hohlen Lakedaemon durch die Dorer zu setzen ist — darauf vermag der Stammbaum weder positiv noch negativ irgend eine Antwort zu gewähren.

Drei lokrische Gesetze.

Vorbemerkungen.

Für die Erkenntniss des ältesten griechischen Staates sind die beiden lokrischen Bronzen IGA. 321. 322 von höchster Bedeutung. Zustände, die sich anderswo nur in Rudimenten erhalten haben, treten uns hier noch im fünften Jahrhundert in vollem Leben entgegen, daneben sehen wir, wie unter dem Einfluss eines regeren Verkehrs die alten unbeholfenen Verhältnisse sich umzuwandeln beginnen und wie neue Rechtsordnungen sich entwickeln.[1] Beide Texte sind vollständig erhalten und über die Lesung der Buchstaben herrscht nirgends Zweifel; aber sprachlich wie sachlich bieten sie dem Verständniss sehr grosse Schwierigkeiten. Nicht wenige derselben sind durch das Verdienst der hervorragenden Gelehrten gehoben worden, welche, wie VISCHER und KIRCHHOFF, die Inschriften zusammenhängend commentirt oder einzelne Stellen kürzer oder ausführlicher besprochen haben; vor allem aber sind die zahlreichen Schwierigkeiten, welche sich aus der primitiven Schreibweise ergeben, durch die Fortschritte der Dialektforschung wohl überall beseitigt. Trotzdem sind, wie ich glaube, noch manche wichtige Punkte nicht oder nur theilweise richtig verstanden. Es kommt hinzu, dass die Bearbeitung und Uebersetzung der beiden Inschriften durch RÖHL in den Inser. Gr. ant. trotz einiger richtiger Bemerkungen ungenügend ist; auch vor zehn Jahren schon war eine bessere Erklärung der Texte möglich. Daher wird eine Neubearbeitung derselben nicht unzeitgemäss sein.

—

1) Auch sprachlich sind die Texte höchst interessant. Sie gehören zu den wenigen grösseren Texten, die uns einen griechischen Dialekt in unverfälschter Gestalt zeigen. Die grosse Masse der Dialektinschriften, die der Zeit seit dem vierten Jahrhundert entstammt, zeigt in Wahrheit attisches Griechisch, das in die Dialekte zurückübersetzt ist.

Ich schicke einige Bemerkungen über die Schrift voraus.
Die Zeichen *η* und *ω* kennt keine der beiden Tafeln; das ge-
dehnte *ε* und *o* dagegen ist auf der ersten, wie in der ionischen
Schrift, durch *ει* und *ου* bezeichnet. Die erste Tafel schreibt vor
dumpfem Vokal noch das Qoppa, die zweite nicht mehr. Das
h wird durch *H* geschrieben. Beide Tafeln haben, wie die
meisten altgriechischen Inschriften, Worttrennung, die auf I
und IIA durch drei, auf IIB durch zwei Punkte bezeichnet
wird; doch ist sie wie überall so auch hier nur unregelmässig
gesetzt. Elision und Krasis werden durchweg beobachtet. Die
Worte *hoσστις* und *ϝασστος* [ausser einmal II B 2, 2] werden
mit doppeltem *σ* geschrieben, sonst dagegen wird die Doppel-
setzung eines Consonannten hier so gut wie in anderen griechischen Inschriften und wie in der ägyptischen, phönikischen,
altlateinischen Schrift durchaus vermieden, nicht nur in der
Mitte des Wortes, z. B. *θαλασας*, sondern auch wo eine Partikel auf denselben Consonanten endigt, mit dem das folgende
Wort beginnt, z. B. *κατονδε = κατ τωνδε*, *αιτοιυλοι = αἵ τις*
συλοι, selbst *hοπο̱ξενον = ὅπως ξένον*; nur II B 2, 2 steht
κατασσυνβολας = κατ τὰς σενβολὰς und durchweg wird *εν*
Ναυπακτον geschrieben. In diesen Fällen habe ich den betr.
Consonanten in ( ) ergänzt. Auch den Apostroph habe ich eingesetzt und die Worttrennung durchgeführt. Weiter zu gehen
kann ich mich nicht entschliessen. Spiritus und Accente gehören nicht in die Transcription einer alten Inschrift,[1]) und die
Einsetzung von *ει* und *η* resp. *ου* und *ω* für *ε* und *o* des Textes
trägt vollends die Interpretation in die Ueberlieferung hinein
und stört dem Leser das eigene Urtheil.

Die zweite Inschrift habe ich in Paragraphen getheilt und
in beiden bei längeren Paragraphen um der Bequemlichkeit
des Citirens willen die einzelnen Sätze durch Ziffern bezeichnet. Sonst gebe ich den Text wie er auf den Tafeln steht,
nur in Minuskeln. Das Heta transcribire ich mit *h*. Nur das
Qoppa habe ich aus typographischen Gründen durch *z* wiedergegeben; hier ist ja jedes Missverständniss ausgeschlossen.

An Stellen, die besondere Schwierigkeiten bieten, habe

---

1) Der Missbrauch, ein Iota subscriptum zu schreiben, wo es im Text
als vollwerthiger Buchstabe steht, wird hoffentlich aus unseren Inschriften-
werken allmählich völlig verschwinden.

ich die Lesung in gewöhnlicher Schrift in Klammern beigefügt.
Zur Orientirung über den Dialekt bemerke ich noch, dass das
Lokrische die Präposition εἰς nicht kennt, sondern dafür ἐν
c. acc. braucht (daher auch ἐντε = ἔστε „bis"). und dass ἐκ
immer (ausser I § 2) in der Form ε erscheint.

Schreibfehler finden sich mehrfach namentlich in I. Sehr
oft ist κα nach αι ausgelassen, wo es die Grammatik erfordert,
so oft. dass man fast glauben könnte, das Lokrische habe αἰ
κα = ἐάν und αἰ promiscue mit dem Conjunctiv construirt (vgl.
II A 3). An einer Stelle (I 7) scheinen unheilbare Verschreibungen vorzuliegen. Im übrigen kann man mit der Annahme
von Fehlern in inschriftlich vorliegenden Texten nicht vorsichtig genug sein. Die Art, wie Röhl. diese und andere Inschriften behandelt, zeigt, dass er aus den Missgriffen, welche
Boeckh — quem honoris causa nomino — bei der Behandlung
der älteren Inschriften begangen hat und welche man sich auch
bei attischen Inschriften des fünften Jahrhunderts sprachlich
und sachlich nicht selten erlaubt hat,[1]) bis neue Funde die
Richtigkeit des überlieferten Textes sicher stellten, nichts gelernt hat.

I. Gesetz über eine Colonie nach Naupaktos.

Die grössere der beiden Bronzen (IGA. 321) enthält ein
Gesetz der hypoknemidischen (östlichen) Lokrer über die
Rechtsverhältnisse, welche zwischen dem Mutterlande und den
von ihnen nach Naupaktos im Gebiet der westlichen Lokrer
entsandten Ansiedlern bestehen sollen. Gefunden ist sie in
Galaxidi, dem alten Oianthea, am krisäischen Golf,[2]) und ge-

---

1) Ein schlimmes Beispiel bietet CIA. I 27a, 52 ff., wo der durchaus
tadellose, aber ächt griechische Text von mehr als einem Commentator aufs
schlimmste misshandelt ist.

2) zuerst publicirt von OIKONOMIDES 1869, dann mit trefflichem Commentar von W. Vischer Rhein. Mus. XXVI = Kl. Schr. II, ferner G. Curtius, Studien II, Cauer delectus 91, Hicks Manual of Greek Inscr. p. 117
(ohne Bedeutung), Roberts Introd. in Greek Epigraphy no. 231 und p. 346 ff.
und die Notizen von Riedenauer Hermes VII 111 und Bréal Rev. arch.
XXXII 1876, 115. Werthvoll sind auch die kurzen Notizen von Bechtel
in der Sammlung der griech. Dialektinschr. II 1479, nebst dem Nachtrag S. 90.

schrieben nicht in der Schrift der östlichen, sondern in der der westlichen Lokrer, die sich von jener durch die Form des λ und des σ unterscheidet (KIRCHHOFF Alphabet⁴ 143 ff.). Das erklärt sich wahrscheinlich durch die Bestimmung, welche den Schluss der Inschrift bildet:

καὶ τὸ θέθμιον . τοῖς ℎυποκναμιδίοις Λοκροῖς . ταῦτα τέλεον εἶμεν . Χαλείοις . τοῖς σὺν Ἀντιφάται . Ϝοικέταις.

„Und die Satzung für die hypoknemidischen Lokrer soll in gleicher Weise (ταῦτα) gültig sein für die Chaleier, welche sich unter Führung des Antiphates angesiedelt haben (Ϝοικηταί)".

Naupaktos war eine Gemeinde der westlichen Lokrer, die lange vor der Entsendung der Colonisten bestanden hat. Eben darum heisst die Ansiedlung niemals ἀποικία, sondern ἐπίϝοικία, die Ansiedler ἐπίϝοικοι; sie treten zu den älteren Bewohnern hinzu.[1]) Wie die östlichen Lokrer hat offenbar auch die zu den westlichen Lokrern gehörige Gemeinde Chaleion, die gleichfalls am krisäischen Meerbusen liegt, Ansiedler nach Naupaktos gesandt, unter Führung des Antiphates, und diese haben für ihr Verhältniss zur Muttergemeinde die Bestimmungen der hypoknemidischen Lokrer in Bausch und Bogen angenommen, so dass sie an dem Wortlaut des Gesetzes nichts änderten, sondern nur die Schlussklausel hinzufügten.[2]) Jede Bestimmung, die nach dem Wortlaut des Gesetzes für die hypoknemidischen Lokrer in ihrem Verhältniss zur Heimath gilt, gilt daher auch für die Chaleier in Naupaktos in Beziehung zu Chaleion.[3]) Mithin stammt unser Text entweder aus Naupaktos oder aus Chaleion, und daraus erklärt sich die Anwendung der ozolischen Schrift. Wenn sie wirklich in Galaxidi gefunden und nicht blos hier in den Handel gekommen ist, muss sie dorthin verschleppt sein.

---

1) Für die Bedeutung von ἔποικος vgl. z. B. Charon fr. 6. Ephoros fr. 73.

2) RÖHL meint, die hypoknemidischen Lokrer hätten auch nach Chaleion eine Colonie entsandt, und diese habe das Gesetz über Naupaktos auch für sich angenommen. Dem widerspricht der Wortlaut. Χαλείοις τοῖς σὺν Ἀντιφάται Ϝοικηταῖς kann nicht heissen „für die nach Chaleion entsandten Colonisten", sondern nur „für die Ansiedler aus Chaleion" — natürlich in Naupaktos.

3) Nur § 4 wird vermuthlich keine Anwendung haben finden können.

Naupaktos ist ein gegen die Aetoler vorgeschobener Posten der westlichen, ozolischen Lokrer.[1]) Es ist daher begreiflich, dass die dort ansässige Bevölkerung sich nicht stark genug fühlte und Zuzug erhielt nicht nur aus einer heimischen Gemeinde (Chaleion), sondern auch von den stammverwandten Lokrern am euböischen Meer. Auch jetzt noch mag die Lage precär genug gewesen sein; daher nimmt das Gesetz ausdrücklich auf den Fall Bezug, dass die Ansiedler mit Gewalt vertrieben werden (pr. 4). Die Ansiedler treten in den neuen Gemeindeverband ein, sie werden Naupaktier (pr. 1), sie sind den Gesetzen der westlichen Lokrer unterthan und zahlen hier ihre Steuern (pr. 5. § 2). Die ozolischen Lokrer bilden trotz der freien Bewegung der einzelnen Gemeinden einen einheitlichen Stammstaat (Thuk. III 95, Xen. Hell. IV 2, 17 u. a., vgl. G. d. A. II 214). Zwischen den beiden Gruppen der Lokrer besteht offenbar ein Bundesverhältniss, die Stammverwandtschaft (und vermuthlich der gemeinsame Gegensatz gegen die Phoker) findet auch politisch ihren Ausdruck. Daher die Bestimmung des § 2, dass, wer Naupaktos verlässt, ohne seine Steuern bezahlt zu haben, aufhört, überhaupt ein Lokrer zu sein (ἀπόλοκρον εἶμεν), d. h. bei beiden Gruppen der Lokrer seine politischen Rechte verliert; vgl. auch § 3. In der äusseren Stellung von Naupaktos hat sich daher durch die Ansiedlung nichts geändert; bis zur Einnahme durch die Athener bald nach 460, die dann 454 hier die Messenier ansiedeln, gehört es zum Gebiet der ozolischen Lokrer (Thuk. I 103 Ναύπακτον, ἣν ἔτυχον ᾑρηκότες νεωστὶ Λοκρῶν τῶν Ὀζολῶν ἐχόντων). Dass unsere Inschrift geraume Zeit älter sein muss als dieses Ereigniss, ist jetzt (gegen VISCHER) allgemein anerkannt; vermuthlich gehört sie noch der Zeit vor den Perserkriegen an.

Wenn die Muttergemeinde über die Verhältnisse der Ansiedler in ihrer neuen Heimath nichts zu sagen hat, so hat sie dagegen ihre Beziehungen (Pflichten und Rechte) zur alten Heimath genau zu regeln. Das und nichts anderes ist der Inhalt unseres Gesetzes. Es ist ganz vollständig; das Thema ist erschöpfend behandelt. Dadurch wird die aus einem un-

---

1) Officiell heissen sie, wie es scheint, immer Λ. ἑσπέριοι, so auch hier pr. 5. Ὀζόλαι ist der Name, den ihnen die übrigen Griechen gaben.

berechtigten formellen Anstosse (s. u.) entnommene Behauptung
KIRCHHOFF'S[1]), die erhaltene Tafel enthalte nur den Schluss
der Urkunde, der erste Theil habe auf einer anderen verlore-
nen Tafel gestanden, hinfällig.

Die Muttergemeinde wird bald als *Λοκροὶ τοὶ 'Υποκνα-
μίδιοι*, bald als *Ὀπόντιοι* (oder *'Οπ.*)[2]) bezeichnet. Dass beide
Ausdrücke die Gesammtheit der Lokrer am euböischen Meer
bezeichnen, die trotz der (zeitweiligen?) Zerreissung ihres Gebiets durch die Phoker von Daphnus immer nur einen Staat
gebildet haben, hat VISCHER eingehend erwiesen. Aber die
allgemeine Annahme, beide Bezeichnungen seien identisch, ist
falsch und hat eine sehr wichtige Thatsache der Erkenntniss
verschlossen. Schon an sich ist es ja undenkbar, dass ein Volk
sich in einer rechtlichen Urkunde promiscue mit zwei verschiedenen Namen bezeichne, und thatsächlich sind denn auch
beide Ausdrücke scharf geschieden. Sie verhalten sich zu einander wie Romani zu Latini, wie *Ἀθηναῖοι* zu *Ἀττικοί*, *Σπαρτιᾶται* zu *Λακεδαιμόνιοι*, *Θηβαῖοι* zu *Βοιωτοί* (G. d. A. II 218.
vgl. den Excurs S. 305). Das Volk heisst *Λοκροὶ τοὶ 'Υπο-
κναμίδιοι*, und überall, wo es nur auf die Volksangehörigkeit
ankommt, wird ausschliesslich dieser Ausdruck gebraucht.[3])
Aber die Herrschaft, die politische Leitung des Volks gehört
der „Gemeide der Tausend in Opus" (§ 9, 1); die Hauptstadt
herrscht hier wie in den meisten altgriechischen Städten mit
Ausschluss des Westens (Elis, Achaia, Phoker, ozolische Lokrer[4]),
Dorer, Aetoler, Akarnanen u. a.) über das flache Land und über
die Landgemeinden (*πόλεις* § 4. 5), deren Bewohner zwar persönlich frei sind und ihr eigenes Localrecht haben (§ 5), vielleicht
auch ihre Gemeindeangelegenheiten selbst regeln, aber von allen
staatlichen Rechten ausgeschlossen, Unterthanen des Vororts sind.

---

1) Alphabet⁴ 146, 1. Sie wird auch von RÖHL verworfen.

2) So, nicht *Ὑπώντιοι* oder *Ὀποέντιοι*, richtig BECHTEL l. c. Ebenso
schreiben die Münzen des vierten Jahrhunderts, während die Späteren
Ὀπουντίων haben.

3) Später ist *Λοκροὶ οἱ 'Οπούντιοι* der gewöhnliche Name des Volks
geworden, so bei den Historikern und in der Olympionikenliste Ol. 70.

4) Bei den ozolischen Lokrern gibt es keine herrschende Gemeinde;
Träger der politischen Souveränetät war offenbar eine Stammesversamm-
lung. Daher nehmen hier, wie überall wo dieselbe Verfassung herrscht,
die einzelnen Gemeinden eine sehr selbständige Stellung ein.

Daher steht ausschliesslich Ὀπόντιοι, wo von politischen Verhältnissen oder von der Judicatur die Rede ist (§ 1. 7. 9). Durch
die Revolutionen des fünften und vierten Jahrhunderts ist die
alte Ordnung in den meisten griechischen Städten gebrochen
und mit der Demokratie auch das Land zu politischen Rechten
gelangt. Wenn ein Kassander von dem κοινὸν Λοκρῶν τῶν
Ὑοίων einen Kranz erhält (DITTENBERGER Sylloge 211, 7), wenn
Inschriften der hellenistischen Zeit Beschlüsse der Ὀπούντιοι
καὶ Λοκροὶ οἱ μετὰ Ὀπουντίων enthalten (Gr. Dialektinschr.
II 1504 ff.), wenn in der augusteischen Amphiktyonie die beiden lokrischen Stimmen auf die Λοκροὶ Ἑσπέριοι und die Λοκροὶ Ὑποκνημίδιοι vertheilt sind, so beweist dies, dass diese
Entwickelung auch bei den östlichen Lokrern eingetreten ist. —

Wir können jetzt zur Einzelerklärung übergehen. Die
Formulirung der Gesetze, Beschlüsse u. ä. in älterer Zeit unterscheidet sich von der später üblichen in Griechenland wie überall vor allem dadurch, dass alles, was für das Gemeindemit-
glied selbstverständlich ist oder sich aus dem Zusammenhang
mit Nothwendigkeit ergibt, nicht erst ausdrücklich gesagt wird
— der Möglichkeit von Missverständnissen oder Zweideutig-
keiten in Rechtssätzen wird dagegen durch ganz genaue, vor
keiner Wiederholung zurückschreckende Formulirung vorge-
beugt. Vor allem geht man gleich in medias res: si in ius
vocat, ito; ni it, antestamino beginnen die zwölf Tafeln. ὅς
κ' ἐλευθέρωι ἢ δούλωι μέλει ἀνπιμολῆν, πρὸ δίκας μὴ ἄγειν
das Recht von Gortyn. Die später so sorgfältig — in Athen
seit dem vierten Jahrhundert in abschreckender Breite — entwickelten Präscripte fehlen gänzlich oder sind ganz kurz gehalten; dass es sich um ein Gesetz der Opuntier handelt, weiss
ja jeder den es angeht, ohne dass es ihm ausdrücklich gesagt
wird. Auch selbstverständliche Verba lässt man weg. Die
(von RÖHL arg misshandelte) elische Bronze IGA. 118 = Griech.
Dialektinschr. I 1150 α Ϝρατρα το(ι)ς Ἀναιτο(ις) και το(ις) Μετα-
πιο(ι)ς . γιλιαν πεντακοντα Ϝετεα (sc. ημεν) . . . αι το(ν) ορκον
παρβαινοιαν, γνομαν (d. i. γνώμην, sc. etwa δομεν) τορ ι(αρ)ο-
μαος τολεπιαι (d. i. τοὺς ἱερομάους τοῖς Ὀλυμπίᾳ) bietet
dafür ein charakteristisches Beispiel.

Dementsprechend lautet das Präscript unseres Textes:

  ἐν Ναύπακτον . κα(τ) τόνδε . hαπιϝοικια.

„Die Ansiedlung nach Naupaktos soll nach folgenden Bestimmungen stattfinden", oder einfacher „Bestimmungen für die Colonie nach Naupaktos".

KIRCHHOFF (s. o. S. 294) und RÖHL., der sich durch eine lange Auslassung des Schreibers helfen will, halten den Text für unvollständig. Dazu liegt kein Anlass vor; die Auslassung des Verbums ist durch die angeführten Analogien geschützt. Dass κατ τῶνδε zu lesen ist, hat DITTENBERGER im index lect. Halle 1885/6 S. 11 erwiesen.

Der Text des Gesetzes ist in Paragraphen getheilt, die durch liegende Buchstaben bezeichnet sind. Das erste Paragraphenzeichen steht am Schluss des ersten Abschnittes. Auch das ist bisher falsch aufgefasst; ein Blick ins Corpus iuris lehrt, wie es zu verstehen ist. Bekanntlich werden hier die Paragraphen nicht vom Anfang des einzelnen Gesetzes, sondern vom ersten Einschnitt ab gezählt. Den Eingang bezeichnet man als principium. § 1 ist, was wir § 2 nennen würden. Genau ebenso sind die Lokrer verfahren; daher werde ich auch hier den Terminus principium (pr.) zur Bezeichnung des ersten Abschnittes verwenden. Wo ein Paragraph mehrere Sätze enthält, habe ich sie durch Ziffern bezeichnet.

pr. 1. *Λοκρον τον . ϝεποκραμιδιον . επει κα Ναυπακτιος. γινεται . Ναυπακτιον εοντα . ḫοχο(ς) ξενον . οσια λαγχανειν. και θυειν . εξειμεν . επιτυχοντα . αι κα δειλεται . αι κα δι-λεται . θυειν και λαγχανειν . κε (= καὶ ἐκ) δαμο κε (= καὶ ἐκ) κοινανον . αυτον και το γενος . κατ αιϝει.*

„1. Dem hypokn. Lokrer steht es, wenn er Naupaktier geworden ist, frei, wenn er zu Besuch kommt, wie ein Fremder die Gastgaben zu erhalten und zu opfern, falls er will; falls er aber will, zu opfern und Gaben zu erhalten innerhalb der Demos und der Genossen, ihm und seinem Geschlecht alle Zeit."

Dieser Satz ist nie richtig verstanden und von RÖHL aufs ärgste misshandelt. Wer nach Naupaktos zieht, scheidet damit für sich und seine Nachkommen aus der Muttergemeinde aus. Aber wenn er in die Heimath zurückkehrt, leben die alten Bande wieder auf; er will nicht von den Seinen geschieden sein, an den Festen und Opfern in dem Kreise theil nehmen, dem er ehemals angehörte. Das wird ihm und seinen Nach-

kommen auf alle Zeit frei gestellt. Mancher mag es allerdings
vorziehen, lieber die Ehren zu geniessen, die dem von den
Göttern geschützten Fremden zustehen und den Antheil zu
empfangen, den dieser bei Festen und Opfern enthält. Auch
das wird ihm frei gestellt. Dass die Entscheidung darüber ausschliesslich im Belieben des Colonisten liegt, wird so scharf
wie möglich betont. Deshalb ist „wenn er will" zweimal gesetzt. Natürlich gehört es das eine mal zu der ersten, das
andere mal zu der zweiten Hälfte des Satzes.[1]) — Ein analoges Verhältniss besteht bekanntlich zwischen Rom und denjenigen seiner Kinder, die als Bürger neuer selbständiger Gemeinden in die latinischen Colonien deducirt sind. Nur hat
Rom, in Sachen des Bürgerrechts der liberalste Staat, den die
Geschichte gesehen hat, seinen ausgeschiedenen Angehörigen
gestattet, beim Besuch der Heimath auch ihre politischen Rechte
wieder aufzunehmen.

Dass ὅσιος der Gegensatz zu ἱερός ist und θύειν sich
auf die religiösen, ὅσια λαγχάνειν auf die übrigen dem Fremden zustehenden Rechte bezieht (es zu übersetzen, ist für uns
unmöglich), würde ich nicht ausdrücklich bemerken, wenn nicht
Vischer es auffallender Weise verkannt hätte, obwohl er selbst
aus kretischen Inschriften eine Reihe von Parallelen anführt,
in denen zwei Staaten ihren Angehörigen gegenseitig μετοχὰν
θείνων καὶ ἀνθρωπίνων πάντων zusichern (CIG. 2551, 26.
2556, 13. 2557, 16 u. a.). Auch κή δάμου κή κοινάνων ist kaum
zu übersetzen. Es heisst, „er erhält seinen Antheil aus dem,
was bei Opfern, Gastmählern, Vertheilung von Gemeindeein-
nahmen u. a. dem δῆμος oder den κοινᾶνοι zufällt." κοινᾶνοι
sind offenbar ein religiös-geschlechtlicher Verband nach Art
der Phratrien.

pr. 2. τελος τους . επιfοικους Λοκρον . τον hυποκναμιδιον . με φαρειν . εν Λοκροις τους hυποκναμιδιοις . φριν κ'
αυτις Λοκρος γενεται τον hυποκναμιδιον.

[1]) Röhl will es im Anschluss an Wilamowitz (Ztschr. f. Gymn.-
Wesen XXXI 637) einmal streichen, ebenso wie er ὅπως ξένον [zuerst
von Cauer erkannt] in ὅπω κ' ἡ Λοκρῶν, ξένων verwandelt hat. Die alte
Regel, dass wer einen Text corrigirt, ihn nicht versteht, bewährt sich
auch hier.

3. αι (κα) δειλετ᾽ ανχορειν καταλειπον.τα[1]) εν ται ιω-
τιαι καιδα ηεβιταν εδελφεον (d. i. ἡ ἀδελφεόν) . εξειμεν αντν
ετετεριον.

4. αι κα hυπ᾽ ανανκας απελαοντ̄αι . ε Ναυπακτο . Λοκροι
τοι hυποκναμιδιοι . εξειμεν ανχορειν . hοπο (= ὅπω) Ϳεκαϛτος
εν (= ἧν) αντν ετετεριον.

5. τελος με φαρειν μεδεν . hοτι με μετα[2]) Λοκρον τον
ϝεοπαριον.

„2. Abgaben sollen die Colonisten der hyp. L. unter den
h. L. nicht zahlen, ehe er wieder ein Lokrer von den hypoknemidischen wird. 3. Wenn er dauernd in die Heimath zurückkehren will, steht es ihm, wenn er an seinem Herde
einen erwachsenen Sohn oder Bruder zurücklässt, ohne Eintrittsgeld frei. 4. Wenn aber die hyp. L. mit Gewalt aus
Naupaktos vertrieben werden, können sie dahin, woher ein
Jeder stammt, ohne Eintrittsgeld zurückkehren. 5. Sie sollen
[alsdann] keine Abgaben zahlen, die sie nicht bei den westlichen Lokrern [gezahlt haben]“.

pr. 2. der Wechsel im Numerus ist absichtlich, damit man
sieht, dass die Bestimmung sich auf die Einzelnen, nicht auf
die Gesammtheit bezieht. Die Abgaben bestehen natürlich hier
und im folgenden nicht aus einer εἰσφορά, einer Vermögens-
oder Einkommensteuer, sondern aus Zöllen, Verkaufssteuern.
Gerichtsgeldern, und vielleicht Leistungen nach Art der attischen
Leiturgien.

pr. 1 und 2 regeln die Verhältnisse des Einzelnen bei vor-
übergehendem Aufenthalte in der Heimath; die folgenden Sätze
beziehen sich auf die dauernde Rückkehr, sie sei freiwillig
(pr. 3) oder gezwungen (pr. 4). Danach bleibt für pr. 5 nur die
von mir gegebene Uebersetzung möglich; dass sie vor dauernder
Rückkehr in die Heimath keine Abgaben zahlen sollten, war
schon pr. 2 gesagt. Röhls Uebersetzung: Vertigal ne penduntо
(sc. Naupacti) nisi id quod ipsi Locri occidentales pendunt ist
unmöglich; die Abgaben in Naupaktos gehen die Opuntier
garnichts an. — Die Bestimmung pr. 3 entspricht den römi-

---

1) sic.
2) verschrieben ϝετα.

schen über die latinischen Colonisten; der Bestand wehrfähiger
Männer soll der Colonie erhalten bleiben.

§ 1. (*A*) *ενορχον τοις επιϝοιχοις εν Ναυπαχτον . με-
ποσταμεν* (= *μὴ ἀπ.*) . *απ' (Οπ)οντιον¹) τεχναι χαι μαχαναι .
μεδεμιαι . ϝεχοντας τον ἱορχον εξειμεν . αι χα δειλονται .
επαγειν μετα τριαχοντα ϝετεα . απο το ἱορχο ἱεχατον ανδρας
Οποντιοις . Ναυπαχτιον χαι Ναυπαχτιοις Οποντιους.*

„Die Colonisten nach Naupaktos schwören, von den
Opuntiern auf keinerlei Weise freiwillig abzufallen. Den
Eid können, wenn sie wollen, dreissig Jahre nach dem
[jetzigen] Schwur hundert Männer von den Naupaktiern den
Opuntiern und die Opuntier den Naupaktiern auferlegen".

Die Colonisten sollen dem Mutterlande treu bleiben und
keinen Krieg gegen dasselbe führen. Mehr besagt *μὴ ἀπο-
στάμεν* nicht, denn weitere Rechte auf Naupaktos, etwa das
der politischen Oberleitung, haben die Opuntier nicht. Vielmehr werden die Beziehungen durch die Verträge zwischen
den westlichen Lokrern und den Opuntiern geregelt sein. Auch
die Naupaktier haben Anrecht auf die Treue des Mutterlandes:
daher kann der Eid von beiden Seiten erneuert werden. Dass
hier die Opuntier, nicht die hyp. L. genannt sind, zeigt klar
die politische Verschiedenheit der beiden Namen.

§ 2. (*B*) *ἱοσστις χα λιποτελεει εγ Ναυπαχτο . τον επιϝοιχον . απολοχρον ειμεν . εντε χ' αποτεισει . τα νομια Ναυπαχτιοις.*

„Wer von den Colonisten mit Hinterlassung von Abgaben
aus Naupaktos fortgeht, verliert sein lokrisches Bürgerrecht,
bis er den Naupaktiern ihre Gebühren bezahlt hat".

Vgl. S. 293. Nur hier ist die Präposition *ἐχ* mit dem End-
consonanten geschrieben, wohl um jede Verwechselung mit *ἐν* zu
vermeiden. Die Ergänzung des Vordersatzes, dass der Schuldner
den Versuch macht, in die Heimath zurückzukehren, versteht
sich von selbst.

§ 3. (*Γ*) *αι χα με γενος εν ται ιστιαι . ει* (= *ᾖ*) *εχεπα-
μον . τον επιϝοιχον . [ει]¹) εν Ναυπαχτοι Λοχρον . τον ἱυ-
λοχναμιδιον . τον επανχιστον . χρατειν Λοχρον ἱοπο χ' ει*

---

1) Schreibfehler.

(= ὅπω κ᾿ ἠ) . αυτον ιοντα αι κ᾿ ανερ ει ε παις . τριον μερον . αι δε μι τοις Ναυπακτιοις . νομιοις χρεσται.

„Wenn am Hausherde kein erbberechtigtes Geschlecht da ist unter den Colonisten der hyp. L. in Naupaktos, soll der nächstverwandte Lokrer, woher er auch stamme, die Erbschaft erhalten unter der Bedingung, dass er selbst, sei Mann oder Knabe, hingeht innerhalb dreier Monate. Wenn aber nicht, soll man die naupaktischen Rechtsstätze anwenden."

Wenn der Colonist an seinem Herde keinen berechtigten Erben hinterlässt, tritt das Erbrecht des nächsten lokrischen Geschlechtsverwandten — ganz allgemein, sei er Hypoknemidier oder Ozoler[1]) — ein, falls er binnen drei Monaten persönlich sein Erbe antritt. Diese Bestimmung wahrt das Erbrecht der Angehörigen des Mutterlandes in der Colonie, wie umgekehrt § 6 das Erbrecht der Colonisten in der Heimath. Was zu geschehen hat, wenn die Bedingung nicht gehalten wird, können die Opuntier nicht festsetzen; da tritt das naupaktische Recht ein.

§ 4 (Δ) ι Ναυπακτο ανχοριοντα . εν Λοκρους τους ηυποκναμιδιους . εν Ναυπακτοι . χαρυξαι εν ταγοραι (= τᾷ ἀγορᾷ) . κεν (= καὶ ἐν) Λοκροις . τοι(ς)²) ηυποκναμιδιοις . εν ται πολι ηο κ᾿ ει (= ὦ κ᾿ ἠ) . χαρυξαι εν ταγοραι.

„Wer aus Naupaktos fortzieht in das Gebiet der hyp. L., soll es in Naupaktos auf dem Markt durch Heroldsruf bekannt machen und ebenso bei den hyp. L. in der Stadt, aus der er stammt" [und in die er selbstverständlich zurückkehrt].

§ 5. (E) 1. Περχοθαριαν . και Μϋσαχιον . επει κα Ναυπακτι!ος τι)ς .²) γινεται . αυτος και τα χρεματα . τεν (= τὰ ἐν) Ναυπακτοι . τοις εν Ναυπακτοι³) χρεσται . τα δ᾿ εν Λοκροις τοις ηυποκναμιδιοις . χρεματα τοις ηυποκναμιδιοις . νομιοις χρεσται . ηοπος α πολις ϝεκαστον νομιζει . Λοκρον τον ηυποκναμιδιον. 2. αι(κα) τις ηυπο τον νομιον τον επι-

---

1) ὅπω = ὁπόθεν wie pr. 4 und ὦ = ὅθεν § 4, nicht = ὅποι, wie Röhl übersetzt (ubicumque), der die Stelle sonst richtig verstanden hat. Bechtel interpungirt falsch.

2) Schreibfehler.

:) Die allgemeine Annahme, hier sei νομιοις vom Schreiber ausgelassen, scheint mir unnöthig; das folgende νομιοις genügt für beide.

Ϝοιχον . αιχορεει Περχοθαριαν χαι Μυσαχεον . τοις αυτον
νομιοις . χρεοται . χατα πολιν Ϝεχαστους.

„1. Wenn einer von den Perkothariern und Mysacheern
Naupaktier wird, soll er selbst und der Besitz, den er in
Naupaktos hat, dem Naupaktischen Recht unterstehen, sein
Besitz bei den hyp. L. aber dem hypoknemidischen Recht,
wie es in der Heimathsgemeinde eines Jeden bei den h. L.
gültig ist. 2. Wenn aber einer der Perkotharier oder Mysacheer zurückkehrt heraus aus dem Bereiche des Rechts
der Colonisten (*επο των νομιων των επιϝοιχων*),[1]) soll er
dem eigenen Recht (*τοις αυτων νομιοις*) unterstehen, ein
jeder nach seiner Heimathgemeinde."

Dass die Perkotharier und Mysacheer Adels- oder Priester-
geschlechter („Reiniger" und „Schuldheiler"?) sein müssen, ist
allgemein anerkannt. Sie haben grosse Besitzungen und für
dieselben ein besonderes Recht. Wenn sie nach Naupaktos
übersiedeln, bestimmt über ihre dortigen Verhältnisse das naupaktische Recht, aber über den zurückgelassenen Besitz das
heimathliche. Das hypoknemidische Recht ist nicht einheitlich,
sondern jede Gemeinde hat unbeschadet der politischen und
Stammeseinheit ihren besonderen coutumes vor allem auf dem
Gebiete des Erb- und Familienrechts, ganz analog z. B. den
deutschen Zuständen. Ebenso herrscht in Naupaktos eine locale
Form des ozolischen Rechts; und auch in Attika, Lakonien
und sonst werden ursprünglich die Landgemeinden ein besonderes von dem der Hauptstadt in einzelnen Bestimmungen ver-
schiedenes Landrecht gehabt haben.

§ 6. (F) *αι χ' αδελφεοι εοντι . το 'ν (= του εν) Ναυπαχ-*
τον Ϝοιχεοντος . ϝοπος χαι Λοχρον . τον ϝυποχναμιδιον .
ϝεχαοτον νομος εοτι . αι χ' αποθανει τον χρεματον χρατειν .
τον επιϝοιχον το χατιχομενον χρατειν.

„Wenn der Ansiedler nach Naupaktos [in der Heimath]
Brüder hat, so soll, wie es bei den einzelnen hyp. Lokrern
Recht ist, wenn er [d. h. einer der Brüder] stirbt, der Colo-
nist das Vermögen erben, [d. h.] er soll den ihm zustehenden
Theil erben."

---

1) So richtig schon VISCHER.

Dem Colonisten wird sein Erbrecht in der Heimath gewahrt, je nach den Satzungen seiner Gemeinde. Die Unbeholfenheit der alten Sprache und dem gegenüber das Streben, jedes Missverständniss unmöglich zu machen, treten in diesem Paragraphen besonders bezeichnend hervor. Damit man nicht etwa glaube, dem Colonisten werde ein Anspruch auf das gesammte Vermögen des Erblassers mit Ausschluss der übrigen Erbberechtigten zugesprochen, wird noch ausdrücklich angefügt: *τὸ κατικόμενον κρατεῖν*. Röhl., der das zweite *κρατεῖν* streichen will, verwischt damit einen charakteristischen Zug des Textes. Genau ebenso wird 7, 1 und 9, 2 das Verbum wiederholt; Röhl. hat es wirklich fertig gebracht, es auch an diesen Stellen zu streichen.

§ 7. (Z) 1. *τους επιϝοικους . εν Ναυπακτον . ταν δικαν προδικον . ἁιρεσται πο(τ) τους δικαστερας . ἁιρεσται και δομεν . εν Ολοεντι κατα ϝετος αυταμαρον.* 2. *Λοκρον τον ἡπποκναμιδιον . προστατάν καταστασαι . τον Λοκρον τοπιϝοικοι (= τῷ ἐπ.) . και τον επιϝοικον τοι Λοκροι . ἁοιτινες καπιατες εντιμοι ες.*

„1. Die Colonisten nach Naupaktos sollen für ihre Processe Vorzugsrecht haben bei den Richtern. Sie sollen (Recht) nehmen und geben in Opus *κατα ϝετος* gleich an demselben Tage. 2. Aus den hypokn. Lokrern (*Λοκρῶν τῶν ὑπ.*) soll man einen Gerichtsvorstand einsetzen der Lokrer dem Colonisten und der Colonist dem Lokrer, welche *καπιατες* unbescholten *ες*.“

Dieser Paragraph ist der schwierigste von allen, da hier zweifellose Verschreibungen vorliegen, die trotz alles darauf verwandten Scharfsinnes zu beseitigen nicht gelungen ist. Die richtige Interpretation gibt im wesentlichen schon VISCHER, während Röhl. ganz in die Irre geht.

Wir beginnen mit § 7, 2. Hier tritt uns die Exclusivität des griechischen Particularismus drastisch entgegen. Auf privatrechtlichem und religiösem Gebiete bleiben den Colonisten ihre alten Rechte gewahrt, aber politische Rechte können sie nicht mehr ausüben, da sie einer fremden Gemeinde angehören. Sie können daher nicht selbst einen Process führen — wozu doch oft genug, namentlich in den in diesem Gesetze geregelten

Erbschaftssachen, Anlass sein wird. Der gewöhnliche Fremde wird vor Gericht durch seinen πρόξενος vertreten: den Stammverwandten wird die Concession gemacht, dass sie wie Metoeken behandelt werden, und daher einen Vertreter, προστάτης (Röhl übersetzt das Wort mit praetor!), erhalten. Das gleiche gilt von den Hypoknemidiern, wenn sie nach Naupaktos kommen. In beiden Fällen soll aber dieser Vertreter aus den Landsleuten, aus Hypoknemidiern, genommen werden. Die προστάται (der Wechsel des Numerus ist ganz naturgemäss) sollen natürlich unbescholtene Leute sein. Das ist in den ἔντιμοι des Nebensatzes deutlich erkennbar. Das Wort kann hier nicht, wie Vischer annimmt, heissen „welche in den τιμαί (Aemtern) sind", denn aus den Beamten werden die προστάται nicht genommen, auch würde das anders (durch τέλη) ausgedrückt werden; sondern ἔντιμος ist einfach der Gegensatz von ἄτιμος. Dadurch fällt auch die Deutung des vorhergehenden καπιατε als κα ἐπιτές, ganz abgesehen von dem unzulässigen Ausfall des F. κ oder κα ist natürlich die Partikel, πιστες oder απιστες muss eine nähere Bestimmung von ἔντιμοι enthalten. Es liegt nahe an ἄτη zu denken, das in der Bedeutung „Verschuldung" bei den Lokrern lebendig war, wie die folgende Urkunde lehrt. Aber die Annahme einer starken Verschreibung bleibt unumgänglich. In dem ΕΣ am Schluss muss eine Verbalform von εἶναι stecken. Der Sinn ist jedenfalls „welche fleckenlos und im Besitz der bürgerlichen Rechte sind".

Dieser Satz zeigt, dass hier nicht von der Ordnung der Rechtsverhältnisse der Colonisten vor ihrem Auszug die Rede ist, wie Röhl meint, sondern wie in allen anderen Paragraphen von dem zukünftigen Verhältniss zwischen Colonisten und Mutterland. Danach ist auch § 7, 1 zu interpretiren. Nicht für die Zeit vor dem Auszug, sondern für die Zukunft wird den Colonisten zugesichert, dass ihre Processe den Vorrag haben sollen — eine Bestimmung, die oft gegeben wird und für den Fremden, der kommt um eine Klage zu erheben, ja nur billig ist. Er kann nicht so lange warten wie der Einheimische. Der Gerichtsort ist Opus; was aber sonst in dem Satze ἀρέσται καὶ δόμεν ἐν Ὀπόεντι κατὰ Fέος αὐτάμαρον steckt, ist nicht zu ermitteln, da Fέος (αFτος?) jedenfalls verschrieben ist. Die Correctur Fέτος liegt nahe, aber ich vermag ihr keinen erträglichen Sinn abzugewinnen. Sicher ist nur, dass auch hier rasche Erledigung der Klagen für und gegen Colonisten zugesichert wird.

§ 8 (*II*) *hoσστις κ' απολιπει . πατqα και το μεqος . τον χqεματον τοι πατqι . επει κ' απογενεται . εξειμεν απολαχειν . τον επιϝοικον . εν Ναυπακτον.*

„Wenn einer einen Vater und bei dem Vater sein Vermögenstheil zurückgelassen hat, so darf, wenn er (der Vater) heimgeht, der Colonist nach Naupaktos das Erbe antreten.“

Die Colonisten mit Ausnahme der Mysacheer und Perkotharier nehmen ihren Besitz mit sich. Wenn aber der Vater noch lebt, wird der Sohn ihm in der Regel sein Erbtheil lassen. Dann darf er dasselbe nach dem Tode des Vaters erheben. *τὸ μέρος τῶν χρημάτων* heisst nicht „einen Theil seiner Habe“, sondern „sein Erbtheil“; *μέρος* ist bei den Lokrern ein rechtlicher Terminus ungefähr wie *κλῆρος*, s. § 9, 3.

§ 9 (*Θ*) 1. *hoσστις . χα τα ϝεϝαδεκοτα . διαφθειqει . τεχναι και μαχαναι . και μιαι . hoτι κα με ανφοταqοις . δοκει . Ποποντιον . τε χιλιον . πλεθαι και Ναϝπακτιον (sic) . τον επιϝοικον . πλεθαι . ατιμον ειμεν . και χqεματα παματοφαγειοται. 2. τόνχαλειμενοι (= τῷ ἐγχαλειμένῳ) . ταν δικαν . δομεν τον αqχον . εν τριαχοντ' αμαqαις . δομεν . αι κα τριαχοντ' αμαqαι . λειποντι τας αqχας. 3. αι χα με διδοι . τοι ενχαλειμενοι . ταν δικαν . ατιμον ειμεν . και χqεματα παματοφαγειοται . το μεqος μετα ϝοικιαταν. 4. διομοσαι hoqκον . τον νομιον . εν υδριαν . ταν ψαφιξ[ξ]ιν¹) ειμεν.*

„1. Wer diesen Beschluss zerstört auf irgend eine Weise, wenn nicht beide einverstanden sind, die Versammlung der Tausend in Opus und die Versammlung der naupaktischen Colonisten, soll in Atimie verfallen und sein Vermögen confiscirt werden. 2. Dem Beklagten soll der Beamte den Process geben, binnen dreissig Tagen soll er ihn geben, wenn noch dreissig Tage von seiner Amtsführung übrig sind. 3. Wenn er (der Beamte) dem Beklagten den Process nicht gibt, soll er in Atimie verfallen und sein Vermögen confiscirt werden, das Erbtheil mit den Sklaven. 4. Man soll den gesetzlichen Eid schwören, die Abstimmung soll in einen Krug stattfinden.“

¹) verschrieben.

Bestimmungen über die Bestrafung dessen, der den Vertrag verletzt. Wie in allen solchen Fällen wird auch hier dem
Beamten, welcher die Klage verschleppt oder niederschlägt,
dieselbe Strafe angedroht, die den Schuldigen trifft. § 9, 4
handelt ganz kurz über das Processverfahren, da der Gang
desselben im allgemeinen längst anderweitig feststeht. Nur
dass die Richter vereidigt werden und die Abstimmung ge-
heim ist, wird besonders festgesetzt. Dass το μέρος μετα Ϝοικιαταν nicht zu 9, 4, sondern zum vorhergehenden gehört, hat
Röhl gegen Vischer, dem Bechtel folgt, richtig erkannt.
Ueber die Bedeutung von μέρος s. § 8. — ἐγκαλείμενος ist
wohl mit Vischer passiv „der Beklagte", nicht medial „der
Kläger" (so Röhl) zu verstehen. δίκαν δόμεν heisst hier „den
Process geben", d. h. die Gerichtsverhandlung ansetzen, oben
§ 7 dagegen wird es von dem Beklagten gebraucht (im Gegensatz zu δίκαν ἁρέσται „Recht oder Process nehmen"), der sich
dem Kläger vor Gericht stellt. — πλήθα in 9, 1 ist wohl nicht
die „Majorität" (Vischer, Röhl; II B 2. 3 hat πληθύς allerdings diese Bedeutung), sondern „die Menge", d. h. die Volksversammlung. Wir lernen hier, dass dieselbe in Opus wie in
manchen anderen Staaten aus tausend Mitgliedern bestand. Es
ist wenig bedacht, wenn man das eine „Oligarchie" nennt
(Gilbert, Staatsalt. II 39); wie viele Einwohner hatte denn
Opus? Es ist vielmehr die altberechtigte erbgesessene Bürgerschaft der Hauptstadt der hypoknemidischen Lokrer. —

Die Schlussclausel über die Chaleier ist schon oben besprochen.

Athen und Attika.
(Excurs zu S. 294.)

Wie sich Σπαρτιάτης und Λάκων oder Λακεδαιμόνιος
unterscheiden, weiss jeder; jenes bezeichnet die Bürger der
herrschenden Gemeinde Sparta, dies sämmtliche Einwohner
des Landes Lakedaimon ohne Rücksicht auf ihre politische
Stellung. Daher wird von Fremden und den Fremden gegenüber ausschliesslich Λακεδαιμόνιος oder Λάκων gesagt, so in der
Olympionikenliste, so im Sprachgebrauch aller Schriftsteller,
die exact reden, wie Thukydides und Xenophon; daher heissen

die Könige βασιλεῖς Λακεδαιμονίων — sie beherrschen das ganze Land, nicht nur die Hauptstadt. Der Unterschied zwischen Spartiaten und Perioeken ist ein innerer, der die Auswärtigen zunächst nichts angeht.

Dass derselbe Unterschied ursprünglich zwischen Ἀθηναῖοι und Ἀττικοί bestand, dürfte dagegen ganz unbekannt sein. Und doch ist er für das Verständniss der älteren attischen Geschichte von fundamentaler Bedeutung. Es ist ja sehr auffallend und aller Analogie widersprechend, dass die Bewohner einer einheitlichen Landschaft nicht nach dieser, sondern nach der Hauptstadt benannt werden. Das ist denn auch ursprünglich nicht der Fall gewesen. Die Sprache der Athener heisst immer attisch, genau wie die Römer lateinisch reden.[1]) Erst allmählich hat sich der Name Ἀθηναῖοι statt Ἀττικοί bei den Fremden eingebürgert. Noch in Platos Gesetzen sagt der Kreter, er wolle den Fremdling nicht Ἀττικός nennen, sondern Ἀθηναῖος nach der Göttin (I 626 d ὦ ξένε Ἀθηναῖε — οὐ γάρ σε Ἀττικὸν ἐθέλοιμ' ἂν προσαγορεύειν· δοκεῖς γάρ μοι τῆς θεοῦ ἐπωνυμίας ἄξιος εἶναι μᾶλλον ἐπονομάζεσθαι). Vor der solonischen Gesetzgebung hat man denn auch die Bewohner des Landes, des Gesammtstaates, Ἀττικοί genannt[2]): Alkaeos klagt, seinen Schild hätten die Attiker — nicht die Athener — im Tempel der Glaukopis aufgehängt (fr. 32 bei Strabo XIII 1, 38: ἀνεκρέμασαν Ἀττικοί). Ganz scharf tritt der Unterschied in der solonischen Elegie Salamis hervor:

> εἴην δὴ τότ' ἐγὼ Φολεγάνδριος ἢ Σικινήτης
> ἀντὶ γ' Ἀθηναίου, πατρίδ' ἀμειψάμενος·
> αἶψα γὰρ φάτις ἥδε μετ' ἀνθρώποισι γένοιτο·
> Ἀττικὸς οὗτος ἀνὴρ τῶν Σαλαμιναφετῶν.

---

1) Der Unterschied zwischen Israeliten und Hebraeern ist ähnlich, aber nicht identisch. Das Volk selbst nennt sich Israel, die Nachbarn aber nennen es „die von drüben", Hebraeer. Jenes ist daher der Name des Staats, dies die gewöhnliche Bezeichnung der Nationalität und daher auch der Sprache.

2) Allerdings sagt die Ilias durchweg Ἀθηναῖοι (Λ 328. N 196. 689. O 337 und im Katalog). Das beruht darauf, dass die Kleinasiaten nur den engbegrenzten Stadtstaat kennen, nicht die Einheit der Landschaft. Die Ilias verwerthet auch Λακεδαίμων als Stadtnamen und als gleichbedeutend mit Σπάρτη.

Der Wechsel der Bezeichnung ist nicht etwa poetische Variation, sondern staatsrechtlich völlig correct: Solon selbst nennt sich einen Athener, denn er ist Bürger der herrschenden Stadt; aber im Munde der Fremden lässt er sich als Attiker bezeichnen.

Dem entspricht die Schilderung der Zustände des Landes, welche Solon in seiner grossen vor seinem Archotat gedichteten Elegie fr. 4 (jetzt zu ergänzen durch Arist. pol. Ath. 5) entwirft. Hier stehen sich gegenüber die ἀστοί mit den δήμου ἡγεμόνες an der Spitze (v. 5—23) und die πενιχροί auf dem Lande (v. 23—27). Die letzteren haben keine politischen Rechte, sie gehören nicht zum δῆμος. Der Gegensatz wird ganz scharf bezeichnet: ταῦτα μὲν ἐν δήμῳ στρέφεται κακά· τῶν δὲ πενιχρῶν ἱκνοῦνται πολλοὶ γαῖαν ἐς ἀλλοδαπὴν πραθέντες heisst es v. 23. Solons Gesetzgebung hat diesen Unterschied aufgehoben. Seine politisch bedeutendste That ist es gewesen, dass er die Ἀττικοί zu Ἀθηναῖοι, die Bauern der Landgemeinde zu Bürgern der Hauptstadt gemacht hat.

II A. Rechtsvertrag zwischen Oianthea und Chaleion.

Die zweite lokrische Bronzetafel, früher gefunden als die erste, stammt gleichfalls aus Galaxidi (Oianthea).[1] Die Formen der Buchstaben sind etwas jünger als auf dem Gesetz über Naupaktos, das Qoppa wird nicht mehr gebraucht; danach wird die Urkunde etwa aus der Mitte des fünften Jahrhunderts stammen.[2] Im Unterschiede von jenem wird aber das aus langem ε und ο hervorgegangene ει und ου auf dieser Tafel nicht bezeichnet, sondern durch ε und ο wiedergegeben.

Die Tafel zeigt zwei verschiedene Hände, die sich namentlich in den Formen des γ, μ, ν und in der Interpunction unterscheiden. Die erste verwendet drei, die zweite zwei Punkte

1) publicirt von OEKONOMIDES 1850 und danach von Ross. Grundlegende Bearbeitung von KIRCHHOFF Philol. XIII 1 ff. Ferner CAUER del. no. 94. IGA. 322. HICKS no. 32. ROBERTS no. 232 und p. 354 ff. BECHTEL in der Sammlung griech. Dialektinschr. II 1479 und S. 90.
2) Ueber die Schrift s. KIRCHHOFF Alphabet⁴ 144 ff.

20*

zur Worttrennung. Dass dieser Unterschied nicht nur äusserlich ist, sondern zwei ganz verschiedene Urkunden auf der Tafel vereinigt sind, werden wir später sehen. Die erste Hand hat die Vorderseite geschrieben; die zweite hat auf dem freien Raum am Ende der Vorderseite noch eine Bestimmung angefügt und die Rückseite beschrieben.

Das von der ersten Hand geschriebene Gesetz ist ein Rechtsvertrag (σύμβολον) zwischen den ozolischen Gemeinden Oianthea und Chaleion. KIRCHHOFF, dem alle Neueren folgen, meint, auch hier läge uns nur der Schluss der Urkunde vor, der Haupttheil habe auf anderen ergänzenden Tafeln gestanden. Diese Annahme, schon an sich höchst unwahrscheinlich, zumal angesichts der Kleinheit der Tafel, ist durch den Inhalt ausgeschlossen, der nirgends etwas vermissen lässt. Dass ein Präscript fehlt, kann nichts beweisen; dass es sich um einen Vertrag zwischen den beiden Gemeinden handelt, lehrt ja der erste Blick.

Das Gesetz lautet (auch am Anfang steht ein Interpunctionszeichen):

(1) . τον ξενον με ἁγεν . ε τας Χαλειδος . τον Οιανθεα μεδε τον Χαλειεα . ε τας Οιανθιδος . μεδε χρεματα αι τι(ς) συλοι . τον δε συλοντα ανατο(ς) συλεν (2) τα ξενικα ε θαλασας ἁγεν . ἀσυλον . πλαν ε λιμενος . το κατα πολιν. (3) αι κ᾽ αδικο(ς) συλοι .¹) τετορες δραχμαι . αι δε πλεον δεκ᾽ αμαραν εχοι το συλον ἡμιολον οφλετο Fοτι συλασαι. (4) αι μεταFοικεοι πλεον μενος ε ο Χαλειευς εν Οιανθεαι ε (ο) Οιανθευς εν Χαλειοι ται επιδαμιαι δικαι χρεστο.

„1. Den Fremden soll der Oiantheer nicht aus dem Gebiet von Chaleion und der Chaleier nicht aus dem von Oianthea fortführen, noch seine Habe, wenn er auf Pfänden auszieht; den Pfändenden aber darf er ohne Verschuldung pfänden. 2. Aus dem Meer darf man fremde Waaren wegführen ohne der Pfändung zu verfallen, ausser aus dem Stadthafen. 3. Wer widerrechtlich pfändet, vier Drachmen; behält er aber das Pfand länger als zehn Tage, soll er anderthalb mal den Betrag dessen schulden, was er in Pfandbesitz

----

¹) Ob hier ein Schreibfehler vorliegt oder αι κα wirklich im Lokrischen auch den Optativ regiert hat, ist nicht zu entscheiden.

genommen hat. 4. Wenn der Chaleier sich länger als einen
Monat in Oianthea oder der Oiantheer in Chaleion nieder-
lässt, soll er dem einheimischen Rechte (des Ortes, an dem
er wohnt) unterstehen."

Worum es sich handelt, hat KIRCHHOFF klar dargelegt.
Bei Streitigkeiten um Mein und Dein zwischen Bürgern entscheiden die Gerichte; will aber Jemand einen Rechtsanspruch
gegen den Angehörigen eines fremden Staats geltend machen,
so bleibt ihm nur der Weg, sich durch seinen eigenen oder
den staatlichen Gastfreund (ἴδιος ξένος und πρόξενος, s. u.) an
die dortigen Gerichte zu wenden, ein Verfahren, das sehr um-
ständlich und bei der Parteilichkeit der Richter für ihre Landsleute sehr problematisch ist. Es ist begreiflich, dass man
andere Hülfe sucht; man sucht sich in den Besitz eines dem
Gegner gehörigen Werthobjectes zu setzen (Waaren, Vieh, Sklaven) und dadurch ein Aequivalent zu gewinnen, oder man bemächtigt sich auch seiner Person selbst. Dadurch wird der
Gegner gezwungen, sich jetzt an die Gerichte des Pfändenden zu wenden oder ein Abkommen mit dem Gegner zu
schliessen; die Rolle der beiden Parteien wird also umgekehrt.
Dies Verfahren heisst σνλᾶν, ein Begriff, den wir nur sehr
unvollkommen durch „pfänden, ein Pfand gewinnen" ausdrücken können,[1] die Wegführung der Habe zu diesem Zwecke
wird als φέρειν, die von Vieh und Menschen als ἄγειν bezeichnet. Natürlich führt das Verfahren zu den schwersten
Störungen von Handel und Verkehr, zu vollständiger Unsicher-
heit der Land- und Wasserstrassen. Nicht selten wird es den
Anlass zu Kriegen gegeben haben. Man sucht ihm daher entgegen zu wirken durch Verträge (σύμβολα), welche ein ge-
richtliches Verfahren regeln und in der Regel den Process vor
das Forum des Beklagten verweisen, zugleich aber den betr.
Staat verpflichten, die Klage anzunehmen.[2] Indessen ist man

---

1) vgl. in den Delphischen Freilassungsurkunden: „wenn jemand
die Freigelassene zur Sklavin machen will, σνλήτω ὁ παρατνγχὼν ὡς ἐλεν-
θέραν ἐοῖσαν Griech. Dialektinschr. 1705; ὁμοίως δὲ καὶ οἱ παρατνγχά-
νοντες κύριοι ἐόντων σνλέοντες Ἁρμοδίκαν ὡς ἐλευθέραν ἐοῖσαν ἀζάμιοι
ἐόντες καὶ ἀνντόδικοι πάσας δίκας καὶ ζαμίας ib. 1685 ff. Hier hat σνλᾶν
ganz die Bedeutung des römischen vindicare, wie ἄγειν auf Kreta.
2) Der erste Vertrag zwischen Rom und Karthago fordert für jedes

erst spät dazu gekommen, derartige Verträge zu schliessen; kein Staat wollte ein Tüttelchen seiner Souveränetät opfern. In Ionien haben erst die Perser im Jahre 493 eine derartige Ordnung geschaffen: Her. VI 42 Artaphernes lässt Gesandte aus den Städten zu sich kommen und συνθήκας σφίσι αὐτοῖσι τοὺς Ἴωνας ἠνάγκασε ποιέεσθαι, ἵνα δοσίδικοι εἶεν καὶ μὴ ἀλλήλους φέροιέν τε καὶ ἄγοιεν. Zahlreiche derartige Verträge hat dann Athen mit den von ihm abhängigen Gemeinden geschlossen, nur dass es hier durchweg die Judicatur in den ξυμβόλαιαι δίκαι an sich nahm (Thuk. I 77, vgl. [Xen.] pol. Ath. 1, 16). Derselben Zeit gehört auch unser Vertrag an. Von Parallelen aus späterer Zeit führe ich die Bestimmungen eines Vertrags zwischen den kretischen Gemeinden Lyttos und Malla an (Bull. corr. Hell. IX S. 10 = Mus. ital. III 636): μη εξιστω δε σελιν [μητε] τον Λυττιον εν ται των Μαλλαιων μητε τ[ον Μαλ]λαιον εν ται των Λυττιων. αι δε τις κα συ[λασηι], αποτειντω το τε χρεος ο κα συλασηι και οτατηρας εκατον. ο δε κοσμος πραξαντων (sic) [εντος δεκ']¹) αμεραν τον ελουθερον, αλλο δ' αι τ[ις συλασα]ι εν αμεραις ικατι. αι δε μη πραξαιεν οι [κοσμοι], αποτεισαντων εκαστος τ. κοσμο (?, wohl verschrieben für των κοσμων) στα[τηρας] πεντακατιος ται πολι, οπω κα συλασ[ηι] (d. i. „der Stadt, aus der er gepfändet hat").

Zwischen Oianthea und Chaleion bedarf es eines derartigen Vertrages nicht. Die beiden Gemeinden haben zwar locale Autonomie, eigene Beamte und eigenes Recht, aber sie sind, wie schon früher erwähnt, doch nur Glieder eines grösseren, politisch organisirten Stammverbandes, innerhalb dessen Landfriede und geregeltes Rechtsverfahren entweder durch ältere Verträge geschaffen ist oder, was weit wahrscheinlicher ist, von Anfang an bestanden hat. Aber der Fremde, z. B. der korinthische oder attische Kaufmann, der auf dem Gebiete der einen Stadt verweilt oder an ihrer Küste anlegt, ist gegen die Angriffe der Bürger der Nachbargemeinde schutzlos, ihrem

Handelsgeschäft die Gegenwart eines κῆρυξ oder γραμματεύς, garantirt aber alsdann die Schuld δημοσίᾳ πίστει. Auf Sicilien werden die Römer und ebenso wohl alle fremden Kaufleute den Karthagern völlig gleichgestellt, ebenso im zweiten Vertrag auch in Karthago selbst. Das ist die Politik eines grossen Handelsstaats.

1) oder mit HALBHERR τᾶν δεκ' ἁμερᾶν.

συλᾶν ohne Hülfe preisgegeben. Diesem Zustand will unser
Vertrag abhelfen; es ist ein Beleg dafür, wie die Satzungen
eines geregelten Verkehrslebens auch in diese bisher von den
Fortschritten der Cultur fast unberührten Gebiete (Thuk. I 5)
einzudringen beginnen. Der Vertrag verbietet dem, der auf
συλᾶν auszieht, einen Fremden oder seine Habe aus dem Gebiete einer der beiden Städte wegzuführen. Die folgenden
Worte haben Schwierigkeiten bereitet. Die ältere, auch von
BECHTEL beibehaltene Lesung ist τὸν δὲ συλῶντα ἀνὰ τὸ
συλῆν τὰ ξινικὰ ἐ θαλάσσας ἄγιν ἄσυλον „Wer pfändet, darf
beim Pfänden die Waaren aus dem Meer straflos (ἄσυλος)
wegführen“. Diese Interpretation kann nicht richtig sein; denn
1) ist alsdann ἀνὰ τὸ συλῆν ganz überflüssig, weil schon in
dem τὸν δὲ συλῶντα enthalten; 2) ist bei dieser Deutung das
δὲ unerträglich; 3) würde „wer pfändet“ heissen αἴ τις συλῶι;
4) bleibt bei dieser Auffassung ἄσυλον unerklärt. Die richtige
Lesung gefunden zu haben ist RÖHL's Verdienst[1]): τὸν δὲ συλῶντα ἀνάτως συλῆν „den Pfändenden darf man ohne ἄτη,
ohne Verschuldung (vgl. I § 7) pfänden“, d. h. wer die vorher-
gehende Bestimmung übertritt, wird damit selbst dem Pfand-
recht freigegeben. Daran schliesst sich die folgende Bestimmung „wer aber fremde Waaren vom Meer fortführt, ist ἄσυλος,
gegen ihn darf keine Pfändung geübt werden“. Nur das Land
ist geschützt. auf dem Meer bis zum Strand gilt mit Ausschluss
des Stadthafens nach wie vor das Recht des συλᾶν.

Die übrigen Bestimmungen bieten keine Schwierigkeiten.
Der Chaleier, der vorübergehend nach Oianthea kommt, behält
sein Heimathsrecht, d. h. er kann nur vor dem Gericht in
Chaleion belangt werden, und umgekehrt; hält er sich aber
länger als einen Monat in dem anderen Ort auf, so wird angenommen. dass er dorthin übergesiedelt, dass er zum Metoeken
geworden ist, und so untersteht er von da an dem Rechte des
Orts, an dem er jetzt wohnt, er muss hier der Ladung vor
Gericht folgen.

---

1) Dass nach συλῆν keine Interpunction steht, beweist bei der nach-
lässigen Setzung derselben nichts. Ebenso fehlt sie I § 1 nach ϝέχοντας.

II B. Satzungen des Fremdenrechts.

Die von zweiter Hand auf der Tafel eingetragenen Rechts-
sätze sind nicht nur jünger als der Vertrag, sondern sie haben
auch mit diesem nichts mehr zu thun. Es sind nicht Satzungen
eines Vertrags zwischen zwei, sondern Gesetze einer Gemeinde.
Dass die Gemeinde, welche sie erlassen hat, nur eine der
beiden in dem vorigen Vertrage genannten sein kann, ist klar:
da die Tafel in Oianthea gefunden ist, werden sie dieser Stadt
angehören. Auf der Tafel, welche den Vertrag enthält, sind
sie aufgezeichnet, weil sie diesem inhaltlich verwandt sind.
Sie enthalten gleichfalls Satzungen des Fremdenrechts, aber
Satzungen, welche nicht nur die Nachbargemeinde, sondern
die Fremden ganz im allgemeinen angehen.

Auf der Vorderseite hat noch folgende Bestimmung Platz
gefunden:

(1) τον προξενον. αι ψευδεα προξινεοι. διπλειοι θοιεστο.

„Wenn der Proxenos sein Amt unrecht ausübt, soll er
um das doppelte gestraft werden.“

Die Schlussworte sind, wie DITTENBERGER ind. lect. Halle
1885/6 S. 12 erwiesen hat, im Anschluss an RÖHL zu lesen
διπλειῳ θρηστω (= attisch θρᾱσθω). Den Sinn können wir
nur durch eine Umschreibung wiedergeben: „wenn ein Proxenos, der Vertreter der Bürger eines fremden Staats, die
ihm anvertraute Aufgabe wider besseres Wissen (das liegt
in ψευδέα) vernachlässigt und die Interessen seines Clienten
schädigt, soll er als Strafe den doppelten Betrag zahlen,
um den der Client geschädigt ist“. Wie mächtig in primitiven Verhältnissen innerhalb der Bürgerschaft das Gefühl
der Zusammengehörigkeit dem Fremden gegenüber ist, wie
schwer es oft dem einzelnen verargt wird, wenn er auch
in der gerechtesten Sache für den Fremden Partei ergreift,
wie gross endlich die Versuchung ist, den Fremden zu be-
trügen, ist bekannt. Dem soll diese Bestimmung entgegentreten.[1]) Es ist klar, dass sie sich nicht lediglich auf den

---

1) In mehreren westgriechischen Staaten scheint man, um diesem
Uebelstand vorzubeugen und zugleich jedem Fremden, woher er auch
stamme, eine Vertretung vor Gericht zu schaffen, die Proxenie als Ge-

Proxenos der Chaleier bezieht — es ist sehr fraglich, ob diese überhaupt einen Proxenos in Oianthea hatten, da beides lokrische Gemeinden sind — sondern auf den Proxenos eines jeden Staats, der in Oianthea vertreten ist.

Die Rückseite enthält nicht, wie bisher angenommen, zwei verschiedene Gesetze, sondern nur ein einziges, das aus drei Sätzen besteht:

(2, 1) αι κ' ανδιχαζοντι . τοι ξενοδιχαι . εχομοτας . ηελιστο . ο ξενος . οπαγον (= ὁ ἐπάγων) . ταν δικαν . εχθος (= ἐκτὸς) προξενο και ϝιδιο ξενο . αριστινδαν . επι μεν ταις μναιαιαις . καλ πλιον . πεντεκαιδεκα ανδρας . επι ταις μειονοις . εννε' ανδρας. (2, 2) αι κ' ο ϝαστος ποι¹) τον ϝαστον δικαζεται κα(τ) τας ονυβολας . δαμιοργος (= δαμιοργους) ηελεσται . τος ηορκομοτας αριστινδαν ταν πεντορκιαν ομοσαντας. (2, 3) τος ηορκομοτας τον αυτον ηορκον ομνυεν . πλεϑυν δε νικεν

„(2, 1) Wenn die Fremdenrichter verschiedener Meinung sind, soll der Fremde, der den Process anstrengt, Zusatzgeschworene wählen mit Ausschluss seines Proxenos und seines eigenen Gastfreundes, nach der Tüchtigkeit, bei Processen um eine Mine und mehr fünfzehn Männer, bei geringeren neun Männer. (2. 2) Wenn der Bürger gegen den Bürger einen Process führt nach den Rechtsverträgen, sollen die Damiurgen die Geschworenen nach der Tüchtigkeit wählen, nachdem sie vorher den Fünfeid geschworen haben. (2, 3) Die Geschworenen sollen denselben Eid schwören, die Mehrzahl soll siegen."

Aus 2, 1 lernen wir, dass es wie in Rom einen praetor inter cives et peregrinos, so in Oianthea ξενοδιχαι gab, welche die Klagen der Fremden gegen Bürger zu entscheiden haben — die Klagen der Bürger gegen Fremde gehen vor das regelmässige Beamtengericht. Vermuthlich waren es zwei, jeden-

meindeamt eingerichtet und jährlich durch Wahl besetzt zu haben. Nur so erklärt sich, dass in Elis (IGA. 113. 115) und Unteritalien (Kroton? IGA. 544) πρόξενος als Beamtentitel erscheint; ebenso werden sie in Sparta vom König ernannt Her. VI 57.

1) ποϊ = ποτι; RÖHL's Correctur ποτ ist unmöglich, da ποτ τὸν ϝαστὸν nur ποτον geschrieben sein könnte.

falls ein Collegium von gerader Zahl. Sie sind natürlich nicht
erst durch dies Gesetz geschaffen, sondern bestehen schon lange.
Stimmen sie überein, so ist die Sache entschieden; sind sie
verschiedener Meinung, so giebt dies Gesetz dem fremden Kläger
das Recht, sich die besten Männer [1]) als Hülfsgeschworene aus-
zusuchen. Nur seinen ξένος und seinen πρόξενος darf er nicht
wählen, da diese verpflichtet sind, für ihn Partei zu nehmen.
Der beklagte Kläger ist schon durch den Parteigeist seiner
Mitbürger, die für den Fremden nur höchst ungern entscheiden
werden, gegen Uebervortheilung geschützt.

§ 2, 2, vielleicht der merkwürdigste Satz beider Tafeln,
ist bisher allgemein missverstanden. Von dem Glauben aus-
gehend, es handle sich auch hier noch um einen Vertrag
zwischen Oianthea und Chaleion, übersetzt man die Worte αἰ
κ᾽ ὁ Ϝαστός πὸὶ τὸν Ϝαστὸν δικάζηται καττὰς συμβολὰς durch
„wenn ein Bürger einer der beiden Gemeinden gegen den der
anderen auf Grund der Rechtsverträge einen Process führt".
Aber das müsste heissen αἰ κ᾽ ὁ Χαλειεὺς πὸὶ τὸν Οἰανθέα ἢ
ὁ Οἰανθεὺς πὸὶ τὸν Χαλειέα δικάζηται. Ϝαστός heisst Bürger
und nichts anderes; wie kann man in Oianthea den Chaleier
Ϝαστός nennen und umgekehrt? Man denke sich eine römische
Rechtsbestimmung si civis cum civi litigat; kann das heissen
„wenn ein Römer mit einem Praenestiner Process führt"? Auch
sachlich ist die recipirte Deutung nicht minder unmöglich.
Entweder ist der Chaleier in Oianthea ein ξένος, dann gehört
er vor die ξενοδίκαι; oder er nimmt eine Sonderstellung ähnlich
dem Bürger ein, dann gehört die Bestimmung über die ξενοδίκαι nicht in den Vertrag; denn wie man in Oianthea mit
Fremden aus Korinth oder Delphi verfährt, geht die Chaleier
gar nichts an. Ueberdies kann der Chaleier mit den Bürger-
meistern von Oianthea, den δαμιοργοί, auf keinen Fall etwas
zu thun haben. Mithin ist die Auffassung, welche hier noch
Vertragsbestimmungen sucht, unhaltbar; Ϝαστος bedeutet beide-

---

1) Dass die Uebersetzung ex optimatibus falsch ist, liegt auf der
Hand. Nicht nach dem Stammbaum, sondern nach der Tüchtigkeit sucht
sich der Fremde seine Richter aus. Dass beides in aristokratischen Staaten
thatsächlich vielfach zusammenfällt, ist selbstverständlich, aber hier
handelt es sich um einen rechtlichen Ausdruck. Vgl. oben S. 255, 2.

male Bürger derselben Gemeinde, also wenn das Gesetz aus Oianthea stammt, Bürger dieser Stadt.

Dann kann aber die Bestimmung „wenn ein Bürger gegen einen andern nach den Rechtsverträgen processirt" nur besagen, dass es den Bürgern freigestellt ist, ihre Processe unter einander nicht nach dem alten Landrecht, sondern nach dem Recht der Handelsverträge (δίκαι καττὰς συνβολάς sind was man in Athen δίκαι ἀπὸ συμβόλων nennt) zu führen. Das ist eine Entwickelung, wie sie sich in Rom vollzogen hat, wo die starren Formeln des Legisactionen-Processes und die Strenge des alten Rechts durch die Entwickelung eines freien Verkehrsrechts überwunden werden, die wesentlich durch die Judicatur des Peregrinenpractors herbeigeführt ist. Die Erscheinung an sich ist also nicht wunderbar; höchst überraschend aber ist es, ihr hier bei den Lokrern zu begegnen. Aber wer bedenkt, zu welchen Absurditäten das Formelwesen des altrömischen Civilprocesses geführt hat, oder erwägt, dass in Kyme im Criminalprocess die Zahl der Zeugen die Entscheidung gab,[1]) wird nicht zweifeln, dass es im lokrischen Process eine Fülle von Formalitäten und Bestimmungen gegeben hat, welche dem fortgeschrittenen Verkehrsleben unerträgliche Fesseln anlegten. Durch Einsetzung der ξενοδίκαι und damit des Fremdenprocesses wurde zugleich ein freies Verkehrsrecht geschaffen, welches die Formalitäten bei Seite warf und lediglich die Rechtsfrage selbst ins Auge fasste. So waren die Fremden besser gestellt als die Bürger. Es ist begreiflich, dass diese die Vortheile des neuen Verfahrens sich anzueignen suchten. So entstand die Gesetzesbestimmung, welche ihnen freistellt καττὰς συμβολάς zu processiren. Wir gewinnen hier einen Einblick in die griechische Rechtsgeschichte, dessen Bedeutung kaum überschätzt werden kann. Was in Rom die Forschung mühevoll als wichtigste Triebfeder der Entwickelung erkannt hat, tritt uns hier in einer lokrischen Stadt in Gesetzesform entgegen.

An die ξενοδίκαι freilich konnte man die Bürger nicht

---

1) ἐν Κύμῃ περὶ τὰ φονικὰ νόμος ἐστίν, ἂν πλῆθός τι παράσχηται μαρτύρων ὁ διώκων τὸν φόνον τῶν αὐτοῦ συγγενῶν, ἔνοχον εἶναι τῷ φόνῳ τὸν φεύγοντα Arist. pol. II 5, 12. Vgl. die deutschen Eideshelfer.

verweisen; sie unterstehen vielmehr der Competenz der δαμιοργοί. Daher werden hier auch keine Zusatzgeschworenen
(ἐπωμόται) gewählt, sondern einfach Geschworene (ὀρχωμόται)
— ohne Zweifel in derselben Zahl wie beim Fremdenprocess.
die Bestimmungen 2, 1 und 2, 2 gehören eng zusammen. Aber
dem Kläger kann man hier ihre Wahl nicht überlassen, wie
beim Fremden; das würde zur ärgsten Parteilichkeit führen.
Daher werden die Damiurgen angewiesen. nach feierlichem
Eidschwur (vermuthlich war die πεντορχία ein Eid bei fünf
Göttern) die Auswahl nach der Tüchtigkeit — nicht nach dem
Adel! — zu treffen.

2, 3 regelt das Processverfahren; die Geschworenen werden
vereidigt, die Majorität entscheidet. Es ist klar, dass diese
Bestimmung für 2, 1 und 2, 2 gilt, dass hier unter den „Geschworenen" die „Zusatzgeschworenen" mit zu verstehen sind;
sonst wäre über das Verfahren der ἐπωμόται des Fremdenprocesses garnichts gesagt, das Gesetz also lückenhaft.

Nachträge und Berichtigungen.

Zu S. 11 (12), 3. Nach den Paroemiographen (Zenob. V 74 etc.) erhält Maleas der Pelasger auf eine Anfrage περὶ οἰκήσεως vom Orakel als Antwort das Sprichwort πᾶσα γῆ πατρίς (nach Dionysios von Chalkis und Mnaseas). Das ist auch eine Lösung der Pelasgerfrage.

S. 20, 2 L Dion. Hal. I 25 (Aeschylos fr. 248 NAUCK).

Zu S. 24, L Ephoros fr. 104 (schol. Apoll. Rhod. I 1037) macht die Doliomen zu aus Thessalien vertriebenen Pelasgern; daher seien sie gegen die Argonauten feindlich aufgetreten.

S. 32, 2 L Hermes XXVII.

S. 58 Zl. 6 L reineren Anschauungen.

S. 83 Zl. 12 L ein Appendix.

S. 167 Z. 11 L eine Sklavin des Iardanos, des Vaters der Omphale.

S. 167 Z. 31 ff. habe ich übersehen, dass Nikolaos auch fr. 49, 28 und 11 die Herakliden erwähnt. Die Vermuthung, dass er sie aus Herodot entnommen und in den Bericht des Xanthos eingefügt hat, wird dadurch aber nicht berührt. Vielleicht ist hierfür zu beachten, dass nach schol. Plato Timaeos 25 Agron, bei Herodot der Begründer der Heraklidendynastie, als Sohn des Atys S. d. Lydos und Vater des Tyrrhenos erscheint. Xanthos' Bericht ist das freilich nicht; nach ihm sind Lydos und Torrhebos die Söhne des Atys (Dion. Hal. I 28); aber vielleicht liegt auch in der Scholiennotiz der Nachklang eines Ausgleichsversuchs vor.

S. 178, 2. GEFFCKEN, Timaios' Geographie des Westens (Philolog. Unters. XIII 1892) S. 19, 4 und 45, 4 bemerkt mit Recht, dass Timaeos fr. 66 (Tzetzes ad Lycophr. 1141) eine Contamination der Schollennotiz über Timaeos mit Apollodors Erzählung (epit. Vat. p. 75 WAGNER) ist und für seine Chronologie nicht in Betracht kommt. Trotzdem bleibt Censorins Angabe c. 21, Timaeos setze den Fall Trojas 417 J. vor Ol. 1 (1193 v. Chr.), unmöglich und muss darauf beruhen, dass die ganze Stelle corrupt überliefert ist. Denn nach fr. 53 (schol. Apoll. Rhod. IV 1216) setzte Timaeos die Gründung Korkyras durch Chersikrates von Korinth 600 Jahre nach Trojas Fall. Das führt für Trojas Fall jedenfalls auf rund 1340 v. Chr.; setzen wir die Gründung von Korkyra nach Timaeos ins Jahr 734, das gangbare Gründungsdatum von Syrakus — nach Ephoros bei Strabo VI 2, 4 lässt Archias auf der Fahrt nach Syrakus den Chersikrates in Korkyra

318

zurück —, so fällt Trojas Zerstörung 1334, genau 1000 Jahre vor Alexanders Uebergang nach Asien. Das kann nicht Zufall sein; es ist dasselbe Datum, welches nach Clem. Alex. strom. I 139 Duris gab. Bestätigt wird dies Resultat dadurch, dass Timaeos nach Clemens l. c. von der Heraklidenwanderung bis auf Alexanders Uebergang nach Asien 820 Jahre (das sind vielleicht 20½ 40jährige Generationen, denn Alexander ist der 21ste von Temenos) rechnete, jene also 1154 v. Chr. setzte, das ist 180 Jahre nach Trojas Fall. Unmittelbar vorher sagt Clemens, einige rechneten von Trojas Fall bis zur Heraklidenwanderung ἔτη ἑκατὸν εἴκοσι ἢ ἑκατὸν ὀγδοήκοντα; letzteres ist der Ansatz des Timaeos. Dass Timaeos diesen Zwischenraum auf 40 Jahre angesetzt hätte, wie wir annehmen müssten, wenn Censorius Datum richtig wäre, halte ich trotz GEFFCKEN's Hinweis auf Diod. IV 58 für undenkbar.

S. 181, 1 Z. 3 v. u. L ä c h t für recht.

Zu S. 291. Nach Drucklegung dieses Bogens erhalte ich die Besprechung des Gesetzes über Naupaktos im Recueil des inscriptions juridiques greeques von DARESTE, HAUSSOULLIER und REINACH, fasc. 2. Auch hier kehren lediglich die traditionellen Erklärungen wieder, so dass ich nichts nachzutragen habe. Nur der Schlusspassus über Chaleion ist hier richtig erklärt.

Index.